普通高等教育"十一五"国家级规划教材

机电控制技术

主　编　杨汝清
副主编　张伟军

科学出版社

北　京

内 容 简 介

本书是上海交通大学机械与动力工程学院的专业基础课——"机电控制技术"的配套教材,本书从机械工程角度出发,理论联系实际,突出工程应用,全面系统地介绍了机电控制基本器件——可编程控制器、单片机、工业控制计算机的组成、原理及应用,并在此基础上,讲述了机电系统的总体设计方法。全书是上交大一线授课教师在多年教学和实践经验的基础上,总结、吸取了国内外机电控制的最新技术编写而成的。

全书共分 7 章,主要内容为:绪论、继电器接触器控制、可编程控制器、单片微机计算机技术、机电系统中的 PC 控制技术、机电控制系统设计综合以及双臂 SCARA 机器人系统设计实例。每章后附有复习参考题。

本书可作为高等院校机械类专业本科生教材,也适合从事工业测控及自动化、机电控制系统设计的工程技术人员自学参考。

图书在版编目(CIP)数据

机电控制技术/杨汝清主编.—北京:科学出版社,2009
 普通高等教育"十一五"国家级规划教材
 ISBN 978-7-03-022493-4

Ⅰ.机⋯ Ⅱ.杨⋯ Ⅲ.机电一体化-控制系统-高等学校-教材 Ⅳ.TH-39

中国版本图书馆 CIP 数据核字(2009)第 102450 号

责任编辑:孙明星　段博原／责任校对:赵燕珍
责任印制:张　伟／封面设计:陈　敬

科学出版社 出版
北京东黄城根北街 16 号
邮政编码:100717
http://www.sciencep.com

北京凌奇印刷有限责任公司 印刷
科学出版社发行　各地新华书店经销

*

2009 年 1 月第 一 版　开本:B5(720×1000)
2023 年 2 月第八次印刷　印张:21
字数:396 000
定价:**69.00 元**
(如有印装质量问题,我社负责调换)

前 言

机电控制技术是根据机械工程及自动化专业控制类课程教学大纲的要求设立的一门课程，它与"控制理论基础"一并列为专业技术基础课。

自 1997 年开始，上海交通大学机械工程学院就为全院所有专业近 500 名本科生开设了这门课程。课程的主要任务是通过教学和实验环节，使学生掌握工程中常用的机电控制技术和方法，培养学生的实验技能和分析问题能力，为学生从事机电控制技术工作、科学研究工作打下坚实基础。该课程对于培养学生的机电产品综合设计与研究能力具有重要的作用。根据学科和机电控制技术的发展需要，我们改革了课程内容和体系结构，提出了机电控制的基本模块＋接口技术＋机电控制系统综合＋综合设计实例的综合课程体系，符合了现代机电控制技术的要求。课程内容包括：机电控制技术概论、机电控制系统的基本模块、PLC控制技术、单片机控制技术、IPC控制技术、机电控制系统综合以及机电控制系统实例。

本书是在 1997 年校编的第一版讲义和 2000 年重编的第二版讲义基础上，通过系统整理，并根据机电控制技术的发展趋势，增加了机电控制技术发展的新内容，如 PLC 教学中增加了总线控制技术、连续量控制技术，单片机教学中增加了 DSP 技术，IPC 教学中增加了实时软件以及 LabVIEW 教学内容等，以拓宽学生们的视野，使教学内容更有利于学生们掌握现代机电控制系统的分析与设计方法，了解现代机械电子工程以及自动控制技术的发展趋势，培养其扎实的理论基础和综合应用的能力。

本书由杨汝清主编，张伟军为副主编。王春香、杨汝清编写了第 1 章；付庄编写了第 2、3 章；刘利编写了第 4 章；张伟军编写了第 5 章；杨汝清、王春香编写了第 6 章；顿向明编写了第 7 章和第 4 章中的 4.6 节；全书由王春香、张伟军、杨汝清统稿。

在编写过程中，我们参阅和引用了许多国内外同行的著作和学术论文，得到了科学出版社的大力支持，在此我们深表谢意。

随着教学的进展和科技的发展，本书一定会暴露出许多不足，希望读者多提宝贵意见。

编 者

2008 年 4 月

目 录

前言

第1章 绪论 ... 1
1.1 机电控制技术概述 ... 1
1.2 机电控制技术的发展过程 ... 2
1.3 机电控制系统的基本结构要素 ... 3
1.3.1 机械本体 ... 3
1.3.2 动力装置 ... 3
1.3.3 传感及检测装置 ... 4
1.3.4 控制装置 ... 4
1.3.5 执行装置 ... 4
1.3.6 接口 ... 5
1.4 机电控制系统的关键技术 ... 5
1.4.1 检测传感技术 ... 6
1.4.2 计算机与信息处理技术 ... 6
1.4.3 自动控制技术 ... 7
1.4.4 伺服系统技术 ... 7
1.4.5 机械技术与精密机械技术 ... 9
1.4.6 接口技术 ... 13
1.4.7 系统总体技术 ... 15
1.5 机电控制系统的设计方法 ... 16
1.5.1 机电一体化产品的设计思想 ... 16
1.5.2 机电一体化产品的设计方法 ... 16
1.6 机电控制技术的发展前景 ... 17
1.7 机电控制的技术、经济和社会效益 ... 18
1.8 本课程的性质和任务 ... 20
复习参考题 ... 20
参考文献 ... 20

第2章 继电器接触器控制 ... 21
2.1 常用低压电器 ... 21

- 2.1.1 开关电器 ······ 21
- 2.1.2 主令电器 ······ 22
- 2.1.3 熔断器 ······ 22
- 2.1.4 交流接触器 ······ 23
- 2.1.5 继电器 ······ 23

2.2 电气原理图的画法规则 ······ 28
- 2.2.1 电气控制系统图中的图形符号和文字符号 ······ 28
- 2.2.2 电气原理图 ······ 28
- 2.2.3 电气元件布置图 ······ 30
- 2.2.4 电气安装接线图 ······ 31

2.3 基本控制电路 ······ 31
- 2.3.1 启动、自锁与停止控制电路 ······ 31
- 2.3.2 连续工作与点动控制 ······ 31
- 2.3.3 多点控制 ······ 31
- 2.3.4 联锁控制 ······ 32
- 2.3.5 顺序启动控制 ······ 33

2.4 异步电动机的控制 ······ 33
- 2.4.1 异步电动机的启动电路 ······ 33
- 2.4.2 异步电动机的正反转控制电路 ······ 36
- 2.4.3 异步电动机的制动电路 ······ 38
- 2.4.4 双速异步电动机的调速控制 ······ 41

2.5 异步电动机的调速 ······ 42
- 2.5.1 电气调速概述 ······ 44
- 2.5.2 交流调速 ······ 47
- 2.5.3 交流电动机的变频调速 ······ 49

2.6 控制电路的设计 ······ 51
- 2.6.1 设计的基本原则、内容和程序 ······ 52
- 2.6.2 电力拖动方案确定原则和电动机的选择 ······ 53
- 2.6.3 控制线路的设计及元件选择 ······ 54
- 2.6.4 控制系统的工艺设计 ······ 57
- 2.6.5 控制线路设计举例 ······ 60

复习参考题 ······ 61

参考文献 ······ 61

第3章 可编程控制器 …… 62

3.1 可编程控制器的概述 …… 62
3.1.1 PLC 简介 …… 62
3.1.2 PLC 发展历史 …… 62
3.1.3 PLC 特点 …… 63

3.2 可编程控制器的结构和工作原理 …… 64
3.2.1 PLC 基本结构 …… 64
3.2.2 PLC 各组成部分的功能 …… 64
3.2.3 PLC 基本工作原理 …… 73
3.2.4 PLC 分类 …… 78
3.2.5 PLC 与继电器接触器控制系统及计算机的区别 …… 80
3.2.6 可编程控制器 FX 与 S7-200 概述 …… 81

3.3 FX 系列编程元件及基本编程语言 …… 82
3.3.1 F 系列 PLC 中常用的编程器件与编程语言 …… 82
3.3.2 基本逻辑指令 …… 90
3.3.3 绘制梯形图的基本规则 …… 91
3.3.4 顺序步进指令和编程 …… 93
3.3.5 PLC 控制系统设计方法 …… 95

3.4 S7-200 编程元件及基本编程指令 …… 100
3.4.1 S7-200 的编程元件 …… 100
3.4.2 S7-200 的基本编程指令 …… 104
3.4.3 程序举例 …… 108
3.4.4 SIMATIC 工业软件 …… 114

3.5 PLC 系统网络与通信 …… 115
3.5.1 PROFIBUS 概述 …… 115
3.5.2 PROFIBUS 现场总线网络 …… 116

复习参考题 …… 120

参考文献 …… 121

第4章 单片微型计算机技术 …… 122

4.1 单片机概述 …… 122
4.1.1 单片机的定义与种类 …… 122
4.1.2 单片机的特点及应用场合 …… 123
4.1.3 单片机的发展趋势 …… 124

4.2 AT89S 系列单片机内部结构及工作原理 ·········· 125
4.2.1 单片机的内部结构 ·········· 126
4.2.2 单片机的引脚名称及功能 ·········· 127
4.2.3 单片机存储器结构 ·········· 134

4.3 单片机指令系统 ·········· 149
4.3.1 单片机指令格式 ·········· 149
4.3.2 单片机寻址方式 ·········· 149
4.3.3 单片机指令系统 ·········· 151
4.3.4 程序结构及应用举例 ·········· 153

4.4 定时/计数系统 ·········· 158
4.4.1 定时/计数器 0、1 结构 ·········· 158
4.4.2 定时/计数器 0、1 的工作方式 ·········· 160
4.4.3 定时/计数器 2 ·········· 161
4.4.4 定时器/计数器的应用 ·········· 165
4.4.5 看门狗定时器 ·········· 166

4.5 中断系统 ·········· 167
4.5.1 中断系统构成 ·········· 167
4.5.2 中断源 ·········· 168
4.5.3 中断的控制 ·········· 170
4.5.4 中断处理过程 ·········· 171
4.5.5 中断响应时间 ·········· 173
4.5.6 中断的应用 ·········· 174

4.6 单片机并行口 ·········· 176
4.6.1 并行口的内部结构 ·········· 177
4.6.2 并行口的工作原理 ·········· 177
4.6.3 键盘与单片机的连接 ·········· 179

4.7 串行通信 ·········· 182
4.7.1 AT89S52 的串行通信接口 ·········· 182
4.7.2 串行通信的工作方式 ·········· 183
4.7.3 串行口波特率的设置 ·········· 184
4.7.4 串行通信技术应用 ·········· 187

4.8 单片机应用系统设计与开发工具 ·········· 192
4.8.1 单片机应用系统的设计方法和步骤 ·········· 192

  4.8.2　单片机应用系统的开发工具 …………………………………… 192

  4.8.3　单片机在电动执行器的控制器中应用 ……………………………… 195

复习参考题 …………………………………………………………………………… 201

参考文献 ……………………………………………………………………………… 201

第 5 章　机电系统中的 PC 控制技术 …………………………………………… 202

5.1　工业 PC 控制系统的基本原理和组成 …………………………………… 202

  5.1.1　工业 PC 控制系统的概念和组成 ……………………………………… 202

  5.1.2　工业 PC 控制系统的特点 …………………………………………… 204

  5.1.3　工业 PC 控制系统的分类 …………………………………………… 206

  5.1.4　工业 PC 控制器的发展趋势 ………………………………………… 208

5.2　工业 PC 控制系统的结构以及扩展模块 ………………………………… 210

  5.2.1　PC 总线结构介绍 …………………………………………………… 211

  5.2.2　工业 PC 控制系统的 I/O 电路设计 ………………………………… 214

  5.2.3　工业 PC 控制系统的功能模板选型 ………………………………… 219

5.3　PC 总线工业控制器的通信技术 ………………………………………… 225

  5.3.1　数字量 I/O 通信 …………………………………………………… 225

  5.3.2　异步通信技术 ……………………………………………………… 226

5.4　PC 总线工业控制器的软件技术 ………………………………………… 237

  5.4.1　控制软件概述 ……………………………………………………… 237

  5.4.2　Windows 平台下的控制程序编制 …………………………………… 239

复习参考题 …………………………………………………………………………… 254

参考文献 ……………………………………………………………………………… 254

第 6 章　机电控制系统设计综合 ………………………………………………… 255

6.1　开环伺服系统设计 ……………………………………………………… 255

  6.1.1　系统方案设计 ……………………………………………………… 255

  6.1.2　机械系统设计 ……………………………………………………… 257

  6.1.3　控制系统设计 ……………………………………………………… 263

6.2　闭环伺服系统设计 ……………………………………………………… 267

  6.2.1　系统方案设计 ……………………………………………………… 267

  6.2.2　系统性能分析 ……………………………………………………… 269

  6.2.3　系统参数设计 ……………………………………………………… 270

  6.2.4　系统校正 …………………………………………………………… 273

6.3　伺服系统中的非线性因素考虑 ………………………………………… 273

6.3.1 饱和特性与死区特性的影响 ……………………………… 274
6.3.2 间隙特性的影响 ……………………………………………… 275
6.3.3 摩擦特性的影响 ……………………………………………… 278
6.3.4 结构弹性变形的影响 ………………………………………… 280
复习参考题 …………………………………………………………………… 284
参考文献 ……………………………………………………………………… 284

第7章 双臂 SCARA 机器人系统设计实例 285
7.1 双臂教学机器人系统简介 285
7.1.1 机器人系统简介 285
7.1.2 主要功能 286
7.2 机械系统构成 286
7.2.1 双臂 SCARA 机器人的结构 286
7.2.2 机电元件选型与构成 288
7.2.3 末端执行器 288
7.2.4 视觉系统组件介绍 291
7.2.5 机构运动学分析 295
7.3 控制系统设计 300
7.3.1 控制系统硬件设计 300
7.3.2 控制系统软件设计 307
7.4 教学演示功能示例 311
7.4.1 机器人教学 311
7.4.2 绘图 314
7.4.3 人机对弈 317

附录 ……………………………………………………………………………… 320

第1章 绪　　论

1.1　机电控制技术概述

人类进入了一个新的世纪——21世纪。回顾过去的20世纪，人类的经济和科学技术发展成果超过了过去所有世纪的总和。传统的学科正在脱胎换骨，新的学科不断问世，技术的融合程度比任何一次技术革命都高。机电控制技术产生于这一背景之下，自然符合科技发展的规律，也是机械学科发展的必然结果。它使古老的机械工业焕发青春，也对社会的发展产生着极为深刻的影响。

"机电一体化"这个名词出现于20世纪70年代，日本从1971年开始提出了"mechatronics"这个英语合成名词，其中词首"mecha"表示mechanic（机械学），词尾"tronics"表示electronics（电子设备或电子学），因此，从字面上讲应该是机械电子学，通常称之为机电控制技术或机电一体化技术。机电控制技术是机械、电子、计算机和自动控制等技术的有机结合，是在大规模集成电路和微型计算机为代表的微电子技术高度发展、向传统机械工业领域迅速渗透、机械电子技术深度结合的现代工业基础上，综合应用机械技术、微电子技术、自动控制技术、信息技术、传感测试技术、电力电子技术、接口技术、信号变换技术以及软件编程技术等群体技术，根据系统功能目标和优化组织结构目标，合理配置布局机械本体、执行机构、动力驱动单元、传感测试元件、控制元件、微电子信息单元（接收、分析、加工、处理、生产、传输）和线路以及衔接接口元件等硬件元素，并使之在软件程序和微电子电路逻辑的有目的的信息流向导引下，相互协调、有机融合和集成，形成物质和能量的有序规则运动，在高功能、高质量、高可靠性、低能耗的意义上实现特定功能价值的系统工程技术。由此而产生的功能系统则成为一个以微电子技术为主导的现代高新技术支持下的机电一体化系统或机电一体化产品。

机电控制技术实际上是自动化技术发展的一个阶段和必然产物，它是自动化领域中机械技术与电子技术有机地结合而产生的新技术。由于引进了微机和微电子技术，工业生产从机械自动化跨入了机电一体化阶段，这使机械产品的技术结构、产品结构、产品功能和构成、生产方式和管理体制均发生了质的变化。机电控制技术还赋予机械产品一些新的功能，如自动检测、自动显示、自动记录、自动处理信息、自动调节控制、自动诊断、自动保护等，从而使机械具有智能化的特征。如果说传统机械主要是代替和放大人的体力，而机电控制技术则能取代并延伸人的部分智力。

1.2 机电控制技术的发展过程

机电控制技术得以发展的根本原因，在于生产的发展和科学技术的进步，其中特别是自动化技术与计算机科学起到了重要作用。第二次世界大战以后，几乎是同时诞生的系统工程、控制论和信息论这三门科学，既是自动化与机电控制的理论基础，也是机电控制技术的方法论。而微电子技术的发展，半导体大规模集成电路制造技术的进步，则为机电控制与自动化技术奠定了物质基础。反过来，机械制造技术也对微电子学和自动化技术做出了重大贡献。如大规模集成电路芯片的制造，就是以超精密机械加工为基础的，而这种加工设备本身又是一种计算机控制的自动化系统，即机电一体化的系统。由此可见，机电控制技术的产生既是微电子技术与自动化技术发展的结果，又是信息论、控制论和系统工程付诸生产实践的结果。

20世纪60年代到70年代，日本对机电控制技术进行了大量的实验和报道，到1976年，机电一体化已在日本各地得到普遍展开，这一时期通常被称为是机电控制技术的萌芽发展时期。进入20世纪80年代，欧美等国也都把机电控制技术作为先进技术，机电一体化技术和产品如雨后春笋不断涌现，现代化的机械将电子技术、自动化技术、计算机技术融为一体，从而机电控制技术进入了所谓的大发展阶段。我国机电控制技术发展较迟，但近十几年来已引起了普遍的重视，取得了很大进展。

综上所述，机电控制技术的产生，并不是孤立的，而是各种技术互相渗透的结果。它代表了正在形成中的新一代生产技术，其产生的时间虽然不长，但已显示出并将越来越显示出强大的威力。在世界范围内，各国掀起的机电一体化热潮正在蓬勃兴起，并已渗透到国民经济、社会生活的各个领域。可以说，从军事到经济、从生产到生活、从简单的消费品生产到复杂的社会生产和管理系统，机电一体化几乎达到"无孔不入"的地步。它促使产业结构、产品结构、生产方式和管理体系发生了深刻的变化，促进了新兴产业的发展，同时也引起了各国为发展机电控制技术的激烈竞争，从而又反过来在全世界范围内更进一步推动机电控制技术与系统向前迅速发展。

随着相关技术的发展，机电控制技术将向着智能化、网络化、一体化方向发展。主要体现在，性能上：向高精度、高效率、高性能、智能化方向发展；功能上：向小型化、轻型化、多功能方向发展；层次上：向系统化、复合集成化的方向发展。典型的系统有数控加工中心、数控机床、工业机器人、物料自动传输与识别系统等，以及以这些系统为基础而组成的更大更复杂的系统，如柔性制造系统（FMS）、计算机集成制造系统（CIMS）等现代制造系统。

1.3 机电控制系统的基本结构要素

一个较完善的机电控制系统，应包括以下几个基本要素：机械本体、动力装置、传感及检测装置、控制装置、执行装置，各要素和环节之间通过接口相联系。如图 1-1 所示。

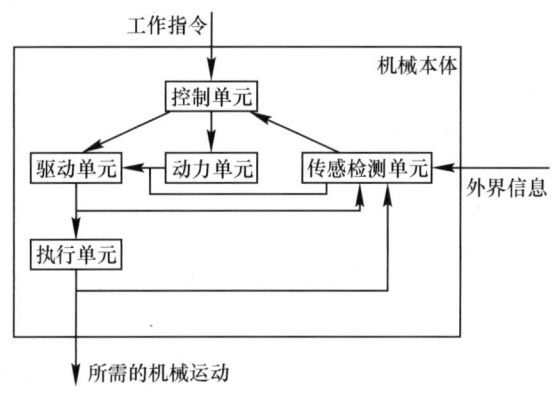

图 1-1 机电控制系统的基本结构要素

1.3.1 机械本体

机械本体相当于人的躯体，是系统所有功能元素的机械支持结构，包括机身、框架、机械连接等内在的支持结构。机电一体化产品在引进电子技术以后，其技术性能、水平和功能都有了很大的提高，因此对机械本体也提出了更高的要求，另外，机械本体在整个产品中占有较大的体积和总量，因此要求采用新结构、新材料、新工艺，以适应机电一体化产品在多功能、可靠、高效、节能、小型、轻量、美观等方面的要求。

1.3.2 动力装置

动力装置相当于人体内脏，为系统提供能量和动力、驱动执行机构，使系统正常运行。机电控制系统中以电能利用为主，因此动力装置应包括电源、电动机等执行元件及其驱动电路。用尽可能小的动力输入，获得尽可能大的功能输出，以及具有高度可靠性，是对动力装置的主要要求。

1.3.3 传感及检测装置

传感及检测装置就像人的五官一样，其功能是对系统运行时内部状态和外部环境信息进行检测，被测信息包括位置、速度、力、力矩、电压、电流、温度、湿度等物理量。传感器把这些物理量变成一定规格的电信号，然后由控制与信息处理单元处理、决策，作为确定下一步动作的依据。

传感及检测装置一般是由传感器及相应的信号检测电路组成，通常希望它体积小、精度高、抗干扰能力强，并且便于安装和连接。

1.3.4 控制装置

控制装置相当于人的大脑，是系统的灵魂。它将来自各传感器的检测信息和外部输入命令进行集中、存储、分析、加工，根据信息处理结果，按照一定的程序和节奏发出相应的指令，控制整个系统有目的地运行。控制及信息处理单元一般由计算机、可编程序控制器（即PLC）、数控装置以及逻辑电路、A/D与D/A转换、I/O（输入/输出）接口和计算机外部设备等组成。

机电控制系统对这部分的基本要求为：提高信息处理速度、可靠性，增强抗干扰能力，以及完善系统自诊断功能，不断地向柔性和智能化方向发展。

1.3.5 执行装置

执行装置相当于人的四肢，它包括机械传动和操作机构。其形式因作业对象的不同而千变万化。当接收到来自"大脑"的控制信号后，执行机构将忠实地执行要求的指令，完成系统所要完成的动作。执行机构是运动部件，有机械式、液体式（气动或液压）和电气式三大类，如图1-2所示。它是实现系统目的功能的直接参与者，其性能好坏往往决定整个系统的性能，因此一般要求为：精度高、重复性好、重量轻，并希望实现组件化和系列化，以提高系统的整体可靠性。

电气式执行部件按运动方式的不同可分为两类，一类是产生旋转运动的元件，如各种交流的或直流的伺服电动机、静电电机、光学电机、超声波电机等；另一类是产生直线运动的部件，如直线电机及做微量直线位移的磁致伸缩器件和电致伸缩器件（如电磁铁、压电驱动器、电热驱动器等）。其中利用电磁力产生运动的器件如交、直流伺服电机及电磁铁等得到广泛的使用；而利用压电、电热膨胀等原理产生微量位移的元件则因其位移量极微小，不易产生过冲而常在数控机床、光刻机等需微量进给的场合获得应用。

液压式执行部件主要包括驱动轴做直线往复运动的油压缸以及驱动轴做旋转运动的油压马达等，其中油缸占绝大多数。目前，已有各种电-液伺服马达和电-

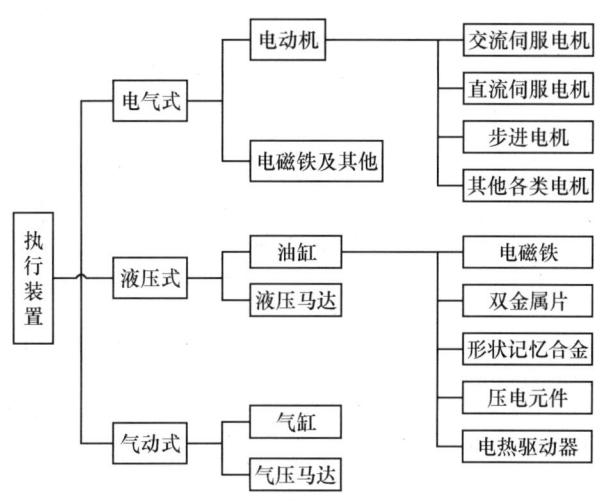

图 1-2 执行装置的分类

液步进马达产品。电-液马达的最大优点是输出力矩大，由于是低速大转矩型，往往可以直接驱动负载。在液压式执行机构中，还有一类较先进的执行机构称为电液比例系统。它是利用比例电磁铁来控制液压阀的开度，进而控制油缸活塞的行程、速度。使用时只需加上一个大小可调的电信号，就可使油缸活塞按信号大小成比例地产生运动，这种电液比例系统本身就是一个独立的机电一体化产品，它控制方便、工作稳定、输出力矩大，具有较为突出的优点，很适合作为机电一体化设备中的执行机构。

气动式执行部件除了用压缩空气作工作流体之外，与液压式执行部件没有什么区别。但压缩空气与液压液相比，无黏性、可压缩，因此在用法和结构上与液压式有一定差别。例如，因为空气的可压缩性，所以气缸驱动不能用于定位精度较高的场合。

1.3.6 接口

接口是系统中各单元和环节之间进行物质、能量和信息交换的连接界面，其具有对信号进行变换、放大及传递的功能。接口的作用使各组成要素连接成为一个有机整体，由控制和信息处理单元的预期信息导引，使各功能环节有目的地协调一致运动，从而形成机电控制系统。

1.4 机电控制系统的关键技术

机电系统的核心是控制，因此，人们常将机电系统称为机电控制系统。就技术而言，当今的机电控制技术是微电子、电力电子、计算机、信息处理、通信、传感检测、过程控制、伺服传动、精密机械及自动控制等多种技术相互交叉、渗透、融合而成的一种综合性技术。机电控制的共性相关技术可以归纳为六个方面：检测传感技术、信息处理技术、自动控制技术、伺服传动技术、精密机械技术及系统总体技术。机电控制的相关技术之间的关系如图 1-3 所示。

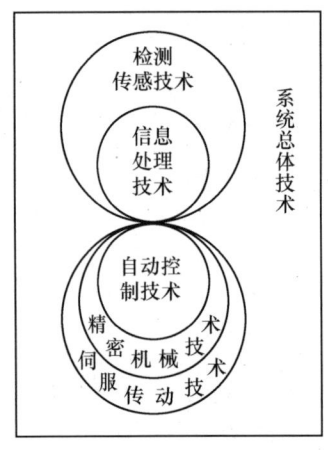

图 1-3 机电控制的相关技术之间的关系

1.4.1 检测传感技术

为提高产品的性能、扩展功能，通常需对机械进行实时控制、监视、安全检查等，以提高其自动化和智能化的程度，这些都要通过检测传感手段来实现。因此，检测传感技术是机电控制系统安全运行与提高产品质量的有力保证。

传感器是检测传感技术的关键，它是将机电控制系统中被检测对象的各种物理量转变为电信号的一种变换器。它主要被用于检测系统中的自身与作业对象、作业环境的状态，向控制器提供信息以决定系统的动作。传感器的精度、灵敏度和可靠性在很大程度上决定了系统性能的好坏，因此它在系统中占有非常重要的地位。控制技术和控制器的飞速发展，对检测装置不断提出更高的要求。如何满足这些日益提高的要求，是检测传感技术的主要研究内容。

检测传感技术包含两个方面的内容，一是对传感器的研究，即如何将各种物理量转换为与之成比例的电量；二是对检测装置的研究，即如何对传感器输出的电信号进行再处理，对其进行放大、补偿、标度变换等。

1.4.2 计算机与信息处理技术

信息处理技术包括信息的输入、识别、交换、运算、存储及输出技术，它们大都依靠计算机来进行，因此计算机技术与信息处理技术是密切相关的。它可分为硬件和软件两大部分。硬件包括计算机及外围设备、微处理机及可编程序控制器（PLC）、接口技术等。软件包括操作系统、监控程序、程序设计语言、编译程序、检查程序及应用程序等。

在机电控制系统中，信息处理部分相当于人的大脑，指挥整个系统的运行。信息处理是否正确、及时，直接影响到系统工作的质量和效率，因此，希望能提高信息处理速度、运行的可靠性和抗干扰能力。

1.4.3 自动控制技术

自动控制技术就是通过控制器使被控对象或过程自动地按照预定的规律运行。由于被控对象种类繁多，所以控制技术的内容极其丰富，包括高精度定位控制、速度控制、自适应控制、自诊断、校正、补偿、示教再现、检索等技术。自动控制技术能协调机械、电器各部分来正确地完成动作过程，因此在机电控制系统中起到很重要的作用。

自动控制的理论基础是自动控制原理，它可分为经典控制理论和现代控制理论。经典控制理论研究对象主要是单变量的线性时不变系统，它所使用的数学工具是拉普拉斯变换，用传递函数方法在频率域内进行系统分析。其控制原理是负反馈闭环系统，以自动调节器作为反馈控制系统的中心环节，因此经典控制理论亦称自动调节原理。

现代控制理论是以多变量、非线性、时变系统为研究对象，其所用数学工具是线性代数、矩阵论和集合论。它是用状态空间法在时间域内进行系统分析，用状态方程描述系统过程。根据当前的状态及条件，分析估算好下一步的状态。现代控制理论研究的主要内容是最优控制、随机控制、自适应控制和鲁棒控制等。

以上两种控制理论人们统称为传统控制理论。它们的共同点都是基于被控对象的精确数学模型，即控制对象和干扰都要用严格的数学方程和函数表示。控制的任务和目标一般都比较直接明确。但是，在现实世界中，许多系统，如智能机器人系统、计算机集成制造系统、航空航天控制系统等用传统的控制理论难于解决，从 20 世纪 70 年代以后，智能控制开始兴起，逐渐形成一门新兴的学科。智能控制系统一般具有学习功能、自适应功能和自行组织与协调功能。它采用的主要数学工具是符号推理与数值计算的结合以及神经元网络和模糊理论等。智能控制是一门新兴的多个领域交叉的学科，其理论还不太成熟，但是实际的需要有力地推动了智能控制理论和技术的发展，具有非常广阔的前景。在机电控制系统中将逐渐发挥它的重要作用。

在机电控制技术中，自动控制主要解决如何提高产品的精度、提高加工效率、提高设备的有效利用率等几个主要的问题。其主要技术关键在于现代控制理论在机电控制技术中的工程化与实用化、优化控制模型的建立及边界条件的确定等。计算机动态仿真技术的出现和发展为在控制系统的物理模型建立之前就能预见其动态性能，并为正确选择控制系统的有关参数提供了方便。

1.4.4 伺服系统技术

伺服系统是指以机械参数，如位移、速度等作为控制对象的自动控制系统，是实现电信号到机械动作的转换装置与部件，对整个机电控制系统的动态性能、控制质量和功能具有决定性的影响。伺服系统在数控机床、机器人、精密跟踪和测量仪、自动化武器系统和各种自动装卸系统等许多方面都有广泛的应用。

伺服系统包括运算处理环节、功率放大环节、驱动环节、检测环节及反馈环节等几部分。当然简单的开环伺服系统中没有检测环节和反馈环节。

运算处理环节的主要作用是把被控参数的实际值与给定值进行比较和运算，产生误差信号的大小和方向，以确定驱动部件的运动的速度与方向。微型计算机技术的发展，给伺服系统带来了新的动力。目前运算处理环节中大都应用了微型计算机，使许多先进、有效的控制算法得以实现，大大提高了系统的性能和运行效率。

功率放大环节的主要作用是将运算处理环节输出的误差信号进行功率放大，使驱动部件沿着误差信号减小的方向运动，并根据误差信号变化趋势，及时调整功率放大系统，控制驱动部件运动的速度。

驱动环节的主要作用是驱动机械执行机构运动，迅速准确地到达指定位置或指定速度。

检测环节的作用是对机械执行机构或驱动部件的运动参数（如位移、速度等）进行测量，变换成电信号后作为系统的反馈信号。

反馈环节是将检测环节输出的信号进行适当的处理或变换，以满足运算处理环节对反馈信号的要求。

伺服系统的主要性能指标有三个：稳定性、动态品质和精度。

稳定性：稳定性是一个系统能正常工作的先决条件，同时又是系统动作保持一致性的先决条件。为了保证系统的运动精度，要求伺服系统在工作过程中能尽量减少受负载变化和电压波动等各种因素的干扰所造成的影响。因此，稳定性是指控制系统排除干扰，使被控对象能正常有效地运行的能力。

动态品质：控制系统在控制信号或干扰信号作用下，被控量必须尽快调整跟踪到目标值。反映这一调整跟踪过程快慢的指标就是动态品质，常用过渡过程的快慢来表示系统的动态品质的好坏。

在被控量向目标值调整时，由于系统存在惯量，如果控制器调节速度过快，被控参数就会冲过目标值范围而产生"超调"。此时控制器就需反向调节，而反向调节也可能要冲过目标值范围，产生"负超调"，如此反复称为"振荡"。被控参数超过目标值范围的部分，称为"超调量"。"超调量"和"振荡次数"都是衡量系统动态品质的指标。如果控制器调节速度过慢，此时虽无超调和振荡，但被控参数达到目标值范围的过渡时间太长，系统反应调节就太慢了，这就称为"欠调节"。图 1-4 显示了三种典型的动态品质。

图 1-4 中的 t_r 为上升时间，代表系统对信号的响应速度。它主要取决于系统的阻尼比。阻尼比小则响应速度快。而 t_r 则为过渡过程时间或称调整时间，表

示系统动态响应过程结束的迅速程度。M_p 为超调量。前面说过系统的阻尼比小则系统响应速度快,但是阻尼比过小,则会增大超调量 M_p 和超调时间 t_r,使系统相对稳定性降低。

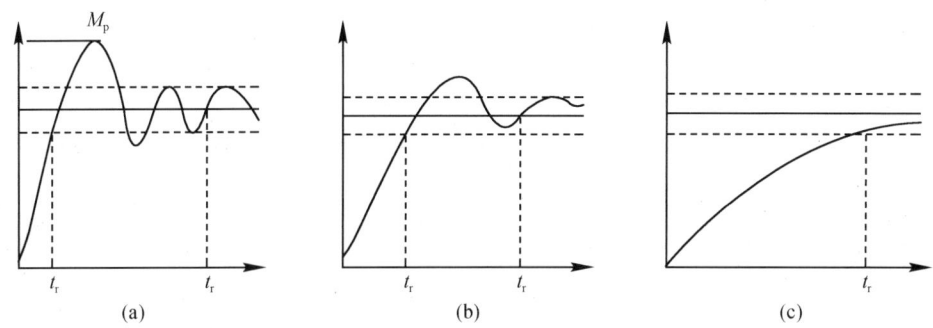

图 1-4　三种典型的伺服系统的动态品质

精度:控制器在对被控参数调节时,由于种种原因,实际被控参数与目标值之间存在一定的误差,这种差异就表示了系统的精度。伺服系统工作过程中通常有三种误差,即动态误差、稳态误差和静态误差。系统在动态响应过程中,被控量与目标量之间的偏差称为动态误差,而动态响应过程结束后被控量与目标量之间的偏差为稳态误差;而静态误差则是指系统组成的元器件本身的误差及干扰等所引起的系统被控量与目标量之间的偏差。这里涉及传感器的灵敏度、精度、信号处理器的零点漂移和死区、机械部件的间隙、各元器件的非线性等,当然这与控制系统的结构及系统算法等也有较大的关系。

在机电控制系统中,稳定性、动态品质和精度三项基本要求是相互关联,相互约束的。在进行伺服系统设计时,通常首先满足稳定性要求,然后在满足精度的前提下提高系统的快速响应性。

1.4.5　机械技术与精密机械技术

机械技术是历史最悠久的应用技术之一,是机电控制系统最重要的基础技术。系统中的一些最重要功能,基本上都是以机械技术为主实现的。传统的机械技术已经在以材料、能源为对象的处理系统中做出了卓越的贡献。例如,用于材料加工的机床,实现能源变换的发动机、电动机都是典型机械技术的结晶。近几十年来,随着各种新兴技术的发展,传统的机械技术受到了猛烈的冲击,它的主要支柱,如应用力学、机械设计、制造工艺等出现了可喜的变革和发展,为机电控制系统的发展打下了坚实的基础。

1. 应用力学

应用力学是机械技术的主要理论基础,它已为传统机械的设计和生产做出了重要的贡献。传统的机械大多数在常温、常速度等条件下运行，对精度要求也不很高。

随着生产和科学技术领域不断的开拓，对机械的速度、精度和寿命的要求越来越高，机械的载荷越来越重，载荷形式也越来越复杂。机械运行的环境更加恶劣，从超低温到高温，以及受到强的电磁场和辐射能的影响等。应用力学过去的成就已无法指导新产生的情况，例如，处于高温条件下，静态的、非耦合的热应力理论已失效；物件在超高速运动时，必须考虑物相的变化因素等。生产和科技中涌现出来大量问题要求应用力学在过去成就的基础上去创新、去探索。于是，出现了应用力学的新分支，有现代材料力学、断裂力学、损伤力学、工业空气动力学、海洋工程力学等。

例如，由于近二三十年来，出现了用于各种特殊条件下的新型材料。如钛及其合金、高分子材料、非晶和微晶材料、工程塑料、工程陶瓷等。为了研究这些新材料的力学性能，便产生了现代材料力学。现代材料力学是近代力学和材料学互相渗透和互相结合产生的。它是以实验与理论、宏观与微观相结合为研究特点，用计算机作为工具，对材料性能的数学模型进行定量计算的一门新型学科。它对机电控制技术的发展起着至关重要的作用。而断裂力学、损伤力学的出现，使其在机械结构的安全设计、材料的合理选择、工艺过程的制订、检验标准的确定、结构可靠性及寿命的估算、事故分析等方面做出了贡献。

2. 机械设计

机械设计既是一门科学，又是一种艺术。它是经过设计者的创造性劳动，运用科学技术、经济学、心理学和社会学等知识，而获得优质低价的各类机械设计产品。

机械设计技术包括产品结构设计、工艺设计、材料选用以及设计理论与方法等。传统的机械设计技术和方法，已不能满足现代社会和生产实践的需要。例如，汽轮机叶片结构设计、数控机床设计、高效节能电机的设计等，最常规的机械设计技术就难以达到设计要求。像高度自动化的数控机床，在生产加工过程中无法实施人工补偿和调整，因此就要在设计时采用新结构、新材料，以保证机床结构及工艺过程中的高精度、高刚度、微小热变形和良好的精度保持性。近几十年来，设计方法已由直觉设计、经验设计发展到现代设计。现代设计方法是在设计的各个阶段应用先进理论和有效手段，解决设计中遇到的各类问题。现代设计涉及系统工程、相似理论、仿真技术、优化设计、可靠性设计、计算机辅助设计（CAD）、动态载荷和模态分析等内容。它是应用现代信息技术，进行科学的思维，使物质和能源最有效地被利用的设计方法。它大大地提高了设计的水平、设计质量和设计效率，促进了机械设计技术的飞速发展。

3. 制造工艺

制造工艺是机械设计具体实现的保证，同样是机械技术发展的关键之一。随着实际需要的发展，各种现代制造工艺层出不穷，发展迅速。制造工艺发展的目标可以用"三高"来概括：高效率、高精度、高柔性。

1) 高效率

高效率是现代技术的一个明显特征。制造工艺的高效就是要缩短加工周期，提高加工速度。以冷加工工艺为例，常采用以下三种方法：

（1）提高切削速度。由于涂层刀具、TiC 硬质合金刀具、陶瓷刀具和聚晶金刚石刀具等一批高性能刀具的相继出现，目前高速切削的线速度可达 10m/s 以上。

（2）采用新的加工工艺。对一些性能特殊、难以加工的材料，采用新的加工工艺，如在振动和加温过程中进行切削；应用激光、电火花、化学腐蚀等方法加工。

（3）实行集中加工方法。像加工中心等设备集各类加工于一体，在计算机控制下，完成对工件的各种切削加工，大大缩短了加工周转时间和辅助时间。

2) 高精度

精度是机械技术水平的一个重要标志。精度水平从 20 世纪 40 年代的 $0.1\mu m$，60 年代的 $0.01\mu m$，到目前的 $0.001\mu m$，半个世纪提高了两个数量级，它对光学、电子学、计算机科学及国防、航空航天、核工业等技术领域的发展做出了重要贡献。

3) 高柔性

加工柔性化是机械技术发展的一个重要方向。所谓加工柔性化就是指加工品种的多样性，加工的灵活性和多适应性。各类程控、数控机床和工业机器人等高度自动化设备的出现，使柔性制造系统成为可能。目前柔性制造系统分三种类型：柔性制造单元（FMU）、柔性制造自动线（FML）和柔性制造系统（FMS）。它们都是以数控设备为基础，用自动运储系统连接起来，由计算机控制的能加工多品种零部件的自动化生产系统。它们的出现有力地推动了制造工艺的发展。

值得提出的是，制造工艺对高精度的要求，迫使传统机械技术与新兴学科、新兴技术的结合，从而形成了现代机械技术的一个重要发展方向——精密机械技术。

精密机械技术包括精密加工技术和微机械技术。

1. 精密加工技术

精密加工一般有两个含义：一是突破传统加工方法所不能达到的精密界限，

即高精度加工；二是指以半导体生产为代表的微细尺寸加工，即微细加工。总的说来可以分为：

(1) 精密切削技术。目前，直接用切削方法获得高精度仍然是一种常用方法。但是，要用切削方法获得高精度和高水平的表面粗糙度，必须排除机床、刀具、工件和外界等因素的影响。比如，为了提高机床的加工精度，要求机床具有高的刚度，小的热变形和良好的抗振性能。这就要求采用更先进的技术，如空气静压轴承、精密陶瓷导轨、微驱动和微进给技术、精密定位技术、精密控制技术及其他先进技术。当然，提高机床主轴的转速也是行之有效的办法。现在超精密加工机床的转速已从每分钟几千转提高到几万转。

(2) 模具成型技术。据有关资料估计，汽车、飞机、兵器、电机、仪表及家电产品的70%以上零部件是用模具加工出来的，预计这几年产品粗加工的75%和精加工的25%将由模具来完成。模具成型的关键是如何提高模具本身的加工精度。它已成为衡量一个国家制造技术水平的重要标志之一。电解加工工艺可以使模具达到微米级精度，并能有效地解决工件的表面质量问题。数控电火花成型机床能可靠地解决电极自动更换相重复定位精度问题，有利于复杂型腔的加工。

(3) 超精密研磨技术。用于集成电路基板的硅片，其表面粗糙度要求达到 1~2nm，需要进行原子级的研磨抛光。用传统的磨削、研磨和抛光等方法已很难满足。为此，采用各种新原理、新方法的超精密研磨就应运而生。比如，包括弹性发射加工和流体动压型悬浮研磨的非接触研磨；利用机械加工液，促进化学反应的机械化学研磨。这些新的研磨原理和方法，将为超精密研磨做出贡献。

(4) 微细加工技术。为了满足电子元器件体积越来越小，运行频率越来越高，能量消耗越来越小的要求，不少发达国家已掌握了亚微米技术。美国利用电子束光刻技术，在 $1cm^2$ 的硅片上集成了上百万个电子元件。日本利用超微细离子技术，在半导体上的加工精度达到了几百个埃的水平。

(5) 纳米技术。纳米技术是一种在 0.1~100nm 的极微小尺寸范围内研究电子、原子和分子运动规律及其特性的跨世纪高技术。它是一个多学科交叉的学科，是现代物理学和先进工程技术结合的产品。其中纳米机械技术发展十分迅速。从1981年发明扫描隧道显微镜（STM），可以观测物质表面原子分子以来，在此基础上又开发了弹道电子发射电镜（BEEM），用它可以在硅片上刻写仅几个纳米宽的线，这表明信息存储的数据密度可以提高几个数量级。

2. 微机械技术

随着纳米技术的发展，微细加工技术已从一维、二维的平面结构发展到三维立体结构，这为微机械制作打下了良好的基础。同时，生物工程和微电子技术等科技领域的发展，又对微机械提出了迫切要求。

微机械技术主要研究内容有：

（1）微机械技术的理论。微机械的几何尺寸已进入了微观世界范围，因此许多物理现象与在宏观世界中的现象有很大的不同，如静电引力，此时已超过重力、惯性力的影响，质量对运动的影响几乎已不要过多的考虑，因此必须对微机械的运动物和动力学进行深入的研究。

（2）微机械驱动技术。微机械技术能否进入更大的应用范围，其驱动技术是个关键。现在大多利用静电力学原理的静电动机和压电元件制成的微驱动器，其动作响应快、精度高、容易操作，已向实用迈进了一大步，现在正在研究利用形状记忆合金与凝胶的驱动技术，以及利用热和光的驱动技术等，正不断加速微驱动技术的发展。

（3）微机械传感技术。微机械除了要求传感器微型化以外，还要求它具有很高的分辨率、灵敏度和数据密度。现在用大规模集成电路技术已经能生产如力传感器、加速度传感器、触觉阵列传感器等微型传感器。但为了适应微机械特点和要求，正在研究开发无源传感器、复合传感器以及驱动-传感合一的集成部件。

（4）微机械用的材料技术。以前常用的硅材料因较脆且存在较大的内应力，容易断裂，现已改用镍来代替硅制作微型齿轮。目前，用于制作微机械的材料有金属、高分子材料、记忆合金、压电陶瓷和多晶硅等很多种。

（5）微机械的制造工艺技术。集成电路制造技术不适合制作微细的立体结构元件，而德国研制成功的 LIGA 技术也只能加大微机械的厚度，因此，当要求作三维加工和组装时，仍需研究制造立体形状的新工艺。现在正在开发的有微放电加工、光造型法工艺以及封装工艺和微机械的装配工艺等。国外有人用计算机设计了分子结构的微机械器件，如用 2808 个原子构成一个轴承。不过，要把这个变成现实，还需较长的时间。

微机械技术的研究还涉及控制技术、能量传输、通信技术等多方面技术，必须进行多学科的协作才能形成微机械的技术体系。

较一般的同类型机械，机电一体化系统中机械部分的精度要求更高，要有更好的可靠性及维护性，同时要有更新颖的结构，要求零部件模块化、标准化、规格化等。也就是说，在机电一体化产品中，对机械本体和机械技术本身都提出了新的要求。这种要求的核心就是精密机械技术，要求机械结构减轻质量、缩小体积、提高刚性、提高精度、改善性能、提高可靠性。

1.4.6 接口技术

在计算机系统中，中央处理器 CPU 与外围设备之间的电路称为接口电路。而在机电一体化产品中，不仅微型计算机的 CPU 与外围设备之间需要接口电路，而且各构成部分之间如检测部分与控制部分、控制部分与执行部分、机械主体与各电气线路之间都需有一定的接口电路来起到协调与匹配的作用，即在机电一体化产品中的各组成要素与各子系统的相接处（也就是所谓的"界面"上）都必须以接口来实现各部分的联系。因此，接口的概念已从计算机系统扩展到整个机电一体化系统之中；接口技术已不再单纯地从属于计算机，而是独立成为一门重要技术而立足于机电一体化技术之中。

在开发机电一体化产品或以机电一体化技术改造设备时，我们往往倾向于选用各种功能模块来进行组合，即采取外购标准件的方法来组成一个系统。这样各种功能模块之间的连接问题，就成为构成系统的主要问题。从这个角度来讲，多数机电一体化系统的设计实际上是接口设计。

接口的功能是将所连接的两个部分中的物质、能量、信息等进行传递和交换。根据接口的作用及其所受的约束的不同，我们可将接口分为以下 4 类。

（1）机械接口。由输入/输出部位的形状、尺寸、精度、配合、规格等因素所确定的，进行机械连接的接口，称为机械接口。例如，联轴节、管接头、法兰盘、万能插口、接线柱、插头等。

（2）物理接口。受通过接口部位的物质、能量和信息的具体形态和物理条件约束的接口，称为物理接口。例如，受电压、频率、电流、电容、传递扭矩的大小、传递气体的成分、压力等约束的接口。

（3）信息接口。受规格、标准、法律、语言、符号等逻辑和软件约束的接口，称为信息接口。例如，RS232C 串行总线接口，RS422、RS485 位总线串行接口，STD 总线接口和 IEEE-488 可编程仪器数字总线接口等。

（4）环境接口。对周围环境条件（温度、湿度、磁场、火、振动、水、气、灰尘等）有保护作用和隔绝作用的接口，称为环境接口。例如，防尘过滤器、防水连接器、防爆开关等。

接口由两部分组成：物质、信息、能量的输入/输出部分及转换、调整部分。按照其转换调整的功能，接口可分为以下 4 个级别。

（1）零接口。不进行任何交换和调整，接口的输出与输入直接相连接的接口，称为零接口。例如，输送管、插头、插座、接线柱、传动轴、导线、电缆等。

（2）被动接口。只用接受部分来进行变换、调整的接口，称为被动接口。例如，齿轮减速器、进给丝杠、变压器、可变电阻器等。

（3）能动接口。含有能动部分、主动进行匹配的接口，称为能动接口。例如，电磁离合器、扩大器、光电耦合器、D/A 和 A/D 转换器等。

（4）智能接口。含有微处理器，可进行程序编制或可适应性地改变接口条件的接口，称为智能接口。例如，自动变速装置、可编程通用接口集成电路、STD 总线等。

作为微型机与外界联系的接口技术，在机电一体化产品中进行应用时，着重考虑机械与电气部分的配合问题及合理协调接口的软件与硬件的结合问题。

机械部分与电气部分进行接合时，电气系统的快速性（阻尼小、频率宽、时间常数小）与机械部分的惯性较大之间的矛盾，是接口技术所要解决的主要矛盾。

1.4.7 系统总体技术

机电控制技术不是几种技术的简单叠加，而是通过系统总体设计使它们形成一个有机整体。系统总体技术是一种从整体目标出发，用系统的观点和方法，将总体分解成若干功能单元，找出能完成各个功能的技术方案，再将各个功能与技术方案组合成方案组进行分析、评价、优选的综合应用技术。总体技术包括机电一体化机械的优化设计、CAD/CAM技术、研究和解决各组成部件之间的功能上的协调、可靠性设计及价值工程等。显然，即使各部分技术都已掌握，性能、可靠性都很好，如果整个系统不能很好地协调，则它仍然不可能正常、可靠地运行。由此可见系统总体技术的重要性。

所谓"系统"是指由相互作用和相互依赖的苦干组成部分按一定规律结合成的，具有特定功能的有机整体。

任何一个系统，总是具有下列特征：

系统是由许多元素（元件、零件、部件、单机等）按照一定方式组合起来的。

系统各个组成部分之间是互相联系、互相制约的。系统的这一特征称为"关联性"，这种关联是有一定规律的。例如，一台数控机床由各种零件部件按照总装图的要求依一定次序装配起来；各个零部件按照数控装置的统一指挥协调运转，才能正常工作。而一堆齿轮、轴、电动机、控制箱并不等于一台数控机床。

（1）系统总是具有特定功能的，这些功能按照一定的目的起作用，各个单元按照这个目的组织起来。

（2）任何系统存在并活动于一个特定的环境之中，与环境不断地进行物质、能量、信息交换。

用系统的观点和方法来对机电一体化产品进行研究，就要求我们在设计这个产品时，应有明确的预定功能和目标，并使得各个组成元件之间以及元件与整体之间有机相连、配合协调，使产品总体能达到最优目标。同时，在设计时要考虑到参与系统的人因素与作用，即考虑到操作性、可维护性、人的可干预程度等。

用系统的观点和方法来设计机电一体化产品时，要遵循整体性原则、综合性原则、科学性原则。

以上概述了机电控制的基本技术体系及相关技术,上述技术的综合,产生了诸如可编程控制器、工业机器人、数控机床、柔性制造系统及计算机集成制造系统等机电一体化典型设备与系统,它们代表了机电控制技术与系统的发展方向。机电控制技术是一种复合技术,它需要很多部门、产业的配合与支持,才能取得满意的结果。因此,我们既要对机电控制系统的各项相关技术进行全面深入的了解,又要能从系统工程的概念入手,通过系统总体设计来使各个相关技术形成有机的结合,并注意研究和解决技术融合过程中所产生的新问题。本书将从介绍上述机电控制的基本技术入手,对机械加工领域中常见和典型的一些机电控制系统进行深入的讨论和介绍。

1.5 机电控制系统的设计方法

1.5.1 机电一体化产品的设计思想

机电一体化产品是机械结构与电子线路有机结合的产物。它的各个组成部分紧密配合,成为不可分割的一个整体。因此,在设计一个机电一体化产品时,应该把所研究的对象作为系统来分析,对分析结果加以综合,综合的结果就是系统的设计,然后再对这个系统的设计加以评价。这个过程如图 1-5 所示。依照图 1-5 的过程反复进行,直到系统设计能有效地实现预定目标为止。

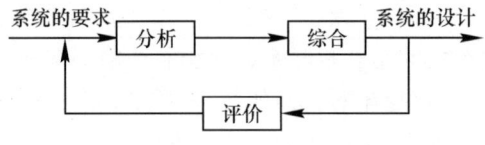

图 1-5 机电一体化产品的系统设计

对系统的分析,是为了使我们的目的能够更好地实现,为如何构成系统提供必要的信息。在分析过程中,可以利用各种分析方法对系统进行模拟、计算,从而获得系统设计所必需的信息。所谓综合,就是根据分析与评价的结果确定系统的构成和动作方式,作出系统的设计。设计要有多种方案,然后按评价标准从不同的观点和角度反复进行综合评价,选出最优的设计。

1.5.2 机电一体化产品的设计方法

对于不同类型的产品,在设计中应采取不同的考虑方法。例如,对旧机床进行技术改造,则它的主体仍是机械系统,只是控制系统被电子化了,而如果设计一个智能化的测量装置,则设计的主体为电子技术问题。

实现机电一体化产品设计的考虑方法通常有取代法、整体设计法和组合法,可分别根据不同的情况加以选择使用。

(1) 取代法。主要用于以电子线路来取代机械式控制机构这类机械电子化产品的设计。例如，用可编程序控制器或微型计算机来取代机械式的变速机构、凸轮等控制机构，代替气动、液压控制系统，代替插销板、拨码盘、步进开关、时间继电器等接触式控制器等。这不但可以大大简化机械结构，而且可以提高产品的性能和质量。这种考虑方法接近原来的产品或同类产品的结构原理，其设计比较容易实现；但缺点是跳不出原产品的框架，不利于开拓思路，尤其在开发全新的产品时更有局限性。

(2) 整体设计法。为了使所设计的产品取得更高的性价比，开发出全新产品来，在设计时可考虑将机械部分与电气部分融为一体，从整体上进行设计。例如，电液比例控制系统中，比例电磁铁与液压控制阀构成一体化的比例阀；直线式伺服电动机的定子绕组埋藏在机床导轨之中等都是整体化设计的结果。

(3) 组合法。就是将各种标准功能模块组合成各种机电一体化系统。例如，要改造一台车床成为数控车床时，可以外购一套供车床专用的数控装置、一套伺服驱动装置、一套位移测量装置、一套与主轴电机相配合的变频器，就可以组合一台具有自动调速、自动进给、能完成多种切削功能的数控车床了。采用组合法开发机电一体化产品时，研制周期短、质量可靠、节约工装设备费用，有利于生产管理、使用和维修。

1.6 机电控制技术的发展前景

随着社会生产和科学技术的发展与进步，机电控制技术正在不断地深入到各个领域并迅速地向前推进。世界各先进工业国家机电控制技术的发展各有特点，其发展的重点和具体做法也不尽相同，但总的趋势则是趋于一致的。归纳起来，主要有以下三个方面：

(1) 从性能上看。向高精度、高效率、高性能、智能化的方向发展。如以数控机床为例，其控制精度能实现 $0.1\mu m$ 的高精度，其进给速度可达 $24\sim100m/min$，甚至更高，其联动和控制的轴数能实现 $9\sim15$ 轴，同时增加了人机对话功能，设置了智能 I/O 通道和智能工艺数据库，给使用、操作和维护带来了极大的方便。今后，随着专用集成电路特别是超大规模集成电路的发展，机电一体化产品将越来越向高性能方向发展。

(2) 从功能上看。向小型化、轻型化、多功能方向发展。所谓小型化、轻型化，乃是精细加工技术发展的必然，也是提高效率的需要。通过结构优化设计和精细加工，可使机械的质量减轻到与人的体重相称的程度。所谓多功能，也是自动化发展的要求和必然结果。一般机电一体化产品，为了适应自动化控制规模的不断扩大和高技术的发展，不仅要求它们具有数据采集、检测、记亿、监控、执行、反馈、自适应、自学习等多种功能，甚至还要具有神经系统的功能，以便能实现整个生产系统的最佳化和智能化。

（3）从层次上看。向系统化、复合集成化方向发展。复合集成，既包括各种分技术的相互渗透、相互融合和各种产品不同结构的优化与复合，又包含在生产过程中同时处理加工、装配、检测、管理等多种工序。为了实现多品种、小批量生产的自动化与高效率，应使系统具有更广泛的柔性。首先可将系统先分解为若干个层次，使系统功能分散，并使各部分协调而又安全地运转，然后，再通过硬、软件将各个层次有机地连接起来，使其性能最优、功能最强。柔性制造系统就是这种层次结构的典型。

1.7 机电控制的技术、经济和社会效益

机电控制技术综合利用各相关技术优势，扬长避短，取得系统优化效果，有显著的社会效益和技术、经济效益。

（1）提高精度。机电控制技术使机械传动部件减少，因而使机械磨损、配合间隙及受力变形等所引起的误差大大减少，同时由于采用电子技术实现自动检测和控制、补偿、校正因各种干扰因素造成的动态误差，从而达到单纯机械装备所不能实现的工作精度。如采用微型计算机误差分离技术的电子化圆度仪，其测量精度可由原来的 $0.025\mu m$ 提高到 $0.01\mu m$；大型镗铣床装感应同步器数显装置可将加工精度从 $0.06\mu m$ 提高到 $0.02\mu m$。

（2）增强功能。现代高新技术的引入，极大地改变了机械工业产品的面貌，具有多种复合功能，成为机电一体化产品和应用技术的一个显著特征。例如，加工中心机床可以将多台普通机床上的多道工序在一次装夹中完成，并且还有自动检测工件和刀具的精度、自动显示刀具动态轨迹图形、自动保护和自动故障诊断等极强的应用功能；配有机器人的大型激光加工中心，能完成自动焊接、划线、切割、钻孔、热处理等操作，可加工金属、塑料、陶瓷、木材、橡胶等各种材料。这种极强的复合功能，是传统机械加工所不能比拟的。

（3）提高生产效率，降低成本。机电一体化生产系统能够减少生产准备和辅助时间，缩短新产品的开发周期，提高产品合格率，减少操作人员，提高生产效率，降低生产成本。例如，数控机床的生产效率比普通机床高5～6倍，柔性制造系统可使生产周期缩短40%，生产成本降低50%。

（4）节约能源，降低消耗。机电一体化产品通过采用低能耗的驱动机构、最佳的调节控制和提高设备的能源利用率，来达到显著的节能效果。例如，工业锅炉若采用微机精确控制燃料与空气的混合比，可节煤5%～20%；被称为电老虎

的电弧炉，是最大的耗电设备之一，如改用微型计算机实现最佳功率控制，可节电 20%。

（5）提高安全性、可靠性。具有自动检测监控的机电控制系统，能够对各种故障和危险情况自动采取保护措施，及时修正运行参数，提高系统的安全可靠性。例如，大型火力发电设备中，锅炉和汽轮机的协调控制、汽轮机的电液调节系统、自动启停系统、安全保护系统等，不仅提高了机组运行的灵活性和积极性，而且提高了机组运行的安全性和可靠性，使火力发电设备逐步走向全自动控制。

（6）改善操作性和使用性。机电控制装置或系统各相关传动机构的动作顺序及功能协调关系，可由程序控制自动实现，并建立良好的人机界面，对操作参数加以揭示，因而可以通过简便的操作得到复杂的功能控制和使用效果。有些机电控制装置，可实现操作全部自动化；有些更高级的机电控制系统，还可通过被控对象的数学模型和目标函数，以及各种运行参数的变化情况，随机自寻最佳工作过程，协调对内对外关系，以实现自动最优控制，如电梯全自动控制系统、智能机器人等。

（7）减轻劳动强度，改善劳动条件。机电控制技术一方面能够将制造和生产过程中极为复杂的人的智力活动和资料数据记忆查找工作改由计算机来完成，一方面又能由程序控制自动运行，代替人的紧张和单调重复的操作，以及在危险或有害环境下的工作，因而大大减轻了人的脑力和体力劳动，改善了人的工作环境条件。例如，CAD 和 CAPP 极大地减轻了设计人员的劳动复杂性，提高了设计效率；搬运、焊接和喷漆机器人取代了人的单调重复劳动；武器弹药装配机器人、深海太空工作机器人、在核反应堆和有毒环境下的自动工作系统，则成为人类谋求解决危险环境中的劳动问题的唯一途径。

（8）简化结构，减轻质量。机电控制系统采用新型电力电子器件和传动技术，可代替笨重的老式电气控制的复杂机械变速传动，由微处理机和集成电路等微电子元件和逻辑软件，完成过去靠机械传动链来实现的关联运动，从而使机电一体化产品体积减小，结构简化，质量减轻。例如，换向器电动机，将电子控制与相应的电动机电磁结构相结合，取消了传统的换向电刷，简化了电动机结构，提高了电动机寿命和运行特性，并缩小了体积。

（9）降低价格。由于结构简化，材料消耗减少，制造成本降低。同时微电子技术的高速发展，微电子器件价格迅速下降，因此机电一体化产品价格低廉，而且维修性能改善，使用寿命延长。

（10）增强柔性应用功能。机电控制系统可以根据使用要求的变化，对产品的应用功能和工作过程进行调整修改，满足用户多样化的使用要求。例如，利用数控加工中心或柔性制造系统，可以通过调整系统运行程序，适应不同零件的加工工艺。机械工业约有 75% 的产品居中小批量，利用柔性生产系统，能够经济、迅速地解决这种中小批量、多品种的自动化生产，对机械工业发展具有划时代的意义。

1.8 本课程的性质和任务

制造业技术水平的提高，已是当今世界衡量一个国家实力和国际地位的重要标志。实现制造业技术的高水平，其关键是机电一体化人才的培养。高等学校的主要任务就是培养能够更好地适应现代化建设需要的德、智、体、美全面发展，基础扎实、知识面宽、能力强、素质高、具有创新精神和实践能力的"机电复合型"人才，对于机电类专业，使学生学习并掌握机电液计算机等技术，并能综合应用是至关重要的。

"机电控制技术"课程是机械制造及自动化、机械电子工程专业的一门必修专业基础课。它是机电一体化人才所需知识结构的核心内容。

本课程的任务是了解机电控制的一般知识，了解最新控制技术在自动化制造装备中的应用。通过本课程学习，学生应掌握机械、电子、计算机（可编程）等综合控制系统的技术。

在机电控制技术中主要包含弱电控制和强电控制。作为一个完整的体系，把机电系统的传动力学、电机、电器及其控制电路、PLC的原理及应用、直流调速、交流调速、位置控制等控制内容根据其科学的发展和内在规律组织在一起，以电机驱动系统为主导，以控制为线索，将元、器件控制有机结合起来，使学生对机电一体化产品中电控技术部分有全面、系统的了解和掌握。

复习参考题

1. 说明机电控制技术的基本概念。
2. 机电控制技术是在什么样的背景之下产生与发展起来的？
3. 机电控制系统的基本结构要素是什么？
4. 与机电控制相关的技术有哪些？
5. 机电控制技术的发展前景如何？
6. 综述机电控制的技术、经济和社会效益。

参 考 文 献

杨公源. 2005. 机电控制技术及应用. 北京：电子工业出版社
杨汝清. 2000. 现代机械设计-系统与结构. 上海：上海科学技术文献出版社
郁建平. 2006. 机电控制技术. 北京：科学出版社

第 2 章 继电器接触器控制

生产设备一般都是由电动机来拖动的,而电动机尤其是三相异步电动机是由各种有触点的接触器、继电器、按钮、行程开关等电器组成的电气控制线路来进行控制的。虽然生产设备的电气控制线路各不相同,但都是由一些比较简单的基本环节按需要组合而成的。本章介绍常用低压电器、电气控制线路的基本环节,以及电气控制线路的基本设计方法。

2.1 常用低压电器

2.1.1 开关电器

1. 刀开关

刀开关主要用来接通和断开长期工作设备的电源。刀开关分单极、双极和三极。负荷开关有快断刀闸的刀开关与熔断器组合在一起的铁壳开关,常用来控制小容量异步电动机的不频繁启动和停止。刀开关的图形符号及文字符号如图 2-1 所示。

刀开关主要根据电源种类、电压等级、电动机容量、所需极数及使用场合来选用。若用来控制不经常启停的小容量异步电动机时,其额定电流不要小于电动机额定电流的三倍。

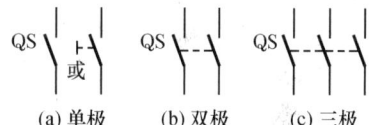

图 2-1 刀开关的图形符号及文字符号

2. 转换开关

转换开关又称组合开关,主要用作电源的引入开关,所以也称电源隔离开关。它也可以启停 5kW 以下的异步电动机,但每小时的接通次数不宜超过 15~20 次,开关的额定电流一般取电动机额定电流的 1.5~2.5 倍。转换开关的图形符号及文字符号如图 2-2 所示。

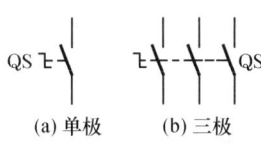

图 2-2 转换开关的图形符号及文字符号

转换开关有单极、双极和多极之分。适用于交流 380V 以下、直流 220V 以下的电气设备中。

3. 自动开关

自动开关又称自动空气断路器,它不但能用于不频繁接通和断开的电路,而

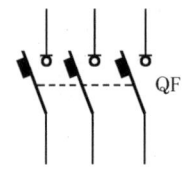

图 2-3 自动开关的图形符号及文字符号

且当电路发生过载、短路或失压等故障时，能自动切断电路，有效地保护串接在它后面的电气设备。因此，自动开关在生产设备上使用得很广泛。自动开关的图形符号及文字符号如图 2-3 所示。

选择自动开关时，其额定电压和额定电流应不小于电路正常工作的电压和电流。热脱扣器的整定电流与所控制的电动机的额定电流或负载额定电流一致。

2.1.2 主令电器

自动控制系统中用于发送控制指令的电器称为主令电器。常用的主令电器有控制按钮、行程开关、接近开关和万能转换开关等。

1. 控制按钮

控制按钮通常用作短时接通或断开小电流控制电路的开关。一般用手按动按钮进行操作。旋钮式按钮是用手扭动旋转来进行操作的。按钮开关的图形符号及文字符号如图 2-4 所示。

按钮的额定电压为交流 380V、直流 220V，额定电流 5A。按钮帽有多种颜色，一般红色用作停止按钮，绿色用作启动按钮。按钮主要根据所需要的触点数、使用场合及颜色来选择。

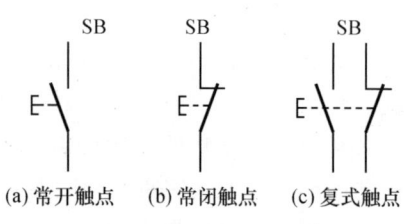

(a) 常开触点　(b) 常闭触点　(c) 复式触点

图 2-4 按钮开关的图形符号及文字符号

2. 行程开关

行程开关又称限位开关，是根据运动部件位置而切换电路的自动控制电器，用来控制运动部件的运动方向、行程大小或位置保护。行程开关的图形符号及文字符号如图 2-5 所示。

普通行程开关允许操作频率一般为 1200～2400 次/小时，机电寿命为 1×10^6～2×10^6 次，行程开关主要根据机械位置对开关的要求及触点数目的要求来选择型号。

(a) 常开触点　(b) 常闭触点

图 2-5 行程开关的图形符号及文字符号

2.1.3 熔断器

熔断器是一种广泛应用的最简单有效的保护电器。在使用时，熔断器串接在所保护的电路中，当电路发生短路或严重过载时，它的熔体能自动迅速熔断，从而切断电路，使导线和电气设备不致损坏。熔断器的图形符号及文字符号见图2-6。

选择熔断器主要是选择熔断器的类型、额定电压、额定电流及熔体的额定电流。熔断器的类型应根据线路要求和安装条件来选择。熔断器的额定电压应大于或等于线路的工作电压。熔断器的额定电流应大于或等于熔体的额定电流。熔体额定电流的选择是熔断器选择的核心。

2.1.4 交流接触器

接触器是一种用来频繁地接通或分断带有负载的主电路（如电动机）的自动控制电器。接触器按其主触头通过电流的种类不同，分为直流、交流两种，生产设备上应用最多的是交流接触器。接触器的图形符号如图2-7所示，文字符号为KM。

交流接触器的选择主要考虑主触点的额定电压、额定电流、辅助触点的数量与种类、吸引线圈的电压等级及操作频率等。接触器的额定电压是指主触点的额定电压，应大于或等于负载回路的电压。接触器的额定电流是指主触点的额定电流，有5A、10A、20A、40A、60A、100A和150A等几种，应大于或等于被控回路的额定电流。接触器的触点数量和种类应满足主电路和控制线路的需要。

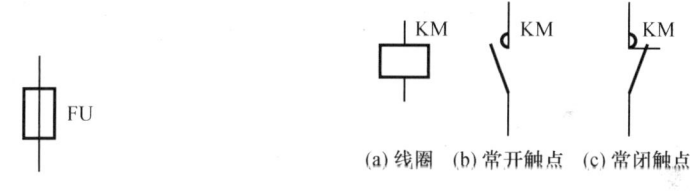

图2-6　熔断器的图形符号及文字符号　　　图2-7　接触器的图形符号

2.1.5 继电器

继电器是一种根据某种输入信号的变化，而接通或断开控制电路，实现控制目的的电器。继电器的输入信号可以是电流、电压等电学量，也可以是温度、速度、时间及压力等非电量，而输出通常是触点的动作。

继电器的种类很多，按输入信号的性质分为电压继电器、电流继电器、时间继电器、温度继电器、速度继电器及压力继电器等；按工作原理可分为电磁式继电器、感应式继电器、电动式继电器、热继电器及电子式继电器等。电磁式继电器具有工作可靠、结构简单、制造方便及寿命长等一系列优点，故应用最为广泛。

1. 电磁式继电器

电磁式继电器按吸引线圈电流的种类不同，有直流和交流两种。其结构及工作原理与接触器相似,但因继电器一般用来接通和断开控制电路,故触点电流容量较小(一般5A以下)。下面介绍一些常用的电磁式继电器。

1) 电流继电器

电流继电器的线圈串接在被测量的电路中,以反应电路电流的变化。电流继电器有欠电流继电器和过电流继电器两类。欠电流继电器的吸引电流为线圈额定电流的30%~65%,释放电流为额定电流的10%~20%。过电流继电器整定范围通常为1.1~4倍额定电流。

电流继电器主要根据主电路内的电流种类和额定电流来选择。

2) 电压继电器

电压继电器的结构与电流继电器相似,不同的是电压继电器线圈并联在被测量的电路两端。电压继电器按动作电压值的不同,有过电压、欠电压及零电压之分。过电压继电器在电压为额定电压的110%~115%以上时动作;欠电压继电器在电压为额定电压的40%~70%时有保护动作;零电压继电器当电压降至额定电压的5%~25%时有保护动作。

3) 中间继电器

中间继电器实质上是电压继电器的一种,但它的触点数多(六对或更多),触点电流容量大(额定电流5~10A),动作灵敏(动作时间不大于0.05s)。其主要用途是当其他继电器的触点数或触点容量不够时,可借助中间继电器来扩大它们的触点数或触点容量,起到中间转换的作用。

中间继电器主要依据被控制电路的电压等级,触点的数量、种类及容量来选用。

电磁式继电器的一般图形符号是相同的,但其文字符号不同。电流继电器的文字符号为KI,如图2-8所示。线圈方格中用 $I>$(或 $I<$)表示过电流(或欠电流)继电器。电压继电器的文字符号为KV,线圈方格中用 $U<$(或 $U=0$)表示欠电压(或零电压)继电器。中间继电器一般以KA表示。

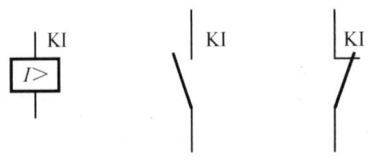

(a) 吸引线圈　　(b) 常开触点　　(c) 常闭触点

图2-8 电磁式继电器的图形符号

2. 时间继电器

时间继电器是一种用来实现触点延时接通或断开的控制电器,按其动作原理与构造不同,可分为电磁式、空气阻尼式、电动式及晶体管式等类型。应用较多的是空气阻尼式时间继电器,晶体管式时间继电器也获得越来越广泛的应用。

空气阻尼式时间继电器的优点是结构简单、寿命长及价格低廉,还附有不延时的触点,所以应用较为广泛。缺点是准确度低、延时误差大(±10%~±20%),

因此在要求延时精度高的场合不宜采用。

晶体管式时间继电器具有延时范围广、体积小、精度高、调节方便及寿命长等优点,所以发展很快,应用也日益广泛。时间继电器的图形符号如图 2-9 所示,文字符号为 KT。

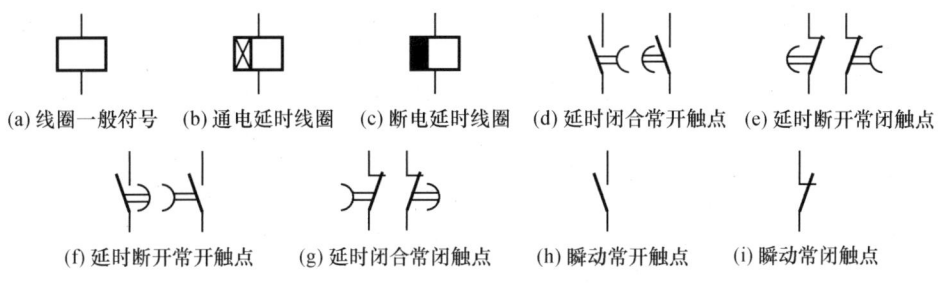

图 2-9　时间继电器的图形符号

3. 热继电器

热继电器是利用电流的热效应原理来保护电动机,使之免受长期过载的危害。电动机过载时间过长,绕组温升超过允许值时,将会加剧绕组绝缘的老化,缩短电动机的使用年限,严重时会使电动机绕组烧毁。热继电器的图形及文字符号如图 2-10 所示。

热继电器由于热惯性,当电路短路时不能立即动作使电路立即断开,因此不能作短路保护。同理,在电动机启动或短时过载时,热继电器也不会动作,这可避免电动机不必要的停车。

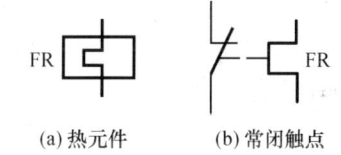

图 2-10　热继电器的图形及文字符号

热继电器的选择主要根据电动机的额定电流来确定热继电器的型号及热元件的额定电流等级。

4. 速度继电器

速度继电器主要用作笼型异步电动机的反接制动控制,所以亦称反接制动继电器。一般速度继电器的动作转速为 120r/min,触头的复位转速在 100r/min 以下,转速在 3000～3600r/min 以下能可靠工作。速度继电器的图形及文字符号如图 2-11 所示。

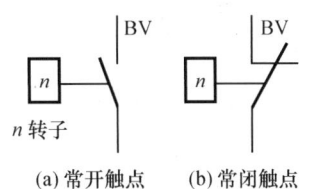

图 2-11　速度继电器的图形及文字符号

5. 固态继电器

固态继电器（solid state relay, SSR）

是一种由固态元件组成的无触点开关器件,因功能与电磁继电器相似而得名。在固态继电器的输入端加上控制信号,输出端就能从关断状态转变成导通状态(无信号时呈阻断状态),从而控制负载。

1)组成

固态继电器内部由输入电路、隔离电路和输出电路三部分组成。按输入电压的不同类型,输入电路可主要分为直流输入电路和交流输入电路两种。有些输入控制电路还具有与TTL/CMOS兼容、正负逻辑控制和反相等功能。固态继电器的输入与输出电路的隔离和耦合方式有光电耦合和变压器耦合两种。固态继电器的输出电路也可分为直流输出电路、交流输出电路和交直流输出电路等形式。

2)与机械式电磁继电器的区别

(1)固态继电器是一种没有机械运动、不含运动零件的继电器,但它具有与机械式电磁继电器本质上相同的功能。

(2)固态继电器是一种全部由固态电子元件组成的无触点开关元件,它利用电子元器件的电、磁和光特性来完成输入与输出的可靠隔离,利用大功率三极管、功率场效应管、单向可控硅和双向可控硅等器件的开关特性,来达到无触点、无火花地接通和断开被控电路。

(3)固态继电器的使用寿命长、可靠性高。

(4)固态继电器的灵敏度高、控制功率小、电磁兼容性好,可与大多数集成电路兼容且不需加缓冲器或驱动器。

(5)固态继电器采用电子固态器件,因此控制的响应速度比机械式电磁继电器快,电子开关的切换速度可从几微秒至几毫秒。

(6)固态继电器没有输入线圈和机械开关,没有触点电弧产生,因而减少了电磁干扰。

(7)固态继电器也有一些缺点,例如,关断后仍有数微安至数毫安的漏电流、导通电阻、通态压降等的存在,易发热损坏;截止时存在漏电阻,不能使电路完全分开;易受温度的影响等。因此,对于SSR具有的独特性能,必须正确理解和谨慎使用,才能发挥其独特的优势来。

3)固态继电器的应用

固态继电器按其使用场合可以分成交流型和直流型两大类,它们分别在交流或直流电源上做负载的控制开关。交流型固态继电器按触发形式不同分为过零型和随机型。过零型固态继电器用作"开关",随机型固态继电器通常也可用作"调压"。而三相交流固态继电器一般只用作"开关"。交流SSR是一种四端有源器件,其中两个端子为输入端,另两个端子为输出端。当在输入端施加合适的控制信号时,输出端就能从关断状态转变成导通状态;当控制信号撤销后,输出端就呈关断状态。

直流型的 SSR 与交流型的 SSR 相比，无过零控制电路，也不必设置吸收电路，开关器件一般用大功率开关三极管。负载为感性负载时，如直流电磁阀或电磁铁，应在负载两端并联一只二极管，极性如图 2-12 所示，二极管的电流应等于工作电流，电压应大于工作电压的 4 倍。

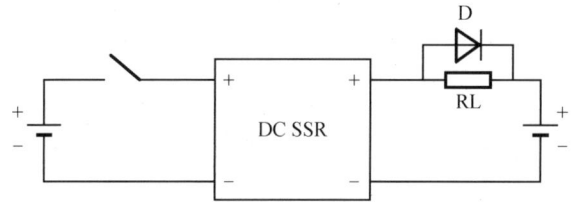

图 2-12　直流型的 SSR 控制感性负载原理图

固态继电器在使用中，当环境温度达到临界值 TO 时，输出电流会随着温度升高而降低。通常，输出电流小于 5A 的固态继电器，利用空气散热，基本可以满足散热要求。对于 5A 以上的固态继电器，使用时散热器必不可少。如图 2-13 所示，安装适当散热器的固态继电器的输出电流比没有安装的要高（$A_2 > A_1$），因此要参考相应产品的电流温度曲线选择散热器。此外，环境温度较高时，固态继电器应降额使用。

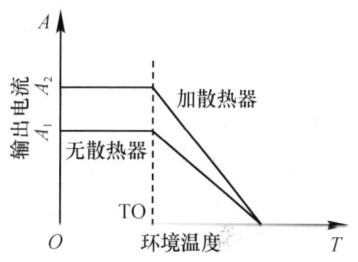

图 2-13　固态继电器的输出电流 环境温度曲线

图 2-14 中是固态继电器的特殊类型，为自触发无源控制交流调压器，使用中仅需要调节外配的电位器，即可控制输出端负载两端电压波形，完成对电压、功率的无级调节，使用十分方便。可以广泛用于调光照明设备、阻性电热设备的控温及其他功率调节场合。

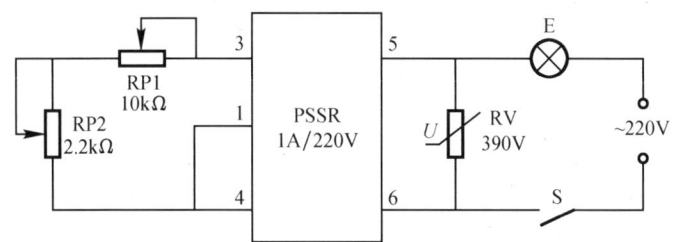

图 2-14　固态调压器用于照明设备的控制原理图

固态继电器与电磁继电器相比具有工作可靠、寿命长，对外界干扰小，能与逻辑电路兼容、抗干扰能力强、开关速度快和使用方便等一系列优点，因此与传统电磁继电器一样已成为重要的开关控制电器之一。

2.2 电气原理图的画法规则

电气控制系统是由许多电气元件按一定要求连接而成的。电气控制系统中各电气元件及其连接，可用一定的图形表达出来，这种图就是电气控制系统图。电气控制系统图有三类：电气原理图、电器元件布置图及电气安装接线图。

2.2.1 电气控制系统图中的图形符号和文字符号

电气控制系统图中，电气元件必须使用国家统一规定的图形符号和文字符号。国家规定从1990年1月1日起，今后电气系统图中的图形符号和文字符号必须符合最新的国家标准。当前推行的最新标准是国家标准局颁布的 GB4728—1984《电气图用图形符号》、GB6988—1987《电气制图》和 GB7159—1987《电气技术中的文字符号制订通则》。

2.2.2 电气原理图

电气原理图是为了便于阅读和分析控制线路，根据简单清晰的原则，采用电气元件展开的形式绘制成的表示电气控制线路工作原理的图形。在电气原理图中只包括所有电气元件的导电部件和接线端点之间的相互关系，但并不按照各电气元件的实际布置位置和实际接线情况来绘制，也不反映电气元件的大小。下面结合图 2-15 所示 CW6132 卧式车床的电气原理图说明绘制电气原理图的基本规则和应注意的事项。

1. 绘制电气原理图的基本规则

（1）原理图一般分主电路和辅助电路两部分画出。主电路就是从电源到电动机绕组的大电流通过的路径。辅助电路包括控制回路、照明电路、信号电路及保护电路等，由继电器的线圈和触点、接触器的线圈和辅助触点、按钮、照明灯、信号灯及控制变压器等电器元件组成。一般主电路用粗实线表示，画在左边（或上部）；辅助电路用细实线表示，画在右边（或下部）。

（2）原理图中，各电器元件不画实际的外形图，而采用国家规定的图形符号来画，文字符号也要符合国家标准。属于同一电器的线圈和触点，都要用同一个文字符号表示。当使用相同类型电器时，可在文字符号后加注阿拉伯数字序号来区分。

（3）原理图中，各电器元件的导电部件，如线圈和触点的位置，应根据便于

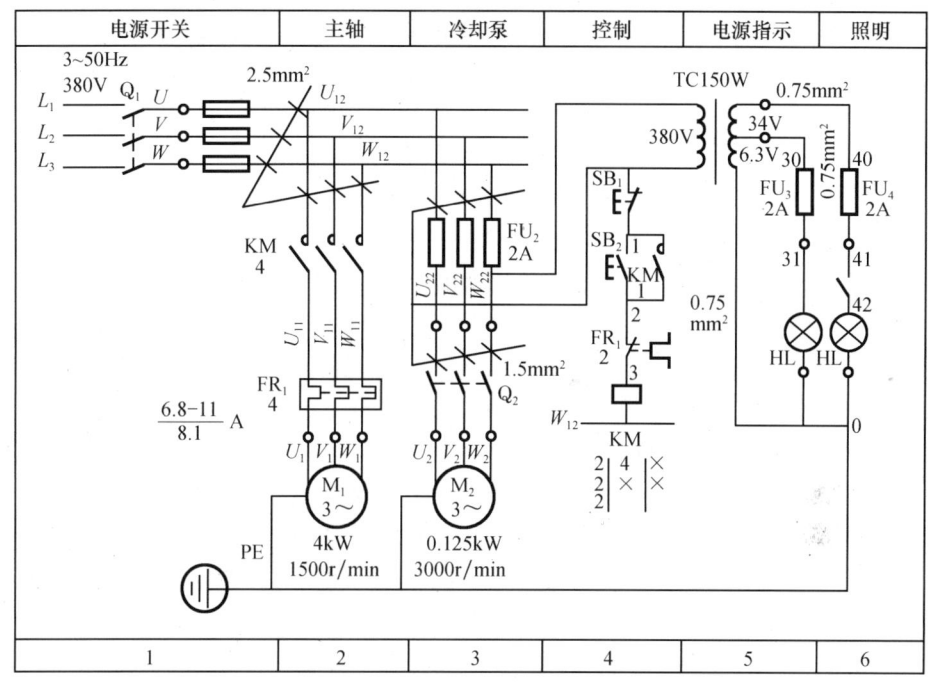

图 2-15 CW6132 型车床电气原理图

阅读和分析的原则来安排，绘在它们完成作用的地方。同一电器元件的各个部件可以不画在一起。

（4）原理图中所有电器的触点，都按没有通电或没有外力作用时的开闭状态画出。如继电器、接触器的触点，按线圈未通电时的状态画；按钮、行程开关的触点按不受外力作用时的状态画；控制器按手柄处于零位时的状态画等。

（5）原理图中，有直接电联系的交叉导线的连接点，要用黑圆点表示。无直接电联系的交叉导线，交叉处不能画黑圆点。

（6）原理图中，无论是主电路还是辅助电路，各电气元件一般应按动作顺序从上到下，从左到右依次排列，可水平布置或垂直布置。

2. 图面区域的划分

在原理图上方将图分成若干图区，并标明该区电路的用途与作用。在原理图下方的 1，2，3，…数字是图区编号，它是为便于检索电气线路及方便阅读分析设置的。

3. 符号位置的索引

在较复杂的电气原理图中，对继电器、接触器线圈的文字符号下方要标注其

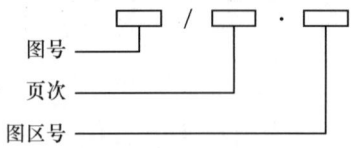

图 2-16 索引代号的组成

触点位置的索引；而在触点文字符号下方要标注其线圈位置的索引。符号位置的索引，用图号、页次和图区编号的组合索引法，索引代号的组成如图 2-16 所示。

当与某一元件相关的各符号元素出现在只有一张图样的不同图区时，索引代号只用图区号表示。如图 2-15 图区 2 中接触器主触点 KM 下面的 4，即为最简单的索引代号，它指出 KM 的线圈位置在图区 4。较简单的电气原理图中，触点文字符号下方的索引代号可省去。

在电气原理图中，接触器和继电器线圈与触点的从属关系，应用附图表示。即在原理图中相应线圈的下方，给出触点的图形符号，并在其下面注明相应触点的索引代号，对未使用的触点用"×"表明。具体规定如下：

（1）在接触器触点的位置索引中，左栏为主触点所在图区号，中栏为辅助常开触点所在图区号，右栏为辅助常闭触点所在图区号。

（2）在继电器触点的位置索引中，左栏为常开触点所在图区号，右栏为常闭触点所在图区号。

如图 2-15 图区 4 中 KM，左栏三个 2 表示 KM 的三个主触头在图区 2 中；中栏一个 4 表示一个辅助常开触头在图区 4，另一个×表示还有一个辅助常开触头未用；右栏两个×，表示两个辅助常闭触头均未用。

4. 电气原理图中技术数据的标注

电气元件的技术数据，除在电气元件明细表中标明外，有时也可用小号字体注在其图形符号的旁边，如图 2-15 图区 2 热继电器 FR_1 的动作电流值范围为 6.8~11A，整定值为 8.4A。图 2-15 中标注的 $1.5mm^2$、$2.5mm^2$ 等字样表明该导线的截面积。

2.2.3 电气元件布置图

电气元件布置图主要用来表明各种电气设备在机械设备上和电气控制柜中的实际安装位置，为机械电气控制设备的制造、安装及维修提供必要的资料。各电气元件的安装位置是由生产设备的结构和工作要求决定的，如电动机要和被拖动的机械部件在一起，行程开关应放在要取得信号的地方，操作元件要放在操纵台及悬挂操纵箱等操作方便的地方，一般电气元件应放在控制柜内。

电气元件布置图主要由电气设备布置图、控制柜与控制板电气设备布置图及操纵台与悬挂操纵箱电气设备布置图等组成。在绘制电气设备布置图时，所有能见到的以及需表示清楚的电气设备均用粗实线绘制出简单的外形轮廓，其他设备（如机床）的轮廓用双点划线表示。

2.2.4 电气安装接线图

电气安装接线图是为了安装电气设备和电气元件时进行配线或检查维修电气控制线路故障服务的。在图中要表示出各电气设备之间的实际接线情况,并标注出外部接线所需的数据。在接线图中各电气元件的文字符号、元件连接顺序及线路号码编制都必须与电气原理图一致。

2.3 基本控制电路

2.3.1 启动、自锁与停止控制电路

生产设备在使用中,一般都必须有启动与停止按钮,用以控制电动机的启动与停止。如图 2-17 所示,按下启动按钮 SB_2,接触器 KM 得电,串接于主电机 M 电路中的接触器主触头闭合,电机 M 运转。同时,接触器的常开辅触头也闭合,此后松开 SB_2,KM 仍得电,电机 M 连续运转,这就叫自锁。自锁触头 KM 必须与启动按钮并联。当按下停止按钮 SB_1,接触器 KM 失电,其主触头复位,切断主回路电流,从而使电机停止运转,同时,KM 常开辅触头复位,松掉 SB_1 后,KM 也不会得电。只有按下 SB_2 才会重新启动。停止按钮必须与启动及自锁电路串联。

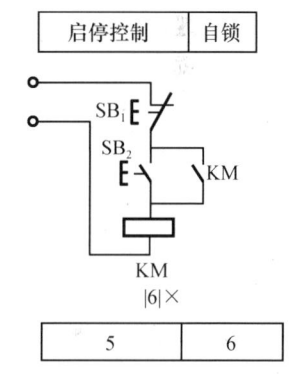

图 2-17 启动与停止控制电路

2.3.2 连续工作与点动控制

生产设备在正常情况下需要连续不停地工作,即所谓长动,而点动则是指手按下按钮时,电动机转动工作,手松开按钮时,电动机立即停止工作。点动多用于生产设备的调整或某些需手动操作的场合。

长动与点动的主要区别是控制电器能否自锁。图 2-18 为实现长动与点动的各个电路,图 (a) 为用按钮实现长动与点动的控制电路;图 (b) 为用开关 SA 实现长动与点动转换的控制电路;图 (c) 为利于中间继电器 KA 实现长动与点动的控制电路。

2.3.3 多点控制

在较大型生产设备中,为了操作方便,常要求能在多个地点进行控制,实现的方法是将分散在各操作站上的启动按钮引线并联起来,停止按钮的引线作串联连接。

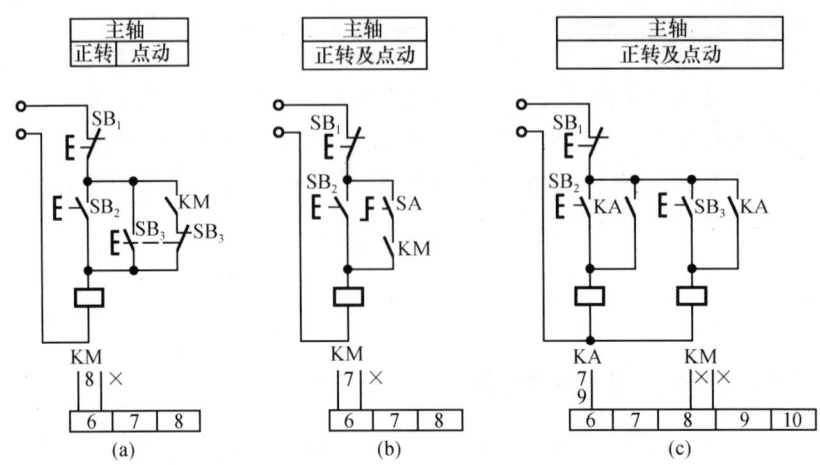

图 2-18 长动与点动控制电路

图 2-19 为三处操作站对同一电动机进行启动、停止控制的电路，SB_1 是急停按钮，用于紧急情况下停车操作。

2.3.4 联锁控制

联锁控制是自动控制中一个很重要的环节，如两（多）台电动机不准同时工作。图 2-20 所示用 KM_1 和 KM_2 两个接触器分别控制两台电动机 M_1 和 M_2。利用接触器的常闭触头串接于对方线圈电路中，当接触器 KM_1 得电，M_1 运转时，KM_2 线圈电路被切断，M_2 就不能工作。同理，当 KM_2 得电后，只有 M_2 工作，

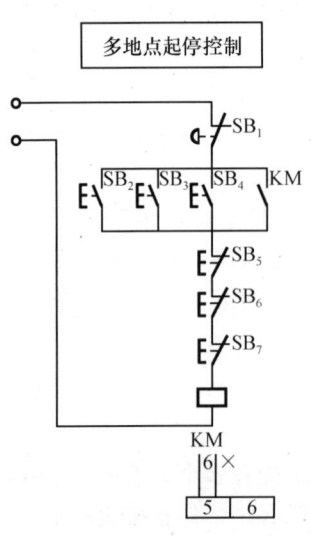

图 2-19 多地点控制电路

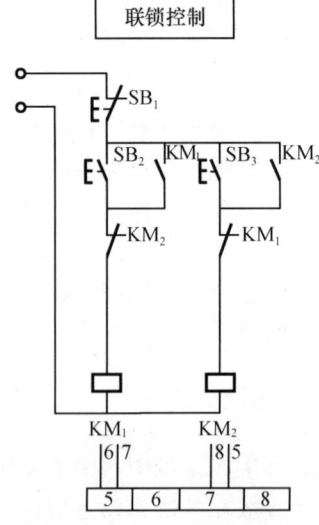

图 2-20 两台电动机的联锁控制

M_1 就不能工作。这种措施称为两个接触器在电气方面互相联锁,简称联锁。接触器中担负这一任务的常闭触头通常称为"联锁"触头。在电动机正反转控制中常用到这种联锁来防止电源短路。

2.3.5 顺序启动控制

在控制电路中,经常要求电动机有顺序地启动。如某些机床主轴必须在油泵工作后才能工作;龙门刨床工作台移动时,导轨内必须有充足的润滑油;铣床的主轴旋转后,工作台方可移动等,都要求电机有顺序地启动工作。图 2-21 为两台电动机顺序控制电路。

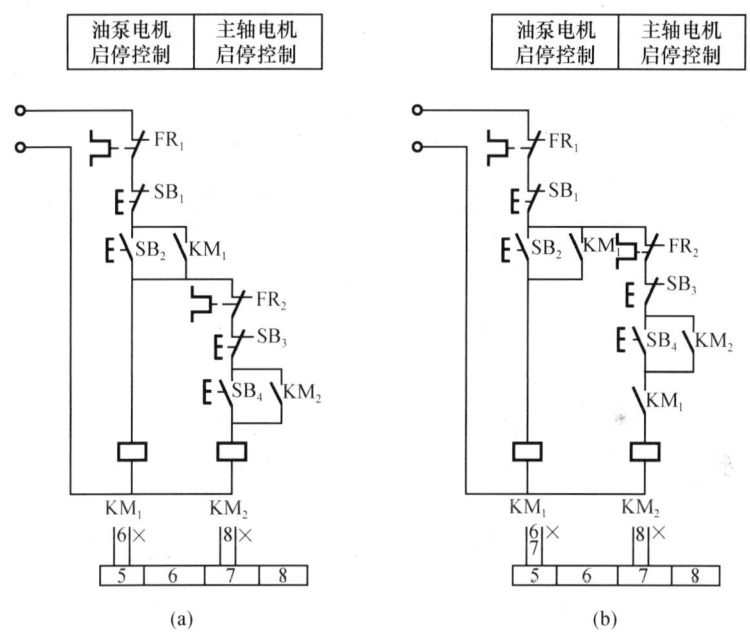

图 2-21 两台电动机的顺序启动控制

接触器 KM_1 控制油泵电机的启、停,保护油泵电机的热继电器是 FR_1。KM_2 及 FR_2 控制主轴电机的启动、停车与过载保护。从图 2-21 可见,只有 KM_1 得电,油泵电机启动后,KM_2 才有可能得电,使主轴电机启动。停车时,主轴电机可单独停止,但若油泵电机停车时,则主轴电机立即停车。图 2-21(a)、图 2-21(b)的控制功能是相同的,不同之处在于 KM_1 辅助触头的使用。

2.4 异步电动机的控制

2.4.1 异步电动机的启动电路

在供电变压器容量足够大和负载能承受较大冲击时,异步电机可直接启动,否则应采用降压启动方式。

1. 全压直接启动控制电路

(1) 对功率为数百瓦的设备可以用开关直接启动。如图 2-22 所示。

(2) 对功率为数千瓦的电机,可采用接触器直接启动。如图 2-23 所示。图中 SB_1 为停止按钮,SB_2 为启动按钮,热继电器 FR 作过载保护,熔断器 FU_1、FU_2 作短路保护。

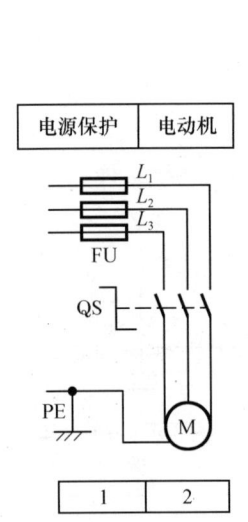

图 2-22 用开关直接启动电路

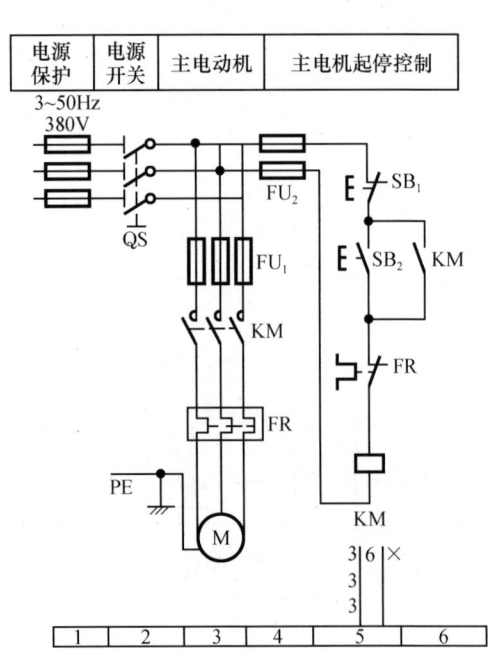

图 2-23 用接触器直接启动电路

2. 降压启动控制电路

对于较大容量(大于 10kW)的电动机或负载,或在启动过程中要求冲击较小的场合,都应采用降压启动。最常见的降压启动是星-三角形降压启动和定子串电阻降压启动这两种。

1) 星-三角形降压启动控制电路

这种启动方式仅适用于电动机正常运行时绕组为三角形连接的三相异步电动机。在启动时把绕组接成星形连接,待启动完毕后改接成三角形接法而正常运行。图 2-24 是利用时间继电器在电机启动过程中自动完成星-三角形(Y-△)切换的启动控制电路。

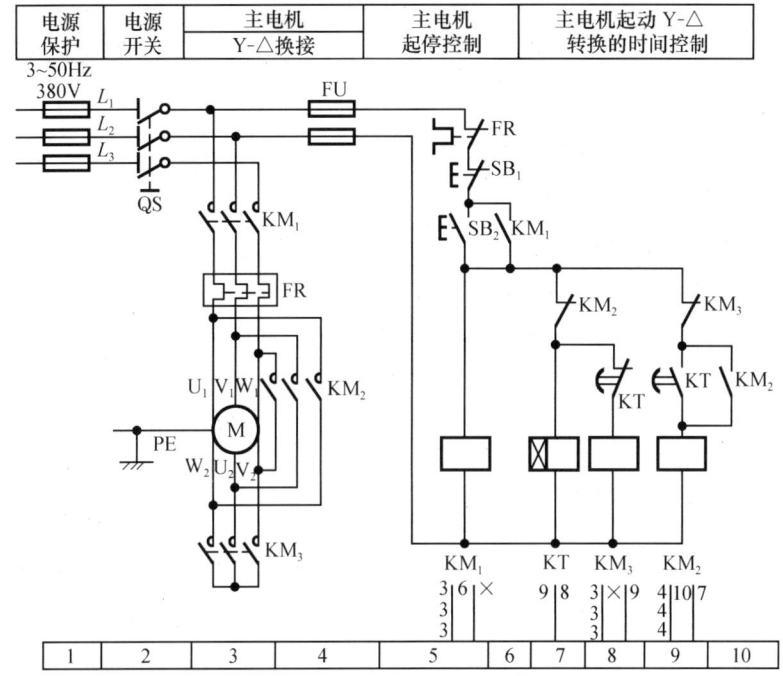

图 2-24 异步电动机星-三角降压启动电路

从图 2-24 可见，按下 SB_2 后，接触器 KM_1 得电并自锁。在这同时，KT、KM_3 也得电。电机 M 在触头 KM_1、KM_3 闭合下，以星形接法启动。KT 为通电延时型时间继电器，在其线圈得电后，触头要经过一段时间延迟（延迟时间可调整）才动作，KM_3 失电复原。此时 KM_2 得电，电机 M 绕组接成三角形投入正常运转。

从电机主电路看，接触器 KM_2 与 KM_3 是绝不允许同时闭合的，不然会引起电源短路故障。为此在控制电路中分别把 KM_2、KM_3 的常闭触头串联到对方线圈电路中，以实现联锁。

在电机星-三角形启动过程中，绕组的自动切换由时间继电器 KT 延时动作来控制。这种控制方式称为按时间原则控制，它在机床自动控制中得到广泛应用。KT 延时的长短应根据启动过程所需时间来整定。

2）定子串电阻降压启动控制电路

Y-△启动只适用于正常运转时为△接法的电动机，故对于运转时 Y 接法的电动机常采用定子绕组串电阻降压启动的方式。图 2-25 是按时间原则控制的定子串电阻的降压启动电路图，由图中主电路可知，KM_1 闭合时电机 M 串联降压电阻 R 启动。当 KM_2 闭合时，则把电阻短接，投入全压运转。

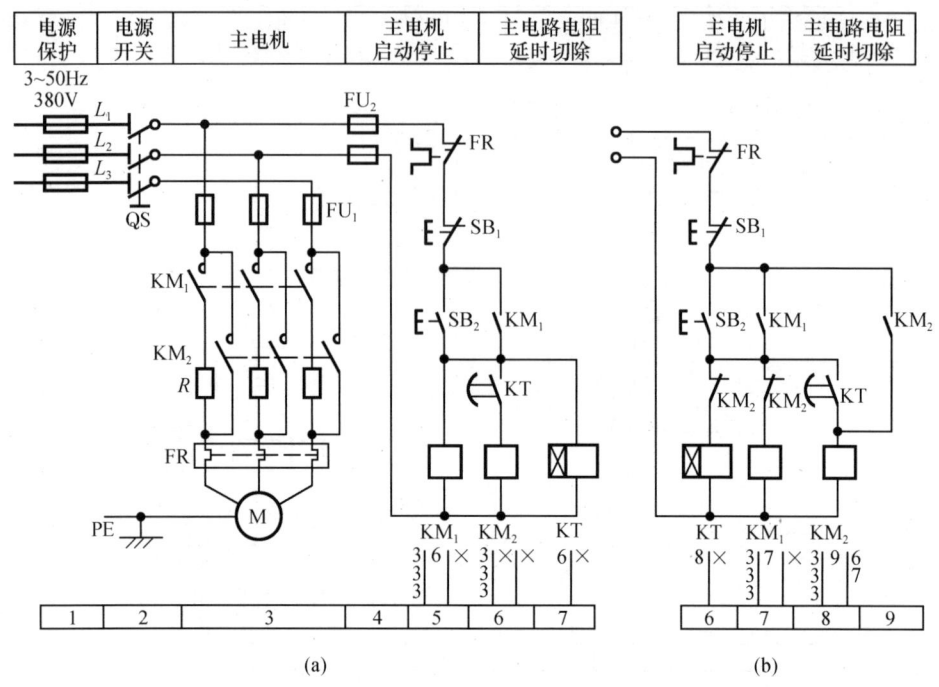

图 2-25 按时间原则控制的定子串电阻的降压启动电路图

其工作过程大致如下：当按下 SB_2 后，接触器 KM_1 得电并自锁。同时时间继电器 KT 也得电，经延时后 KT 常开触头闭合，使 KM_2 得电，串联于定子绕组中的电阻自动切除，电机进入全压运转。

从控制电路看，(a)、(b) 两图不同之处在于 (a) 图中 KM_2 得电，电机正常全压运转后，KT 及 KM_1 线圈仍然有电，这是不必要的。而图 (b) 的控制电路利用 KM_2 的常闭触头切断了 KT 及 KM_1 线圈电路，克服了上述缺点。

除上述为限制启动电流和机械冲击的降压启动方法外，还有自耦变压器降压启动，它需要专门的三相自耦变压器，使控制装置成本高而体积大。对于绕线式异步电动机的启动过程还可以在转子中串联电阻来限制启动电流。

2.4.2 异步电动机的正反转控制电路

机床工作台的前进与后退，主轴的正反转，起重机吊钩的升与降等，可以由多种方法来实现，而利用电动机的正、反转方式最为常见。由三相异步电动机工作原理可知，只要将接至电动机的三相电源线中任意两相对调，即可使电机反转。由于所采用的主令电器不同，控制方式可分为按钮控制和行程开关控制两大类。

1. 异步电动机正反转的按钮控制

图 2-26 为异步电动机正反转的按钮控制电路，从主电路看，接触器 KM_1 与 KM_2 主触头接法不同，因此当 KM_2 主触头闭合时，引入电机的电源线左、右两相互换，改变了相序而使电机转向改变。从图中也可看出 KM_1 和 KM_2 主触头不允许同时闭合，否则会引起电源两相短路。为防止接触器 KM_1 与 KM_2 同时接通，在各自的控制电路中串接对方的常闭触头，构成联锁关系。

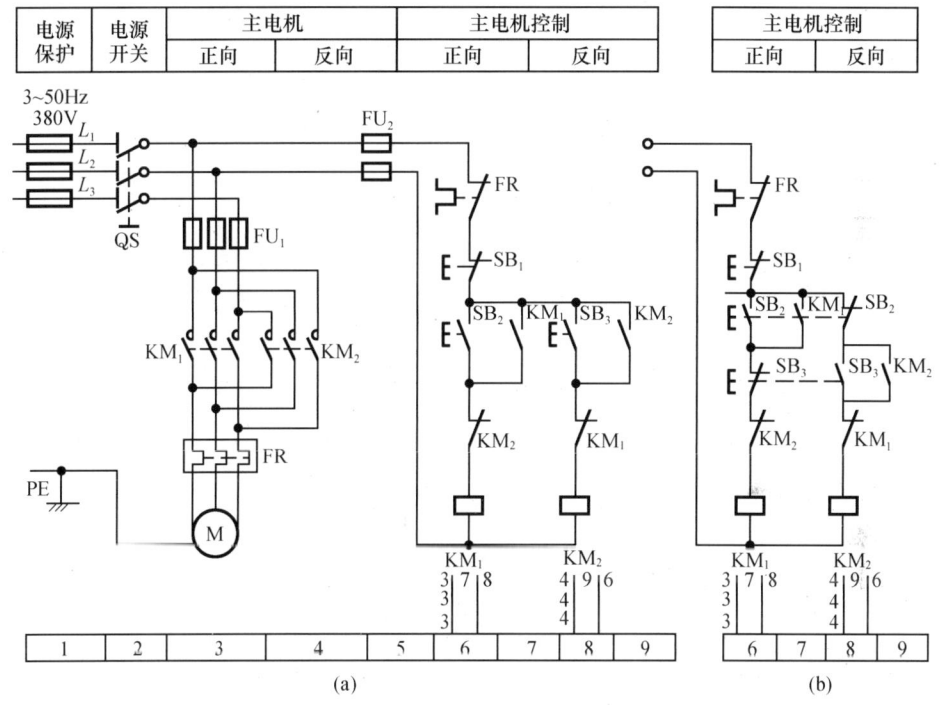

图 2-26 异步电动机正反转的按钮控制电路

从控制电路图 2-26（a）看，电机正转时，按下 SB_2 使 KM_1 得电并自锁。此时按下 SB_3 也不能使接触器 KM_2 得电。电机要反转时，必须先按下停止按钮 SB_1，使 KM_1 失电，其常闭触头闭合，然后再按下 SB_3，KM_2 才能得电，使电机反转，因此亦可称这种电路为停车反转控制电路。图 2-26（b）是利用复合按钮的常闭触头分别串接于对方接触器控制电路中，不必使用停止按钮过渡而直接控制正反转。这种电路亦称为直接正反转控制电路。但要注意这种直接正反转控制仅用于小容量电动机，拖动的机械装置转动惯量又较小的场合。

2. 异步电动机正反转的行程开关控制

图 2-27 为行程开关控制的正反转电路，它与按钮控制直接正反转电路相似，

只是增加了行程开关的复合触头 SQ_1 及 SQ_2。它们适用于龙门刨、铣床及导轨磨床等工作部件往复运动的场合。这种利用运动部件的行程来实现控制的方式称为按行程原则的自动控制。

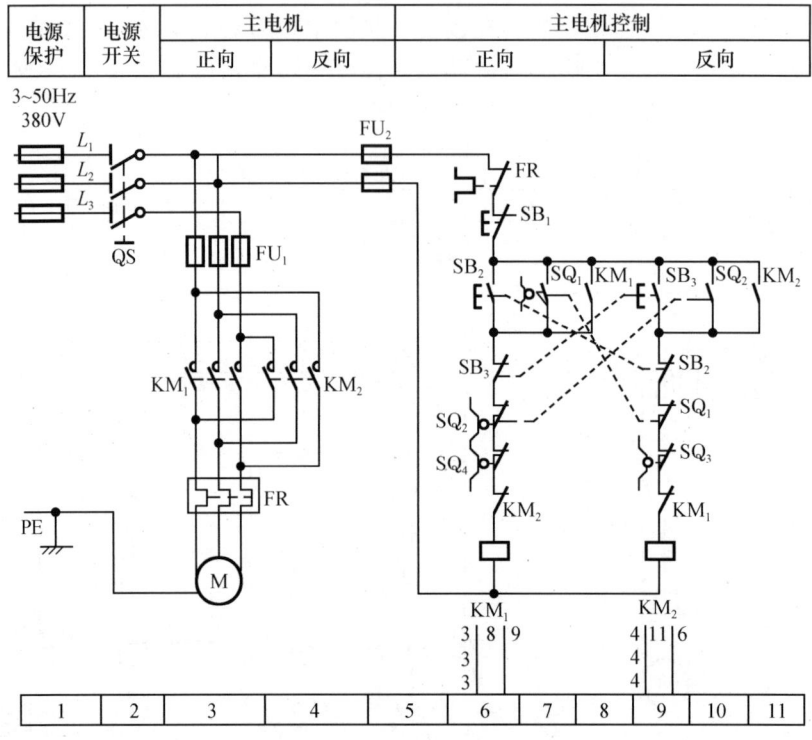

图 2-27　行程开关控制的正反转电路

图 2-27 中行程开关 SQ_3、SQ_4 是用作极限位置保护的。当 KM_1 得电，电机正转，当运动部件压下行程开关 SQ_2 时，应该使 KM_1 失电，而接通 KM_2，使电机反转。但若 SQ_2 失灵，运动部件继续前行会引起严重事故。若在行程极限位置设置 SQ_4（SQ_3 装在另一极端位置），则当运动部件压下 SQ_4 后，KM_1 失电而使电机停止。这种限位保护的行程开关在行程控制电路中必须设置。

2.4.3　异步电动机的制动电路

异步电机从切除电源到停转有一个过程，需要一段时间。对于要求停车时精确定位或尽可能减少辅助时间的生产设备，必须采取制动措施。制动停车的方式有两大类——机械制动和电气制动。机械制动是利用机械或液压制动装置制动。电气制动是由电动机产生一个与原来旋转方向相反的力矩来实现制动。常用的电气制动方式有能耗制动和反接制动。

1. 能耗制动控制电路

异步电机刚切除三相电源后，立即在定子绕组中接入直流电源，转子切割恒定磁场产生感应电流与恒定磁场的作用产生制动力矩，使电机高速旋转的动能消耗在转子电路中，这种制动方式称为能耗制动。当转速降为零时，切除直流电源，制动过程完毕。

图 2-28（a）、(b) 分别是用复合按钮手动控制的及由时间继电器按时间原则自动控制的能耗制动电路。图 2-28（a）中，电机正常运转时，按下停止按钮 SB_1，KM_1 失电的同时，接通 KM_2，其常开触头闭合，把整流电路与定子绕组接通，进行能耗制动。当转速降为零时，手松开 SB_1 按钮，KM_2 失电而切断直流电源，能耗制动过程结束。

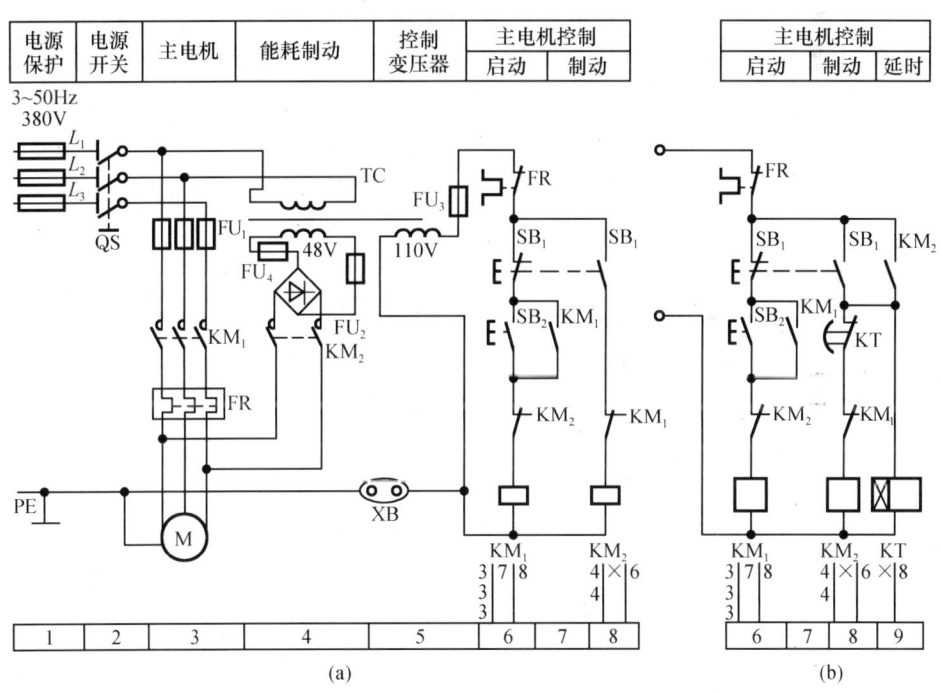

图 2-28 能耗制动控制电路

图 2-28（b）是采用时间继电器 KT 按时间原则自动控制能耗制动过程的电路，它仍用接触器 KM_2 接通直流电源进行能耗制动，由时间继电器 KT 的常闭触头来控制能耗制动过程的时间，常闭触头断开时切断 KM_2 电源，制动过程结束，同时 KT 也失电。

制动作用的强弱与通入定子绕组直流电流的大小及电机的转速有关，转速高、电流大则制动作用强,一般通入定子绕组的直流电流约为空载电流的3~4倍较为合适。

能耗制动比较缓和,制动产生的机械冲击对生产设备无大的危害,能取得较好的制动效果,因此应用较多。

2. 反接制动控制电路

反接制动是利用改变异步电动机定子绕组上三相电源的相序,使定子产生反相旋转磁场作用于转子而产生强力制动力矩。

由于直接反接制动时,转子与旋转磁场的相对转速接近同步转速的两倍,所以定子绕组中流过的反接制动电流也相当于全压启动时电流的两倍。因此直接反接制动特点之一是制动迅速而冲击大,它仅用于小容量电动机上。为了限制电流和减小机械冲击,通常在反接制动时定子电路中串接适当电阻的办法,如图2-29中的R。反接制动特点之二是电机在制动力矩作用下转速下降到接近零时,应及时切除电源以防止电动机的反向再启动。

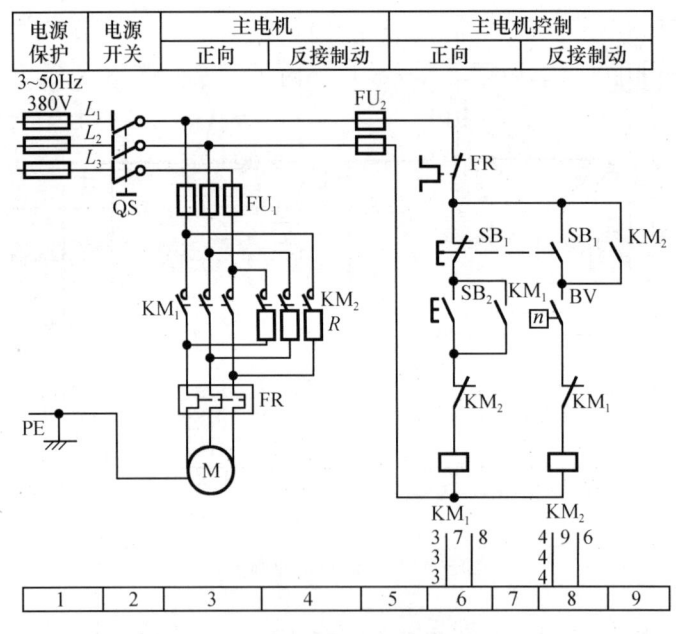

图 2-29 反接制动控制电路

图2-29为采用速度继电器BV按速度原则控制的反接制动电路。从主电路看,KM_1得电时电机正常运转,此时速度继电器BV的常开触头闭合,为反接制动做好准备。停车时KM_1失电后KM_2立即合上,使电机定子绕组经电阻R

后与反相序的电源接通,进行反接制动。

电动机与速度继电器转子是同轴连接的,当电动机转速达到 120r/min 以上时,速度继电器常闭触头 BV 闭合,而当电动机转速小于 100r/min 时,速度继电器常开触头 BV 断开。利用这一特性可使电动机反接制动转速接近零时切断电源,防止反向再启动。反接制动过程的结束由电动机转速来控制,这种由速度达到一定值而发出转换信号的控制称为按速度原则的自动控制。

反接制动的制动电流大,制动力矩大,制动迅速,但在制动过程中对传动机构冲击较大。另外在速度继电器动作不可靠时,还会引起反向再启动。因此这种反接制动方式常用于不频繁启动,以及制动时对停车位置无准确要求而传动机构能承受较大冲击的设备中,如用于铣床、镗床、中型车床等的制动。

2.4.4 双速异步电动机的调速控制

根据电机转速公式

$$n = (1-S)n_0 = (1-S)60f/p$$

当电源频率 f 一定时,若改变电动机定子绕组的磁极对数 p,就可使电动机转速改变。常见的双速电动机绕组接线方式有△/YY 及 Y/YY 两种。

1. △/YY 接法

图 2-30(a)为双速电动机△/YY 接法的电路图。当绕组的 1、2、3 号出线端接电源,而使 4、5、6 号出线端悬空时,电机绕组接成三角形(四极)做低速运转。如果把 1、2、3 号端子短接,4、5、6 号端子接电源时,电动机绕组接成双星形(两极)电机做高速运转。

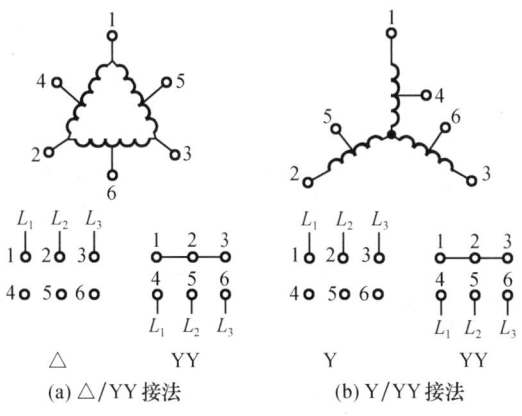

图 2-30 双速电动机三相绕组接法

在三角形与双星形转换时，电动机输出功率分别为

$$P_\triangle = \sqrt{3} \cdot U_L \cdot I_L \cos\Phi_\triangle$$
$$P_{YY} = \sqrt{3} \cdot U_L/\sqrt{3} \cdot 2I_L \cos\Phi_{YY}$$

由于

$$\cos\Phi_\triangle \approx \cos\Phi_{YY}$$

则

$$P_{YY}/P_\triangle = 2/\sqrt{3} = 1.15$$

由此可知，电机从△接法的低速运转变成 YY 接法的高速运转时，转速升高一倍，而功率只增加 15%，所以这种调速方法可近似地看成恒功率调速。它很适合一般金属切削机床对调速的要求。

2. Y/YY 接法

图 2-30（b）为 Y/YY 接法，当电机转速增加一倍（YY 接法）时，输出功率也增加一倍，属于恒转矩调速。它适用于电梯、起重机及皮带运输机等要求恒转矩调速的场合。

图 2-31 为机床上常用的双速电动机△/YY 调速控制电路图。图 2-31（a）是用两个按钮 SB_2 及 SB_3 分别控制 KM_1 及 KM_2、KM_3，实现低速与高速转换的控制电路。图 2-31（b）是用转换开关 SA 来选择低、高速方式后，由按钮 SB_2 发令启动电机的控制电路。图 2-31（c）是用开关 SA 转换高、低速控制电路。采用时间继电器 KT，在选择高速时按时间原则自动控制电动机低速启动，经延时后转换到高速运行。

上述三个控制电路中，低速与高速之间都用接触器常闭触头互锁，以防短路故障。对于功率较小的双速电动机可采用图 2-31（a）和图 2-31（b）的控制方式，对于容量较大的双速电动机，可采用图 2-31（c）的控制方式。

2.5 异步电动机的调速

目前常用的调速方法有机械有级或无级调速、机械与电气结合的有级或无级调速、电气无级调速。这里主要讨论广泛应用的电气无级调速系统。它具有调速范围宽、稳定性好、控制灵活及可实现远距离操纵等优点。但是它需要一套较复杂的设备，投资较大，对维护及管理人员的素质要求较高。

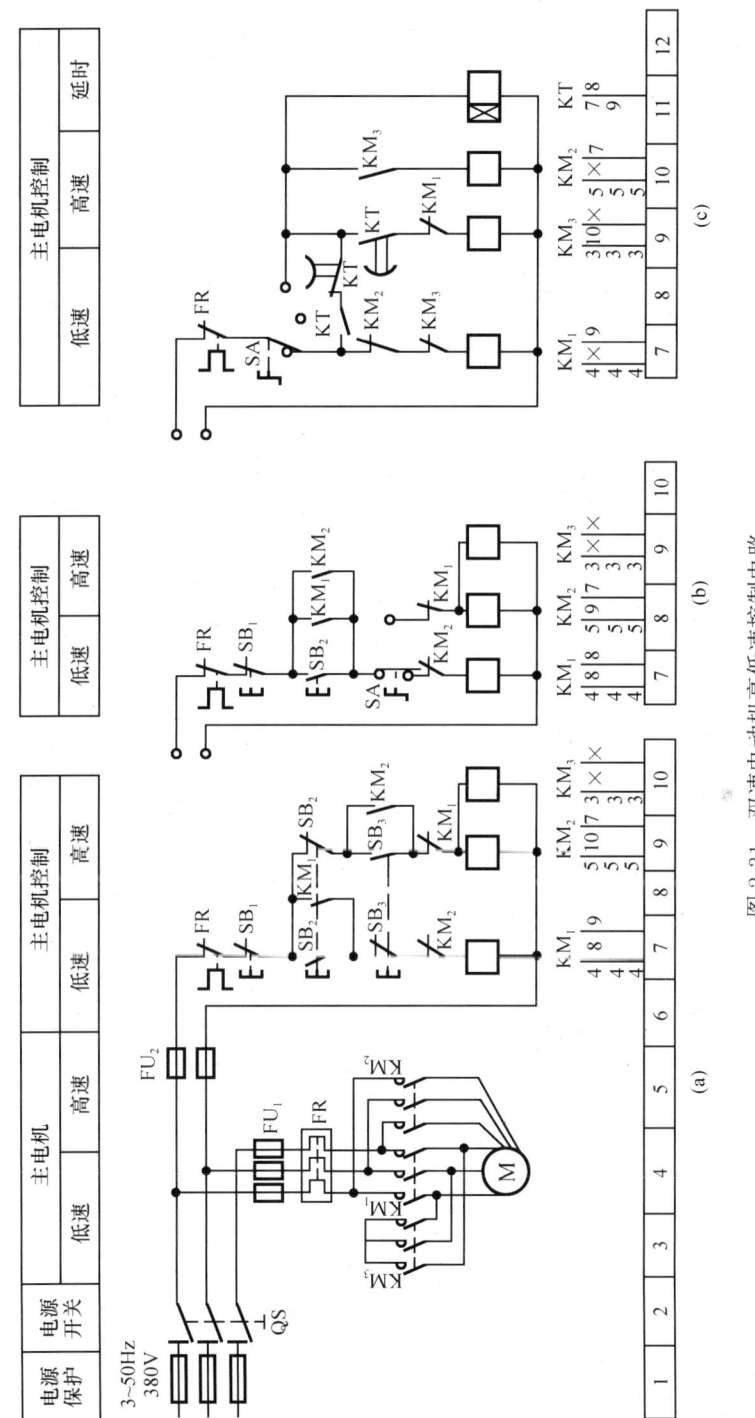

图 2-31 双速电动机高低速控制电路

2.5.1 电气调速概述

1. 调速与稳速

调速即速度调节,是指在电力拖动系统中人为地改变电动机的转速,以满足工作机械的不同转速要求(由于负载或电源扰动而引起的电动机转速变化,则不叫调速)。调速是通过改变电动机的参数或电源电压等方法来改变电动机的机械特性,从而改变它与负载机械特性的交点,使得电动机的稳定转速改变。图 2-32 示出了当电动机的机械特性由 A_1 转变为 A_2、A_3 时它们与负载机械特性 T_{fz} 的交点亦相应改变,其稳定转速即由 n_1 转变为 n_2、n_3。调速是通过改变给定信号,经过控制环节而实现的,这种控制属于开环控制。系统简单结构框图如图 2-33 所示。

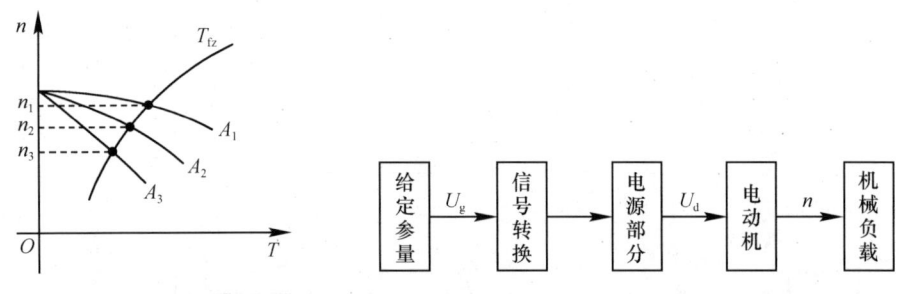

图 2-32 电动机的调速　　图 2-33 开环调速系统结构

生产设备不仅要求调速,而且要求转速稳定,使电动机转速不随外界扰动而变化,始终能精确地保持在给定的数值上,这就需要速度能自动调节,亦称稳速。一般要用闭环控制系统才能实现稳速,结构框图如图 2-34 所示。

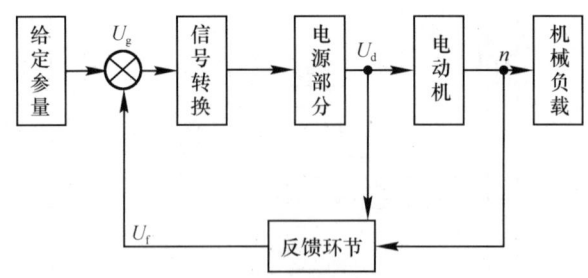

图 2-34 闭环调速系统结构

2. 电动机调速的类型

电动机的调速,按电源种类可分为直流和交流两大类。这里只介绍交流调速。

交流异步电动机的调速方法大致可分为变极对数、变转差率、变电源频率三种。变极对数是有级调速。变转差率，可通过调节定子绕组电压来实现；若为绕线式电动机，则可改变转子绕组电阻或在转子电路上加一套交流变流装置，组成串级调速系统，实现转差率的变化。变频调速是改变定子绕组供电电源的频率，从而改变电动机的同步转速来实现调速。

从电动机调速特性这个角度看，可分为恒功率调速和恒转矩调速两种情况，以适应生产机械不同负载特性的要求。从电工学可知，电机的转矩 T、转速 n 功率 P 的关系式为

$$P = K_m T n$$

式中 K_m——与电机结构及特性有关的常数。

1) 恒功率调速

在调速过程中，电动机输出额定功率 P 恒定不变，而输出转矩 T 与转速 n 成反比变化，其变速特性曲线如图 2-35 所示。这种变速特性适用于恒功率类机械负载，如机床的主运动、龙门刨床的工作台运动等。当调到低速时，电动机转矩不得高于额定值。

2) 恒转矩调速

在调速过程中，电动机输出额定转矩 T 恒定不变，而输出功率 P 随转速 n 线性变化，其变速特性曲线如 2-36 所示，这种变速特性适用于恒转矩类机械负载。大部分机床的进给运动均属于恒转矩类负载，其转矩基本保持恒定。在调到高速时，电动机输出功率不得超过额定值。

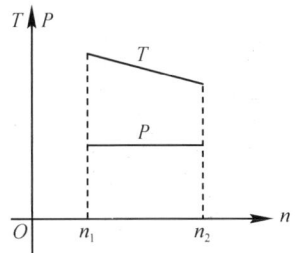

图 2-35 恒功率变速特性

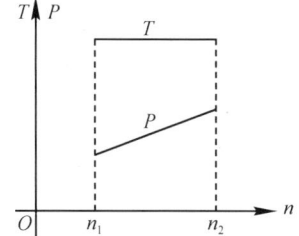

图 2-36 恒转矩变速特性

3. 调速的性能指标

调速系统的优劣，可由技术性能指标来衡量。在电动机调速系统中，常用的性能指标有以下几项：

1) 调速范围 D

工作机械要求的调速范围,以字母 D 表示。它等于在额定负载下,电动机能提供的最高转速 $n_{\max}$ 和最低转速 $n_{\min}$ 之比,即

$$D = n_{\max}/n_{\min}$$

不同工作机械要求的调速范围不同,不同类型电动机在不同调速方式下所能达到的调速范围也不同。

2) 调速的平滑性 Φ

调速的平滑性亦称公比。它是用某一个转速 n_i 与能够调到的最邻近的转速 n_{i-1} 之比来评价的。以字母 Φ 表示。即

$$\Phi = n_i/n_{i-1}$$

显然,Φ 越接近 1,调速的平滑性越好。无级调速系统的平滑性 $\Phi \approx 1$,可以实现连续调速。

3) 静差度 S

静差度即速度的稳定度,是衡量转速随负载变动程度的静态指标,用字母 S 表示;电动机在某一转速下运行时,机械负载由理想空载变到额定负载所产生的转速降落 Δn_i,与理想空载转速 n_0 之比,即

$$S = (n_0 - n_e)/n_0 = \Delta n_i/n_0$$

式中 n_e——额定负载下的实际转速。

静差度 S 常用百分数表示,故又称静差率。显然,电动机的特性越硬,控制系统的静特性越硬,由负载变动而引起的转速降落越小,静差度 S 越小,稳速精度越高。然而,静差度和特性硬度又有区别。由图 2-37 可见,特性 1 和特性 2 硬度相同。额定负载下转速降落相等,即 $\Delta n_i d_1 = \Delta n_i d_2$ 但由于理想空载转速不同 ($n_{01} > n_{02}$),却使得静差度不同 ($S_1 < S_2$) 由此可见,同样硬度的特性,理想空载转速愈低,静差度愈大,转速的相对稳定性愈差。因此,对一个系统静差度的要求,就是对最低转速静差度的要求。可见,静差度 S 和调速范围 D 两项指标是相互制约的。负载要求的 S 小,D 亦小,负载要求的 S 大,D 亦大,对 S 与 D 必须同时提出要求才有意义。

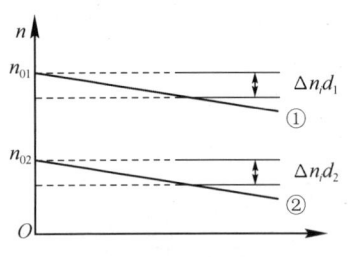

图 2-37 转速对 S 的影响

4) 调速的经济性

调速的经济指标,一般根据设备费用、能源损耗、运行及维护费用多少来综合评价。

2.5.2 交流调速

交流电动机,特别是交流异步电动机,它具有如下优点:
(1) 运行可靠、坚固耐用及维修方便;
(2) 在容量、电压、转速及适应环境能力上,都可以远高于直流电动机;
(3) 比相同容量的直流电动机体积小、重量轻、造价低及效率高。

因此,交流电动机的调速问题,一直是世界各国研究的课题。近代电力电子技术的发展,特别是晶闸管的出现及应用,为交流调速的进一步发展创造了条件。各种类型的交流调速系统相继推出,有的调速性能良好。

1. 交流调速的类型

1) 交流异步电动机的转速公式

$$n = (1-S)n_1 = (1-S)60f_1/P$$

可见,要调节异步电动机的转速,应从改变 P、S、f_1 三个参量入手,因此交流调速有三类方案:

(1) 变极调速。对鼠笼式异步电动机改变其定子绕组的极对数 P。用改变定子绕组的连接或另设绕组的方法可得到△/YY、Y/YY 双速电动机及三速、四速等电动机,此为有级调速。

(2) 变转差率调速。对绕线式异步电动机转子绕组串接电阻的调阻调速;转子电路引入附加电势的串级调速;电磁离合器滑差调速及改变定子绕组电压法等变转差率 S 的调速法。可实现无级调速。

(3) 变频调速。改变供电频率的调速方案有交-交变频器、交-直-交电压源型变频器及交-直-交电流源型变频器、脉宽调制型逆变器、转差率控制及矢量控制等系统。

2) 按晶闸管技术的应用方式可分下列三类:

(1) 采用晶闸管交流调压电路,调节电动机定子电压从而调节转速。

(2) 由晶闸管组成一套变流装置,串接在绕线式电机转子电路里,异步电动机与变流装置共同组成了串级调速系统。在调速过程中,把转差能量反馈回电网,为此能提高经济效益。

(3) 用晶闸管组成静止变频器,给交流电动机提供变频电源,通过改变电动机定子供电频率而改变电动机同步转速,以达到调速的目的。该系统效率高,调速范围广,是一种合理的理想调速系统。

由以上分类可见,交流调速系统内容丰富,技术复杂,许多理论和实际问题,已成为近年国内外技术学会关注的课题。本章仅介绍变频调速方法。

2. 晶闸管逆变电路

从交流电转换成直流电的过程叫整流,而把相反的过程叫逆变。实现逆变的装置叫逆变器。一套晶闸管电路既能整流又能逆变,则称为变流器。变流器工作在逆变状态时,把直流逆变成交流反馈回电网称为有源逆变,它用于直流电动机可逆调速和绕线式异步电动机的串级调速中,若不反馈给交流电网而是供给交流负载,则称为无源逆变,它广泛用于交流电机的变频调速中。

逆变器由逆变电路和换流电路组成,以下简单介绍其工作原理。

1) 逆变器工作原理

逆变器实际电路很多,图 2-38(a)所示为一种桥式逆变器原理图。当开关 K_1、K_4 闭合,K_2、K_3 断开时,负载电压 $u_{fz}=E$,经过一定的时间间隔后,将开关 K_2、K_3 闭合,K_1、K_4 断开,有 $u_{fz}=-E$。如果以相等的时间间隔交替地闭合 K_1、K_4 和 K_2、K_3,则负载上可获得如图 2-38(b)所示的交流电压方波。用晶闸管取代四个开关就得到如图 2-38(c)所示的电路。显然,交流电的频率取决于每秒内两组晶闸管导通与关断的次数。

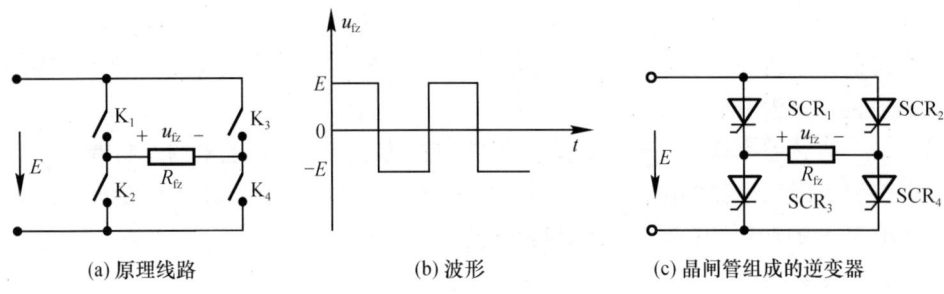

(a) 原理线路　　　　(b) 波形　　　　(c) 晶闸管组成的逆变器

图 2-38　逆变器工作原理

2) 逆变器的换流

从桥式逆变器工作可知,在任何瞬时每个桥臂上至多只能有一个 SCR 导通,另一个必须截止。当由前一个 SCR 换为后一个 SCR 导通时,前一个必须可靠地关断,这个过程称作换流过程,它是整个逆变器能否正常工作的关键。因为逆变器用直流电源供电,晶闸管始终承受正向电压,触发容易,而关断则困难,一般是加反向电压关断,强迫换流。强迫换流原理如图 2-39(a)所示,R_{fz} 是负载,C 是换流电容。设 SCR_1 导通,SCR_2 截止,负载 R_{fz} 上电流为 $I=E/R_{fz}$,电容 C 由 R_1 充电到 $u_c=-E$,极性左负右正。如欲换流可触发 SCR_2 导通,电容 C 上负值电压加到 SCR_1 上,使其承受反向电压而关断。开始瞬间 C 通过 SCR_2、SCR_1 放电,到 SCR_1 完全关断后,C 通过 SCR_2、E、R_{fz} 放电,待 $u_c=0$ 后,C 又反方向充电到 $u_c=E$,波形如图 2-38(b)所示。欲换成 SCR_1 导通,只要触

发 SCR_1 就会发生类似上述的过程而强迫 SCR_2 关断。u_c 为负值的时间 t_0 也就是在 SCR 上加反向电压的时间。晶闸管 SCR 从导通到关断的时间称固有时间 t_g，只要 $t_0 > t_g$，SCR 关断就可靠，换流则能成功。

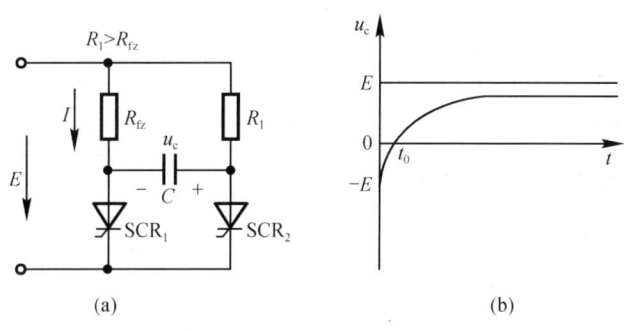

图 2-39 强迫换流原理图

图 2-39（a）只是解释换流过程的原理，不能实际应用，因为负载 R_{fz} 上没有得到交流电。实际的强迫换流电路很多，如串联电感式、串联二极管式及带辅助晶闸管式等。产生换流脉冲的能量，通常是由换流电容提供的。

近年来出现一种控制极可关断晶闸管（GTO），用它组成的逆变电路无需设置庞大的换流电路，只要在控制极上加负向电流就能关断晶闸管。

2.5.3 交流电动机的变频调速

变频调速是以一个频率及电压可变的电源，向异步（或同步）电动机供电，从而调节电动机转速的方法。在宽范围的调速过程中，从高速到低速都可以保持有限的转差率、较高的效率和高精度的调速性能。对鼠笼式异步电动机来说是一种比较合理和理想的调速方法。过去，变频电源是采用一整套复杂的变频机组或离子变流设备，设备庞大、可靠性差，近年来已被晶闸管静止变频装置所取代。

变频调速可分为两类：第一类由恒频恒压的交流电，经过整流再逆变成变频变压的交流电，称为带直流环节的间接变频调速或交-直-交变频。其中又根据从直流到交流的中间环节滤波方式的不同，可形成两种不同的线路。一种由电容滤波，叫电压型（恒压源）；另一种由电感滤波，叫电流型（恒流源）。第二类是由恒频恒压的交流电，直接变成变频变压的交流电，称为直接变频调速或交-交变频。它只有一次换能过程，效率高。但它是利用电源电压过零点换流，从理论分析可知，输出的最高频率只有电网频率的 $1/3 \sim 1/2$，所以只用于低速大容量场合。

下面介绍交-直-交变频调速系统。

1. 电压型变频器

图 2-40 是电压型变频器动力电路的基本结构框图，它由可控整流器、滤波器及逆变器三部分组成。

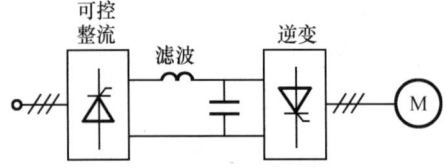

图 2-40　电压型变频器基本结构

由于变频器的负载是交流电动机，它是感性负载，不论在何种工作状态下功率因数总小于 1，故在直流回路与电动机之间存在无功能量交换。此无功能量只能由直流回路中的储能元件来缓冲，对于电压型变频器缓冲元件采用滤波电容，因而电源内阻抗很小，类似恒压源。逆变器输出电压为比较平直的交流矩形波。

逆变器把直流变成三相交流输出，控制逆变器换流触发脉冲的相位，就能改变交流电的频率。简单的三相电压型逆变器动力电路（不包括换流部分）的电路结构如图 2-41 所示。

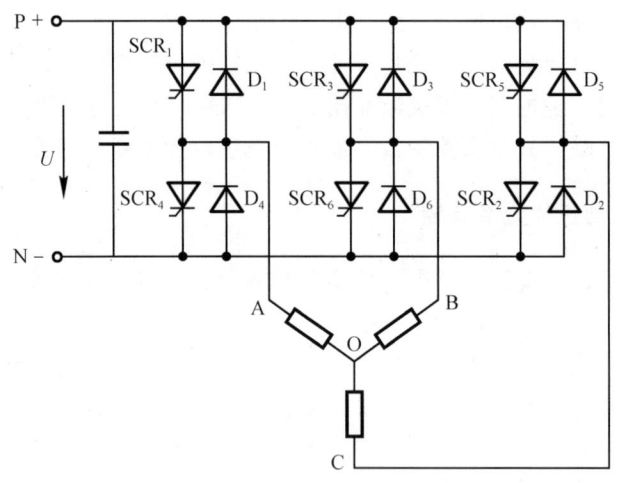

图 2-41　三相桥式逆变电路

这种线路结构简单，使用比较广泛。其缺点是在深度控制时，电源侧功率因数低；且因存在较大的滤波环节，动态响应较慢。

2. 脉冲宽度调制型变频器

图 2-42 所示脉冲宽度调制（PWM）型变频调速系统。首先将电源经二极管整流器变成固定直流电压，再由一套功率晶闸管组成的 PWM 逆变器将直流电压逆变成频率和电压同时可调的交流电压供给负载。

脉宽调制法是通过快速开关的通断作用，把直流电压在交流半周期中，变换成一系列等幅脉冲的一种方法。改变开关的通断时间比（即导通率），就可改变输出电压的大小。改变规定的交流半周期长短，就可改变输出电压的频率。具体调制方法很多，最常用的是正弦波 PWM。如图 2-43 所示，用一个等腰三角形的载波与所要求频率的正弦信号相比较，在两波交点处控制 SCR 的开或关，从而决定了所产生的脉冲位置，在整个半周期中，输出脉冲宽度按正弦规律变化，即脉冲宽度逐渐加大，然后再逐渐变小，在一定位置上的脉冲宽度，必须与脉冲所在位置的正弦波下包含的面积成比例。这样，负载上的基频电压也按照调制的正弦波规律变化。改变正弦波频率，可调节负载电压基波频率；改变正弦波的幅值，可调节输出电压的大小。

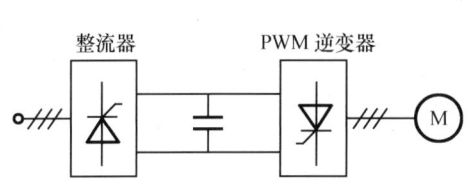

图 2-42　脉冲宽度调制型变频系统

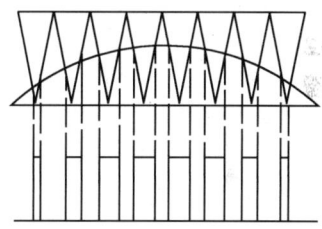

图 2-43　正弦波脉冲调制

电力拖动系统中应用 PWM 技术，很多方面是有利的。对于直流供电的交流电气拖动，采用 PWM 逆变器只有一次功率变换，因而是一种值得采用的方案。从工业应用来看，PWM 拖动系统用不可控整流获得直流电源，所以有较高的功率因数和效率，且调节部位较少。特别在电动机运行时，具有近似正弦波的电流，在非常低的频率下，能使转矩运行特性平滑，不会在反转时卡死在零转速。在总的运行特性方面，PWM 系统可与直流拖动相抗衡。此外，PWM 拖动系统允许用一个公共的直流母线向若干台逆变器供电，实现多台异步电动机同步运转，使设备更为紧凑。对于大型生产设备而言，可认为是最有利的配置方案。

PWM 拖动比其他变频调速系统需要更为复杂的逻辑控制系统，因为必须合理设计调制方式，使电动机端电压中不需要的谐波影响减至最小程度。这些谐波能导致发热、卡死、振动及瞬间冲击电流等。不解决这些问题，PWM 系统的优点将得不到充分发挥。

2.6　控制电路的设计

常用的继电器接触器控制，也称常规控制或传统控制。当前用工业微机和可编程控制器（PC）控制的生产设备越来越多。但是，传统生产设备拥有量现在仍占绝大多数,而且一些简单系统根本不需要微机控制。因此,学习和掌握继电器接触器电气控制系统的设计是很重要的。

本节主要叙述电气控制设计的基本原则、基本内容、电力拖动方案和电动机的选择、电气原理图的设计以及电气的工艺设计。

2.6.1 设计的基本原则、内容和程序

1. 电气控制设计的基本原则

(1) 最大限度满足生产设备和工艺对电气控制的要求;

(2) 在满足控制要求的前提下,设计方案应力求简单、经济及实用,不宜盲目追求自动化和高指标;

(3) 把电气系统的安全性和可靠性放在首位,确保使用安全、可靠;

(4) 妥善处理机械与电气的关系,要从工艺要求、制造成本、机械电气结构的复杂性及使用维护等方面综合考虑。

2. 电气控制设计的基本内容

电气控制设计包含原理设计与工艺设计两个基本部分。

1) 原理设计的内容

(1) 拟订电气控制设计任务书;

(2) 选择拖动方案、控制方式及电动机;

(3) 设计并绘制电气原理图和选择电器元件并制订元器件目录表;

(4) 对原理图各连接点进行编号。

2) 工艺设计内容

(1) 根据电气原理图(包括元器件表),绘制电气控制系统的总装配图及总接线图;

(2) 电器元件布置图的设计与绘制;

(3) 电气组件和元件接线图的绘制;

(4) 电气箱及非标准零件图的设计;

(5) 各类元器件及材料清单的汇总;

(6) 编写设计说明书和使用维护说明书。

3. 电气控制设计的一般程序

设计程序一般是先进行原理设计再进行工艺设计,详细的设计程序同上述设计内容的排序相同。除电气设计任务书以外,其余内容后面要详述。故在此介绍电气设计任务书的拟订。

设计任务书是整个系统设计的依据，同时又是今后设备竣工验收的依据。基本内容一般为：

(1) 给出机械及传动简图、工艺过程、负载特性、动作要求、控制方式、调速要求及工作条件；

(2) 给出电气保护、控制精度、生产效率、自动化程度、稳定性及抗干扰要求；

(3) 给出设备布局、安装、照明、显示及报警方式等要求；

(4) 目标成本与经费限额、验收标准及方式等。

2.6.2 电力拖动方案确定原则和电动机的选择

1. 电力拖动方案确定原则

由于交流电动机特别是笼型异步电动机结构简单、运行可靠、价格低廉、维修方便及应用广泛，所以在选择电力拖动方案时，首先应尽量考虑笼型异步电动机，只有那些要求调速范围大和频繁启、制动的生产设备，才考虑采用直流或交流无级调速系统。因此，应依生产设备对调速的要求来考虑电力拖动方案。

(1) 对于一般无特殊调速指标要求的设备，应优先采用笼型异步电动机。

(2) 对于要求电气调速的设备，应根据调速技术要求来选择拖动方案。

若调速范围 $D=2\sim3$，调速级数 $\leqslant 4$，一般采用可变极数的双速或多速笼型异步电动机。

若 $D=3\sim10$，且要求平滑调速时，在容量不大的情况下，应采用带滑差电磁离合器的笼型异步电动机拖动方案。

若 $D=10\sim100$，可采用晶闸管直流或交流调速拖动系统。

(3) 电动机的调速性质应与负载特性相适应。

调速性质是指在整个调速范围内转矩和功率与转速的关系，有恒功率和恒转矩输出两种。以车床为例，其主运动需要恒功率传动，进给运动则要求恒转矩传动。若采用双速笼型异步电动机，当定子绕组由三角形改成双星形连接时，转速由低速升为高速，而功率却增加很少，适用于恒功率传动。但当定子绕组由低速的星形连接改成双星形连接后，转速和功率都增加一倍，而电动机输出转矩却保持不变，适用于恒转矩传动。

2. 电动机的选择

1) 电动机结构形式的确定

一般来说，应采用通用系列的普通电动机，以便于安装，只有在特殊场合才采用某些特殊结构的电动机。

在通常的环境条件下，应尽量选用一般防护式（开启式）电动机。对易产生悬浮飞扬的铁屑或废料，或者切削液、工业用水等有损于绝缘介质能侵入电动机的场合，应选用封闭式为宜。煤油冷却切削刀具或加工易燃合金的机床应选用防爆式电动机。

2) 电动机容量的选择

电动机容量选得过大是种浪费，且功率因数降低；选得过小，会使电动机因过载运行而降低使用寿命。

电动机容量选择的依据是生产设备的负载功率。若其总体设计中确定的机械传动功率为 P_1，则所需电动机的功率为

$$P = P_1/\eta$$

式中，η 为机械传动功效率，一般取为 0.6~0.85。

然而，生产设备的实际载荷是经常变化的，而每个负载的工作时间也不尽相同，并且 P_1 往往是工程估算得出的，η 也是个经验数据，所以在实际确定时，大多采用调查统计类比法。这种方法就是对设备主拖动电动机进行实测、分析，找出电动机容量与设备主要数据的关系，据此作为选择电动机容量的依据。

3) 电动机转速的选择

笼型异步电动机的同步转速有 3000r/min、1500r/min、1000r/min、750r/min 及 600r/min 等几种。一般情况下应选用同步转速为 1500r/min 的电动机，因为这个转速下的电动机适应性较强，而且功率因数和效率也较高。对应一定容量，转速选得越低，则电动机的体积就越大，价格也越高，并且功率因数和效率也越低。但选得太高，则增加了机械部分的复杂程度。

4) 笼型异步电动机的系列和技术参数

Y 系列电动机是全国统一设计的新系列产品，它具有效率高、启动转矩大、噪声低、振动小、性能优良及外形美观等优点，功率等级和安装尺寸符合国际电工委员会（IEC）标准。

一般电动机的铭牌上有名称、型号、功率、电压、电流、频率、转速、接法、工作方式、绝缘等级、产品编号、重量、生产厂及出厂年月等栏。

若电压写 380V，接法写 △ 连接，表示定子绕组的额定线电压为 380V，应接成 △ 连接。若电压写 380V/220V，接法写 Y/△，表明电源线电压为 380V 时，应接成 Y 形，电源线电压为 220V 时，应接成 △ 连接。

电流是指电动机绕组的输入电流。如果写有两个电流值，表示定子绕组在两种接法时的输入电流。限于篇幅，常用 Y 系列电动机的技术参数，请读者参阅有关手册。

2.6.3 控制线路的设计及元件选择

电气原理图包括电气控制线路图和电气元器件目录表，它的设计是电气系统

设计的中心环节,而电气控制线路的设计又是这一环节的核心内容。在总体方案确定之后的具体设计是从电气原理图开始的,各项设计要求和指标主要是通过电气原理图来实现的,同时,它又是工艺设计和编制各种技术资料的依据。

1. 电气原理图设计的基本方法

电气原理图的设计是在拖动方案及控制方式确定之后进行的。可通过功能表图法、经验设计法、逻辑设计法等方法获得电气原理图,本章只介绍经验设计法。所谓经验设计法,也就是利用学过的基本电路的知识,按照主电路→控制电路→辅助电路→联锁与保护→总体检查、反复修改与完善的步骤进行。这对于控制系统较简单的场合很适用。

2. 电气原理图设计的注意事项

有时候,设计出来的实际线路会出现不正确、不合理或不经济等现象,因此在设计过程中,应注意:

1) 避免"临界竞争和冒险现象"的产生

图 2-44 为一个产生"临界竞争和冒险现象"的典型电路,按动 SB_2 后,KM_1、KT 通电,电动机 M_1 运转,延时到后,电动机 M_1 停转而 M_2 运转。正式运行时,会产生这样的奇特现象:有时候可正常运行,有时候就不行。

原因在于图 2-44 电路设计不可靠,存在临界竞争现象。KT 延时到后,其延时常闭触点总是由于机械运动原因先断开而延时常开触点晚闭合,当延时常闭触点先断开后,KT 线圈随即断电,由于磁场不能突变为零和衔铁复位需要时间,故有时候延时常开触点来得及闭合,但有时候因受到某些干扰而失控。若将 KT 延时常闭触点换上 KM_2 常闭触点以后,就绝对可靠了。改进后的电路如图 2-45 所示。

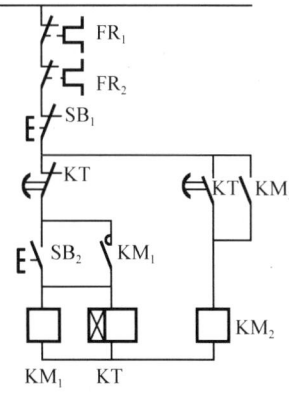

图 2-44 典型的临界竞争电路

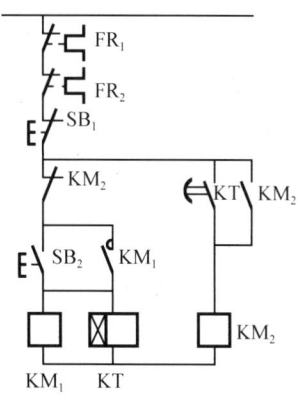

图 2-45 改进后的电路

2）尽量减少电器元件触点数量

图 2-46 为一个实例。图 2-46（a）不合理；图 2-46（b）较合理，节省了一个 KM_1 常开触点，通过两个线圈共用同一个 KM_1 常开触点来实现。

3）合理安排电器元件触点位置

图 2-47 为一个实例。图 2-47（a）不合理，因为行程开关 SQ 的常开常闭触点靠得很近，在触点断开时，会产生电弧，可能造成电源短路，而且这种接法电气箱到现场要引出四根线。图 2-47（b）接法就合理。

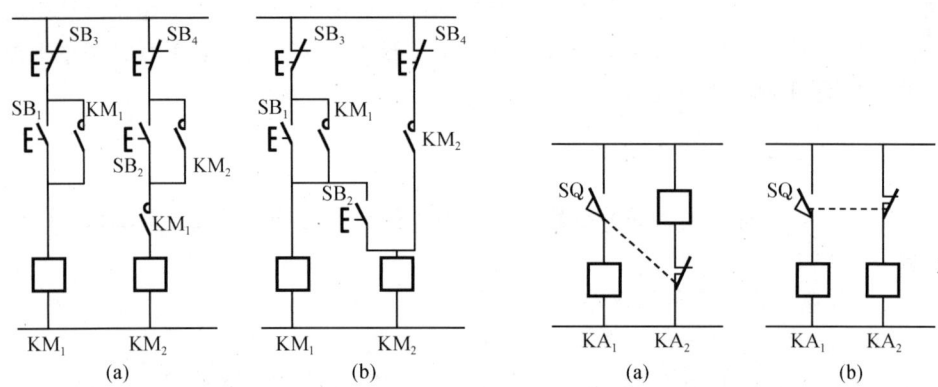

图 2-46 减少电器元件触点数量　　图 2-47 触点的安排

4）尽量减少电气线路的电源种类

电源有交流和直流两大类，接触器和继电器等也有交直流两大类，要尽量采用同一类电源。电压等级应符合标准等级，如交流一般为 380V、220V、127V、110V、36V、24V、6.3V，直流为 12V、24V、48V。

5）尽量减少电器元件的品种、规格、数量及触点数量

同一用途的电器元件，尽可能选用同一型号规格。实现同一控制功能的电路不是唯一的，但在工作可靠的前提下，以电器元件和触点用得最少的电路为最优。

6）尽可能减少通电电器数量

例如，时间继电器在完成延时控制功能以后，就应断电，以利节能和延长使用寿命。

3. 电器元件选择

如何正确选用好元件，对控制系统电路的设计是很重要的。电器元件选择的基本原则如下：

（1）根据对控制元件功能的要求，确定电器元件类型。以继电接触器控制系统为例，当元件用于通、断功率较大的动力电路时，应选交流接触器；若元件用

于切换功率较小的电路（控制电路或微型电机的主电路）时，则应选择中间继电器；若还伴有延时要求，则应选用时间继电器；伴有限位控制，则应选用行程开关等。

（2）确定元器件承载能力的临界值及使用寿命。主要是根据电器控制的电压、电流及功率的大小来确定元件的规格。

（3）确定元器件预期的工作环境及供应情况。如防油、防尘、防爆及货源等。

（4）确定元器件在应用时所需要的可靠性等。确定用以改善元器件失效率而用的老练或其他筛选试验的失效率。采用与可靠性预计相适应的降额系数。进行一些必要的计算或校核。

2.6.4 控制系统的工艺设计

工艺设计的目的是为了满足电气控制设备的制造和使用要求。工艺设计的依据是电气原理图及电气元件目录表。工艺设计时，一般先进行电气设备总体配置设计，而后进行电气元件布置图、接线图、电气箱及非标准零件图的设计，再进行各类元器件及材料清单的汇总，最后还要编写设计说明书和使用说明书，从而形成一套完整的设计技术文件。

1. 电气设备总体配置设计

各种电动机及各类电器元件根据各自的作用，都有一定的装配位置，在构成一个完整的电气控制系统时，必须划分组件，同时要解决组件之间，以及电气箱与被控制装置之间的接线问题。通常可分成以下几种组件：

（1）设备电器组件。拖动电动机与各种执行元件（电磁阀、电磁铁和电磁离合器等）以及各种检测元件（行程开关及压力、速度和温度继电器等）必须安装在生产设备的相应部位，它们构成了设备电器组件。

（2）电器板和电源板组件。各种控制电器（接触器、中间继电器和时间继电器等）以及保护电器（熔断器、热继电器和过电流继电器等）安装在电气箱内，构成一块或多块电器板（主板），而控制变压器及整流、滤波元件也安装在电气箱内，构成电源板组件。

（3）控制面板组件。各种控制开关、按钮、指示灯、指示仪表和需经常调节的电位器等，必须安装在控制台面板上，构成控制面板组件。

各组件板和设备电器相互间的接线一般采用接线端子板，以便接拆。

总体配置设计是以电气系统的总装配图与总接线图形式来表达的，图中应以示意形式反映出各电气部件（如电气箱、电动机组、设备电器等）的位置及接线关系，以及走线方式和使用管线要求等。

2. 电气元件布置图的绘制

电气元件布置图是某些电器元件按一定原则的组合。同一组件中电器元件的布置应注意：

（1）体积大和较重的电器元件应安装在电器板的下面（一般电器板在电气箱内垂直安装，以便通风散热、接线和维修），而发热元件应安装在电器板的上面。

（2）需要经常维护、检修和调整的电器元件的位置不宜过高过低。

（3）电器元件布置不宜过密，对易产生飞弧的接触器和自动开关尤其要注意。若采用板前走线槽配线方式，应适当加大各排电器间距，以利布线和维护。还应考虑整齐、美观。

（4）原理图中靠近的电器元件，应尽量布置得近些，以缩短接线。

布置图是根据电器元件的外形绘制，并标出各元件间距尺寸。每个电器元件的安装尺寸及公差范围，应严格按标准标出，作为底板加工依据，以保证各电器的顺利安装。

在电气布置图设计中，还要根据本组件进出线的数量和采用导线规格，选择进出线方式，并选用适当接线端子板或接插件，按一定顺序标上进出线的接线号。

3. 电气接线图的绘制

电气接线图是根据电气原理图及电气元件布置图绘制的，它一方面表示出各电气组件（电器板、电源板、控制面板和设备电器）之间的接线情况，另一方面表示出各电气组件板上电器元件之间的接线情况。因此，它是电气设备安装、进行电器元件配线和检修时查线的依据。

设备电器（电动机和行程开关等）可先接线到装在生产设备上的分线盒，再从分线盒接线到电气箱内电器板上的接线端子板上，也可不用分线盒直接接到电气箱。电气箱上各电器板、电源板和控制面板之间要通过接线端子板接线。接线图的绘制还应注意以下几点：

（1）电器元件按外形绘制，并与布置图一致，偏差不要太大。与电气原理图不同，在接线图中同一电器元件的各个部分（线圈、触点等）必须画在一起。

（2）所有电器元件及其引线应标注与电气原理图相一致的文字符号及接线回路标号。

（3）电器元件之间的接线一律采用单线表示法绘制，实含几根线可从电器元件上标注的接线回路标号数看出来。当电器元件数量较多和接线较复杂时，也可不画各元件间的连线。电气组件之间的接线也一律采用单线表示法绘制，含线数可从端子板上的回路标号数看出来。

(4) 接线图中应标出配线用的各种导线的型号、规格、截面积及颜色等。规定交流或直流动力电路用黑色线，交流辅助电路为红色，直流辅助电路为蓝色，地线为黄绿双色，与地线连接的电路导线以及电路中的中性线用白色线。还应标出组件间连线的护套材料，如橡套或塑套、金属软管、铁管和塑料管等。

若电气接线图也能反映出电气组件间的接线情况，则在总体配置设计中所述的总装配图与总接线图也可省略。

4. 电气箱及非标准零件图的设计

通常，生产设备有单独的电气控制箱。电气箱设计要考虑以下几方面问题：

(1) 根据控制面板及箱内各电器板和电源板的尺寸确定电气箱总体尺寸及结构方式。

(2) 根据各电气组件的安装尺寸，设计箱内安装支架（采用角铁、槽钢和扁铁等）。

(3) 从方便安装、调整及维修要求出发，设计电气箱门。为利于通风散热，应设计通风孔或通风槽。为便于搬动，应设计起吊勾、起吊孔、扶手架或箱体底部活动轮。

(4) 结构紧凑外形美观，要与生产设备本体配合和协调，并提出一定的装饰要求。

根据上述要求，先勾画出箱体外形草图，根据各部分尺寸，按比例画出外形图。而后进行各部分的结构设计，绘制箱体总装图及各面门、控制面板、底板、安装支架及装饰条等零件图，这些零件一般为非标准零件，要注明加工要求，如镀锌、油漆及刻字等，要严格按机械零件设计要求进行设计，所用材料有金属材料和非金属材料（胶木板和有机玻璃板等）。门锁和某些装饰零件应外购。

5. 各类元器件及材料清单的汇总

在电气系统原理设计及工艺设计结束后，应根据各种图样，对所需的元器件及材料进行综合统计，按类别分别作出元器件及材料清单表，以便供销和生产管理部门进行备料，这些资料也是成本核算的依据。

6. 设计说明书及使用说明书的编写

设计说明书及使用说明书是设计审定及调试、安装、使用及维护过程中必不可少的技术资料。使用说明书应提供给用户。

设计说明书应包含拖动方案选择依据、设计特点、主要参数计算、设计任务书中各项技术指标的核算与评价、设备调试要求与调试方法、使用维护及注意事项等内容。

使用说明书可分为机械和电气两部分，电气部分主要介绍电气结构、操作面板示意图、操作、使用、维护方法及注意事项，还要提供电气原理图和接线图等，以便用户检修。

2.6.5 控制线路设计举例

由于电气线路图是电气系统的核心内容，所以在此仅介绍控制线路图的设计。

例 2-1 设计一个三相交流异步电动机 $M_1 \sim M_3$ 的继电器接触器控制电路，其要求如下：

(1) 按动 M_1 的启动按钮，M_1 启动并连续工作；
(2) 按动 M_2 的启动按钮，M_2 启动并连续工作；
(3) M_1 和 M_2 不允许同时工作，但可以自由停止工作；
(4) M_1 或 M_2 过载时，可分别停止 M_1 或 M_2 工作。

解 据要求 (1)，驱动 M_1 的接触器 KM_1 回路中应有启动按钮和自锁功能。同理，KM_2 回路中也应有启动按钮和自锁功能。据要求 (3) 可知，KM_1 和 KM_2 应为联锁控制关系，且 KM_1、KM_2 回路中分别串入停止按钮。再据要求 (4) 来自 M_1 和 M_2 的热继电器分别停止 M_1 和 M_2 工作，因此 KM_1 回路中应串入 FR_1，KM_2 回路中应串入 FR_2。控制电路图见图 2-48。

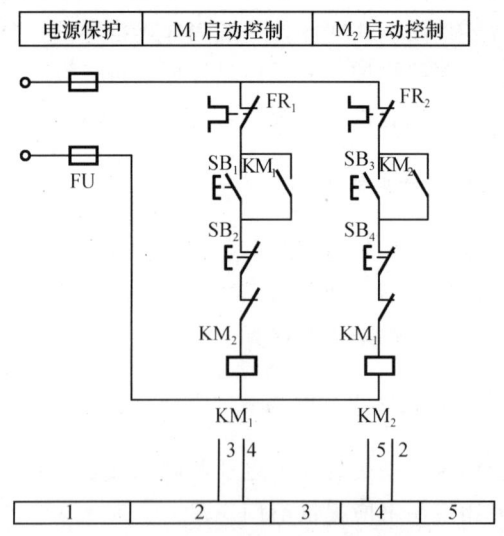

图 2-48 电动机 $M_1 \sim M_3$ 的控制电路

复习参考题

1. 中间继电器和接触器有何异同？在什么条件下可以用继电器来代替接触器启动电动机？
2. 电动机的启动电流很大，当电动机启动时，热继电器会不会动作？为什么？
3. 既然在电动机的主电路中装有熔断器，为什么还要装热继电器？装有热继电器是否可以不装熔断器？为什么？
4. 继电器接触器控制线路中一般应设哪些保护？各有什么作用？短路保护和过载保护有什么区别？零电压保护的目的是什么？
5. 什么叫"自锁"、"互锁（联锁）"？试举例说明各自的作用。
6. 电气原理图中 QS、FU、KM、KI、KT、SB、SQ 分别是什么电气元件的文字符号？
7. 画出异步电动机星-三角形启动的控制线路，并说明其优缺点及适用场合。
8. 机床主轴和润滑油泵各由一台电动机带动，要求主轴必须在油泵开动后才能启动。主轴能正反转并能单独停车，有断路、零压及过载保护等。试绘出电气控制原理图。
9. 现有一双速电动机，试按下述要求设计控制线路：
   (1) 分别用两个按钮操作电动机的高速启动和低速启动，用一个总停按钮控制电动机的停止。
   (2) 启动高速时，应先接成低速，经延时后再换接到高速。
   (3) 应有短路与过载保护。
10. 设计一个控制线路，要求第一台电动机启动 10s 后，第二台电动机自行启动，运行 5s 后，第一台电动机停止并同时使第三台电动机自行启动，再运行 15s 后，电动机全部停止。
11. 设计一小车运行的控制线路，小车由异步电动机拖动，其动作程序如下：
    (1) 小车由原位开始前进，到终点后自动停止。
    (2) 在终点停留 2s 后自动返回原位停止。
    (3) 要求能在前进或后退途中任意位置都能停止或启动。
12. 什么是调速？调速与速度变化有什么区别？
13. 实现异步电动机调速有哪几种方案？
14. 电气控制设计中应遵循的原则是什么？设计的基本内容是什么？
15. 简述确定电力拖动方案的原则是什么？
16. 简述确定电动机容量的常用方法。
17. 简述电气控制系统功能表图的特点及对设计机床电气原理图的作用。
18. 简述电气控制系统工艺设计的主要内容。
19. 电气元件布置图绘制时，同一组件上电气元件的布置应注意什么？
20. 电气设计说明书和使用说明书包含哪些主要内容？

参 考 文 献

米伦. 2006. 固态继电器在加热器中的应用设计. 低压电器
佟为明. 2000. 低压电器继电器及其控制系统. 哈尔滨：哈尔滨工业大学出版社
王显正. 1997. 机电控制技术. 上海：上海交通大学机械工程系
杨新艺, 李晋生. 2004. 电工学. 北京：机械工业出版社

第 3 章 可编程控制器

3.1 可编程控制器的概述

3.1.1 PLC 简介

在自动化生产设备中,有大量的开关量、数字量、脉冲量以及模拟量的控制装置,以往这些控制装置主要是用继电器和分立元器件组成的电路来实现的,随着生产的发展,人们对控制装置提出了更高的要求,于是可编程控制器产生了。

早期的可编程控制器是用来替代继电器、接触器控制,只能实现逻辑运算,因此被称为可编程逻辑控制器(programmable logic controller,PLC)。随着电子技术、计算机技术的迅速发展,可编程控制器的功能已远远超出了逻辑运算的范围,被称为可编程控制器(programmable controller,PC)。为区别于个人计算机(personal computer,PC),故仍沿用 PLC。

目前,PLC 已被广泛应用于各种生产机械和生产过程的自动控制中,成为最重要、最普及、应用场合最多的工业控制装置之一。

3.1.2 PLC 发展历史

在可编程控制器出现以前,继电器控制在工业控制领域占主导地位,由此构成的控制系统都是按预先设定好的时间或条件顺序地工作,若要改变控制的顺序就必须改变控制系统的硬件接线,因此其通用性和灵活性较差。

1968 年,美国通用汽车公司(GM)为了适应生产工艺不断更新的需要,从用户的角度提出了新一代控制器应具备的十大条件:

(1) 编程方便,可现场修改程序;
(2) 维修方便,采用插件式结构;
(3) 可靠性高于继电器控制装置;
(4) 体积小于继电器控制盘;
(5) 数据可直接送入管理计算机;
(6) 成本可与继电器控制盘竞争;
(7) 输入可为市电;
(8) 输出可为市电,容量要求在 2A 以上,可直接驱动接触器等;

(9) 扩展时原系统改变最少;

(10) 用户存储器大于 4KB。

这些条件提出了将继电器控制与计算机的优点结合起来,并希望通过计算机的软件逻辑编程替代继电接触器控制的硬接线逻辑编程。1969 年,美国数字设备公司(DEC 公司)研制出了第一台可编程控制器,在 GM 的生产线上试用成功,并取得了满意的效果,可编程控制器自此诞生。

早期的可编程控制器仅有逻辑运算、定时、计数等顺序控制功能,微电子技术和计算机技术的发展,使 PLC 不仅具有逻辑运算功能,还增加了算术运算、数据传送和数据处理等功能。

20 世纪 80 年代以后,随着大规模、超大规模集成电路等微电子技术的迅速发展,16 位和 32 位微处理器应用于 PLC 中,使 PLC 得到迅速发展。PLC 不仅控制功能增强,同时可靠性提高,功耗、体积减小,成本降低,编程和故障检测更加灵活方便,而且具有通信和联网、数据处理和图像显示等功能,使 PLC 真正成为具有逻辑控制、过程控制、运动控制、数据处理、联网通信等功能的名副其实的多功能控制器。

自从第一台 PLC 出现以后,日本、德国、法国等也相继开始研制 PLC,并得到了迅速的发展。目前,世界上有 200 多家 PLC 厂商,400 多品种的 PLC 产品,按地域可分成美国、欧洲和日本等三个流派产品,各流派 PLC 产品都各具特色,如日本主要发展中小型 PLC,其小型 PLC 性能先进,结构紧凑,价格便宜,在世界市场上占用重要地位。著名的 PLC 生产厂家主要有美国的 A-B(Allen-Bradly)公司、GE(General Electric)公司、日本的三菱电机(Mitsubishi Electric)公司、欧姆龙(OMRON)公司、德国的 AEG 公司、西门子(Siemens)公司、法国的 TE(Telemecanique)公司等。

3.1.3 PLC 特点

1) 可靠性高,抗干扰能力强

可编程控制器生产厂家在硬件和软件方面采取了一系列抗干扰措施,使它可以直接安装于工业现场而稳定可靠地工作。目前各生产厂家生产的可编程控制器,其平均无故障时间都大大超过了 IEC 规定的 10^6 小时。

2) 适应性强,应用灵活

由于可编程控制器产品均成系列化生产,品种齐全,采用模块化的硬件结构,组合和扩展方便,用户可根据自己需要灵活选用,以满足不同的控制指标要求。

3) 编程方便,易于使用

可编程控制器主要采用与继电器电路极为相似的梯形图语言,直观易懂,深受现场电气技术人员的欢迎。

4) 设计、安装、调试方便

可编程控制器中含有大量的相当于中间继电器、时间继电器、计数器等的"软元件"。又用程序（软接线）代替硬接线，安装接线工作量少。设计人员只要有可编程控制器就可以进行控制系统设计并可在实验室进行模拟调试。

5) 维修方便

可编程控制器有完善的诊断、信息存储及监视功能，对于其内部工作状态、通信状态、异常状态和 I/O 点的状态均有显示。工作人员通过它可以查出故障原因，便于迅速处理。

6) 功能完善

除基本的逻辑控制、定时、计数和算术运算等功能外，配合特殊功能模块还可以实现点位控制、PID 运算、过程控制和数字控制等功能，为方便工厂管理又可与上位机通信，通过远程模块还可以控制远处设备。

上述特点使 PLC 的应用范围极为广泛。

3.2 可编程控制器的结构和工作原理

3.2.1 PLC 基本结构

可编程控制器的种类繁多，可有各种不同的结构，为简化起见，以小型 PLC 为例，来说明其硬件组成。基本结构如图 3-1 所示。

由图 3-1 可知，用可编程控制器作为控制器的自动控制系统，是典型的工业计算机控制系统。它既可进行开关量的控制，也可实现模拟量的控制。由于 PLC 的中央处理器是由微处理器、单片机或计算机组成，且具有各种功能的 I/O 接口及存储器，所以也可将 PLC 的结构用微型计算机控制系统常用的单总线结构来表示，如图 3-2 所示。

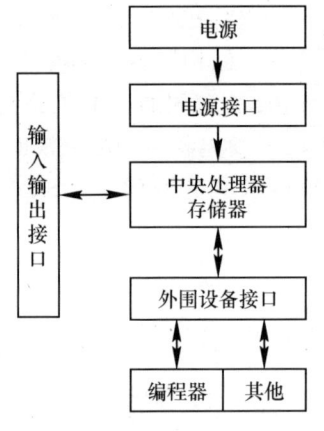

图 3-1　PLC 基本结构

3.2.2 PLC 各组成部分的功能

PLC 主要由 CPU 模块、数字量输入/输出模块（I/O 模块）、扩展模块、电源模块、存储器、模拟量输入输出模块、编程器及通讯模块组成。

1. 中央处理器（CPU）

CPU 作为 PLC 的核心，主要具有如下功能：

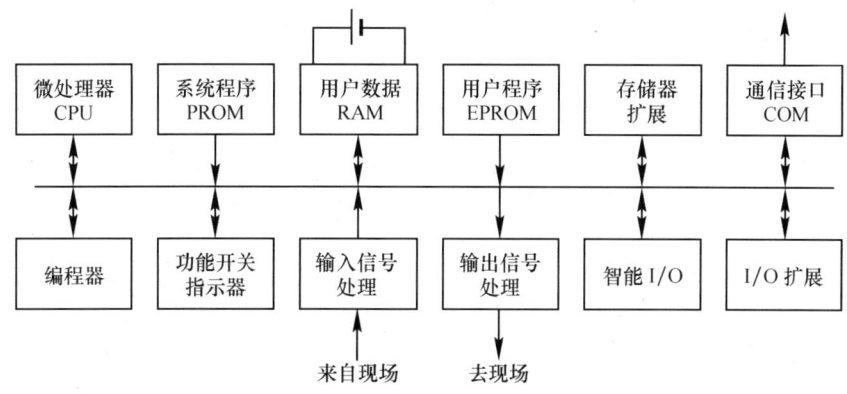

图 3-2 可编程控制器的单总线结构

(1) 接收与存储用户由编程器键入的用户程序和数据。

(2) 检查编程过程中的语法错误,诊断电源及 PLC 内部的工作故障。

(3) 用扫描方式工作,接收来自现场的输入信号,并输入到映像寄存器和数据存储器中。

(4) 在进入运行方式后,从存储器中逐条读取并执行用户程序,完成用户程序所规定的逻辑运算、算术运算及数据处理操作。

(5) 根据运算结果,更新有关标志位的状态,刷新输出映像寄存器的内容,再经输出部件实现输出控制、打印制表或数据通信等功能。

在模板式 PLC 中,CPU 是一个专用模板,一般 PLC 的 CPU 模板上还有存放系统程序的 ROM 或 EPROM、存放用户程序或少量数据的 RAM,以及译码电路、通信接口和编程器接口等。

在整体式 PLC 中,CPU 是一块集成电路芯片,通常是通用的 8 位或 16 位的微处理器,如 Z80、Z80A、8085、6800 等。采用通用的微处理器(如 Z80A)作 CPU,其好处是这些微处理器及其配套的芯片普及、通用、价廉,有独立的 I/O 指令,且指令格式短,有利于译码及缩短扫描周期。

2. 数字量输入/输出模块(I/O 模块)

1) 数字量(或开关量)输入部件及接口

来自现场的主令元件、检测元件的信号经输入接口进入到 PLC。主令元件的信号是指由用户在控制键盘(或控制台、操作台)上发出的控制信号(如开机、关机、转换、调整、急停等信号)。检测元件的信号是指用检测元件(如各种传感器、继电器的触点、限位开关、行程开关等元件的触点)对生产过程中的参数(如压力、流量、温度、速度、位置、行程、电流、电压等)进行检测时产生的信号。这些信号有的是开关量(或数字量),有的是模拟量,有的是直流信号，有的是交流信号，要根据输入信号的类型选择合适的输入接口。

为提高系统的抗干扰能力，各种输入接口均采取了抗干扰措施，如在输入接口内带有光电耦合电路，对 PLC 与外部输入信号进行隔离。为消除信号噪声，在输入接口内还设置了多种滤波电路。为便于 PLC 的信号处理，输入接口内有电平转换及信号锁存电路。为便于与现场信号的连接，在输入接口的外部设有接线端子排。

（1）数字量（或开关量）输入模板的外部接线方式。

数字量（或开关量）输入模板与外部用户输入设备的接线方式可分为汇点式输入和隔离式输入两种基本接线形式。

① 汇点式输入接线方式。

如图 3-3 所示，在汇点式输入接线方式中，各个输入回路有一个公共端（COM）。可以是全部输入点为一组，共用一个电源和公共端，如图 3-3（a）所示；也可以将全部输入点分为几组，每组有一个单独的电源和公共端，如图 3-3（b）所示。

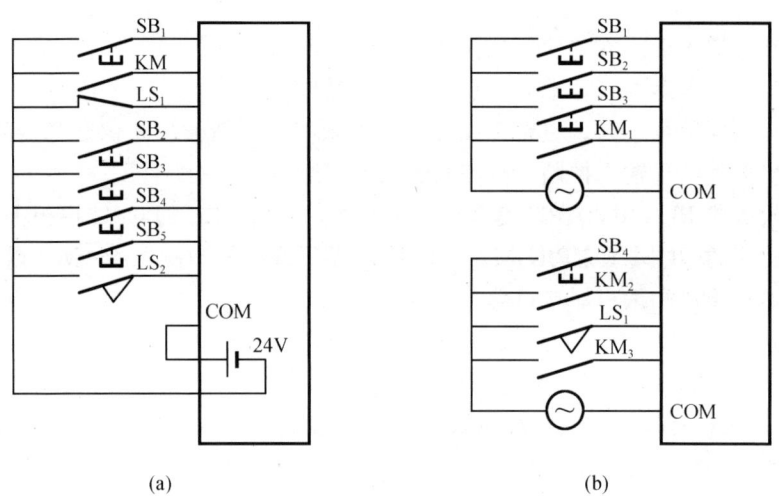

图 3-3　汇点式输入接线方式

汇点式输入接线方式，可用于直流输入模板，也可以用于交流输入模板。直流输入模板的电源一般可由 PLC 内部的 24V（DC）电源提供；交流输入模板的电源则应由用户提供。

② 隔离式输入接线方式。

如图 3-4 所示，在隔离式输入接线方式中，每一个输入回路有两个接线端子，由单独的一个电源供电。相对于电源来说，各个输入点之间是相互隔离的。

隔离式输入接线方式一般用于交流输入模板，其电源也应由用户提供。

(2) 数字量输入模板的接口电路。

数字量输入模板是将现场送来的开关信号（如按钮信号、各种行程开关信号、继电器触点的闭合或打开信号等），经光电隔离后，将电平转换成 PLC 可处理的 TTL 电平。根据所送来的信号电压的类型，数字量输入模板可分为直流输入模板（通常是 24V）和交流输入模板（通常是 220V）两种类型。

① 直流数字量输入模板。

常见的直流输入数字量模板有 +24V 和 +48V 电压两种形式，这两种形式模板的基本结构是一样的，只是个别元件的参数有所不同。图 3-5 为直流数字量输入模板的原理图，从图中可见，它主要由输入信号处理、光电隔离、信号锁存、口地址译码和控制逻辑等电路组成。

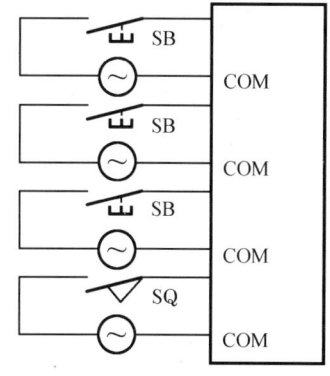

图 3-4 隔离式输入接线方式

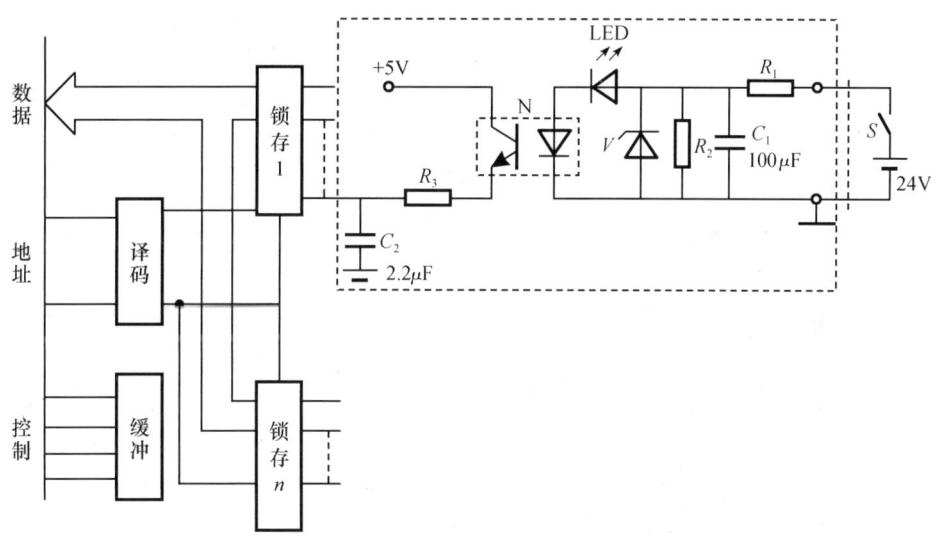

图 3-5 直流数字量输入模板原理图

② 交流数字量输入模板

交流数字量输入模板的电路与直流数字量输入模板很相似，唯一不同之处是输入信号处理电路，如图 3-6 所示。

交流输入信号经过整流桥 VD 整流后，所得直流信号作为发光二极管 LED 和光电耦合器 N 的工作电压。电阻 R_1 和电容 C_1 是直流滤波电路。电阻 R_3 和电容 C_3 是交流输入信号 220V 的交流滤波电路，用以滤除其中的高频或尖峰脉冲干扰信号。

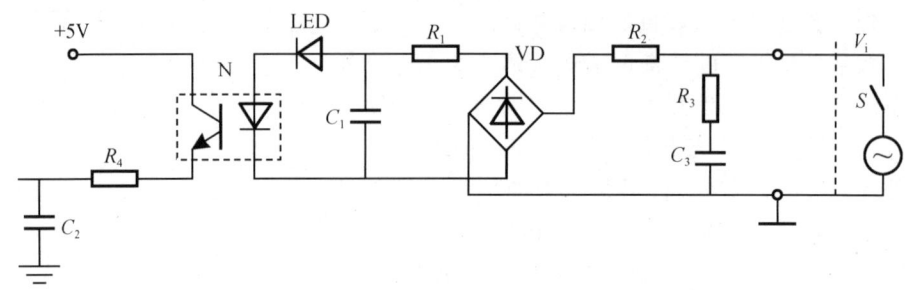

图 3-6　交流数字量输入模板的输入信号处理电路

2) 数字量（开关量）输出部件及接口

由 PLC 产生的各种输出控制信号经输出接口去控制和驱动负载。因为 PLC 的直接输出带负载能力有限，所以 PLC 输出接口所带的负载，通常是接触器的线圈、电磁阀的线圈、信号指示灯等。同输入接口一样，输出接口的负载有的是直流量，有的是交流量，要根据负载性质选择合适的输出接口。

（1）数字量输出模板的接线方式。

数字量输出模板与外部用户输出设备的接线方式，可分为汇点式输出接线和隔离式输出接线两种形式。

① 汇点式输出接线方式。

如图 3-7 所示。汇点式输出接线方式，各个输出回路有一个公共端（COM），可以是全部输出点为一组，共用一个公共端和一个电源，如图 3-7（a）所示。也可以将全部输出点分为几组，每组有一个公共端和一个单独的电源，如图 3-7（b）所示。负载电源可以是直流，也可以是交流，它必须由用户提供。汇点式输出接线既可用于直流输出模板，也可以用于交流输出模板。

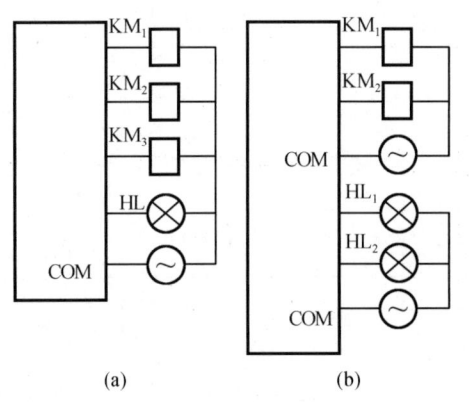

图 3-7　数字量汇点式输出接线方式

② 隔离式输出接线方式。

如图 3-8 所示。在隔离式输出模板中，每个输出回路有两个接线端子，由单独一个电源供电。就电源来说，每个输出点之间是相互隔离的。

（2）数字量输出接口的输出方式。

对数字量输出接口，其输出方式分为晶体

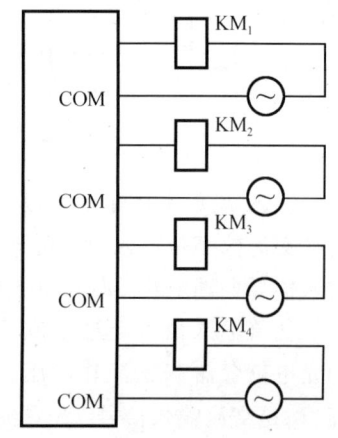

图 3-8　数字量隔离式输出接线方式

管输出型、双向晶闸管（可控硅）输出型及继电器输出型。晶体管输出型适用直流负载或 TTL 电路，双向晶闸管（可控硅）输出型适用于交流负载，而继电器输出型，既可用于直流负载，又可用于交流负载。使用时，只要外接一个与负载要求相符的电源即可，因而采用继电器输出型，对用户显得方便和灵活，但由于它是有触点输出，它的工作频率不能很高，工作寿命不如无触点的半导体元件长。同样，为保证工作的可靠性，提高抗干扰能力，在输出接口内也要采用相应的隔离措施，如光电隔离、电磁隔离以及隔离放大器等措施。

① 直流数字量输出接口模板（晶体管输出型）。

直流数字量输出+24V、+48V 电压的基本结构相同，其典型电路如图 3-9 所示。

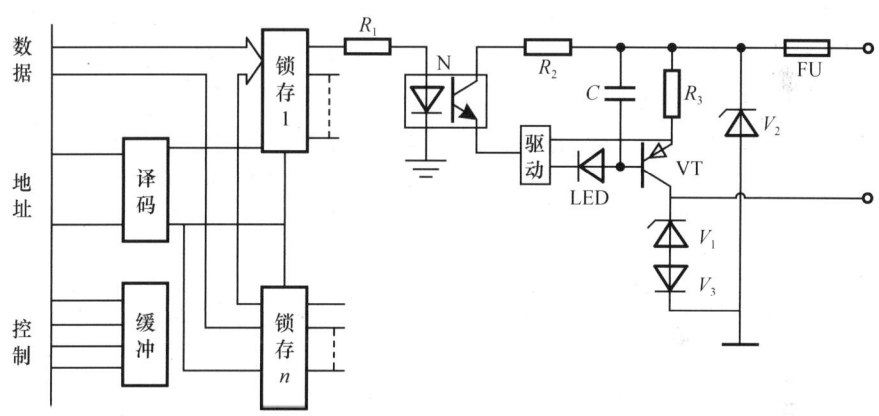

图 3-9 直流数字量输出接口模板原理图

此电路可分为译码、控制逻辑、输出锁存、光电隔离和输出驱动 5 个部分。其中前 4 个部分与直流数字量输入模板电路非常相似，所不同之处主要有 3 点：输出锁存器输入和输出的方向相反；数据流向相反；光电耦合器由标准 TTL 电平驱动，因此驱动电路简单。输出和输入模板的最大不同在于输出驱动电路，它也是输出模板的主要部分。

晶体管输出型每个输出点的最大带负载能力（因 PLC 的型号而异）约为 0.75A，但是因为有温度上升的限制，每 4 点输出总电流不得大于 2A（每点平均 0.5A）。

② 交流数字量输出接口模板（双向晶闸管或双向可控硅）。

交流输出模板的电路大部分与直流输出接口模板相同，只有输出驱动电路不同，如图 3-10 所示。它的主要开关元件是双向晶闸管 VT，可看做两个普通晶闸管的反并联（但其驱动信号是单极性的），只要门极 G 为高电平，就使 VT 双向导通，从而接通 220V 交流电源向负载供电。

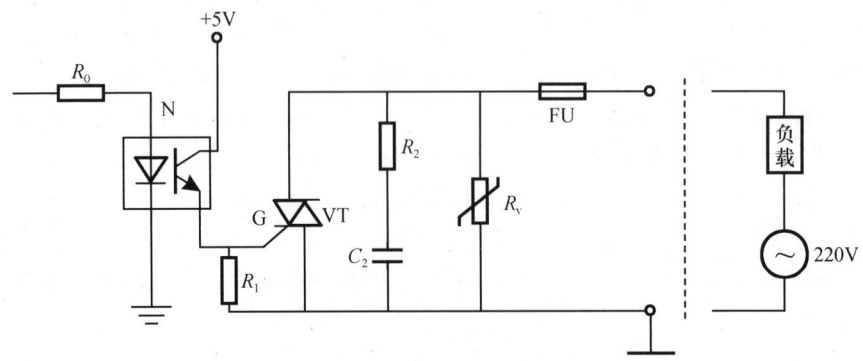

图 3-10　交流数字量输出接口模板的输出驱动电路

图中电容 C_2 是作为高频滤波电容，可抑制高尖峰电压击穿 VT。串接电阻 R_2 是限制 VT 由截止转为导通的瞬间，因电容的高速放电产生过大的电流变化。R_v 是压敏电阻，用它来吸收浪涌电压，以限制 VT 两端电压始终不超过一定限度。电阻 R_1 是将光电耦合器副边侧的电流信号转换成电压信号，用以驱动 VT 的门极。光电耦合器副边电流如不足以驱动 VT 正常导通时，可增加一级电流放大电路。双向晶闸管输出型：每点最大带负载能力为 0.5~1A，每 4 点输出总电流不得大于 4A。

③ 继电器输出接口模板。

在对动作时间和频率要求不高的情况下，常常采用继电器输出接通或断开开关触点。它的控制部分与直流输出接口模板相同，只是输出驱动电路不同。如图 3-11 所示为一种典型的继电器输出驱动电路。

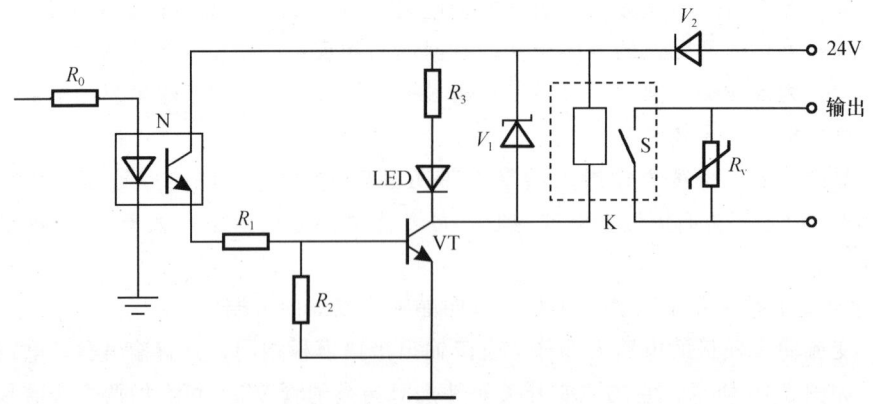

图 3-11　继电器输出接口模板的输出驱动电路

继电器输出型接口响应时间最慢，从输出继电器的线圈得电（或断电）到输出触点 ON（或 OFF）的响应时间均为 10ms。

3. 扩展模块

PLC 的扩展接口现在有两个含义：一个是单纯的 I/O（数字量 I/O 或模拟量 I/O）扩展接口，它是为弥补原系统中 I/O 口有限而设置的，用于扩展输入、输出点数，当用户的 PLC 控制系统所需的输入、输出点数超过主机的输入、输出点数时，就要通过 I/O 扩展接口将主机与 I/O 扩展单元连接起来。另一个含义是对 CPU 模板的扩充，它是在原系统中只有一块 CPU 模板而无法满足系统工作要求时使用的。

4. 电源模块

PLC 的外部工作电源一般为单相 85~260V，50/60Hz（AC）电源，也有采用 24~26V（DC）电源的。使用单相交流电源的 PLC，往往还能同时提供 24V 直流电源，供直流输入使用。PLC 对其外部工作电源的稳定度要求不高，一般可允许±15%左右。

对于在 PLC 的输出端子上接的负载所需的负载工作电源，必须由用户提供。PLC 的内部电源系统一般有三类：第一类是供 PLC 中的 TTL 芯片和集成运算放大器使用的基本电源（+5V 和±15V（DC）电源）；第二类电源是供输出接口使用的高压大电流的功率电源；第三类电源是锂电池及其充电电源。考虑到系统的可靠性及光电隔离器的使用，不同类电源具有不同的地线。此外，根据 PLC 的规模及所允许扩展的接口模板数，各种 PLC 的电源种类和容量往往是不同的。

5. 存储器

可编程控制器存储器中配有两种存储系统，即用于存放系统程序的系统程序存储器和存放用户程序的用户程序存储器。

系统程序存储器主要用来存储可编程控制器内部的各种信息。在大型可编程控制器中，又可分为寄存器存储器、内部存储器和高速缓存存储器。在中、小型可编程控制器中，常把这 3 种功能的存储器混合在一起，统称为功能存储器，简称存储器。

一般系统程序是由 PLC 生产厂家编写的系统监控程序，不能由用户直接存取。系统监控程序主要由系统管理、指令解释、标准程序及系统调用等程序组成。系统程序存储器一般由 PROM 或 EPROM 构成。

由用户编写的程序称为用户程序。用户程序存放在用户程序存储器中，用户程序存储器的容量不大，主要存储可编程控制器内部的输入输出信息，以及内部继电器、移位寄存器、累加寄存器、数据寄存器、定时器和计数器的动作状态。小型可编程控制器的存储容量一般只有几 KB 的容量（不超过 8KB），中型可编程控制器的存储能力为 2～64KB，大型可编程控制器的存储能力可达到几百 KB 以上。我们一般讲 PLC 的内存大小，是指用户程序存储器的容量，用户程序存储器常用 RAM 构成。为防止电源掉电时 RAM 中的信息丢失，常采用锂电池做后备保护。若用户程序已完全调试好，且一段时期内不需要改变功能，也可将其固化到 EPROM 中。但是用户程序存储器中必须有部分 RAM，用以存放一些必要的动态数据。用户程序存储器一般分为两个区，程序存储区和数据存储区。程序存储区用来存储由用户编写的、通过编程器输入的程序。而数据存储区用来存储通过输入端子读取的输入信号的状态、准备通过输出端子输出的输出信号的状态、PLC 中各个内部器件的状态，以及特殊功能要求的有关数据。

当用户程序很长或需存储的数据较多时，PLC 基本组成中的存储器容量可能不够用，这时可考虑选用较大容量的存储器或进行存储器扩展。很多 PLC 都提供了存储器扩展功能，用户可将新增加的存储器扩展模板直接插入 CPU 模板中，也有的 PLC 是将存储器扩展模板插在中央基板上。在存储器扩展模板上通常装有可充电的锂电池（或超级电容），如果在系统运行过程中突然停电，RAM 立即改由锂电池（或超级电容）供电，使 RAM 中的信息不因停电而丢失，从而保证上电后系统可从掉电状态开始恢复工作。目前，常用的存储器有 CMOS-SRAM、EPROM 和 EEPROM。

6. 模拟量输入输出模块

小型 PLC 一般没有模拟量输入/输出接口，或者只有通道数有限的 8 位 A/D、D/A 模板。大、中型 PLC 可以配置成百上千的模拟量通道，它们的 A/D、D/A 转换器一般是 10 位或 12 位的。其中，模拟输入信号或模拟输出信号可以是电压或电流。可以是单极性，如 0～5V，0～10V，1～5V，4～20mA，也可以是双极性的，如 ±50mV，±5V，±10V，±20mA。在一些高精度和高抗干扰的 PLC 控制系统中，模拟量 I/O 接口模板也需要有光电隔离措施。模拟信号的隔离问题远比数字信号隔离困难，因此通常在模拟量 I/O 模板上只配置若干具有隔离措施的端口，以降低系统的复杂度和成本。在模拟量 I/O 接口模板中，一般不能用光电耦合器作隔离，因为它不能保证良好的线性度，所以往往采用成本较高的隔离放大器来实现隔离作用。在模拟量 I/O 接口模板中的数字逻辑部分可以采用光电耦合器来隔离。

7. 编程器及通信模块

1）编程器

编程器用于用户程序的输入、编辑、调试和监视，还可以通过其键盘去调用和显示 PLC 的一些内部继电器状态和系统参数。它经过编程器接口与 CPU 联系，完成"人-机"对话。可编程控制器的编程器一般由 PLC 生产厂家提供，它们只能用于某一生产厂家的某些 PLC 产品，可分为简易编程器和智能编程器。

简易编程器一般由简易键盘、发光二极管阵列或液晶显示器（LCD）等组成。它不能直接输入和编辑梯形图程序，只能通过联机编程的方式，将用户的梯形图语言程序转化成机器语言的助记符（语句表）的形式，再用键盘将语句表程序一条一条地写入 PLC 的存储器中。

智能编程器又称图形编程器，一般由微处理器、键盘、显示器及总线接口组成，它可以直接生成和编辑梯形图程序。智能编程器体积大、成本高，适用于在实验室或大型 PLC 控制系统中，对应用程序进行开发和研制。

由 PLC 生产厂家生产的专用编程器使用范围有限，价格一般也较高。在个人计算机不断更新换代的今天，出现了使用以个人计算机为基础的编程系统。大多数 PLC 厂家只向用户提供编程软件，而个人计算机则由用户自己选择。对于不同厂家和型号的 PLC，只需要更换编程软件即可。这种系统的另一个优点是可以使用一台个人计算机为所有的工业智能控制设备编程，还可以作为 CNC、机器人、工业电视系统和各种智能分析仪器的软件开发工具。

2）通信模块

通信接口是专用于数据通信的一种智能模板，它主要用于"人-机"对话或"机-机"对话。PLC 通过通信接口可以与打印机、监视器相连，也可与其他的 PLC 或上位计算机相连，构成多机局部网络系统或多级分布式控制系统，或实现管理与控制相结合的现场总线系统。通信接口有串行接口和并行接口两种，它们都在专用系统软件的控制下，遵循国际上多种规范的通信协议来工作。用户应根据不同的设备要求选择相应的通信方式并配置合适的通信接口。

3.2.3 PLC 基本工作原理

1. 可编程控制器的等效电路

图 3-12 是以 S7-200 为例的 PLC 等效电路。

1）输入部分

所谓输入继电器是 PLC 内部的"软继电器"，是存储器中的某一位，它可以提供任意多个动合触点或动断触点供 PLC 编程使用。输入部分由外部输入电路、

PLC 输入接线端子和输入继电器组成。外部输入信号经 PLC 输入接线端子去驱动输入继电器的线圈。每个输入端子与其相同编号的输入继电器有着唯一确定的对应关系,当外部的输入元件处于接通状态时,对应的输入"软继电器"动作。输入回路所使用的电源,可以用 PLC 内部提供的 24V 直流电源(其带负载的能力有限),也可由 PLC 外部独立的交流或直流电源供电。

需要强调的是,输入继电器只能通过来自现场的输入元件(如控制按钮、行程开关的触点、晶体管的基极-发射极电压、各种检测及保护器件的触点或动作信号等)来触发,而不能用编程的方式去控制。

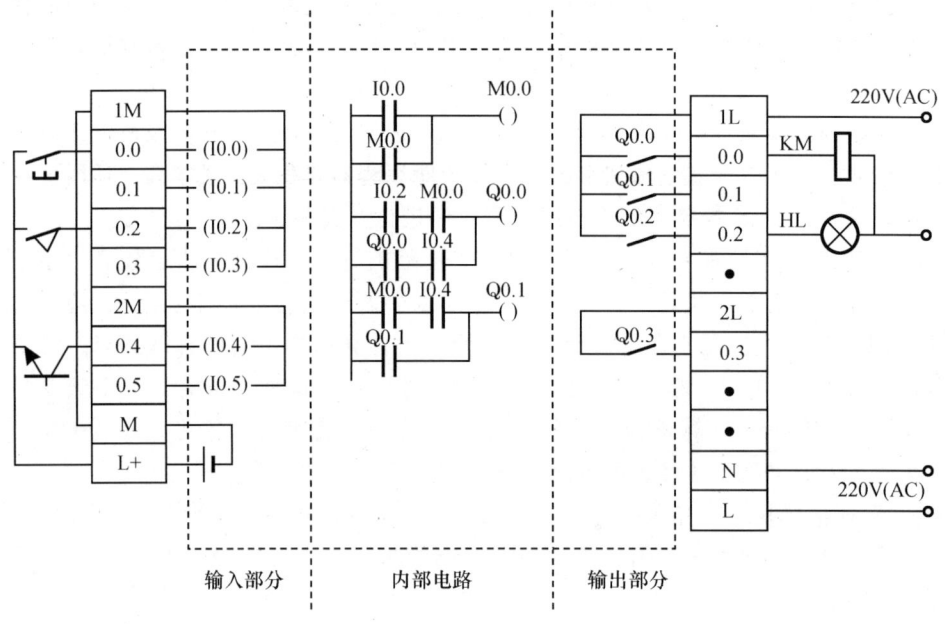

图 3-12 PLC 的等效工作电路

2) 内部电路

所谓内部电路是由用户程序形成的用"软继电器"来代替硬继电器的控制逻辑。它的作用是按照用户程序规定的逻辑关系,对输入信号和输出信号的状态进行检测、判断、运算和处理,然后得到相应的输出。一般用户程序是用梯形图语言编制的,它看起来很像继电器接触器控制系统的线路图。

3) 输出部分

输出部分是由在 PLC 内部且与内部控制电路隔离的输出继电器的外部动合触点、输出接线端子和外部驱动电路组成,用来驱动外部负载。PLC 的内部控制电路中有许多输出继电器(也是"软继电器"),每个输出继电器除了为内部控制电路提供编程用的任意多个动合、动断触点外,还为外部输出电路提供了实际的动合触点与输出接线端子相连。驱动外部负载电路的电源必须由外部电源提供，电源种类及规格可根据负载要求去配备，只要在PLC允许的电压范围内工作即可。

2. 可编程控制器的工作方式

可编程控制器的工作方式与微型计算机相比有两个显著特点：一个是周期性顺序扫描，一个是集中批处理。周期性顺序扫描是可编程控制器特有的工作方式，PLC在运行过程中，总是处在不断循环扫描过程中。每次扫描所用的时间称为扫描时间，又称为扫描周期或工作周期。由于可编程控制器的I/O点数较多，采用集中批处理的方法，可以简化操作过程，便于控制，提高系统可靠性。

当PLC启动后，先进行初始化操作，包括对工作内存的初始化、复位所有的定时器、将输入/输出继电器清零、检查I/O单元连接是否完好，如有异常则发出报警信号。初始化之后，PLC就进入周期性扫描过程。PLC的工作过程（周期性扫描过程）分为4个扫描阶段。

1) 公共处理扫描阶段

公共处理包括PLC自检、执行来自外设命令、对警戒时钟又称监视定时器或看门狗定时器WDT（watch dog timer）清零等。

2) 输入采样扫描阶段

在这个阶段中，PLC按顺序逐个采集所有输入端子上的信号，不论输入端子上是否接线，将所有采集到的输入信号写到输入映像寄存器中。在当前的扫描周期内，用户程序依据的输入信号的状态（ON或OFF），均从输入映像寄存器中去读取，而不管此时外部输入信号的状态是否变化。

3) 执行用户程序扫描阶段

在执行用户程序阶段，CPU对用户程序按顺序进行扫描。在执行用户程序中，每一次运算的中间结果都立即写入元件映像寄存器中，这样该元素的状态马上就可以被后面将要扫描到的指令所使用。对输出继电器的扫描结果，也不是马上去驱动外部负载，而是将其结果写入元件映像寄存器中的输出映像寄存器中，待输出刷新阶段集中进行批处理。

4) 输出刷新扫描阶段

当CPU对全部用户程序扫描结束后，将元件映像寄存器中各输出继电器的状态同时送到输出锁存器中，再由输出锁存器经输出端子去驱动各输出继电器所带的负载。在输出刷新阶段结束后，CPU进入下一个扫描周期。上述的三个批处理过程如图3-13所示。

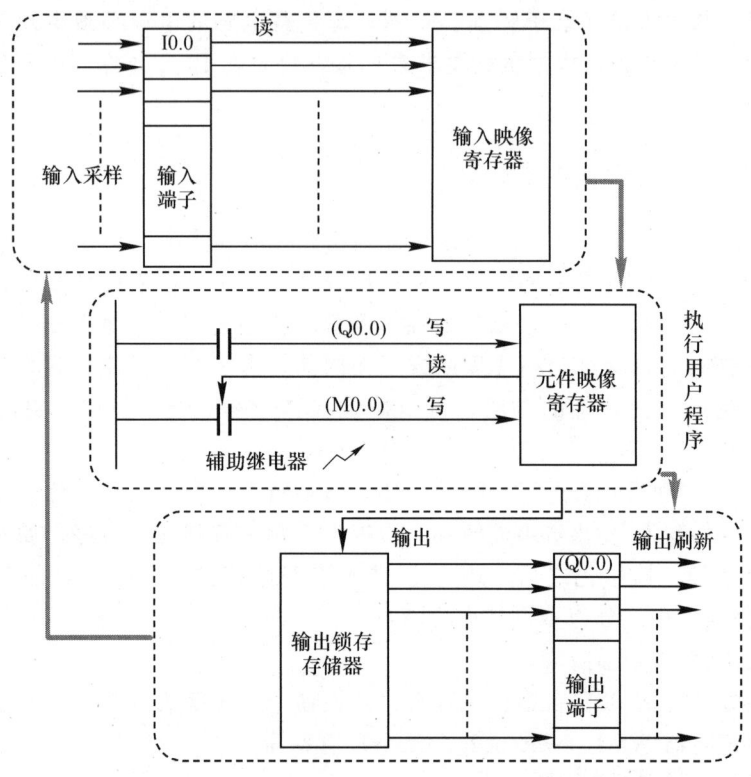

图 3-13　小型 PLC 的三个批处理过程

3. PLC 对输入/输出的处理规则

通过对 PLC 的用户程序执行过程的分析，可总结出 PLC 对输入/输出的处理规则，如图 3-14 所示。

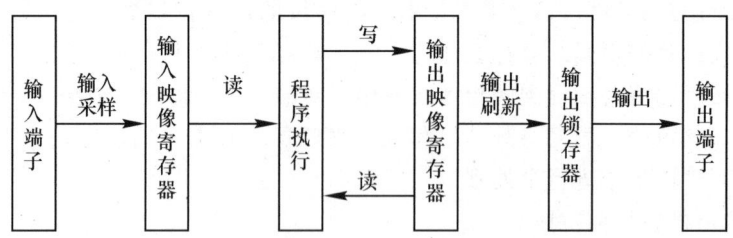

图 3-14　PLC 对输入/输出的处理规则

（1）输入映像寄存器中的数据，是在输入采样阶段从扫描到的输入信号的状态集中写进去的，在本扫描周期中，它不随外部输入信号的变化而变化。

（2）输出映像寄存器（它包含在元件映像寄存器中）的状态，是由用户程序中输出指令的执行结果来决定。

(3) 输出锁存器中的数据是在输出刷新阶段,从输出映像寄存器中集中写进去的。

(4) 输出端子的输出状态,是由输出锁存器中的数据确定的。

(5) 执行用户程序时所需的输入、输出状态,是从输入映像寄存器和输出映像寄存器中读出的。

4. PLC 的扫描周期及滞后响应

PLC 的扫描周期与 PLC 的时钟频率、用户程序的长短及系统配置有关。一般 PLC 的扫描时间为几十毫秒,在输入采样和输出刷新阶段只需 1~2ms,扫描时间的长短主要由用户程序的长度决定。

从 PLC 的输入端输入信号发生变化到输出端对该输入变化做出反应,所需时间称为响应时间或滞后时间。这种输出对输入的滞后现象,影响了控制的实时性,但对于一般的工业控制,这种滞后是允许的。如果需要快速响应,可选用快速响应模板、高速计数模板及采用中断处理功能来缩短滞后时间。响应时间的快慢与以下因素有关。

1) 输入滤波器的时间常数(输入延迟)

PLC 的输入滤波器是积分环节,因此,输入滤波器的输出电压会有时间延迟。另外,如果输入导线很长,分布参数的影响也会产生滤波器的效果。在对实时性要求很高的情况下,可考虑采用快速响应输入模板。

2) 输出继电器的机械滞后(输出延迟)

因为 PLC 的数字量输出经常采用继电器触点,继电器机械开关固有的动作时间,导致继电器的实际动作相对线圈的输入电压的滞后效应。如果采用双向可控硅(双向晶闸管)或晶体管的输出方式,则可减少滞后时间。

3) PLC 的循环扫描工作方式

要想减少程序扫描时间,必须优化程序结构,在可能的情况下,应采用跳转指令。

4) PLC 对输入采样、输出刷新的集中批处理方式

为加快响应,目前有的 PLC 的工作方式采取直接控制方式,这种工作方式的特点是,遇到输入便立即读取进行处理,遇到输出则把结果予以输出。还有的 PLC 采取混合工作方式,在输入采样阶段,进行集中读取(批处理),而在执行程序时,遇到输出时便直接输出。这种方式由于对输入采用的是集中读取,所以在一个扫描周期内,同一个输入即使在程序中有多处出现,也不会像直接控制方式那样,可能出现不同的值;由于这种方式的程序执行与输出采用直接控制方式,所以又具有直接控制方式输出响应快的优点。

5）用户程序中语句顺序安排不当

如果某一输出继电器的输出语句写在前面，而相关的控制逻辑语句写在后面，则会引起一定的输出响应滞后。

3.2.4 PLC 分类

1. 按控制规模分类

PLC 的控制规模是以配置的输入/输出点数来衡量的。PLC 的输入/输出点数表明了 PLC 可从外部接收多少个输入信号和向外部发出多少个输出信号，实际上也是 PLC 的输入/输出端子数。根据 PLC 的点数可将 PLC 分为小型机、中型机和大型机。

（1）小型机。I/O 点数（总数）在 256 点以下的，称为小型机，一般只具有逻辑运算、定时、计数和移位等功能，适用于小规模开关量的控制，可用它实现条件控制、顺序控制等。有些小型 PLC 也增加了算术运算和模拟量处理等功能，能适应更广泛的需要。目前的小型 PLC 一般也具有数据通信等功能。小型 PLC 的特点是价格低、体积小，适用于控制自动化单机设备，开发机电一体化产品。

（2）中型机。I/O 点数在 256~1024 点的，称为中型机。它除了具备逻辑运算功能，还增加了模拟量输入/输出、算术运算、数据传送、数据通信等功能，可完成既有开关量又有模拟量的复杂控制。中型机的软件比小型机丰富，在已固化的程序内，一般还有 PID（比例、积分、微分）调节、整数/浮点运算等功能模块。中型机的特点是功能强，配置灵活，适用于温度、压力、流量、速度、角度、位置等模拟量信号和大量开关量的控制，以及连续生产过程控制场合。

（3）大型机。I/O 点数在 1024 点以上的，称为大型机。大型 PLC 的功能更加完美，具有数据运算、模拟调节、联网通信、监视记录、打印等功能。大型机的内存容量超过 640KB，监控系统采用 CRT 显示，能够表示生产过程的工艺流程，各种记录曲线等。能进行中断控制、智能控制、远程控制等。大型机的特点是 I/O 点数多，控制规模宏大，组网能力强，可用于大规模的过程控制，构成分布式控制系统，或者整个工厂的集散控制系统。

2. 按结构形式分类

从结构上看，PLC 可分为整体式、模块式及分散式 3 种形式。

（1）整体式。一般的小型机多为整体式结构。这种结构 PLC 的电源、CPU、I/O 部件都集中配置在一个箱体中，有的甚至全部装在一块印刷电路板上。整体式 PLC 结构紧凑，体积小，重量轻，价格低，容易装配在工业控制设备的内部，比较适合于生产机械的单机控制。整体式 PLC 的缺点是主机的 I/O 点数固定，使用不够灵活，维修也较麻烦。

(2) 模板式。这种形式的 PLC 采用模块化设计，各部分以单独的模板分开设置，如电源模板 PS、CPU 模板、输入/输出模板、功能模板及通信模板等。这种 PLC 一般设有机架底板，在底板上有若干插槽，使用时，各种模板直接插入机架底板即可。这种结构的 PLC 配置灵活，装备方便，维修简单，易于扩展，可根据控制要求灵活配置所需模板，构成功能不同的各种控制系统。一般大、中型 PLC 均采用这种结构。模板式 PLC 的缺点是结构较复杂，各种插件多，因而增加了造价。

(3) 分散式。分散式的结构是将可编程控制器的 CPU、电源、存取器集中放置在控制室，而将各 I/O 模板分散放置在各个工作站，由通信接口进行通信连接，由 CPU 集中指挥。

3. 按用途分类

(1) 用于顺序逻辑控制。顺序逻辑控制是可编程控制器的最基本的控制功能，完成如顺序、联锁、计时和计数等开关量的控制。该类可编程控制器不要求有太多的功能，只要有足够数量的 I/O 回路即可。

(2) 用于闭环过程控制。对于闭环控制系统，需要有模拟量的 I/O 回路，以供采样输入和调节输出，实现对温度、压力、流量、位置、速度等物理量的连续调节。

(3) 用于多级分布式和集散控制系统。在多级分布式和集散控制系统中，除了要求所选用的可编程控制器具有上述功能外，还要求具有较强的通信功能，以实现各工作站之间的通信、上位机与下位机的通信，最终实现全厂自动化，形成通信网络。

(4) 用于机械加工的数字控制和机器人控制。机械加工行业和很多机器人制造公司也选用 PLC 作为控制器，以实现速度控制、运动控制、位置控制、步进电机控制、伺服电机控制、单轴控制和多轴控制等功能。

4. 按生产厂家分类

PLC 的生产厂家很多，每个厂家生产的 PLC，其点数、容量、功能各有差异，但都自成系列，指令及外设向上兼容，因此在选择 PLC 时若选择同一系列的产品，则可以使系统构成容易、操作人员使用方便、备品配件的通用性及兼容性好。目前，世界上有 200 多家 PLC 厂商，400 多品种的 PLC 产品，按地域可分成美国、欧洲和日本等三个流派。比较有代表性的有美国的 A-B 公司、GE 公司、日本的三菱电机公司、欧姆龙公司，德国的 AEG 公司、西门子公司，法国的 TE（Telemecanique）公司等。我国的 PLC 研制、生产和应用也发展很快，尤其在应用方面更为突出。目前，我国不少科研单位和工厂也在研制和生产 PLC，同时国外也有许多公司在我国开办工厂生产 PLC。

3.2.5 PLC 与继电器接触器控制系统及计算机的区别

1. PLC 与继电器接触器控制系统的区别

（1）器件组成。继电器接触器控制系统控制逻辑采用硬件接线，触点数量有限，所以系统的灵活性和可扩展性受到很大限制。同时其存在机械磨损、电弧烧伤等，寿命短，系统的连线多，所以可靠性和可维护性较差。而 PLC 采用了计算机技术，其控制逻辑是以程序的方式存放在存储器中，很容易改变或增加系统功能。PLC 所谓"软继电器"实质上是存储器单元的状态，所以"软继电器"的触点数量是无限的，而且无"磨损"现象。

（2）工作方式。当电源接通时，继电器接触器控制电路中所有继电器都处于受制约状态，即该吸合的继电器都同时吸合，不该吸合的继电器受某种条件限制而不能吸合，这种工作方式称为并行工作方式。而 PLC 的用户程序是按一定顺序循环执行，所以各软继电器都处于周期性循环扫描接通中，受同一条件制约的各个继电器的动作次序决定于程序扫描顺序，这种工作方式称为串行工作方式。PLC 的串行工作方式存在输入/输出滞后现象。例如，西门子公司 S5-110A，每个程序语句平均 $18\mu s$，若整个用户程序有 1000 条语句，并假设输入滤波时间常数约为 6ms，则对应输入信号最大响应时间为 $18\mu s \times 1000 + 6ms = 24ms$。

（3）控制速度。继电器接触器控制系统依靠机械触点的动作以实现控制，工作频率低，机械触点还会出现抖动问题。而 PLC 通过程序指令控制半导体电路来实现控制，速度快，程序指令执行时间在微秒级，且不会出现触点抖动问题。

（4）定时和计数控制。继电器接触器控制系统采用时间继电器的延时动作进行时间控制，时间继电器的延时时间易受环境温度变化的影响，定时精度不高。而 PLC 采用半导体集成电路作定时器，时钟脉冲由晶体振荡器产生，精度高，定时范围宽，用户可根据需要在程序中设定定时值，修改方便，不受环境的影响，且 PLC 具有计数功能，而继电器接触器控制系统一般不具备计数功能。

2. PLC 与单片机等微型计算机（MC）的区别

作为工业生产专用的可编程控制器，它也是由 CPU、RAM、ROM、I/O 接口等构成，与微型计算机有相似的构造，但又不同于一般的通用微机，特别是它

采用了特殊的抗干扰技术，有着很强的接口能力，使它更能适用于工业控制。此外，两者还有其他一些区别，例如，

(1) PLC 易于维修，MC 则较困难；

(2) PLC 编程比 MC 简单；

(3) PLC 设计调试周期短；

(4) PLC 的输入/输出响应速度慢，有较大的滞后现象（一般为毫秒级），而 MC 的响应速度快（为微秒级）；

(5) PLC 易于操作，人员培训时间短，而 MC 则较难，人员培训时间长；

随着 PLC 功能的不断增强，越来越多地采用了微机技术；同时 MC 也为了适应用户需要，向提高可靠性、耐用性与便于维修方向发展，两者相互渗透，使 PLC 与 MC 差异越来越小，两者之间的界限也越来越模糊。

3. PLC 与工业控制计算机的区别

可编程控制器与工业控制计算机（简称工控机）都是用来进行工业控制的，但是两者相比仍有不同。

(1) 硬件方面。工控机是由通用微型计算机推广应用发展起来的，通常由微型计算机生产厂家开发生产，在硬件方面具有标准化总线结构，各种机型间兼容性强。而 PLC 则是针对工业顺序控制，由电气控制厂家研制发展起来的，其硬件结构专用，各个厂家产品不通用。但是 PLC 的信号采集和控制输出的功率强，可不必再加信号变换和功率驱动环节，而直接对现场的测量信号及执行机构对接；在结构上，PLC 采取整体密封模板组合形式；在工艺上，对印刷板、插槽、机架都有严格的规定；在电路上，又有一系列的抗干扰措施。因此，PLC 的可靠性更能够满足工业现场环境下的要求。

(2) 软件方面。工控机可借用通用微型计算机丰富的软件资源，对算法复杂，实时性强的控制任务能较好地适应。PLC 在顺序控制的基础上，增加了 PID 等控制算法，它的编程主要采用梯形图语言，易于被熟悉电气控制线路而不太熟悉微型计算机软件的工厂电气技术人员所掌握。但是，一些微型计算机的通用软件还不能直接在 PLC 上应用，还要经过二次开发。通常，我们要根据控制任务和应用环境来恰当地选用最适合的控制设备。

3.2.6 可编程控制器 FX 与 S7-200 概述

FX 系列 PLC 是由三菱公司近年来推出的高性能小型可编程控制器，以逐步替代三菱公司原 F、F1、F2 系列 PLC 产品。其中 FX2 是 1991 年推出的产品，FX0 是在 FX2 之后推出的超小型 PLC，近几年来又连续推出了将众多功能凝集在超小型机壳内的 FX0S、FX1S、FX0N、FX1N、FX2N、FX2NC 等系列 PLC，

具有较高的性能价格比，应用广泛。它们采用整体式和模块式相结合的叠装式结构。

德国的西门子公司是世界上著名的，也是欧洲最大的电气设备制造商，其PLC市场占有率居世界首位。欧洲的第一台可编程控制器就是由西门子公司于1973年研制成功的。西门子于1975年推出SIMATIC S3系列可编程控制器，1979年推出SIMATIC S5系列PLC，20世纪末推出了SIMATIC S7系列PLC。

S7系列PLC根据控制规模的不同分成三个子系列：S7-200、S7-300、S7-400，分别对应小型、中型和大型PLC。S7-200是整体式机构的小型PLC，具有很高的性能/价格比，目前在我国有着广泛的应用。下面将以F与S7-200为例进行详细的介绍。

3.3 FX系列编程元件及基本编程语言

3.3.1 F系列PLC中常用的编程器件与编程语言

1. F系列PLC中常用的编程器件

F系列PLC梯形图中的编程元件，其名称由字母和数字表示，它们分别表示元件类型和元件号，元件号用八进制表示。

1) 输入继电器（X）

图3-15为输入继电器等效电路，每个外部输入触点对应于一个输入继电器。外部输入触点开关触发内部电路通断，内部电路通断相当于继电器常开、常闭触点的通断。可见输入继电器作用是PLC用以接收来自外部的开关信号。

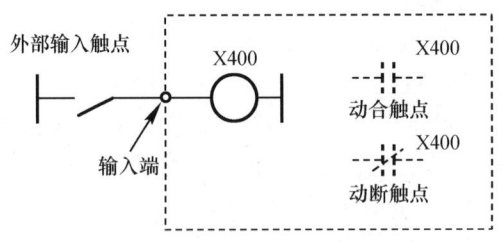

图3-15 输入继电器等效电路

输入继电器与PLC的输入端相连，并带有多对动合触点和动断触点供编程时使用。输入继电器由外部信号来驱动，而不能由程序的指令来驱动。输入继电器采用八进制编号，号码值根据基本单元和扩展单元的型号而定。

2) 输出继电器（Y）

输出继电器是用来将PLC的信号传送到外部负载的器件。输出继电器的输出触点连接到 PLC 的输出端上。图 3-16 给出了继电器触点输出时的连接方式。

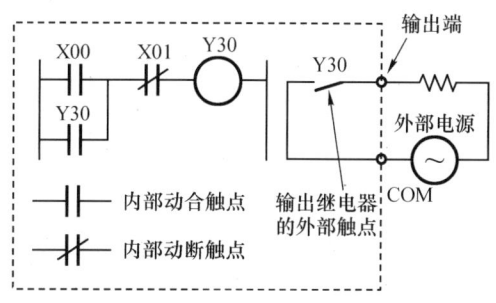

图 3-16 输出继电器等效电路

输出继电器按程序执行结果而被驱动,它有一个外部输出的动合触点,有许多动合、动断触点可以在编程中运用。输出继电器也采用八进制编号,号码值根据基本单元和扩展单元的型号而定。

3) 辅助继电器 (M)

PLC 中备有许多辅助继电器,由 PLC 中各种器件的触点驱动,作用同继电器接触器控制的中间继电器类似。辅助继电器带有若干动合触点和动断触点,供编程使用。辅助继电器的触点不可直接驱动外部负载,要通过输出继电器才能驱动外部负载。辅助继电器又可分为通用和保持两种类型。如表 3-1 所示。

表 3-1 F、F1、F2 系列

类 别		通用辅助继电器	保持辅助继电器
F 系列	F-12M、F-20M	M100~M157 (48 个)	M160~M177 (16 个)
	F-40M、F-60M	M100~M277 (128 个)	M300~M377 (64 个)
F1/F2 系列		M100~M277 (128 个)	M300~M377 (64 个)

(1) 通用辅助继电器。

通用辅助继电器在 PLC 运行时,如果电源突然断电,则全部线圈均 OFF。当电源再次接通时,除了因外部输入信号而变为 ON 的以外,其余的仍将保持 OFF 状态,它们没有断电保护功能。通用辅助继电器常在逻辑运算中作为辅助运算、状态暂存、移位等。通用辅助继电器用 3 位八进制编号,号码值根据基本单元的型号而定。

(2) 保持辅助继电器。

当电源中断时,保持辅助继电器能够保持它们原来的状态。这种辅助继电器之所以能保持电源切断之前的状态,是因为有后备锂电池保持供电。某些控制对象需要保存掉电前的状态,以使 PLC 恢复工作时再现这些状态,保持辅助继电器就是用于此目的。保持辅助继电器也是用 3 位八进制编号,号码值根据基本单元的型号而定。

4）移位寄存器

移位寄存器由辅助继电器组成。由 8 个或 16 个辅助继电器组成一组，构成一个移位寄存器，第一个辅助继电器的编号就是这个移位寄存器的编号。当辅助继电器已用作移位寄存器时，这一组辅助继电器不可另作他用。移位寄存器的分组和编号，见表 3-2。

表 3-2 移位寄存器的分组和编号

F-12M、F-20M：(8 个一组、共 8 组)		F-40M、F-60M：(16 个一组、共 12 组)	
移位寄存器	对应的辅助寄存器	移位寄存器	对应的辅助寄存器
M100	M100～M107	M100	M100～M117
M110	M110～M117	M120	M120～M137
M120	M120～M127	M140	M140～M157
M130	M130～M137	M160	M160～M177
M140	M140～M147	M200	M200～M217
M150	M150～M157	M220	M220～M237
M160	M160～M167	M240	M240～M257
M170	M170～M177	M260	M260～M277
		M300	M300～M317
		M320	M320～M337
		M340	M340～M357
		M360	M360～M377

F/F2 系列移位寄存器和 F-40M 移位寄存器的分组、编号一样，此外还有四组 16 位的具有电池保护的移位寄存器，编号是 M300（M300～M317）、M320（M320～M337）、M340（M340～M357）、M360（M360～M377）。图 3-17 是一个 16 位移位寄存器的等效电路，它有三个输入端：数据输入、移位输入和复位输入。

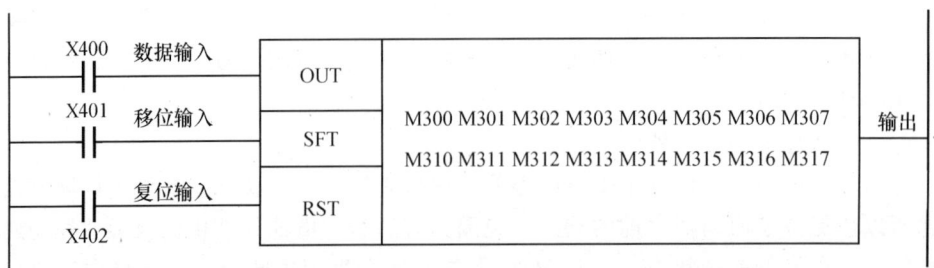

图 3-17 移位寄存器 M300 的等效电路

数据输入端的输入继电器 X400 的通、断决定了移位寄存器首位 M300 的状态，动作原理图与图 3-18 一样。

SFT 为移位控制端。X400 每接通一次，位移寄存器 M300 内 16 个辅助继电器数据相应右移一位，见图 3-19。

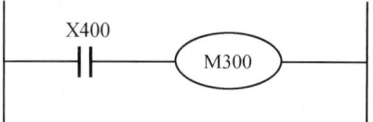

图 3-18 移位寄存器首位工作图

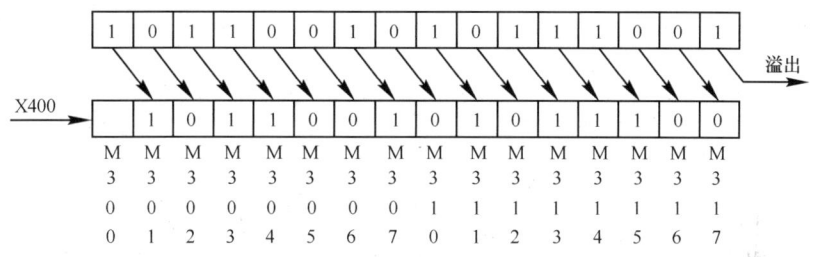

图 3-19 移位寄存器移位图

RST 为复位输入端 X402 接通后，M300~M317 全部断开。

当移位寄存器位数不够时，可以将两个移位寄存器串联使用。此时，第一个移位寄存器溢出的数据作为第二个移位寄存器的输入。

5）定时器（T）

其作用是提供限时或定时操作，相当于继电器控制系统中的延时继电器。定时器的线圈由 PLC 内各元件的触点来驱动，有常开、常闭延时触点供编程使用。定时器的器件编号和设定时间见表 3-3。

表 3-3 定时器的器件编号和设定时间

F 系列		F1 系列
F-12M、F-20M	F-40M、F-60M	
T50~T57（8 个） 0.1~99s（二位数字设定，最小单位：0.1s）	T450~T457， T550~T557（共 16 个） 0.1~999s（三位数字设定，最小单位：0.1s）	T050~T057，T450~T457 T550~T557（共 24 个） 0.1~999s（三位数字设定，最小单位：0.1s） T650~T657（共 8 个） 0.01~99.9s（三位数字设定，最小单位：0.01s）

定时器的延时时间是由编程中的设定值 K 决定的。图 3-20（a）、（b）分别是延时接通和延时断开的梯形图和波形图。

6）计数器（C）

计数器作用是提供计数操作。计数器的计数次数由编程时设定值 K 决定。计数器线圈由 PLC 内各元件触点来驱动。计数器为减 1 计数器，断到通计数器值减 1，直到计数器为零止，此时计数器动作，动合触点接通、动断触点断开。

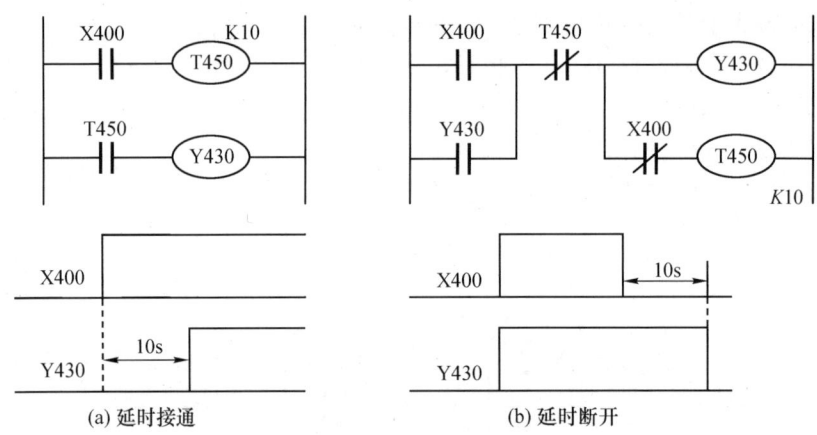

图 3-20 延时接通和断开的梯形图和波形图

PLC 中每个计数都有掉电保护，因此当掉电时，当前计数被保护。计数器的器件编号及计数值范围见表 3-4。

表 3-4 计数器的器件编号及计数值

F 系列		F1 系列
F-12M、F-20M	F-40M、F-60M	
C60～C67（8 个）（计数值 1～99）	C460～C467 C560～C567（计数值 1～999）	C060～C067、C460～C467 C560～C567、C660～C667（计数值 1～999）

计数器电路的梯形图可画成如图 3-21（a）（合并画法），也可按图 3-21（b）画（分开画法）。图中，X400 是外加的复位条件，M71 是 PLC 开机的复位条件。复位条件满足，计数器复位至设定值 90。X401 是计数输入，每次计数输入从断到通计数器值减 1，当计数值达到"0"时，输出触点 C460 接通。

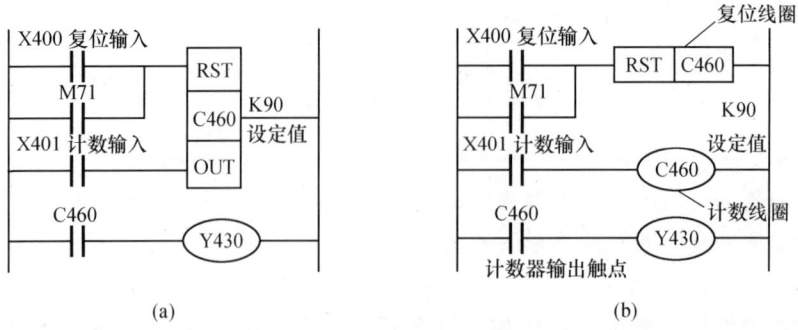

图 3-21 计数器电路

图 3-22 是用计数器组成一个定时器。图中 X403 是复位输入端。计 M72 即

100ms 的时钟，当电源在计数中途掉电时，之后电源恢复继续计数。此时，在掉电前和电源恢复后总计数时间达到 60s，输出触点 C461 接通。

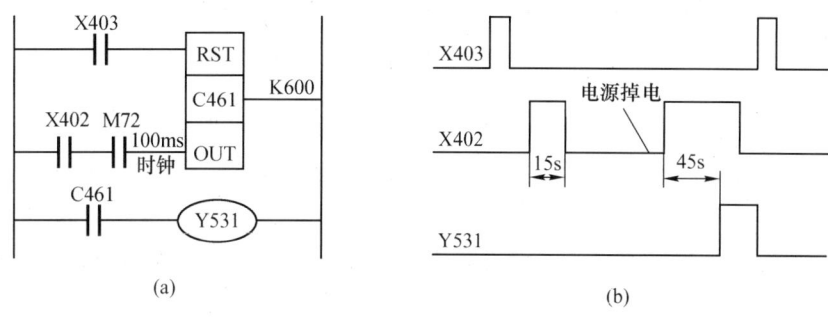

图 3-22 用计数器组成一个定时器

7) 特殊辅助继电器

PLC 还有几个特殊辅助继电器，见表 3-5。波形见图 3-23。

表 3-5 特殊辅助继电器

名称	作用
M70：运行临视	M70 自动地随 PLC 的运行/停止而呈通/断状态，当 PLC 程序在运行时 M70 一直接通，可以利用此触点经输出继电器（Y），在外部显示程序运行与否
M71：初始化脉冲	在程序运行开始后，M71 接通一个扫描周期，利用 M71 在运行开始时可以清除具有掉电保护的保持辅助继电器、计数器、移位寄存器的数据
M72：0.1s 的时钟脉冲	M72 产生周期为 0.1s 的时钟脉冲，可用于驱动计数器或移位寄存器，以完成（执行）监视定时器功能。M72 也可和计数器连用，起到定时器的作用。图 3-23 是几个特殊辅助继电器的波形图
M76：电池电压下降	在向 PLC 供电的情况下，如果电池电压下降，则 M76 接通。它可以把信号输出给外部指示单元来指示电池电压下降，方法是驱动输出继电器（Y）并用其触点接通指示灯
M77：禁止全部输出	当 M77 接通，全部输出继电器（Y）的输出自动断开，但此时其他继电器、定时器、计数器仍工作。若发生异常状态，可用 M77 紧急停机，切断全部输出

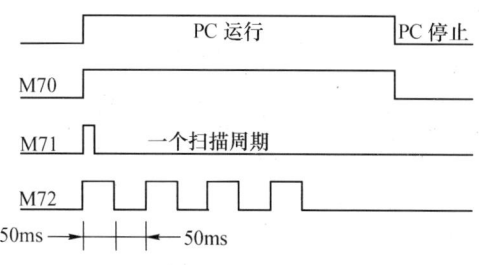

图 3-23 特殊辅助继电器波形图

8) 状态器（S）

状态器用于顺序控制类型的控制程序中，是编制步进控制程序中使用的基本元件。它与步进梯形指令 STL 结合使用，可实现系统的顺序控制。F1 系列状态器的编号为 S600~S647（八进制，共 40 点）。

每一个状态器 S 都具有若干个常开触点和常闭触点，可供 PLC 编程时选用。当步进指令（STL）不用时，状态器可作受掉电保护的一般辅助继电器使用。

图 3-24 为状态器表示的过程步进图。当步进控制的启动信号 X400 到达后，状态器 S600 即被启动接通，下降电磁阀 Y430 工作；如果下限位开关 X401 接通，状态器 S601 被启动接通，而状态器 S600 自动复位，以此类推。可见，状态器 S 是一种用于步进控制的元件。

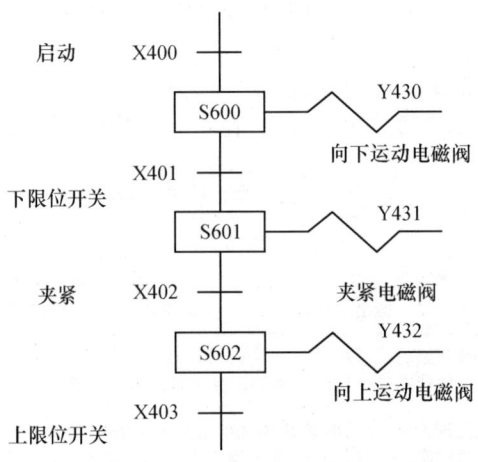

图 3-24 过程步进图（功能图）

除了以上这些基本编程器件以外，F1 系列还有数据寄存器和功能指令线圈。数据寄存器供数据传送、数据比较、算术运算等操作时使用。功能指令线圈可以提供 87 条功能指令用于完成数据传送和数据处理等操作。功能指令线圈编号为 F670~F677，其中 F670 为执行线圈，用于设定功能；F671~F675 为设定线圈，用于设定条件；F677 用于鼓型控制器，设定某一段程序的执行时间。

2. PLC 基本编程语言

PLC 是以程序的形式进行工作的，因此需要把控制任务所叙述的功能变换成程序。程序的编制就是用一定的语言把控制任务描述出来。PLC 与计算机的显著区别之一就是 PLC 的编程语言使用方便，易掌握。尽管国内外厂家采用的编程语言不尽相同，但程序的表达方式大都采用梯形图、指令、逻辑功能图、功能表图以及高级语言等五种形式。

1) 梯形图

梯形图是一种编程语言，它仍沿用了继电器的触点、线圈、串并联等术语和图形符号，梯形图由多个阶梯组成。每个输出元素构成一个阶梯。每个阶梯可有多个支路，通常每个支路可容纳若干个编程元素，最右边的元素必须是输出元素，两侧的竖线类似继电器控制线路的电源线，称作母线。输入接点总安排在左端，不论是行程开关、按钮，还是继电器触点，都用常开、常闭符号表示，不计及物理属性。输出线圈用圆形表示。梯形图比较直观、形象，对于熟悉继电器控制表达方式的人来说容易被接受，而不需更深的计算机知识，在 PLC 中用得最多。现在世界上各生产厂家都把梯形图作为 PLC 的第一用户编程语言。

2) 指令（语句表）

指令是用助记功能缩写符号来表示 PLC 的各种功能。每条指令由三部分组成：指令号（又称步序号）、指令名称（功能）及数据（继电器号，即地址号、计时及计数设定值等）。每条指令分别让 PLC 执行一方面功能。它类似计算机汇编语言，但比一般汇编语言简单得多。

3) 逻辑功能图

这种方式是基本上沿用了半导体逻辑电路的逻辑方块图表达，对每一种功能都使用一个运算方块，其运算功能由方块内的符号确定。常用"与"、"或"、"非"三种逻辑功能表达控制逻辑。和功能方块有关的输入均画在方块的左边，输出画在方块右边。采用逻辑功能图的表达方式，对于熟悉逻辑电路和具有逻辑代数基础的人来说，用这种方法编程感到方便。

图 3-25 给出了用 PLC 实现三相异步电动机启动/停止控制的三种语言的表示方法。

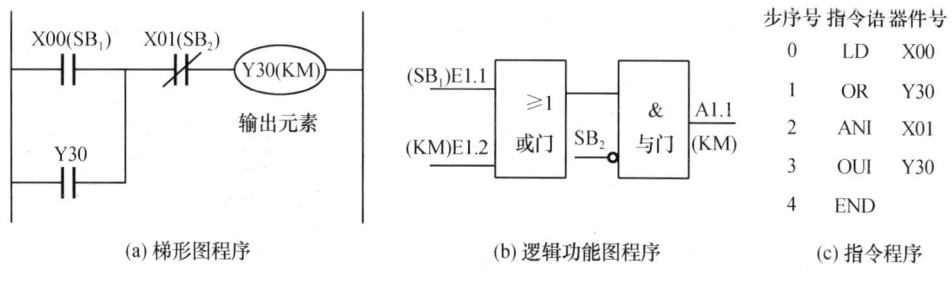

图 3-25 PLC 的三种编程方式

4) 高级语言

在大型 PLC 中为了完成具有数据处理、PID 调节等较为复杂的控制，也采用 BASIC、PASCAL 等计算机语言，这样 PLC 就具有更强的功能。

目前产生的各种类的 PLC，基本上同时支持两种或两种以上编程语言，而且以同时使用梯形图和指令的占大多数。虽然厂家、型号不同的 PLC，其梯形图、指令有些差异，使用符号不一，但编程的原理和方法是一致的。

3.3.2 基本逻辑指令

尽管 PLC 有各种规格型号，但它们的梯形图的形式都大同小异，其指令系统的内容也大致一样，表 3-6 是 F/F1/F2 系列 PLC 常用指令，指令的具体含义及程序编制的方式请参见参考文献（$FX_{1S}/FX_{1N}/FX_{2N}/FX_{2NC}$ 系列编程手册）。

表 3-6 F/F1/F2 系列 PLC 常用指令

类 别	助记符、名称	功 能
逻辑取与输出线圈驱动指令	LD（load）取	动合触点（常开触点）与母线连接指令
	LDI（load inverse）取反转	动断触点（常闭触点）与母线连接指令
	OUT（out）输出	线圈驱动指令
接点串联指令	AND（and）与	动合触点（常开触点）串联连接指令
	ANI（and inverse）与反转	动断触点（常闭触点）串联连接指令
接点并联指令	OR（or）或	动合触点（常开触点）并联连接指令
	ORI（or inverse）或反转	动断触点（常闭触点）并联连接指令
串联回路块的并联指令	ORB（or block）回路块或	串联回路块的并联连接指令
并联回路块的串联指令	ANB（and block）回路块与	并联回路块的串联连接指令
多重输出指令（MPS 和 MPP 必须成对使用）	MPS（push）进栈	使用一次 MPS 指令，便将此刻的运算结果送入堆栈的第一层，而将原存在第一层的数据移到堆栈的下一层
	MRD（read）读栈	读出最上层的最新数据，此时堆栈内的数据不移动
	MPP（pop）出栈	使用 MPP 指令，各数据顺次向上一层移动，最上层的数据被读出，同时该数据就从堆栈内消失
置位与复位指令	S（set）置位	线圈接通保持指令
	R（reset）复位	线圈清除指令
脉冲输出指令	PLF 上升沿微分	在输入信号上升沿产生一个扫描周期的脉冲输出
	PLS（pulse）下降沿微分	在输入信号下降沿产生一个扫描周期的脉冲输出

续表

类　别	助记符、名称	功　能
主控与主控复位指令	MC (master control) 主控	公共串联点的连接线圈指令
	MCR (master control reset) 主控复位	公共串联点的清除指令
空操作与程序结束指令	NOP (nop) 空操作	无动作，主要用于程序的修改
	END 结束	程序执行结束指令
移位指令	SFT (shift) 移位	使移位寄存器中的内容作移位的指令
条件跳步及跳步结束指令	CJP (condition jump) 转移开始	转移开始指令
	EJP (end of jump) 转移结束	转移结束指令

例 3-1 LD、LDI、OUT 的使用方法。

解 LD、LDI、OUT 指令使用说明：

（1）LD 与 LDI 指令用于与母线相连接的触点，也可以与 ANB、ORB 指令配合使用，用于分支的开始处。

（2）OUT 指令是驱动线圈的指令，用于驱动输出继电器、定时器、计数器，但不能用于输入继电器。

（3）OUT 指令可以并联连续使用任意次。如图 3-26 中 OUT M100，OUT T450 等。

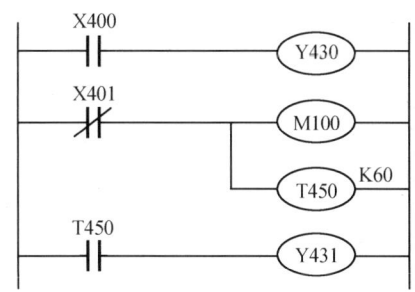

步序	指令语	器件号	说明
0	LD	X400	与母线相连
1	OUT	Y430	驱动指令
2	LDI	X401	与母线相连
3	OUT	M100	驱动指令
4	OUT	T450	定时器驱动指令
5	K	60	参数设定
6	LD	T450	
7	OUT	Y431	

图 3-26

（4）OUT 指令用于计数器、定时器时必须紧跟常数 K 值。常数 K 分别表示定时器的延时时间或计数次数，它也作为一个步序。

3.3.3 绘制梯形图的基本规则

尽管各种 PLC 的指令系统以及指令的助记符不完全相同，但绘制梯形图的基本方法是相同的，下面介绍绘制梯形图一般应遵守的规则：

（1）梯形图按自上而下，从左到右的顺序排列，每个继电路线圈为一个逻辑行，即一层阶梯，每一逻辑行起于左母线，终于右母线。继电器线圈与右母线直接连接，不能在继电器线圈与右母线之间连接其他元素。见图 3-27。

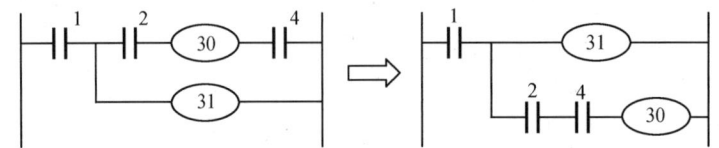

图 3-27　输出线圈右边不得再有触点

（2）梯形图中，一般情况下，某个编号（定义号）的继电器线圈只能出现一次（即不能出现重号的继电器线圈），见图 3-28，而继电器的触点则可无限引用，既可是常开触点，也可是常闭触点。

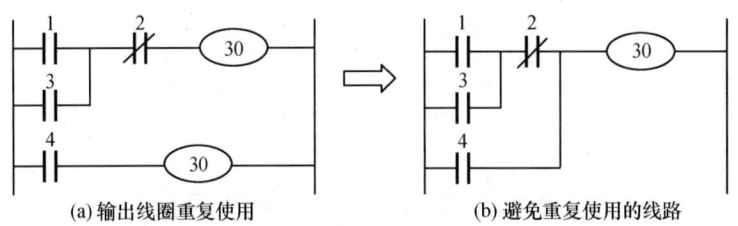

图 3-28　线圈的重复使用

在某些特殊情况下，也允许出现重号的继电器线圈，如使用多个跳转指令的程序段和使用步进指令的情况。

（3）输入继电器的线圈由输入点上的外部输入信号驱动。因此图中输入继电器的触点用以表示对应点的输入信号。

（4）在每一逻辑行上，串联接点多的电路应排在上面，如图 3-29（a）所示。如果将串联接点多的电路安排在下面，如图 3-29（b）所示，则需增加一条 ORB 指令，多占用了内存空间。

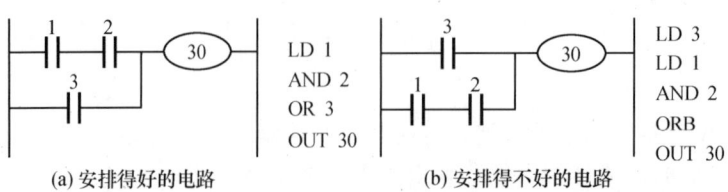

图 3-29　并联电路

（5）在每逻辑行上，并联触点多的电路应排在左面，如图 3-30（a）所示。

如果将并联触点多的电路排在右面,如图 3-30（b）所示,则增加一条 ANB 指令。

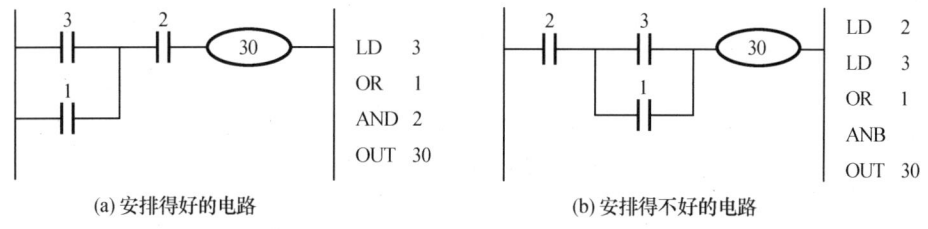

图 3-30　串联电路

（6）不允许在一对触点有双向"电流"通过,如图 3-31（a）所示的桥式电路中,触点 5 上有双向"电流"通过,不能直接编程,对于这样的电路,应根据其逻辑功能变换为等效电路,如图 3-31（b）所示的电路,然后再编程。

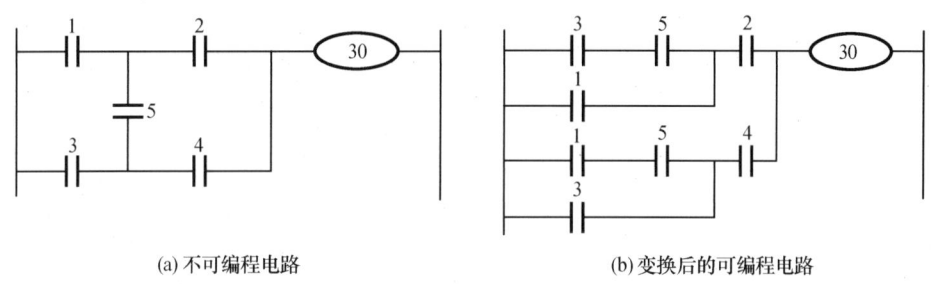

图 3-31　按逻辑功能变换电路

3.3.4　顺序步进指令和编程

在机电系统中,往往需要一些部件按一定的先后次序动作,如专用机床、自动加工生产线以及机械手等。对这一类的控制系统,由于各动作之间、各元件之间的联锁、互动关系极为复杂,用上述组合逻辑的方法设计时,梯形图不仅冗长,而且若不加注释可读性也很差。正是有鉴于此,现在生产的可编程序控制器大都设有顺序步进指令,以解决机电系统的顺序控制要求。

1. 状态梯形图及步进梯形图

状态梯形图是用状态描述的工艺流程图,通常,将一个动作要求作为一个状态,用一个相应的状态器 S 来表示,一个完整的状态应由三部分组成：

（1）驱动处理。该状态下元器件应该完成的动作,即对负载的驱动处理,驱动处理的对象可以是 Y、M、T、C 等。

（2）转移条件。动作完成后的转移信号，转移条件可以是单触点，也可是 X、Y、M、T、C 等各元器件的逻辑组合。

（3）转移目标。下一步转移的目标，只能是状态 S。

图 3-32（a）所示为状态转移图的组成及状态转移图的构成三要素。由于状态转移图清楚表达了过程每一步所需的全部信息。根据状态转移图很容易画出对应的梯形图。如图 3-32（b）所示，图中 ┤├ 符号表示步进接点，用 STL 表示，故也称 STL 接点。

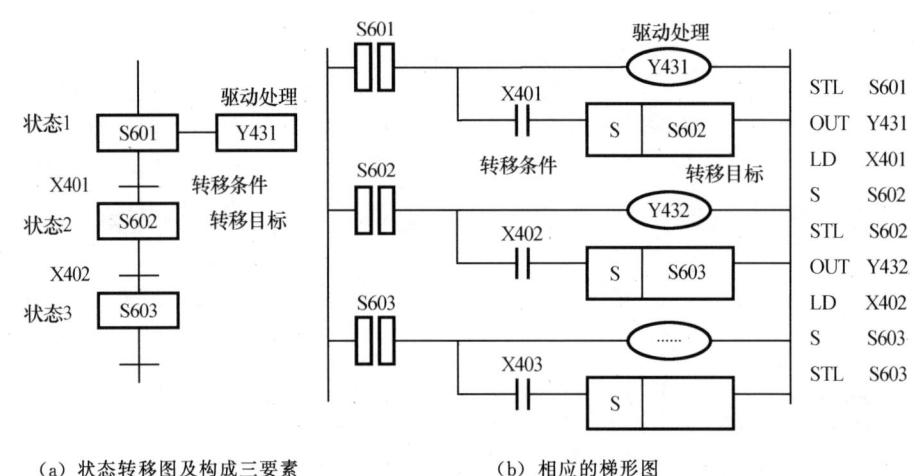

图 3-32 状态转移图及相应的梯形图

当 S601 的 STL 触点接通，负载 Y431 也称接通。如果转换条件 X401 接通，下一步的状态寄存器 S602 被置位。同时系统程序使 S601 自动断开，Y431 也断开。

2. 顺序步进指令 STL（STEP LADDER）/RET（RETURN）

步进指令是专为顺序控制而设计的指令。在工业控制领域许多的控制过程都可用顺序控制的方式来实现，使用步进指令实现顺序控制既方便实现又便于阅读修改。

FX2N 中有两条步进指令：STL（步进触点指令）和 RET（步进返回指令）。

STL 和 RET 指令只有与状态器 S 配合才能具有步进功能。如 STL S200 表示状态常开触点，称为 STL 触点，它没有常闭触点。用每个状态器 S 记录一个工步，如 STL S200 有效（为 ON），则进入 S200 表示的一步（类似于本步的总开关），开始执行本阶段该做的工作，并判断进入下一步的条件是否满足。一旦结束本步信号为 ON，则关断 S200 进入下一步，如 S201 步。RET 指令是用来复位 STL 指令的。执行 RET 后将重回母线，退出步进状态。

3. 顺序控制的其他编程方式

下面介绍一下以行程开关、接近开关、按键一类检测元件作为步与步之间转换条件的顺序控制梯形图的编程方法。

1) 用通用逻辑指令的编程方法

通用逻辑指令是指与触点和线圈有关的指令，如 LD、AND、OUT 等。各种型号的 PLC 都有这一类指令。所以编程方法可以用于各种型号的 PLC。

在设计顺序控制梯形图时，一般都用辅助继电器代表各步。例如，M200～M203 等。基本电路设计思想：如果步 Mi 的前级步是活动的（Mi 由断开变为接通）。所以 Mi 的启动电路由 Mi-1 和 Xi 的常开触点串联而成，见图 3-33。Xi 一般是短信号，所以用 Mi 的常开触点实现自锁。当后续步 Mi+1 变为活动步时，Mi 应断开。所以将 Mi+1 的常闭触点与 Mi 的线圈串联。

2) 用置位、复位指令的编程方式

几乎各种型号的 PLC 都有置位、复位（S、R）指令或相同功能的编程元件，用 S、R 指令可以编制顺序控制程序。基本电路设计思想：当某步 Mi 是活动的，并且它后面的转移条件 Xi+1=1 成立，则后续步 Mi+1 应被置位，接通并保持，而 Mi 应被复位。基本电路结构如图 3-34 所示。

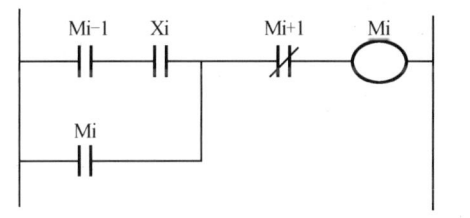

图 3-33　基本电路 1

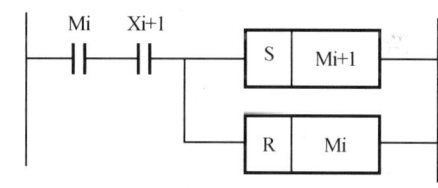

图 3-34　基本电路 2

3.3.5　PLC 控制系统设计方法

1. PLC 控制系统设计的基本内容和步骤

1) PLC 控制系统设计的基本原则

任何一种电气控制系统都是为了实现被控对象（生产设备和生产过程）的工艺要求，以提高生产效率和产品质量。因此，在设计 PLC 控制系统时，应遵循以下基本原则：

（1）最大限度地满足被控对象的控制要求。设计前，应深入现场进行调查研究，收集资料，并与机械部分的设计人员和实际操作人员密切配合，共同制定电气控制方案，协同解决设计中出现的各种问题。

（2）在满足控制要求的前提下，力求控制系统简单、经济、使用及维修方便。

（3）保证控制系统的安全、可靠。

（4）考虑到生产的发展和工艺的改进，在选择 PLC 容量时，应适当留有裕量。

2）PLC 控制系统设计的基本内容

PLC 控制系统是由 PLC 用户输入、输出设备连接而成的。因此，PLC 控制系统设计的基本内容应包括：

（1）选择用户输入设备（按钮、操作开关、限位开关、传感器等）、输出设备（继电器、接触器、信号灯等执行元件）以及输出设备驱动的控制对象（电动机、电磁阀等）。这些设备属一般的电气元件，其选择方法在其他课程和有关书籍中已有介绍。

（2）PLC 的选择。PLC 是 PLC 控制系统的核心部件。正确选择 PLC 对于保证整个控制系统的技术经济性能指标起着重要的作用。选择 PLC，应包括机型的选择、容量的选择、I/O 模块的选择、电源模块的选择等。

（3）分配 I/O 点，绘制 I/O 接线图。

（4）设计控制程序。包括设计梯形图、语句表（即程序清单）或控制系统流程图。控制程序是控制整个系统工作的软件，是保证系统工作正常、安全、可靠的关键。因此，控制系统的设计必须经过反复调试、修改，直到满足要求为止。为保证系统的可靠性，必要时可采用冗余控制系统。

（5）必要时还需设计控制台（柜）。

（6）编制控制系统的技术文件。包括说明书、电气图及电气元件明细表等。

传统的电气图，一般包括电气原理图、电气布置图及电气安装图。在 PLC 控制系统中，这一部分图可以统称为"硬件图"。它在传统电气图的基础上增加了 PLC 部分，因此，在电气原理图中应增加 PLC 的 I/O 连接图。

此外，在 PLC 控制系统中的电气图上还应包括程序图（梯形图），可以称它为"软件图"。向用户提供"软件图"，可便于用户在生产发展或工艺改进时修改程序，并有利于用户在维修时分析和排除故障。

3）PLC 控制系统设计的一般步骤

（1）根据生产的工艺过程分析控制要求。如需要完成的动作（动作顺序、动作条件、必需的保护和联锁等）、操作方式（手动、自动；连续、单周期、单步等）。

（2）根据控制要求确定所需的用户输入、输出设备。据此确定 PLC 的 I/O 点数，包括开关量的 I/O 和模拟量的 I/O 以及特殊功能模块。

(3) 选择 PLC。

(4) 分配 PLC 的 I/O 点数，设计 I/O 接线图（这一步可结合第二步进行）。

(5) 进行 PLC 程序设计，同时可进行控制台的设计和现场施工。

在设计继电器控制系统时，必须在控制线路（接线程序）设计完后，才能进行控制台的设计和现场施工。可见，采用 PLC 控制，可以使整个工程周期缩短。

4）PLC 程序设计的一般步骤

(1) 对于较复杂的系统，需绘制系统控制流程图，用以清楚表明动作的顺序和条件。对于简单的控制系统，也可以省去这一步。

(2) 设计梯形图。这是程序设计的关键一步，也是比较困难的一步。要设计好的梯形图，首先要熟悉控制要求，同时还要有一定的电气设计的实践经验。

(3) 根据梯形图编制程序清单。

(4) 用编程器将程序键入到 PLC 的用户程序存储器中，并检查键入的程序是否正确。

(5) 对程序进行调试和修改，直到满足要求为止。

(6) 待控制台及现场施工完成后，就可以进行联机调试。如不满足要求，再回去修改程序或检查接线直到满足要求为止。

(7) 编制技术文件。

(8) 交付使用。

5）PLC 控制系统的类型

根据 PLC 控制系统应用，可分成下述三种类型：

(1) 由 PLC 构成的单机控制系统。

这种控制系统的控制器通常由单台 PLC 构成，控制对象一般是单一的机器设备和生产流水线，如车床、注塑机、简单的自动生产线等。

(2) 由 PLC 构的集中控制系统。

这种控制系统的被控对象通常由数台机器设备和生产流水线组成，控制系统的控制器也是由单台 PLC 构成。每个控制对象与 PLC 的指定 I/O 相连接。各被控对象之间的数据、状态的交换，由于采用一台 PLC 控制，不需要另外设专门的通信线路。缺点是一旦 PLC 出现故障，整个系统立即停止工作，对于大型的集中控制系统，可以采用冗余系统来克服。

(3) 由 PLC 构成的分布式控制系统。

这种控制系统的被控对象较多，它们分布在一个较大的区域内，相互之间距离较远，各被控对象间要经常交换数据和信息。这种系统的控制器采用若干个相互之间具有通信联网功能的 PLC 构成，系统上位机可采用 PLC，也可采用工控机。

2. PLC 的选择

PLC 的品种繁多，功能日趋完善，其结构形式、容量、指令系统、编程方法、价格各不相同，适用场合也各有侧重，因此，合理选择 PLC，对于提高 PLC 控制系统的技术经济指标起着重要作用。PLC 选择包括机型、I/O 模块的选择、电源模块的选择等几个方面。

1) 机型的选择

机型选择的基本原则应是在功能满足要求的前提下，保证可靠、维护使用方便以及最佳性能价格比。具体应考虑以下几个方面：

(1) 结构合理。

对于工艺过程比较固定、环境条件较好（维修量较小）的场合，选用整体式结构 PLC，其他情况选用模块式结构 PLC。

(2) 功能相当。

当设备为开关量控制时，对其控制速度无需考虑，一般的低档机就能满足要求。当设备以开关量控制为主带少量模拟量控制时，可选择带 A/D 和 D/A 转换、加减运算、数据传输功能的低档机。对于控制比较复杂、控制功能要求更高的工程项目，例如，要实现 PID 运算、闭环控制、通信联网等，可视控制规模及复杂程度，选用中档或高档机。其中高档机主要用于大规模过程控制、全 PLC 的分布式控制系统以及整个工厂的自动化等。

(3) 机型统一。

应尽量做到机型统一，因为统一机型的 PLC，其模块可互为备用，便于用品备件的采购和管理；其功能及编程方法统一，有利于技术水平提高和功能的开发；其外部设备通用，资源可共享，配合上位计算机后，可把控制各独立系统的多台 PLC 连成一个多级分布式控制系统，互相通信，集中管理。

(4) 是否在线编程。

PLC 的特点之一是使用方便灵活。当被控制设备的工艺过程改变时，只需用编程器重新修改程序，就能满足新的控制要求，给予生产带来很大的方便。离线编程 PLC 的特点是主机与编程器共用一个 CPU，在编程时 CPU 将失去对现场的控制；在线编程的 PLC 的特点是主机与编程器各有一个 CPU，可随时通过编程器修改程序，主机在一个扫描周期结束后与编程器通信，下一个扫描周期主机将按照新输入的程序控制现场。是否在线编程应根据被控设备工艺要求来选择。对于产品定型的设备和工艺不常变动的设备，应选用离线编程的 PLC；反之，可考虑选取用在线编程的 PLC。

(5) PLC 处理速度应满足实时控制要求。

PLC 工作时，从信号输入到输出控制存在滞后，即输入量的变化一般经过一个扫描周期，对于一般工业设备是允许的，但有的设备实时性要求较高，就不允许有这种滞后。滞后时间应控制在几十毫秒之内，即不超过常规继电器的动作时间，否则就失去采用 PLC 控制的意义了。

提高实时性途径有三种：提高 PLC 中 CPU 的处理速度，执行一条指令时间小于 $5\mu s$；提高控制软件质量，缩短扫描周期；采用高速响应模块。

2) 容量的选择

PLC 的容量指用户的存储器的存储容量和 I/O 点数两个方面。PLC 容量的选择除满足控制要求外，还应留有适当的裕量以作备用。通常，一条逻辑指令占存储器一个字。计数、计时、移位及算术运算、数据传送等指令占存储器两个字，根据经验，每个 I/O 点及有关功能器件占用内存容量大致是，开关量输入（10～20 字节/点），开关量输出（5～10 字节/点），定时器或计数器（25 字节/个），寄存器（15 字节/个），模拟量（100～150 字节/点），与计算机通信接口（300 字节以上/个）。

在选择存储容量时，一般可按实际需要的 25% 考虑裕量。估计用户总存储量，一般推荐：总存储量字数＝开关量点数×10＋模拟量数×150，再考虑加 25% 的裕量。

3) I/O 模块的选择

对于 I/O 除了点数选择外，还要考虑其相应的电路和性能。不同的 I/O 模块，其电路和性能不同，它直接影响 PLC 的应用范围和价格，应该根据实际情况合理选择。

(1) 输入模块的选择。

输入模块的作用是接收现场的输入信号，并将输入的高电平信号转换为 PLC 内部的低电平信号。

输入模块的种类，按电压分直流 5V/12V/24V/48V/60V 和交流 115V/220V。按电路形式不同分为汇点输入式和分隔输入式两种。

输入模块选择应注意：

① 电压的选择。应根据现场设备与模块之间的距离来考虑。一般 5V、12V、24V 属低电平，其传输距离不宜太远。如 5V 模块最远不得超过 10m，距离较远的设备应选择较高电压的模块。

② 同时接通的点数。高密度的输入模块，如 32 点、64 点，同时接通的点数取决于输入电压环境温度。一般来讲，同时接通的点数不超过输入点数的 60%。

③ 门槛电平。为了提高系统的可靠性，必须考虑门槛电平的高低。门槛电压越高，抗干扰能力越强，传输距离就越远。

(2) 输出模块的选择。

输出模块的作用是将 PLC 的输出信号传递给外部负载，并将 PLC 内部的低电平信号转换为外部所需的电平信号。

输出模块按输出方式不同分为继电器输出、晶体管输出及双向可控硅输出三种。此外，输出电压和输出电流也各有不同。

输出模块选择应注意：

① 输出方式的选择。继电器输出的价格便宜，适用电压范围较宽，导通压降小。但它属于有触点元件，其动作速度较慢，寿命较短，因此适用于不频繁通断的负载。当驱动感性负载时，其最大通断频率不得超过1Hz。

对于频繁通断的低功率因数的电感负载，应采用无触点开关元件，即选用晶体管输出或双向可控硅输出（交流输出）。

② 输出电流。输出模块的输出电流必须大于负载电流的额定值，用户应根据实际负载电流的大小选择模块的输出电流。

③ 同时接通的点数。输出模块同时接通的点数的电流累计值必须小于公共端所允许通过的电流值，例如，一个220V、2A的8点的输出模块，每个点最大可通过2A的电流，但公共端所允许通过的电流不可能是2A×8＝16A，通常要比这个值小得多，因此选择输出模块时还应考虑同时接通的点数，一般来讲，同时接通的点数不要超过输出点数的60%。

4）电源模块的选择

电源模块的选择很简单，只需考虑输出电流。电源模块的额定输出电流必须大于CPU模块、专用模块等消耗电流的总和。

3.4 S7-200编程元件及基本编程指令

3.4.1 S7-200的编程元件

1. S7-200的基本数据类型

在S7-200的编程语言中，不同的数据对象具有不同的数据类型，不同的数据类型具有不同的数制和格式。程序中所用的数据可指定一种数据类型。在指定数据类型时，要确定数据大小和数据位结构。S7-200的基本数据类型及范围见表3-7。

表3-7 S7-200的基本数据类型及范围

基本数据类型	位 数	说 明
布尔型 BOOL	1	位 范围：0，1
字节型 BYTE	8	字节 范围：0～255
字型 WORD	16	字 范围：0～65535
双字型 DWORD	32	双字 范围：0～($2^{32}-1$)
整型 INT	16	整数 范围：-32768～+32767
双整型 DINT	32	双字整数 范围：-2^{31}～($2^{31}-1$)
实数型 REAL	32	IEEE浮点数

2. 编程元件

与 FX 系列类似，S7-200 可编程控制器的编程元件仍沿用了传统继电器控制线路中继电器的名称，并根据其功能，分别称为输入继电器、输出继电器、辅助继电器、变量继电器、定时器、计数器、数据寄存器等。在 PLC 内部，并不真正存在这些实际的物理器件，与其对应的是存储器的某些存储单元。一个继电器对应一个基本单元（即 1 位，1bit），多个继电器将占用多个基本单元；8 个基本单元形成一个 8 位二进制数，通常称为 1 字节（1B），它正好占用普通存储器的一个存储单元，连续两个存储单元构成一个 16 位二进制数，通常又称为一个字（word），或一个通道。连续的两个通道构成双字（double words）。使用这些编程元件，实质上就是对相应的存储内容以位、字节、字（或通道）或双字的形式进行存取。一般按"字节．位"的编址方式来读取一个继电器的状态，也可以按"字节"或者"字"来读取相邻一组继电器的状态。S7-200 的主要编程元件介绍如下。

1) 输入继电器 I

通过输入继电器，可将 PLC 的存储系统与外部输入端子（输入点）建立起明确对应的连接关系，它的每 1 位对应 1 个数字量输入点。不能通过编程的方式改变输入继电器的状态，但可以在编程时无限制地使用输入继电器的状态。

2) 输出继电器 Q

通过输出继电器，可将 PLC 的存储系统与外部输出端子（输出点）建立起明确对应的连接关系。输出继电器的状态可以由输入继电器的触点、其他内部器件的触点，以及它自己的触点来驱动，即它完全是由编程的方式决定其状态。我们也可以无限制地使用输出继电器的状态。输出继电器有且仅有一个实在的物理动合触点，用来接通负载。这个动合触点可以是有触点的（继电器输出型），或者是无触点的（晶体管输出型或双向晶闸管输出型）。

3) 变量寄存器 V

S7-200 中有大量的变量寄存器，用于模拟量控制、数据运算、参数设置及存放程序执行过程中的中间结果。变量寄存器可以"位"（bit）为单位使用，也可按字节、字、双字为单位使用。变量寄存器的数量与 CPU 的型号有关，CPU222 为 V0.0～V2047.7，CPU224、CPU226 为 V0.0～V5119.7。

4) 辅助继电器 M

S7-200 中备有许多辅助继电器，由 PLC 中各种器件的触点驱动，作用同继电器接触器控制的中间继电器类似。辅助继电器带有若干动合触点和动断触点，供编程使用。辅助继电器的触点不可直接驱动外部负载，要通过输出继电器才能驱动外部负载。

S7-200 与 FX 系列的辅助继电器功能类似。在 S7-200 中，也称辅助继电器为"位存储区"的内部标志位（marker），每 1 位相当 1 个中间继电器。

5) 特殊继电器 SM

特殊继电器用来存储系统的状态变量及有关的控制参数和信息。它可以读取程序运行过程中的设备状态和运算结果，利用这些信息实现一定的控制动作。用户也可以通过对某些特殊继电器位的直接设置，使设备实现某种功能。S7-200 的 CPU22X 系列 PLC 的特殊继电器的数量为 SM0.0～SM299.7，其功能及使用情况请参阅参考文献（S7-200 Programmable Controller System Manual）。

6) 高速计数器 HSC

普通计数器的计数频率受扫描周期的制约，在需要高频计数的情况下，可使用高速计数器。与高速计数器当前值对应的数据，是一个带符号的 32 位双字型数据。

7) 累加器 AC

累加器是用来暂存数据的寄存器，它可以向子程序传递参数，或从子程序返回参数，也可以用来存放运算数据、中间数据及结果。S7-200 共有 4 个 32 位的累加器：AC0～AC3。使用时只表示出累加器的地址编号（如 AC0）。累加器存取数据的长度取决于所用的指令，它支持字节、字、双字的存取，以字节或字为单位存取累加器时，分别访问累加器的低 8 位和低 16 位。

8) 状态继电器 S

也称为顺序控制继电器。状态继电器是使用步进控制指令编程时的重要编程元件，用状态继电器和相应的步进控制指令可以在小型 PLC 上编制较复杂的控制程序。

9) 局部变量存储器 L

局部变量存储器用于存储局部变量。S7-200 中有 64 个局部变量存储器，其中 60 个可以用做暂时存储器或者给子程序传递参数。如果用梯形图或功能块图编程，STEP7-Micro/WIN32 保留这些局部变量存储器的最后 4B。如果用语句表编程，可以寻址到全部 64B，但不要使用最后 4B。局部变量存储器与存储全局变量的变量寄存器很相似，主要区别是变量寄存器是全局有效的，而局部变量存储器是局部有效的。S7-200 根据需要自动分配局部变量存储器。可以按位、字节、字、双字访问局部变量存储器，可以把局部变量存储器作为间接寻址的指针，但是不能作为间接寻址的存储器区。

10) 模拟量输入（AIW）寄存器/模拟量输出（AQW）寄存器

模拟量信号经 A/D 转换后变成数字量存储在模拟量输入寄存器中，通过 PLC 处理后将要转换成模拟量的数字量写入模拟量输出寄存器，再经 D/A 转换成模拟量输出，即 PLC 对模拟量输入寄存器只能作读取操作，而对模拟量输出寄存器只能作写入操作。数字量的数据长度是 16 位，因此要以偶数号字节进行编址。

3. 编程元件名称及操作数的寻址范围

S7-200 的 CPU22X 系列的编程元件的寻址范围见表 3-8，指令操作数的有效寻址范围见表 3-9。

表 3-8 CPU22X 系列 S7-200 编程元件的寻址范围

编程元件	CPU221	CPU222	CPU224	CPU226
用户程序	2KB	2KB	4KB	4KB
用户数据	1KB	1KB	2.5KB	2.5KB
输入继电器 I	I0.0~I15.7	I0.0~I15.7	I0.0~I15.7	I0.0~I15.7
输出继电器 Q	Q0.0~Q15.7	Q0.0~Q15.7	Q0.0~Q15.7	Q0.0~Q15.7
模拟量输入映像寄存器 AIW	—	AIW0~AIW30	AIW0~AIW62	AIW0~AIW62
模拟量输出映像寄存器 AQW	—	AQW0~AQW30	AQW0~AQW62	AQW0~AQW62
变量寄存器 V	VB0.0~VB2047.7	VB0.0~VB2047.7	VB0.0~VB5119.7	VB0.0~VB5119.7
局部变量寄存器 L	LB0.0~LB63.7	LB0.0~LB63.7	LB0.0~LB63.7	LB0.0~LB63.7
辅助继电器 M	M0.0~M31.7	M0.0~M31.7	M0.0~M31.7	M0.0~M31.7
特殊继电器 SM	SM0.0~SM179.7	SM0.0~SM179.7	SM0.0~SM179.7	SM0.0~SM179.7
只读 SM	SM0.0~SM29.7	SM0.0~SM29.7	SM0.0~SM29.7	SM0.0~SM29.7
定时器 T	T0~T255	T0~T255	T0~T255	T0~T255
计数器 C	C0~C255	C0~C255	C0~C255	C0~C255
高速计数器 HC	HC0，HC3，HC4，HC5	HC0，HC3，HC4，HC5	HC0~HC5	HC0~HC5
状态继电器 S	S0.0~S31.7	S0.0~S31.7	S0.0~S31.7	S0.0~S31.7
累加器 AC	AC0~AC3	AC0~AC3	AC0~AC3	AC0~AC3
跳转/标号	0~255	0~255	0~255	0~255
调用/子程序	0~63	0~63	0~63	0~63
中断程序	0~127	0~127	0~127	0~127
PID 回路	0~7	0~7	0~7	0~7
通信口	0	0	0	0，1

表 3-9 操作数的有效寻址范围

操作数类型		CPU221	CPU222	CPU224，CPU226
位		I0.0-15.7，Q0.0-15.7	I0.0-15.7，Q0.0-15.7	I0.0-15.7，Q0.0-15.7
		M0.0-31.7，S0.0-31.7	M0.0-31.7，S0.0-31.7	M0.0-31.7，S0.0-31.7
		SM0.0-179.7，T0-255	SM0.0-179.7，T0-255	SM0.0-179.7，T0-255
		V0.0-2047.7，C0-255	V0.0-2047.7，C0-255	V0.0-5119.7，C0-255
		L0.0-63.7	L0.0-63.7	L0.0-63.7
字节		IB0-15，QB0-15	IB0-15，QB0-15	IB0-15，QB0-15
		MB0-31，SM0-179	MB0-31，SM0-179	MB0-31，SM0-179
		SB0-31，VB0-2047	SB0-31，VB0-2047	SB0-31，VB0-5119
		LB0-63，AC0-3	LB0-63，AC0-3	LB0-63，AC0-3
		常数	常数	常数

续表

操作数类型		CPU221	CPU222	CPU224，CPU226
字		IW0-14，QW0-14	IW0-14，QW0-14	IW0-14，QW0-14
		MW0-30，SMW0-178	MW0-30，SMW0-178	MW0-30，SMW0-178
		SW0-30，VW0-2046	SW0-30，VW0-2046	SW0-30，VW0-5118
		LW0-62，AC0-3	LW0-62，AC0-3	LW0-62，AC0-3
		T0-255，C0-255	T0-255，C0-255	T0-255，C0-255
		常数	常数	常数
双字		ID0-12，QD0-12	ID0-12，QD0-12	ID0-12，QD0-12
		MD0-28，SMD0-176	MD0-28，SMD0-176	MD0-28，SMD0-176
		SD0-28，VD0-2044	SD0-28，VD0-2044	SD0-28，VD0-5116
		LD0-60，AC0-3	LD0-60，AC0-3	LD0-60，AC0-3
		HC0，HC3-5，常数	HC0，HC3-5，常数	HC0-5，常数

3.4.2 S7-200 的基本编程指令

在 S7-200 的指令系统中，有两类基本指令集，SIMATIC 指令集及 IEC1131-3 指令集。SIMATIC 指令集是西门子公司专为 S7 系列 PLC 设计的，可以用梯形图 LAD、语句表 STL 和功能块图 FBD 三种语言进行编程。语句表 STL 类似于计算机的汇编语言，是 PLC 的最基础的编程语言。功能块图 FBD 类似于数字电子电路，它是将具有各种与、或、非、异或等逻辑关系的功能块图按一定的控制逻辑组合起来。这种编程语言适合那些熟悉数字电路的人员。S7-200 的基本指令系统主要包括以下几个方面，其中位操作指令是最重要的，是其他所有指令应用的基础，是本章需要掌握的重点内容。S7-200 系列 PLC 指令的详细用法请参见参考文献（S7-200 Programmable Controller System Manual）。

（1）位操作指令，包括逻辑控制指令、定时器指令、计数器指令和比较指令。

（2）运算指令，包括四则运算，逻辑运算，数学函数指令。

（3）数据处理指令，包括传送、移位、字节交换和填充指令。

（4）表功能指令，包括对表的存取和查找指令。

（5）转换指令，包括数据类型转换、编码和译码、七段码指令和字符串转换指令。

S7-200 的位操作指令主要实现逻辑控制和顺序控制，有些梯形图与 FX 系列的 PLC 类似，下面进行一下简单介绍。

1. 装载指令 LD、LDN 与线圈驱动指令＝

LD（Load）：将动合触点接在母线上。

LDN（Load Not）：将动断触点接在母线上。

= (Out): 线圈输出。

指令使用说明:

(1) LD,LDN 指令总是与母线相连(包括在分支点引出的母线)。

(2) =指令不能用于输入继电器。

(3) 并联输出的=指令可以连续使用。

(4) =指令的操作数一般不能重复使用。例如,在程序中不能多次出现"=Q0.0"指令。

(5) LD、LDN、=指令的操作数(即可使用的编程元件)为:

指令	操作数
LD	I,Q,M,SM,T,C,V,S,L
LDN	I,Q,M,SM,T,C,V,S,L
=	Q,M,SM,T 的位逻辑量

2. 触点串联指令 A、AN

A (And): 串联动合触点。

AN (And Not): 串联动断触点。

指令使用说明:

(1) A,AN 指令应用于单个触点的串联(常开或常闭),可连续使用。

(2) A,AN 指令的操作数为 I、Q、M、SM、T、C、V、S。

3. 触点并联指令 O、ON

O (Or)、ON (Or Not) 指令应用于并联单个触点,紧接在 LD、LDN 之后使用,可以连续使用。O、ON 指令的操作数为 I、Q、M、SM、T、C、V、S、L。触点的串并联指令可总结如表 3-10 所示。

表 3-10 触点的串并联指令

逻辑	描述	梯形图 LAD	语句表 STL
与 AND	当 I0.0 与 I0.1 都为 1 时,则输出 Q0.0 为 1	I0.0 I0.1 —(Q0.0)	LD I0.0 A I0.1 = Q0.0
或 OR	当 I0.0 或 I0.1 为 1 时,则输出 Q0.1 为 1	I0.0 —(Q0.1) I0.1	LD I0.0 O I0.1 = Q0.1
非 NOT	当 I0.0 为 0 时,则输出 Q0.2 为 1	I0.0 —(Q0.2)	LDN I0.0 = Q0.2

4. 置位/复位指令 S/R

S（Set）：置位指令，将由操作数指定的位开始的 1 位至最多 255 位置 "1"，并保持。

R（Reset）：复位指令，将由操作数指定的位开始的 1 位至最多 255 位清 "0"，并保持。

指令使用说明：

(1) 与=指令不同，S 或 R 指令可以多次使用同一个操作数。

(2) 用 S/R 指令可构成 S-R 触发器。由于 PLC 特有的顺序扫描的工作方式，使得执行后面的指令具有优先权。

(3) 使用 S/R 指令时需指定操作性质（S/R）、开始位（bit）和位的数量（N）。开始位（bit）的操作数为 Q、M、SM、T、C、V、S、L 的逻辑位。

(4) 操作数被置 "1" 后，必须通过 R 指令清 "0"。

5. 边沿触发指令 EU 和 ED

EU（Edge Up）：上升沿触发指令。在检测信号的上升沿，产生一个扫描周期宽度的脉冲。

ED（Edge Down）：下降沿触发指令。在检测信号的下降沿，产生一个扫描周期宽度的脉冲。

指令使用说明：

EU、ED 指令后无操作数。EU、ED 指令用于检测状态的变化（信号出现或消失）。

6. 逻辑结果取反指令 NOT

NOT 指令：将指令左端的逻辑运算结果取非，无操作数。

7. 立即存取指令 I (Immediate) (LDI, LDNI, AI, ANI, OI, ONI, =I, SI, RI)

S7-200 可通过立即存取指令加快系统的响应速度，立即存取指令允许系统对输入/输出点（只能是 I 和 Q）进行直接快速存取，共有 4 种方式。

1) 立即读输入指令

立即读输入指令是在 LD，LDN，A，AN，O，ON 指令后加 "I"，组成 LDI，LDNI，AI，ANI，OI，ONI 指令。程序执行立即读输入指令时，只是立即读取物理输入点的值，而不改变输入映像寄存器的值。

2) 立即输出指令=I

执行立即输出指令，是将栈顶值立即复制到指令所指定的物理输出点，同时刷新输出映像寄存器的内容。

3) 立即置位指令 SI

执行立即置位指令,将从指令指定的位开始的最多 128 个物理输出点同时置"1",并且刷新输出映像寄存器的内容。

4) 立即复位指令 RI

执行立即复位指令,将从指令指定的位开始的最多 128 个物理输出点同时清"0",并且刷新输出映像寄存器的内容。

8. 堆栈操作指令

如果梯形图中的触点呈现复杂的逻辑关系,就要涉及堆栈操作。S7-200 有一个 9 层堆栈,用于处理逻辑操作。PLC 的堆栈是一组存取数据的临时存储单元,由 9 个堆栈位存储器组成的串联堆栈。逻辑堆栈的结构见表 3-11。

表 3-11 逻辑堆栈的结构

名 称	堆栈结构	说 明
STACK0	S0	第 1 级堆栈(栈顶)
STACK1	S1	第 2 级堆栈
STACK2	S2	第 3 级堆栈
STACK3	S3	第 4 级堆栈
STACK4	S4	第 5 级堆栈
STACK5	S5	第 6 级堆栈
STACK6	S6	第 7 级堆栈
STACK7	S7	第 8 级堆栈
STACK8	S8	第 9 级堆栈

逻辑堆栈的操作原则是"先进后出","后进先出"。进栈时,数据由栈顶压入,堆栈中原有的数据被串行下移一位,在栈底(STACK8)的数据,则丢失。出栈时,数据从栈顶被取出,所有数据向上串行一位,在 STACK8 中,装入一个随机数据。逻辑堆栈的栈顶,在位运算中兼做累加器。对于简单的逻辑指令,通常是执行进栈、出栈操作或简单的位运算。例如,每执行一次 LD(或 LDN)指令,自动进行一次进栈操作。当一个梯级扫描结束,或=指令执行完毕,PLC 自动进行出栈操作,将栈顶值存入相应的存储区。

当梯形图的结构比较复杂时,例如,涉及触点块的串联或并联,及分支结构时,应使用堆栈操作指令。

1) 触点块串联指令 ALD(And Load)

触点块由 2 个以上的触点构成,触点块中的触点可以是串联连接,或者是并联连接,也可以是混联连接。执行 ALD 指令对堆栈的影响如表 3-12。

表 3-12　ALD 指令对堆栈的影响

名　称	执行前	执行后	说　明
STACK0	1	0	假设指令执行前，S0＝1，S1＝0
STACK1	0	S2	执行 ALD 指令时，对逻辑堆栈中第 1 级堆栈 S0
STACK2	S2	S3	和第 2 级堆栈 S1 的值进行逻辑与运算，运算结果
STACK3	S3	S4	存放栈顶 S0
STACK4	S4	S5	即 S0＝S0×S1＝1×0＝0
STACK5	S5	S6	执行完 ALD 指令，自动进行一次出栈操作
STACK6	S6	S7	栈底生成随机值 X
STACK7	S7	S8	
STACK8	S8	X	

2）触点块并联指令 OLD（Or Load）

OLD 是多个触点块的并联指令。执行该指令对堆栈也会有影响。

3）逻辑入栈指令 LPS（Logic Push）及逻辑出栈指令 LPP（Logic Pop）

逻辑入栈指令 LPS 与逻辑出栈指令 LPP 成对使用，用于处理梯形图中分支结构程序。LPS 用于分支开始，LPP 用于分支结束。执行 LPS 指令是将栈顶值复制后压入堆栈，栈底值压出后丢失。逻辑出栈指令 LPP 是将逻辑堆栈弹出 1 级，原第 2 级的值变为新的栈顶值。

4）逻辑读栈指令 LRD（Logic Read）

执行 LRD 指令时，对逻辑堆栈中第 2 级堆栈 S1 的值进行复制，并将复制值存放到栈顶 S0。执行完 LRD 指令，除栈顶值外，逻辑堆栈中的其他堆栈的值不变。

5）装载堆栈指令 LDS（Load Stack）

例如，执行 LDS5 与指令时，对逻辑堆栈中第 5 级堆栈 S4 进行复制，并将复制值由栈顶 S0 压入堆栈。执行完 LDS 指令，栈底值自动消失。

3.4.3　程序举例

下面通过例子介绍用 FX 与 S7-200 系列 PLC 的逻辑指令编制的梯形图中常用的一些基本电路。为了方便绘制，例子中 PLC 的常闭触点采用相同的符号。

1. 启动、保持和停止电路

用 FX 与 S7-200 梯形图设计的启动、保持和停止电路如图 3-35 所示。

图中的启动、停止信号 X410（或 I0.1）和 X411（或 I0.0）持续的时间很短，这种信号称为短信号或点动信号。按下启动按钮，X410 接通，使 Y430（或

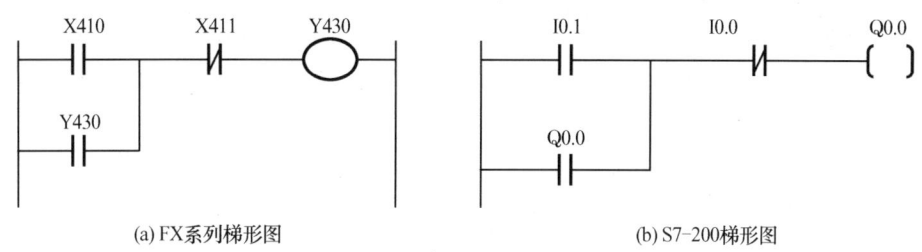

(a) FX系列梯形图　　　　　　　(b) S7-200梯形图

图 3-35　启动、保持和停止电路梯形图

Q0.0）接通。X410 断开后，Y430 的常开触点自锁。按下停止按钮，X411 的常闭触点断开，使 Y430 断开。这种功能也可以用 S/R 指令实现。在实际电路中，启动信号和停止信号可能由多个触点组成的串并电路产生。

2. 双向控制电路

图 3-36 为交流电动机正反转控制的 FX 系列 PLC 外部接线图。SB_2、SB_3、SB_1 分别是正反转启动按钮和停止按钮，KM_1、KM_2 分别是正反转控制接触器，FR 是热继电器。

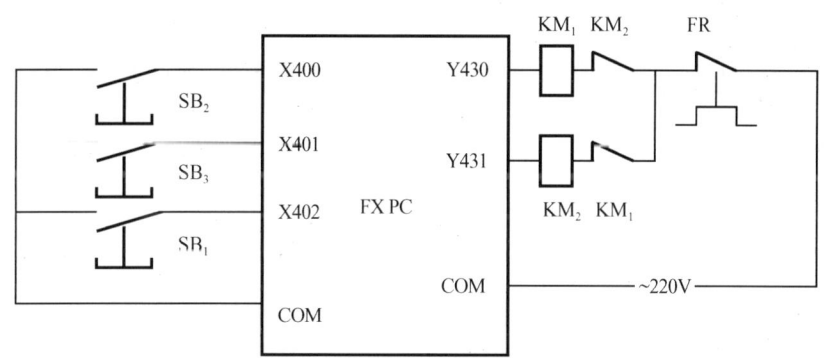

图 3-36　交流电动机正反转控制的 FX 系列 PLC 外部接线图

这一类梯形图电路，用两个输出电器控制同一个被制对象的两种相反的工作状态。异步电动机的正反转控制电路、双线圈两位置电磁阀的控制电路都属于这种基本控制电路。线路中 KM_1 和 KM_2 绝对不可同时接通，否则将造成交流电源两相间短路的故障。

图 3-37 中，输入输出的对应关系为 X400～I0.0、X401～I0.1、X402～I0.2、Y430～Q0.0、Y431～Q0.1。在图 3-37（a）FX 系列 PLC 的梯形图中，用 Y430 和 Y431 的动断触点实现互锁，保证了 Y430 和 Y431 不同时接通；用

X401 和 X400 的动断触点实现按钮互锁。如果按下 SB_2，X400 闭合，Y430 接通，电机正转；如果按下反转启动按钮 SB_3，X401 闭合，它的动断触点使 Y430 断开，同时它的动合触点使 Y431 接通，电机由正转为反转。为了可靠工作，操作的时候可以先按下 SB_1 停止按钮，X402 闭合，它的动断触点使 Y430、Y431 断开，然后再进行正反转控制。

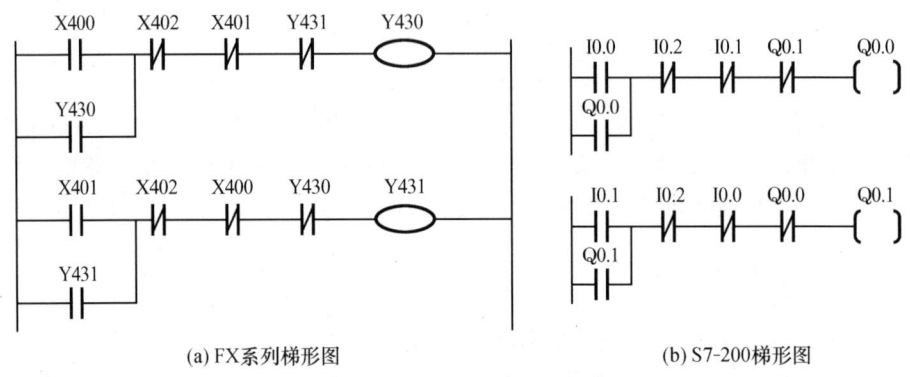

(a) FX系列梯形图　　　　　　　　　　(b) S7-200梯形图

图 3-37　双向控制电路梯形图

3. 闪烁电路

本例通过两个定时器和一个固定的输入信号达到使一盏灯闪烁的目的，如图 3-38 所示，当 X400（或 I0.0）接通后，Y430（或 Q0.0）周期性地接通与断开。接通和断开的时间分别等于 T450 和 T451（或 T37、T38）的设定值。

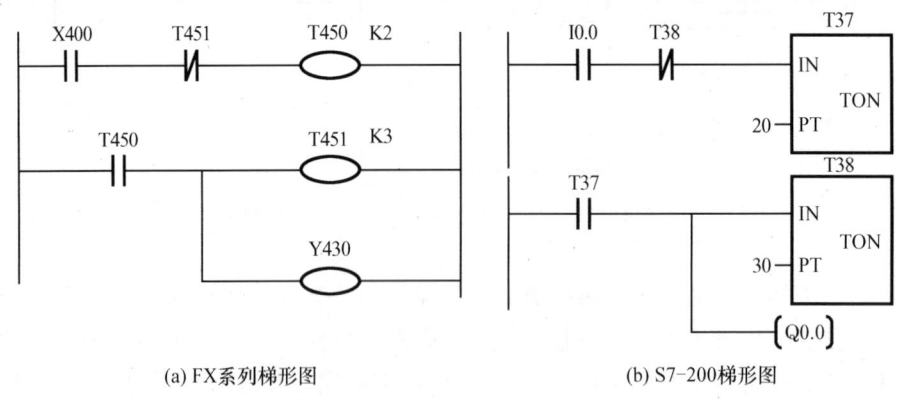

(a) FX系列梯形图　　　　　　　　　　(b) S7-200梯形图

图 3-38　闪烁电路梯形图

4. 大容量计数器

本例利用两个计数器来组成一个大容量计数器，如图 3-39 所示。输入输出对应关系：X400～I0.0，X401～I0.1，Y430～Q0.0。

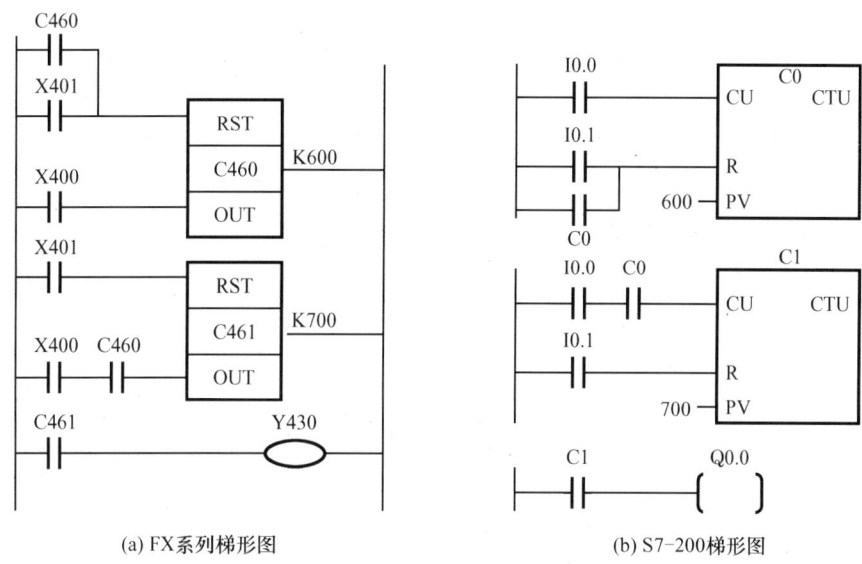

(a) FX系列梯形图　　　　　(b) S7-200梯形图

图 3-39　大容量计数电路梯形图

5. 物品分选系统

如图 3-40 所示，该物品分选系统由下料装置、传送带、检测开关、电磁铁等组成。工件由传送带传输，在第 0 个位置检测，在第 5 个位置加工。S1 为废品检测信号，S2 为正品计数信号，SH 为产品发送信号。S1 的信号指导第 5 位置的 YA 剔除电磁铁的动作，S2 计数指导 YB 换箱电磁铁的动作。分选系统的梯形图如 3-41 所示。

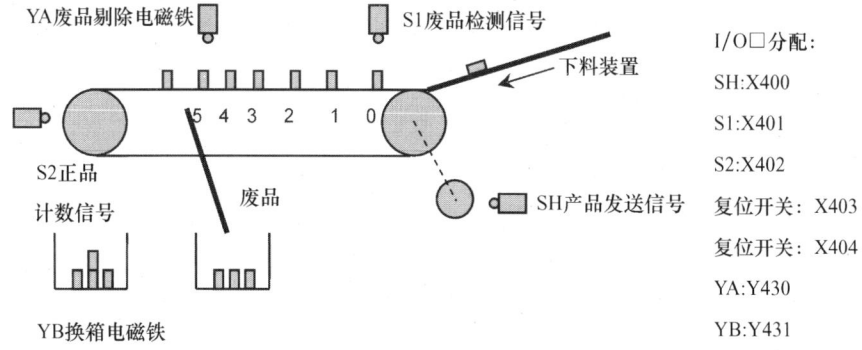

图 3-40　物品分选系统示意图

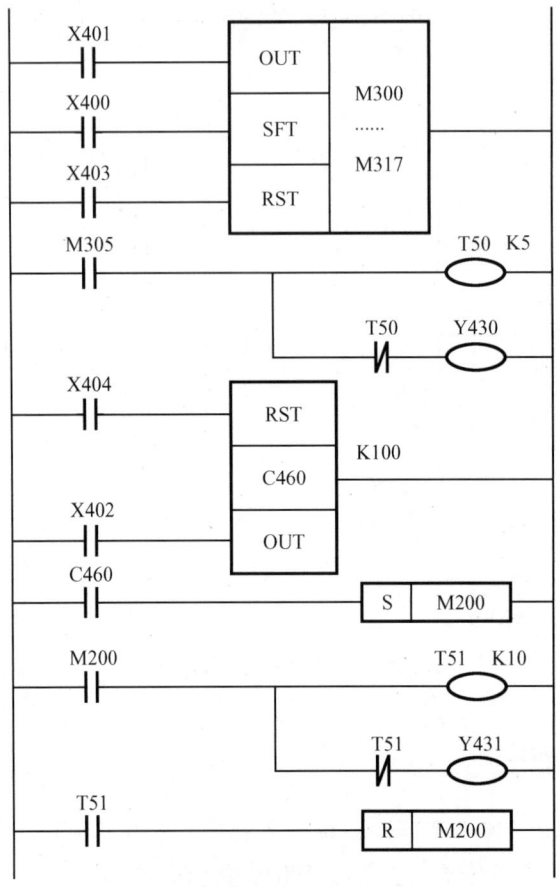

图 3-41　FX 系列梯形图

产品通过生产线的检查站时，如果发现有废品则剔除，正品计数后落入包装箱内。在产品随传送带移动的过程中，检验的结果也应同步地向前移动。用产品的发送信号 SH 作为移位输入，每传送一个产品由发送器 SH 送一个正脉冲信号，通过 X400 使移位寄存器各位的内容右移一位。用废品检测信号作为移位输入，当检查站查到废品时，X401 接通，使寄存器首位 M300 变为"1"状态（正品时为"0"）。废品行进到剔除站时，移位作用使 M305 刚好是"1"状态，Y430 接通，电磁铁 YA 将其推下传送带。正品则在传送带终端靠自重落下，并用光电开关 S2 计数，该开关在有物体下落时输出为"1"。这样就能连续不断地随传送带的运行完成产品分选工作。

S7-200 的梯形图如 3-42 所示。两种梯形图输入输出的对应关系为 X400～I0.0、X401～I0.1、X402～I0.2、X403～I0.3、X404～I0.4、Y430～Q0.0、Y431～Q0.1。

NETWORK1

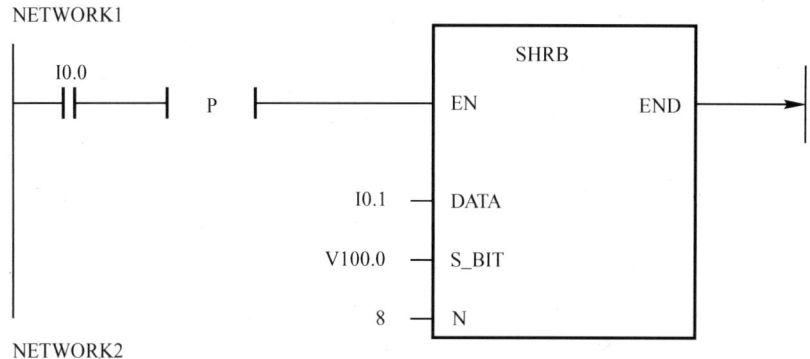

NETWORK2

```
   I0.3          V100.0
───┤ ├──────────(  R  )
                   8
```

NETWORK3

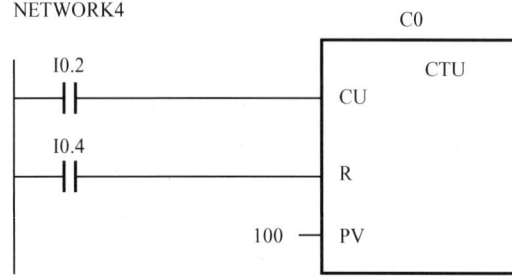

NETWORK4

```
   I0.2                C0
───┤ ├───────────────CU   CTU
   I0.4
───┤ ├───────────────R
              100 ───PV
```

NETWORK5

```
   C0           V101.0
───┤ ├─────────(  S  )
                  1
```

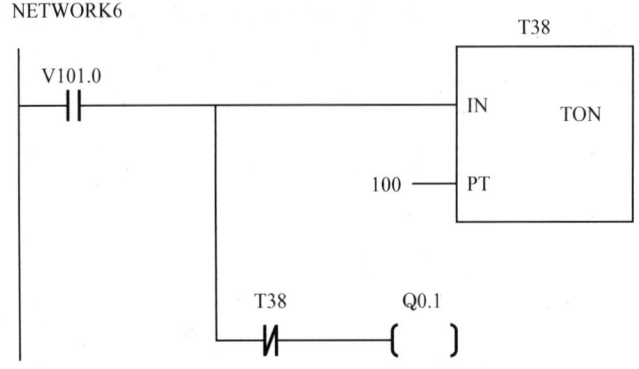

图 3-42 S7-200 梯形图

3.4.4 SIMATIC 工业软件

SIMATIC 工业软件主要由标准工具、工程工具、运行软件和人机界面等几类软件构成。

1. 标准工具

STEP7 基本软件是用于 SIMATIC S7/M7/C7 可编程控制器的标准工具。该软件一般预先安装在专用的图形编程器 PG720/720C、PG740、PG760 中,或者安装在 Windows 95/NT 平台的 PC 上。除 STEP7 基本软件外,在标准工具中还有 STEP-Mini 和 STEP-Micro,这两种工具初学者应用更合适。

2. 工程工具

工程工具是面向控制任务的软件工具,例如:
(1) 编程人员用的高级语言,如 S7-SLC 和 M7-PRoC/C++等。
(2) 技术专家用的图形语言,如 S7-GRAPH、S7-HiGraph、CFC 等。
(3) 其他辅助软件。

3. 运行软件

运行软件直接集成在自动化解决方案内,它提供了预编程解决方案,且可由用户程序调用。运行软件较多,常用的运行软件有:

(1) SIMATIC S7 的标准控制软件。
(2) SIMATIC S7 的智能模板控制软件。
(3) SIMATIC S7 的模糊控制软件。
(4) 将自动化系统连接到 Windows 应用程序的接口软件。
(5) SIMATIC M7 的实时操作系统。

4. 人机界面

人机界面是现场操作员控制及 SIMATIC 过程监视的工业软件，包括：
(1) 操作员面板和系统组态用的软件，如 Protool 和 Protool/Life 等。
(2) 用于过程诊断的 ProAgent 等。
(3) Windows 95/NT 用的高性能可视化组态工具 WinCC 等。

3.5 PLC 系统网络与通信

西门子公司的 S7 系列 PLC 有通信功能，可以很方便地实现 PLC 与 PLC、PLC 与 PC 间的通信，完成数据采集、监视运行状态等功能。西门子公司的 PLC 网络可分为 4 个层次，即现场级、控制级、监控级和管理级，它们有不同的协议规范，遵循不同的国际标准，具有不同的通信速度和数据处理能力。

PROFIBUS 是目前国际上通用的现场总线标准之一，它以独特的技术特点、严格的认证规范、开放的标准、众多厂商的支持和不断发展的应用规范，已被纳入现场总线的国际标准 IEC 61158 和欧洲标准 EN 50170，并于 2001 年被认定为我国的国家标准。PROFIBUS 是不依赖生产厂家的、开放式的现场总线，各种各样的自动化设备均可以通过同样的接口交换信息。PROFIBUS 用于分布式 I/O 设备、传动装置、PLC 和基于 PC 的自动化系统。

本节将以西门子公司的 PLC 为例来介绍 SIEMENS PLC 的 PROFIBUS 现场总线网络。

3.5.1 PROFIBUS 概述

工业现场总线 PROFIBUS 是用于车间级监控和现场级的通信系统，它符合 IEC 61158 标准，具有开放性，符合该标准的设备都可以接入同一网络中。S7-300/400 PLC 可以通过通信处理器或集成在 CPU 上的 PROFIBUS-DP 接口连接到 PROFIBUS-DP 网络中。带有 PROFIBUS-DP 主站/从站接口的 CPU 能够实现高速分布式 I/O 控制，对于用户来说，系统组态和编程方法与处理集中式 I/O 完全相同。

PROFIBUS 的物理层是 RS-485，最大传输速率为 12Mbit/s，最多可以与

127个网络上的节点进行数据交换。网络中最多可以串接10个中继器来延长通信距离。使用光纤作为通信介质，通信距离可达90km。如果PROFIBUS网络采用FMS协议，工业以太网采用TCP/IP或ISO协议，S7-300可与其他公司的设备实现数据交换。

可以通过CP342/343通信处理器将SIMATIC S7-300与PROFIBUS-DP或工业以太总线系统相连。可以连接的设备包括S7-300/400、S5-115U/H、编程器、个人计算机、SIMATIC人机界面（HMI）、数控系统、机械手控制系统、工业PC、变频器和非西门子装置。

S7中可以作为主站设备的有：

（1）带有PROFIBUS-DP接口的S7-300/400的CPU；

（2）CP 433-5 IM467、CP 342-5或CP 343-5；

（3）编程器PG；

（4）操作员面板OP。

S7中可以作为从站设备的有：

（1）分布式I/O设备；

（2）ET 200B/L/M/S/X；

（3）通过通信处理器CP 342的S7-300；

（4）带DP接口的S7-300 CPU；

（5）S7-400（只能通过CP 443-5）；

（6）带EM277通信模块的S7-200。

3.5.2 PROFIBUS现场总线网络

1984年国际标准化组织ISO（International Standard Organization）提出了"开放系统互联基本参考模型（ISO/OSI-RM）"。OSI（Open Systems Interconnection）从逻辑上将每个开放系统划分成功能上相对独立的七个有序的子系统。在所有互联的开放系统中，对应的各子系统结合起来构成开放系统互联基本参考模型的一层。OSI体系结构由功能相对独立的七个层次组成，第一层到第七层分别为物理层PH（Physical）、数据链路层DL（Data Link）、网络层N（Network）、传输层T（Transport）、会话层S（Session）、表示层P（Presentation）、应用层A（Application）。

最底层的物理层是将数据释放到通信线上的地方，数据转换成电信号并发送到通信介质上是在物理层，因此这一层也是开放系统互联模型中最基本的部分。数据链路层负责在两个相邻节点间的线路上无差错地传送以帧为单位的数据，这一层的一个决定性功能是保证数据没有错误。网络层负责网点之间数据包的移动，为数据加上路径信息是网络层的一个主要功能。对于通信网络来说，最多只到网络层，传输层以上就不再管信息传输的问题了。

PROFIBUS 由 3 部分组成，即 PROFIBUS-FMS（Fieldbus Message Specification）、PROFIBUS-DP（Decentralized Periphery）、PROFIBUS-PA（Process Automation），下面分别予以介绍。

1. PROFIBUS-FMS

PROFIBUS-FMS 定义了主站与主站之间的通信模型，它使用 OSI 模型的第 1 层、第 2 层和第 7 层。第 7 层包括现场总线报文规范 FMS 和低层接口 LLI。

FMS 包含应用层协议，并向用户提供功能很强的通信服务。LLI 协调不同的通信关系，并提供不依赖于设备的第 2 层访问接口。第 2 层提供总线存取控制和保证数据的可靠性。

FMS 主要用于不同供应商的自动化系统之间传输数据，处理单元级（PLC 和 PC）的多主站数据通信，为解决复杂的通信任务提供了很大的灵活性。

2. PROFIBUS-DP

PROFIBUS-DP 用于自动化系统中单元级控制设备与分布式 I/O 的通信，可以取代 4～20mA 的模拟信号传输。PROFIBUS-DP 使用第 1 层、第 2 层和用户接口层，第 3～7 层未使用，这种精简的结构确保了高速数据传输。直接数据链路映像程序 DDLM 提供对第 2 层的访问。用户接口规定了设备的应用功能、PROFIBUS-DP 系统和设备的行为特性。PROFIBUS-DP 特别适合于 PLC 与现场级分布式 I/O（如西门子的 ET 200）设备之间的通信。主站之间的通信为令牌方式，主站与从站之间为主从方式，以及这两种方式的混合。S7-300/400 系列 PLC 有的配备有集成的 PROFIBUS-DP 接口，S7-300/400 也可以通过通信处理器（CP）连接到 PROFIBUS-DP。

PROFIBUS 是 SIMATIC S7 系统内部的集成部分。通过 DP 协议将分散连接的 I/O 外围设备由 STEP 7 组态工具全部集成在系统中。在组态和编程阶段，以及故障诊断和报警过程中，把分散的 I/O 设备作为类似于在中央机架或扩展机架中本地连接的 I/O 来对待。SIMATIC S7 DP 从站起着类似于集中插入的 I/O 模板的作用。SIMATIC S7 提供集成的或插入的 PROFIBUS-DP 接口，用于连接有更复杂功能的现场设备。由于 PROFIBUS 第 1 层、第 2 层的特性和 S7 系统内部通信的功能，可以将编程装置（PG）、PC、HMI 和 SCADA 等设备与 SIMATIC S7 PROFIBUS-DP 系统连接。下面分别介绍 SIMATIC S7 系统中的 DP 接口类型、DP 接口的系统响应，以及 DP 从站类型。

1）SIMATIC S7 系统中的 DP 接口类型

在 SIMATIC S7-300 和 S7-400 系统中有两种类型 PROFIBUS-DP 接口。

(1) 集成在 CPU 上的 DP 接口。

在某些 CPU 上集成了 DP 接口，如 CPU315-2DP、CPU316-2DP、CPU318-2DP、CPU412-1DP、CPU412-2DP、CPU413-2DP、CPU414-2DP、CPU414-3DP、CPU416-2DP、CPU416-3DP 和 CPU417-4DP。

(2) 通过 IM 或 CP 插入的 DP 接口。

某些 CPU 通过 IM（接口模板）或 CP（通信处理器）插入（Plug-in）的 DP 接口，如 IM467、IM467-FO、CP443-5 和 CP342-5。

在 PROFIBUS-DP 系统中，具有 DP 接口的 S7-300 CPU（CPU 315-2、CPU316-2、CPU318-2、CPU342-5）既可以作为 DP 主站运行，也可以作为 DP 从站运行。用作 DP 从站时，可以选择总线存取控制方式，有两种方式可供选择：DP 从站作为主动节点和 DP 从站作为被动节点。从 DP 协议的角度看，作为主动节点的 DP 从站在与 DP 主站数据交换期间扮演一个（被动的）DP 从站角色。但是，一旦这个"主动的 DP 从站"获得令牌后，由于增加了通信服务（如 FDL 功能或 S7 功能），它也可以与其他节点进行数据交换。这样，就可以在总线上运行编程装置（PG）、操作员面板（OP）和 PC 等设备，而且当执行 PROFIBUS-DP 功能时，通过 SIMATIC S7 控制器的 DP 接口，一个 S7 CPU 与其他 S7 CPU 之间也可以进行数据传送。

2) SIMATIC S7 控制器中 DP 接口的系统响应

除 CP342-5 以外，DP 主站接口全部集成在 SIMATIC S7 中。

(1) SIMATIC S7 中 DP 主站接口的启动特性。

在具有分布设备布局的工厂，由于技术和拓扑的原因，要同时接通所有电动设备或系统部件是不可能的。实际上，这就意味着在 DP 主站启动时，不是所有 DP 从站都可供使用。自动电源时间交错，从而引起启动 DP 从站的时间交错，因此，DP 主站在装载从站参数集和开始循环地与 DP 从站交换用户数据之前，需要一定的启动时间。因此，S7-300 和 S7-400 系统允许设定最大延迟时间，以便在 POWER-ON 之后所有 DP 从站准备好（READY）报文信息。参数"READY message from modules"在 1～65000ms 范围内设定延迟，默认值是 65000ms。当延迟时间到，CPU 根据参数的设置进入 RUN 或 STOP。

(2) DP 从站的故障。

如果 DP 从站由于掉电、总线导线断开或某些其他的缺陷而引起的故障，则操作系统通过调用组织块 OB86 报告此故障（模板机架、DP 电源或 DP 从站的故障）。不论是已发生的还是正在发生的各种类型的事件，都调用 OB86。如果未设置组织块 OB86，则 CPU 对 DP 电源故障或 DP 故障做出的反应是进入 STOP 状态。

(3) 由 DP 从站产生的诊断中断。

具有诊断能力的分布式 I/O 模板能够通过产生诊断中断来报告事件。用这种方法，DP 从站指示故障情况，如部分节点故障、信号模板中导线断开、线路短路或 I/O 通信超载，或负载电压的故障。CPU 操作系统调用用于诊断中断处理的组织块 OB82 来做出反应。如果未设计组织块 OB82，则 CPU 对诊断中的反应是进入 STOP 状态。

(4) 由 DP 从站产生的过程中断。

SIMATIC S7 系列中具有过程中断能力的 DP 从站通过总线向 DP 主站 (CPU) 报告过程故障。例如，如果一个模拟量输入值超过规定限额范围，则应产生一个过程中断，由 CPU 的操作系统调用 OB40～OB47。这样，SIMATIC S7 CPU 总是用相同的方法对过程中断做出反应，不论这些中断是由集中式 I/O 模板产生的还是由分布式 I/O 模板产生的。不过，对于由分布式 I/O 模板产生的过程中断的反应要稍慢一点，这是由于报文在总线上运转多次和在 DP 主站上处理中断。

3) SIMATIC S7 系统中的 DP 从站模型

SIMATIC S7 系统使用 3 种不同的 DP 从站组。根据它们的配置和用途，可以将 SIMATIC S7 DP 从站设备分为三类：紧凑型 DP 从站、模板化的 DP 从站、智能 DP 从站（I 从站）。

(1) 紧凑型 DP 从站。

紧凑型 DP 从站具有不可更改的固定结构的输入和输出区域。ET 200B 电子终端系列（B 代表 I/O 块）就是这种紧凑型 DP 从站。ET 200B 模板系列提供有不同电压范围和不同数量 I/O 通道的模板。

(2) 模板化的 DP 从站。

对于模板化的 DP 从站，输入和输出区域可用 SIMATIC Manager 的 HW Config 进行组态。ET 200M 模板是这种 DP 从站的典型代表。对模板化的 S7-300 系列最多可有 8 个 I/O 模板与 1 个 ET 200M 接口模板（IM153）连接。

(3) 智能 DP 从站（I 从站）。

在 PROFIBUS-DP 网络中，CPU315-2DP、CPU316-2DP 或 CPU318-2DP 类型 CPU 的 S7-300 可编程控制器或 CP342-5 通信处理器可用作为 DP 从站。在 SIMATIC S7 系统中，这些设备称为"智能 DP 从站"，简称为"I 从站"。用做 DP 从站的 S7-300 可编程控制器的输入和输出区域可用 SIMATIC Manager 的 HW Config 来定义。

智能 DP 从站的一个特点是，提供给 DPA 主站的输入/输出区域不是实际存在的 I/O 区域，而是 CPU 映像的输入/输出区域。

3. PROFIBUS-PA

PROFIBUS-PA 用于过程自动化的现场传感器和执行器的低速数据传输，使用扩展的 PROFIBUS-DP 协议，此外还描述了现场设备行为的 PA 行规。由于传输技术采用 IEC 61158-2 标准，确保了本质安全和通过现场总线对现场设备供电，可以用于防爆区域的传感器和执行器与中央控制系统的通信。使用分段式耦合器可以方便地将 PROFIBUS-PA 设备集成到 PROFIBUS-DP 网络中。

PROFIBUS-PA 使用屏蔽双绞线电缆，由总线提供电源。在危险区域，每个 DP/PA 链路可以连接 15 个现场设备，在非危险区域每个 DP/PA 链路可以连接 31 个现场设备。此外基于 PROFIBUS，还推出了用于运动控制的总线驱动技术 PROFI-Drive 和故障安全通信技术 PROFI-Safe。

复习参考题

1. PLC 所提供的逻辑部件主要有哪些？
2. 构成 PLC 的主要部件有哪几个？各部分主要作用是什么？
3. 试根据 PLC 的构成简述其特点和应用场合。
4. 描述 PLC 的工作方式。输入状态寄存器、输出状态寄存器、输出锁存器在 PLC 中各起什么作用？
5. 试从 PLC 硬件软件设计特点来分析 PLC 有高可靠性、抗干扰能力强的原因。
6. PLC 与继电器控制的差异是什么？
7. PLC 中定时器使用须注意哪些问题？
8. 说明特殊辅助继电器的功能，并列举使用例子。
9. 设传送带上有三根皮带 A、B、C（分别接 PLC 输出端 Y30、Y31、Y32），另设有一工作开关（接 PLC 的 X0 端）。当工作开关接通，则皮带 A 先启动，10s 后皮带 B 启动，再过 10s 后 C 启动；工作开关断开，则皮带 C 先停止，10s 后 B 停止，再过 10s 后 A 停止。试画出控制梯形图。
10. 设传送带上装有一产品控制器（接 PLC 的 X0 端），若传送带上 20s 内无产品通过则报警，接通 Y30。试画出梯形图并写出指令表。
11. 用两个定时器设计两个定时电路。在 X405 接通 1000s 后，将 Y435 接通。画出梯形图。
12. 用两个计数器设计一个定时电路。在 X402 接通 81000s 后，将 Y436 接通。画出梯形图。
13. 试用 PLC 按行程原则实现对机械子的夹紧—正转—放松—反转控制。画出梯形图。
14. 电动葫芦起升机构的动负荷试验，控制要求如下：
    (1) 可手动上升、下降。
    (2) 自动运行时，上升 6s-停 9s-下降 6s-停 9s，反复运行 1h，然后发出声光信号，并停止运行。

    试用 PLC 实现控制要求，并编出梯形图程序。
15. 如何估算 PLC 的 I/O 点数？
16. 估算 PLC 的内存考虑哪些因素？
17. PLC 在接线时应注意什么问题？

参 考 文 献

陈立定,吴玉香,苏开才. 2001. 电气控制与可编程控制器. 广州:华南理工大学出版社
耿文学. 1996. 可编程序控制器应用技术手册. 北京:科学技术文献出版社
郭宗仁等. 1999. 可编程序控制器及其通信网络技术. 北京:人民邮电出版社
胡学林. 2003. 可编程控制器教程. 北京:电子工业出版社
吕景泉. 2001. 可编程控制器技术教程. 北京:高等教育出版社
宋伯生. 1998. 可编程序控制器配置、编程、连网. 北京:中国劳动出版社
宋德玉. 2002. 可编程控制器原理及应用系统设计技术. 北京:冶金工业出版社
台方. 2001. 可编程序控制器应用教程. 北京:中国水利水电出版社
王显正. 1997. 机电控制技术. 上海:上海交通大学机械工程系
殷洪义. 2003. 可编程序控制器选择设计与维护. 北京:机械工业出版社
MITSUBISHI. 2001. $FX_{1S}/FX_{1N}/FX_{2N}/FX_{2NC}$系列编程手册
Siemens A G. 2002. S7-200 Programmable Controller System Manual

第 4 章　单片微型计算机技术

单片机在微型计算机领域中占据着十分重要地位，是实现机电控制的常规性工具。单片机与可编程控制器、低压电器比较，体积小、功耗低、高性能、灵活性强，其定时器/计数器、存储器、串/并行口具有面向用户的特色。为此，本章将详细介绍 AT89S52 单片机的硬件结构、存储器组成、指令系统、接口部件等，并以电动执行器的控制器为例，具体叙述单片机应用系统的软件和硬件设计方法、步骤以及相关开发工具、软件的使用。

4.1　单片机概述

4.1.1　单片机的定义与种类

1. 单片微型计算机（single-chip microcomputer）定义

单片微型计算机是指在一块超大规模集成电路芯片上，集成了微处理器 CPU、存储器（ROM、PROM、EPROM、EEPROM、Flash ROM、SRAM 等）、输入/输出接口（PWM、ADC/DAC、UART、IIC、SPI、RTC、PCA、FPGA 等）、定时器、计数器、中断系统等功能部件的电子元件，简称单片机或微控制器。

2. 单片机种类

从微型计算机诞生开始，单片机的系列产品就如雨后春笋般地层出不穷。Intel 公司、Zilog 公司、Motorola 公司、CI 公司、Rockwell 公司、NEC 公司等世界著名计算机公司都推出自己的单片机系列产品。可谓品种繁多，位宽从 8 位到 32 位，引脚数从 6 个到几百个，工作频率从几十千赫到几百兆赫，体系结构既有 CISC，也有 RISC（精简指令集单片机）。目前在我国比较流行的单片机产品见表 4-1。

表 4-1　流行的单片机产品

与 80C51 兼容的主要产品	非 80C51 系列的主要产品
ATMEL 公司的 AT89 系列	Microchip 公司的 PIC 系列 RISC 单片机
Philips 公司的 80C51、80C552 系列	Intel 公司的 MCS-96 系列 16 位单片机

续表

与 80C51 兼容的主要产品	非 80C51 系列的主要产品
华邦公司的 W78C51、W77C51 高速低价系列	ATMEL 公司的 AVR 系列单片机
ADI 公司的 ADμC8xx 高精度 ADC 系列	Motorola 公司的 MC68H 系列
LG 公司的 GMS90/97 低压高速系列	TI 公司的 MSP430C 系列
Maxim 公司的 DS89C420 高速（50MIPS）系列	
Cygnal 公司的 C8051F 系列高速 SOC 单片机	

表中列出的只是比较常见的系列，实际上还有许多公司生产各种各样的单片机，例如，日本的 TOSHIBA、日立的 HITACH、德国的西门子等，它们都有各自的结构体系。

4.1.2 单片机的特点及应用场合

1. 单片机特点

1) 集成度高、功能强

通用微型计算机的 CPU、RAM、ROM 以及 I/O 接口等功能部件分别集成在不同的芯片上，而单片机则不同，它把这些功能部分都集成在一块芯片内。

2) 结构合理

单片机存储器大多数采用数据存储器与程序存储器相互独立的 Harvard 结构，这种结构的主要好处是，一方面存储容量大，如采用 16 位地址总线的 8 位单片机可寻址外部 64KB RAM 和 64KB ROM。此外，还有内部 RAM（通常为 64~256B）和内部 ROM（一般为 4~32KB）。正因为如此，单片机不仅可以进行控制，而且能够进行数据处理。另一方面是速度快、功能专一、单片机小容量的随机存储器安排在内部，极大地提高了 CPU 的运算速度。并且程序存储器是独立的，因此很容易实现程序固化。

3) 抗干扰性强

单片机的各种功能部件都集成于一块芯片上，其布线极短，数据在芯片内传输，增强了抗干扰能力，运行可靠。

4) 指令丰富、适合实时控制

单片机的指令一般有数据传送、算术运算、逻辑运算、控制转移等，有些还具有位操作指令，如 MCS-51 系列单片机中专门设有布尔处理器。

5) 硬件通用化、应用灵活化

同一系列和配套接口芯片种类多、功能全，便于挑选组合为应用系统，并且在硬件基本不变，只需改变固化的程序，就能变成另一种新产品或更新换代。

2. 单片机应用场合

单片机体积小、集成度高、运算速度快、运行可靠、功耗低、价格廉，因此在自动控制领域以及人们日常生活中得到了广泛应用。

1) 智能化仪器、仪表

单片机用于各种仪器仪表,如智能化的示波器、电表、计价器等。一方面提高了仪器仪表的使用功能和精度,使仪器仪表智能化,同时还简化了仪器仪表的硬件结构,从而可方便地完成仪器仪表产品的升级换代。

2) 机电一体化产品

机电一体化产品是集机械技术、微电子技术、自动化技术和计算机技术于一体,具有智能化特征的各种机电产品。单片机在机电一体化产品的开发中可以发挥巨大的作用。典型产品如机器人、数控机床、自动包装机、点钞机、医疗设备、打印机、传真机、复印机等。

3) 实时工业过程控制

利用单片机可以方便地实现对温度、液位、流量等物理参数的采集和控制,单片机既可作为系统主控制器,也可作为分布式系统的前端模块,根据被控对象的不同特征采用不同的智能算法,实现期望的控制指标,从而提高生产效率和产品质量。典型应用如电机转速控制、温度控制、数控机床、自动生产线等。

4) 家用电器

家用电器是单片机的又一重要应用领域,前景十分广阔。如空调器、电冰箱、洗衣机、电饭煲、高档洗浴设备、高档玩具等。

5) 计算机网络及通信外设

单片机内部集成了通信接口,因而能在计算机网络以及通信设备中广泛运用,如小型背负式通信机、自动拨号无线电话、程控电话、无线遥控等。

4.1.3 单片机的发展趋势

1. CPU 的改进

(1) 采用双 CPU,如 Rockwell 公司的 R6500/21;

(2) 增加数据总线宽度,如 NEC 公司的 PD-7800 (16 位);

(3) 采用流水线结构,如 TMS 公司的 TMS320,指令以队列形式出现在 CPU 中,从而有很高的运算速度;

(4) 串行扩展总线结构,如 Philips 公司的 MAB8420 采用 I^2C 总线和 DDB 总线;

(5) 采用 RISC 体系结构,如 Microchip 公司的 PIC 系列单片机。

2. 存储器的发展

内存储容量增大、片内 EPROM 开始 EEPROM 化、OTP ROM (PROM)/

Flash ROM 成为 ROM 供应主流状态。另外，程序存储器内容可进行保密处理。

3. 单片机开发方式的发展

利用 Super Flash 存储器可以进行高速读写的特点，能够实现在系统编程（ISP）和在应用编程（IAP）功能，改变了以往必须借助于开发装置（仿真器、程序写入器）进行单片机应用系统设计、调试的开发模式。

总之，集成电路技术和计算机软件技术的发展，使得单片机性能越来越完善，品种越来越多，即根据不同需求发展个性化单片机，并可在单片机中嵌入驻机软件。

4.2 AT89S 系列单片机内部结构及工作原理

AT89S 系列单片机是一种低功耗、高性能 CMOS 的功能强大的 8 位处理器，它是在 MCS-51 技术内核为主导的基础上，采用了 ATMEL 公司的高密度、非易失性存储技术，片内 Flash 允许程序存储器在系统可多次编程，亦适于常规编程器，兼容标准 MCS-51 指令系统和引脚，极大地满足了各种不同的应用要求，是目前国内广泛应用的单片机之一。目前 AT89S 系列的单片机型号有 4 种，其主要性能如表 4-2 所示。由表可见，该系列单片机其硬件结构基本相同，在性能上略有差异，而其中 AT89S52 几乎包含了整个 AT89S 系列的硬件结构，故本章以 AT89S52 机型为主线介绍单片机的结构和工作原理。

表 4-2 AT89S 系列各机型功能

机 型	AT89S51	AT89S52	AT89S53	AT89S8252
片内 Flash	4KB	8KB	12KB	8KB
工作电压	4～5.5V	4～5.5V	4～6V	4～6V
全静态工作频率	0～33MHz	0～33 MHz	0～24 MHz	0～24 MHz
程序存储器锁存	三级	三级	三级	三级
片内 RAM	128×8 位	256×8 位	256×8 位	256×8 位
可编程 I/O 位	32	32	32	32
中断源	6个	8个	9个	9个
定时器/计数器	2个（16位）	3个（16位）	3个（16位）	3个（16位）
全双工串行口	有	有	有	有
SPI 串行接口	有	有	有	有
低功耗休闲和降压模式	有	有	有	有
可编程监视器	有	有	有	有
双数据指针低功耗模式下	有	有	有	有

续表

机型	AT89S51	AT89S52	AT89S53	AT89S8252
中断恢复	有	有	有	有
断电标志	有	有	有	有

4.2.1 单片机的内部结构

AT89S52 系列单片机内部结构如图 4-1 所示。其内部主要包含下列几部分：

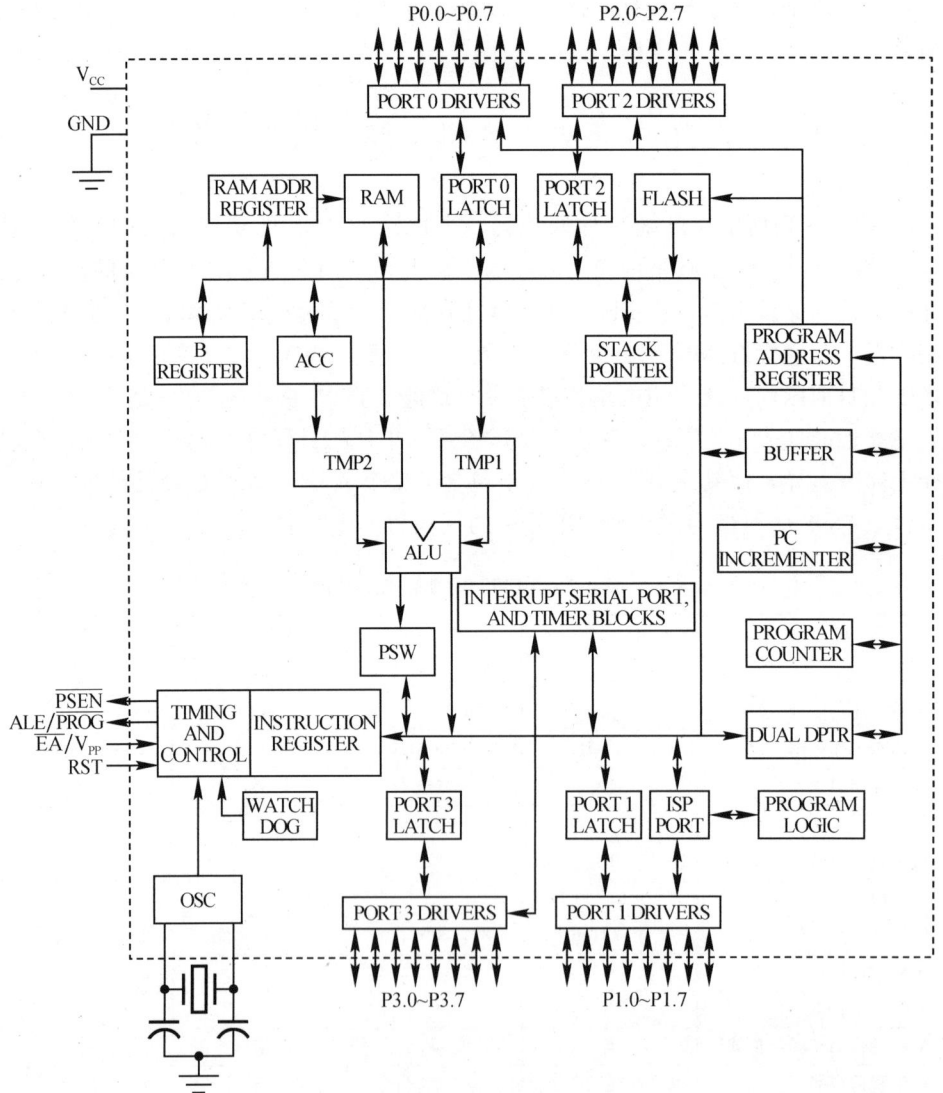

图 4-1 AT89S52 单片机内部结构

(1) 一个 8 位的微处理器 CPU。
(2) 片内振荡器及时钟电路，晶振 0~33MHz。
(3) 256 字节片内数据存储器 RAM。
(4) 8KB Flash 片内程序存储器，在线编程，可写 1000 次。
(5) 三层可编程加密。
(6) 4 个 8 位可编程并行 I/O 端口。
(7) 3 个 16 位的定时器/计数器。
(8) 具有 2 个优先级别的 6 个中断源结构。
(9) 一个全双工的串行口。
(10) 自带定时监视器（看门狗定时器）。
(11) 具有双数据指针（DPTR）。
(12) 电源下降标志。
(13) 32 个特殊功能寄存器（special function registers，SFR）。

AT89S52 单片机的核心部件是中央处理器 CPU，它由运算器 ALU 和控制逻辑构成，其作用是读取和分析指令，并根据指令的功能有步骤地执行指定的操作，完成指令所要求的处理功能。中央处理器 CPU、程序计数器 PC、指令寄存器 IR、专用寄存器等各部分是通过总线相连接。

另外，AT89S52 可降至 0Hz 静态逻辑操作，支持 2 种软件可选择节电模式。空闲（又称为休眠模式），CPU 停止工作，允许 RAM、定时器/计数器、串口、中断继续工作。掉电保护方式下，RAM 内容被保存，振荡器被冻结，单片机一切工作停止，直到下一个中断或硬件复位为止。

4.2.2 单片机的引脚名称及功能

1. AT89S52 单片机的封装

AT89S51 系列单片机有多种封装方式，各种型号芯片的引脚是相互兼容的。图 4-2 是 AT89S52 单片机的引脚配置图。其中方形封装中 4 个标有 NC 的引脚是不连线的。

2. AT89S52 单片机的引脚功能说明

常用的双列直插封装方式的 AT89S52 单片机的 40 根引脚，按性能可分为四个部分，引脚名称及功能简要说明如下：
1) 主电源引脚 V_{cc}（40）和 V_{ss}（20）
V_{cc} 为芯片电源，接 4~5V 正端；V_{ss} 为芯片电源的地端。
2) 时钟电路引脚 XTAL2（18）和 XTAL1（19）

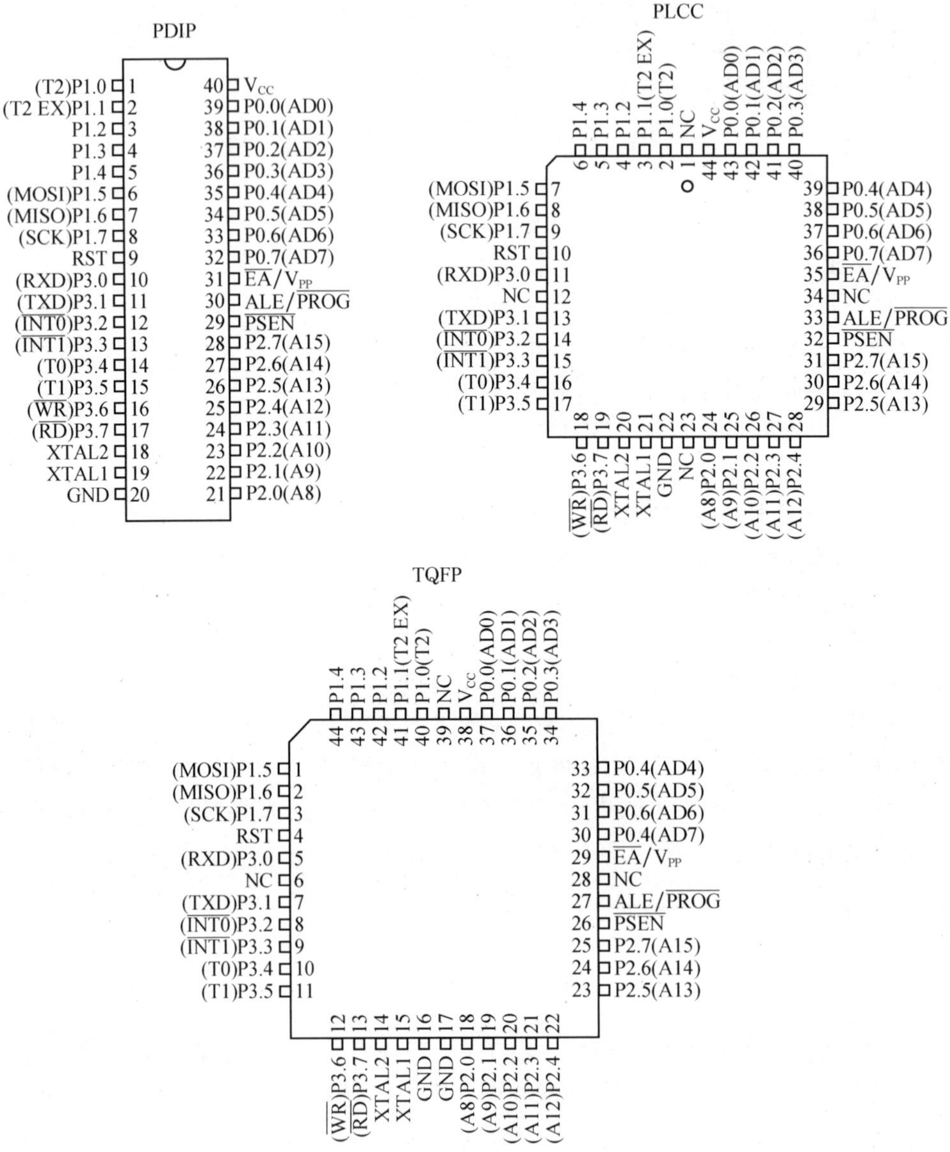

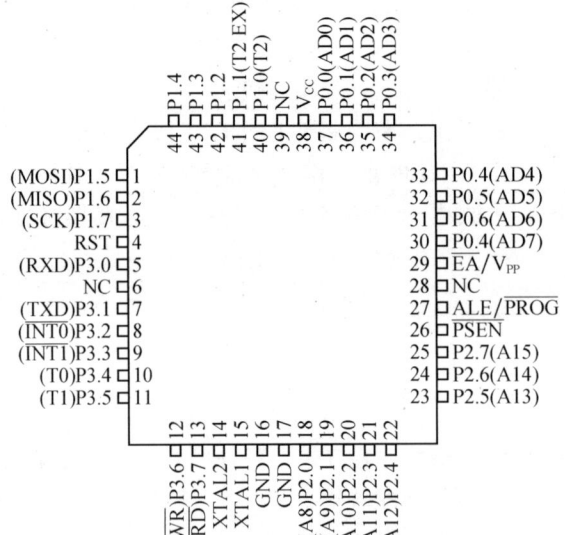

图 4-2 AT89S52 单片机的引脚配置图

单片机是一种时序电路，必须提供脉冲信号才能正常工作，在 AT89S52 内部已集成了一个用于构成内部振荡器的反向放大器，引脚 XTAL1（19）和 XTAL2（18）分别是这个放大器的输入端和输出端。

（1）内部时钟方式：外部石英晶体（或陶瓷谐振器）、电容 C1、C2 接在放大器的反馈回路中构成自激振荡器，见图 4-3（a）。晶振的频率根据需要可在 1~33MHz 任意选择，电容在 5~70pF。

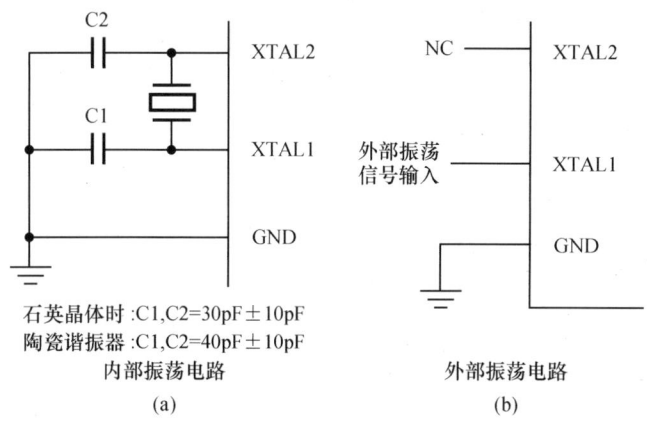

图 4-3 AT89S52 时钟电路图

(2) 外部时钟方式：外部时钟接到引脚 XTAL1、XTAL2 悬空，见图 4-3 (b)。

3) 控制信号引脚 RST (9)、$\overline{EA}/V_{PP}$ (31)、ALE/P_{ROG} (30)、$\overline{PSEN}$ (29)

(1) RST 复位输入端。

晶振工作时，在 RST 脚上输入持续 2 个机器周期高电平将在定时监视器（看门狗）计时溢出后，RST 脚输出 96 个晶振周期的高电平使单片机复位。特殊功能寄存器 AUXR（地址 8EH）中的 DISRTO 位可以使此复位功能无效。DISRTO 默认状态下，复位 RST 脚上的高电平有效。

(2) $\overline{EA}/V_{PP}$ 访问程序存储器控制/编程电压端。

$\overline{EA}$ 访问程序存储器控制信号端：当 $\overline{EA}$ 引脚保持低电平时，则只访问外部程序存储器 0000H～FFFFH (64KB)；当 $\overline{EA}$ 引脚保持高电平时，单片机复位后访问内部程序存储器，当程序寄存器 PC 超过 8KB 时，将自动转向执行外部程序存储器。

V_{PP} 编程电压引脚：在 Flash 编程期间，该引脚用于施加编程电压 12V。

(3) ALE/P_{ROG} 地址锁存控制信号端/编程电压端。

ALE 是在访问片外程序存储器时，P0 口输出低 8 位地址，由 ALE 输出控制信号（下降沿）将 8 位地址锁存到片外地址锁存器中；不访问片外程序存储器时，ALE 以 1/6 的 f_{osc} 频率输出正脉冲，可用来作为外部计数器或时钟使用；然而，如果需要可通过将地址为 8EH 的特殊寄存器 SFR 的第 0 位置 "1"，可禁止 ALE 输出，而只有在执行 MOVX 或 MOVC 等指令时 ALE 才被激活，输出锁存有效。否则，ALE 将被微弱拉高。该设置对微控制器处于外部执行模式下无效。

$\overline{PROG}$ 是在 Flash 编程时，此引脚用作编程输入脉冲。

(4) PSEN 访问外部程序存储器选通信号。

当 AT89S52 从外部程序存储器执行外部代码时,PSEN 在每个机器周期被激活两次,而在访问内部程序存储器和外部数据存储器时,PSEN 将不被激活。

4) 输入/输出引脚

(1) P0 口 (P0.0~P0.7)。

P0 口是一个 8 位漏极开路的双向 I/O 口。作为输出口,能驱动 8 个 TTL 逻辑负载。对 P0 端口写"1"时,引脚用作高阻抗输入。在访问外部程序和数据存储器时,P0 口可作为低 8 位地址/数据分时复用总线使用。在这种模式下,P0 能激活内部的上拉电阻。

在 Flash 编程时,P0 用来接收指令字节;而在程序校验时,输出指令字节。程序校验时,要求外接上拉电阻。

(2) P1 口 (P1.0~P1.7)。

P1 口是一个具有内部上拉电阻的 8 位双向 I/O 口。P1 输出缓冲器能驱动 4 个 TTL 逻辑负载。对 P1 端口写"1"时,内部上拉电阻把端口拉高,此时可以作为输入口使用。此外,P1 口还具有第二功能(对 AT89S52 而言),具体见表 4-3。

表 4-3　P1 各口线的第二功能

引脚号	第二功能
P1.0	T2(定时器/计数器 T2 的外部计数输入),时钟输出
P1.1	T2EX(定时器/计数器 T2 的捕捉/重载触发信号和方向控制)
P1.5	MOSI(在系统编程用)
P1.6	MISO(在系统编程用)
P1.7	SCK(在系统编程用)

在 Flash 编程和校验时,P1 口接收低 8 位地址字节。

(3) P2 口 (P2.0~P2.7)。

P2 口是一个具有内部上拉电阻的 8 位双向 I/O 口。P2 每位输出缓冲器能驱动 4 个 TTL 逻辑电路。对 P2 端口写"1"时,内部上拉电阻把端口拉高,此时可以作为输入口使用。另外,在访问外部程序存储器或用 16 位地址读取外部数据存储器(例如,执行 MOVX A,@ DPTR)时,P2 口送出高 8 位地址。

在 Flash 编程和校验时,P2 口接收高 8 位地址字节和一些控制信号。

(4) P3 口 (P3.0~P3.7)。

P3 口是一个具有内部上拉电阻的 8 位双向 I/O 口。P3 每位输出缓冲器能驱动 4 个 TTL 逻辑电路。对 P3 端口写"1"时,内部上拉电阻把端口拉高,此时可以作为输入口使用。另外 P3 口亦作为 AT89S52 特殊功能（第二功能）使用，具体如表 4-4 所示。

表 4-4 P3 各口线的第二功能

引脚号	第二功能	引脚号	第二功能
P3.0	RXD（串行输入）	P3.4	T0（定时器 0 外部输入）
P3.1	TXD（串行输出）	P3.5	T1（定时器 1 外部输入）
P3.2	INT0（外部中断 0）	P3.6	WR（外部数据存储器写选通）
P3.3	INT1（外部中断 1）	P3.7	RD（外部数据存储器读选通）

在 Flash 编程和校验时，P3 口接收一些控制信号。

3. RST 功能

复位是使 CPU 以及系统各部件处于确定的初始状态，并使系统从初始态开始工作。AT89S 系列单片机的复位信号是从 RST 引脚输入到片内部一个施密特触发器的输入端。这样可以滤掉低于施密特触发电平的噪声干扰信号。在振荡器运行稳定后，若在 RST 引脚保持至少两个机器周期的高电平输入信号，复位过程即可完成。

1）复位方式

实现复位的方法很多，硬件复位常用以下几种：

（1）上电复位。

一般来讲，V_{CC} 电源的上升时间不超过 1ms，片内振荡器启动时间在 10ms 之内。在这种情况下，把 RST 引脚通过 22μF 电容接至 V_{CC} 并同时经 10kΩ 电阻和 V_{SS} 相连，见图 4-4（a）就可获得上电自动复位的结果。

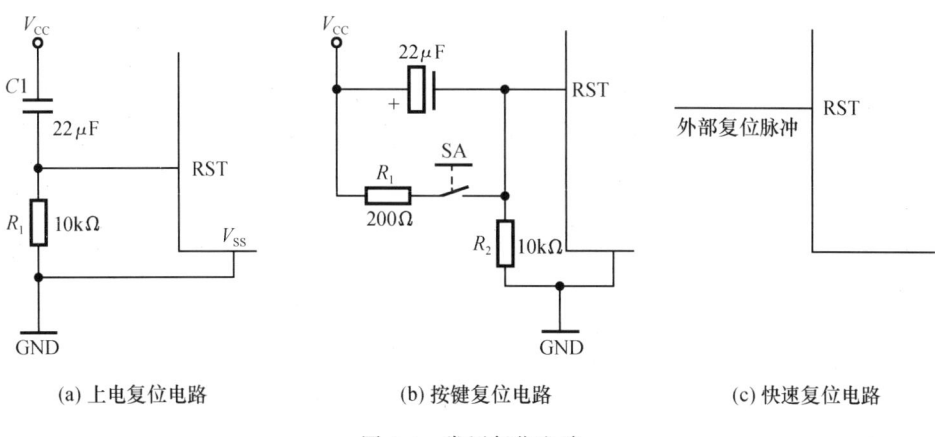

(a) 上电复位电路   (b) 按键复位电路   (c) 快速复位电路

图 4-4 常用复位电路

（2）按键复位。

图 4-4（b）既可上电复位，也可按键复位。它其实就是在上电复位的基础上加了 R_2 和 SA，这种电路一般用在需要经常复位的系统中，一般复位电路中的电阻、电容的取值随时钟频率的不同而不同。

（3）外部脉冲复位

图 4-4（c）是外部脉冲复位的电路，外部复位通常用于要求比较高的系统，比如，希望系统死锁后能自动复位。外部脉冲复位是由专门集成电路来实现的，即通常俗称的"看门狗"电路。WDT（看门狗）可以根据应用程序正常运行周期进行设定。当系统应用程序在运行过程中受到干扰而进入非正常运行状态时，WDT 定时计数器产生溢出信号，复位主机，恢复正常运行状态。WDT 电路有很多，它们不但能完成对单片机的自动复位功能，而且还有管理电源、用作外部存储器等功能，比如，X25045、MAX813L 等就是比较常用的此类芯片，有关 WDT 的功能及工作原理将在后面有关定时器/计数器中论述。

2）复位状态

CPU 在 RST 有效后的第二个机器周期开始执行内部复位操作，并且在 RST 变为低电平前的每个机器周期均重复执行内部复位。复位后单片机内部有关特殊功能寄存器的初始状态如表 4-5 所示。片内 RAM 不受复位的影响，上电后 RAM 的内容是随机的。

表 4-5　特殊功能寄存器的初始状态

SFR	复位值	SFR	复位值
PC	0000H	TH0	00H
ACC	00H	TL0	00H
B	00H	TH1	00H
PSW	00H	TL1	00H
SP	07H	TH2	00H
DPTR	0000H	TL2	00H
P0～P3	FFH	RCAP2H	00H
IP（8051）	×××00000B	RCAP2L	00H
IP（8052）	××000000B	SCON	00H
IE（8051）	0××00000B	SBUF	不定
IE（8052）	0×000000B	PCON（HMOS）	0×××××××B
TMOD	00H	PCON（CHMOS）	0×××0000B
TCOD	00H		

3）省电方式

AT89S52 单片机提供空闲和掉电方式两种省电工作方式，这两种方式可通过软件对特殊寄存器 PCON 的 PD 和 IDL 位的设置来选择。特殊寄存器 PCON

的控制格式如下。

D_7	D_6	D_5	D_4	D_3	D_2	D_1	D_0
SMOD				GF1	GF0	PD	IDL

SMOD：串行口波特率加倍位；
GF$_1$、GF$_0$：通用标志位，供程序设计用；
PD：掉电保持方式控制位，PD 位置 1，则 CPU 进入掉电保持方式；
IDL：空闲方式控制位，IDL 位置 1，则 CPU 进入空闲方式。

4）掉电保持方式

在掉电模式下，晶振停止工作，激活掉电模式的指令是最后一条执行指令。片上 RAM 和特殊功能寄存器保持原值，直到掉电模式终止。

掉电模式可以通过硬件复位和外部中断退出。复位重新定义了 SFR 的值，但不改变片上 RAM 的值。

在掉电保持方式下，V_{CC}可以下降到 2V，但在准备退出掉电保持方式之前，V_{CC}必须恢复到正常工作电压时，硬件复位应保持足够长的时间以使晶振重新工作和初始化之后，才可退出。

5）空闲模式

在空闲工作模式下，CPU 处于睡眠状态，而所有片上外部设备保持激活状态。在这种状态下，片上 RAM 和特殊功能寄存器的内容保持不变。

系统进入空闲模式后有两种方法退出空闲方式：一是任何允许的中断被响应时会引起硬件对 PCON.0 位 IDL 清 "0" 而结束空闲模式。当执行完中断服务程序返回时，将从设置空闲方式指令的下一条开始继续执行程序。通用标志位 GF$_1$、GF$_0$可用来指示中断是在正常进行还是在空闲方式下发生的。另一种退出空闲方式的方法是硬件复位，将从设置空闲方式指令的下一条开始继续执行程序。由硬件复位终止空闲模式只需两个机器周期有效复位信号，在这种情况下，片上硬件禁止访问内部 RAM，而可以访问端口引脚。空闲模式被硬件复位终止后，为了防止对端口或外部数据存储器等程序预想不到的写操作，在激活空闲模式下禁止写端口或外部存储器。

空闲模式和掉电模式期间外部引脚状态如表 4-6 所示。

表 4-6 空闲模式和掉电模式下的外部引脚状态

模 式	程序存储器	ALE	PSEN	PORT0	PORT1	PORT2	PORT3
空闲	内部	1	1	数据	数据	数据	数据
空闲	外部	1	1	浮空	数据	地址	数据
掉电	内部	0	0	数据	数据	数据	数据
掉电	外部	0	0	浮空	数据	数据	数据

4. 单片机的基本时序

单片机执行指令的过程就是顺序地从 ROM（程序存储器）中取出指令逐条地顺序执行，然后进行一系列的微操作控制来完成各种指定的动作。它在协调内部的各种动作时必须要有一定的顺序，换句话说，就是这一系列微操作控制信号在时间上要有一个严格的先后次序，这种次序就是单片机的时序。AT89S52 单片机的主要时序将在存储器扩展时讨论，这里先介绍 AT89S52 单片机基本时序的几个概念。

振荡周期：指振荡源的周期，若为内部产生方式时，即为石英晶体的振荡周期。

时钟周期：又称 S 状态周期，时钟周期为振荡周期的两倍。

机器周期：一个机器周期含 6 个时钟周期。

指令周期：完成一条指令占用的全部时间。AT89S52 的指令周期含 1~4 个机器周期，其中多数为单周期指令，部分为 2 周期，只有乘法、除法两条指令为 4 周期指令。

上述四个参数间的关系见图 4-5。假设 $f_{osc}=6\text{MHz}$，则有振荡周期=$1/6\mu s$；时钟周期=$1/3\mu s$；机器周期=$2\mu s$；指令周期为 $2\sim8\mu s$。

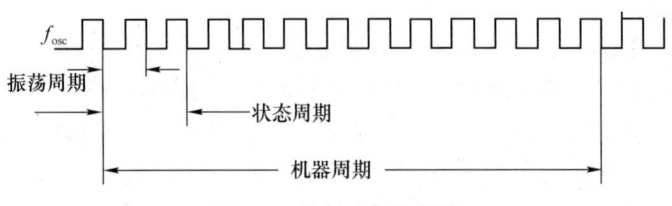

图 4-5 基本时序示意图

4.2.3 单片机存储器结构

AT89S52 单片机的存储器采用程序存储器和数据存储器分开的哈佛结构，即单片机存储器包括片内程序存储器、片外程序存储器、片内数据存储器和片外数据存储器，各自有专用地址空间、选通信号和寻址方式。

1. 程序存储器

1) 作用与结构特点

程序存储器用于存放程序指令、常数和表格。其存储结构如图 4-6 所示，其主要特点如下：

(1) 片内配置 8KB 的系统内可编程（ISP）Flash，可外部扩展程序存储器至 64KB。

(2) 片内片外程序存储器统一编址（0000H~FFFFH）。当 $\overline{EA}$ 接高电平

($\overline{\text{EA}}=1$),低 8KB 地址 0000H～1FFFH 指向片内,CPU 先从片内 0000H 单元开始执行程序,然后自动转向片外存储器中的程序,在内、外程序存储器交接处,最好用空操作指令 Nop 过渡,防止多字节指令跨接时出错;若 EA 接低电平($\overline{\text{EA}}=0$),片内配置的程序存储器失效,8KB 地址 0000H～1FFFH 指向片外。

(3)CPU 执行片外 ROM 程序是由 PSEN 进行读选通。

图 4-6 AT89S52 程序存储器结构

2)程序运行控制

程序存储器的操作是由程序计数器 PC 控制,PC 指向指令操作码单元,则 CPU 执行该指令,PC 指向常数、表格单元,则 CPU 执行取数、查表操作。因此,对程序存储器的操作分为程序运行控制和查表操作两类。

(1)程序运行控制。

程序运行控制有复位控制、中断控制和转移控制,如图 4-7 所示。复位控制、中断控制有相应的硬件结构,程序入口地址是固定的,AT89S52 的 6 个程序入口地址如表 4-7 所示。转移控制由转移指令给定,有条件转移、无条件转移指令。

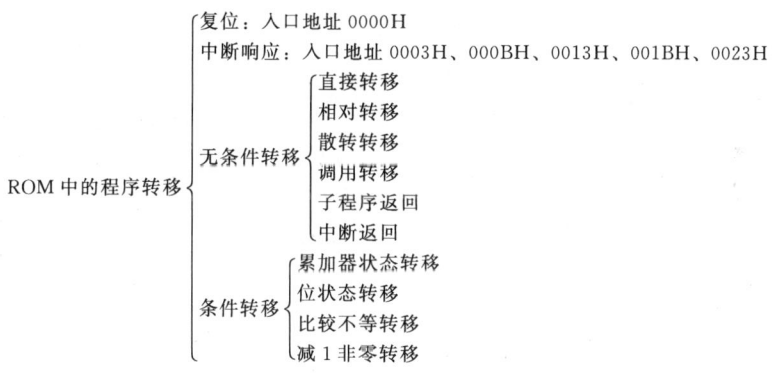

图 4-7 程序转移控制

表 4-7 复位、中断矢量地址分配表

操 作	入口地址
复位	0000H
外部中断 0(INT0)	0003H
定时/计数器 0	000BH
外部中断 1(INT1)	0013H
定时/计数器 1	001BH
串行中断	0023H
定时/计数器 2	002BH

由表 4-7 可知，单片机复位后 PC＝0000H，程序从 0000H 单元开始执行。系统主程序必须跳过中断矢量区，因此在程序存储器的 0000H～0002H 单元中一般存放一条绝对跳转指令，使主程序跳过中断矢量区，转向真正的主程序起始地址。例如，主程序的起始地址设置在 0050H，从这里开始执行系统主程序。同理，每个中断矢量留有 8 个单元存放中断服务程序，显然 8 个单元存放中断服务程序一般是不够的，常用绝对跳转指令将中断程序转向程序存储器的其他空间。

（2）查表操作。

AT89S52 提供了 MOVC A，@A＋PC 和 MOVC A，@A＋DPTR 两条指令读取程序存储器中的常数和表格。

2．数据存储器

数据存储器用于存放数据、计算中间结果和标志位。其存储结构如图 4-8 所示，存储空间也分为片内和片外两部分，但片内和片外分别编址。

1）外部数据存储器

外部数据存储器为 64KB 独立的寻址空间，其中包括需寻址的外部功能器件，如 A/D 转换器等。访问片外数据存储器时，由读写信号 RD 或 WD 来选通，MOVX 类指令读写数据。

2）内部数据存储器

内部数据存储器是容量为 256B 独立的寻址空间，它分成几个功能不同的区域，见图 4-8。由 MOV 类指令访问内部数据存储器。

应当注意：在片内 RAM 中低 128 个单元可分成 3 个区段，如图 4-9 所示。

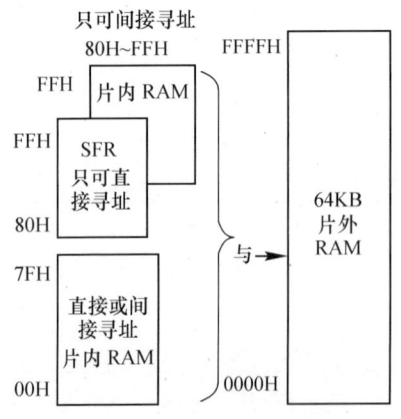

图 4-8 AT89S52 数据存储器

图 4-9 片内低 128B 数据存储器分布

(1) 工作寄存器组（0～3）。

片内 RAM 区从 00H～1FH 的 32 个单元为 4 个寄存器组，每组包括 R0～R7 这 8 个通用寄存器，也称工作寄存器。任一时刻只有其中一组被选中，复位后选中 0 组。但用户也可通过 PSW 寄存器中的有关两位对寄存器组进行选择（见表 4-8）。这种办法给用户提供了极大的方便，在调用子程序或中断处理时，只需换一个寄存器组即可达到不破坏主程序所用寄存器内容之目的。当然，返回时要注意恢复原 PSW 值，即恢复主程序原用的寄存器组。

表 4-8　RS0 和 RS1 对通用寄存器组的选择

RS1	RS0	选中寄存器组	R0～R7 的地址
0	0	第 0 组	00H′～07H
0	1	第 1 组	08H′～0FH
1	0	第 2 组	10H′～17H
1	1	第 3 组	18H′～1FH

另外，堆栈指针 SP 复位后的值为 07H，实际上堆栈从 08H 单元开始存放数据。由图 4-9 可见，这恰好占用了工作寄存器组的位置。为充分利用各通用寄存器组起见，最好把堆栈从这个区域移到地址较高的片内 RAM 区去。

(2) 可按位寻址区。

20H～2FH 这 16 个字节的每一位都可被直接寻址。它们的位地址为 00H～7FH。在指令中可直接用位地址寻址，也可以用"字节地址·位"方式寻址。例如，位地址 00H～07H 为字节地址 20H 的 0～7 位，故又可写成 20H·0～20H·7。

(3) 数据 RAM 区。

30H～7FH 地址单元为用户便笺式数据存储区。在堆栈指针 SP 的内容被赋予本区内某一地址时，就应留出足够的字节充作堆栈，以避免堆栈操作与非堆栈数据发生冲突。

3) 特殊功能寄存器（SFR）

特殊功能寄存器所在空间和片内数据存储器的高 128B 具有相同的地址 80H～FFH，但它们却是两个独立的区域，有不同的存取方法。图 4-10 展示了 AT89S52 包括累加器 A 等在内的 32 个特殊寄存器在 80H～FFH 地址空间的分布，表明了对应的寄存器名称、地址和复位后的初始值。其中"*"表示不定值，由程序设置。在 AT89S52 单片机的 32 个特殊功能寄存器中有一部分是既可按字节寻址，又可按位寻址。这些字节的共同点是，其地址的最低三位均为 000B，即可被 8 整除。另外，由图 4-10 可看出：SFR 并未占满 80H～FFH 整个地址空间，对这些空白地址进行读、写操作毫无意义。

地址	0/8	1/9	2/A	3/B	4/C	5/D	6/E	7/F	地址
0F8H									0FFH
0F0H	B 00000000								0F7H
0E8H									0EFH
0E0H	ACC 00000000								0E7H
0D8H									0DFH
0D0H	PSW 00000000								0D7H
0C8H	T2CON 00000000	T2MOD XXXXXX00	RCAP2L 00000000	RCAP2H 00000000	TL2 00000000	TH2 00000000			0CFH
0C0H									0C7H
0B8H	IP XX000000								0BFH
0B0H	P3 11111111								0B7H
0A8H	IE 0X000000								0AFH
0A0H	P2 11111111			AUXR1 XXXXXXX0			WDTRST XXXXXXXX		0A7H
98H	SCON 00000000	SBUF XXXXXXXX							9FH
90H	P1 11111111								97H
88H	TCON 00000000	TMOD 00000000	TL0 00000000	TL1 00000000	TH0 00000000	TH1 00000000	AUXR XXX00XX0		8FH
80H	P0 11111111	SP 00000111	DP0L 00000000	DP0H 00000000	DP1L 00000000	DP1H 00000000		PCON 0XXX0000	87H

图 4-10 特殊功能寄存器地址映像及复位值

(1) 累加器 A。

算术逻辑单元 ALU 包括运算器、累加器 A、寄存器 B、状态寄存器 PSW、堆栈指针 SP 和数据指针 DPTR 等。运算器 ALU 进行各种算术和逻辑运算时，大多要累加器与之配合。累加器在代表直接地址 E0H 时，记作 ACC，而在专指累加器的指令中,其助记符只写作 A。执行乘除运算指令时,要用到 B 寄存器。

(2) 寄存器 B。

B 寄存器一般用于乘、除法操作指令,与累加器 A 配合使用。寄存器 B 中存放第二操作数、乘积的高字节或除法的余数部分。其他情况下可作为一般寄存器或中间结果暂存器使用,地址为 F0H。

(3) 程序状态字寄存器 PSW。

它用来存放本次运算的特征信息,地址为 D0H,其格式以及各位的含义如下:

D7	D6	D5	D4	D3	D2	D1	D0
CY	AC	F0	RS1	RS0	OV		P

CY(PSW.7)进位标志:在执行加减指令时,若最高位产生进位或借位,则 CY 位由硬件自动置 1,否则被清 0。此外,CY 也是布尔处理器的位累加器,参与位传送和位运算。

AC(PSW.6)半进位标志:在执行加减指令时,若低半字节向高半字节进位或借位,则 AC 位被硬件自动置 1,否则被清 0。

F0(PSW.5)用户可设定的标志位:可置位/复位,也可供测试。

RS1、RS0(PSW.4 和 PSW.3)通用寄存器组选择位:用软件修改这两位值,即可对 4 个通用寄存器组进行选择。

OV(PSW.2)溢出标志:当进行带符号数的加减运算时,若运算结果超出 8 位二进制数所能容纳的范围(-128~+127),则 OV 位被自动置 1,否则被清 0。

PSW.1:保留位,无定义。

P(PSW.0)奇偶校验标志:每条指令执行完,若 A 中 1 的个数为奇数则 P=1,否则 P=0,即偶校验方式。

(4) 堆栈指针 SP。

AT89S52 允许用户通过软件定义片内 RAM 的某一个连续区域作为堆栈,栈顶的地址由堆栈指针 SP 指示,它是一个 8 位的增量寄存器,数据进栈时 SP 先自动增 1,然后将要进栈的数据压入由 SP 所指示的堆栈单元;数据弹出时将 SP 所指示的堆栈单元的数据推出栈,然后 SP 自动减 1。

由于在系统复位时,SP 的初始值为 07H,即栈底为 08H 单元,这与工作寄存器区域重叠,因此必须通过软件重新定义 SP,在片内 RAM 中开辟一个合适的堆栈区域。

(5) 数据指针 DPTR。

DPTR 是由两个独立的 8 位寄存器 DPH 和 DPL 组合而成的 16 位寄存器,

常用于访问 64KB 范围内的任意地址单元。

AT89S52 单片机设有两个 DPTR，分别为 DP0 和 DP1，通过软件对特殊寄存器 AUXR1 的 DPS 位进行设置来选择。当 DPS＝0，选择 DP0；DPD＝1，则选择 DP1。

特殊寄存器是专为对应的功能部件服务的，除上述介绍的寄存器外，其他特殊寄存器将在后面章节随相关的功能部件一并叙述。

3. 片外存储器的存取

对片外存储器的访问有两种情况，即访问片外程序存储器和访问片外数据存储器。

但无论访问片外程序存储器，还是片外数据存储器，P0 口和 P2 口组成 16 位地址总线，P0 口既是低 8 位地址总线，又是 8 位数据总线，分时复用。P2 口发出高 8 位地址，并且在整个读或写过程中，此地址码一直保持在该口的 I/O 线上。在此期间，特殊功能寄存器 P2 口的各位无须预先置 1，其原有内容不变。如果下一个机器周期并非访问片外存储器周期的话，那么 P2 口的内容便将重新出现在其引脚上。但在访问片外存储器期间，CPU 向特殊功能寄存器 P0 自动写入 FFH，这就要清掉该寄存器一直保存的信息。

下面分别讨论 CPU 访问片外程序存储器和片外数据存储器的情况。

(1) 片外程序存储器的访问。

图 4-11 为单片机扩展片外程序存储器的硬件接口原理图。当 CPU 访问片外程序存储器读取指令期间，程序计数器 PC 低字节 PCL（地址的低 8 位）由 P0 口输出，PC 高字节 PCH（地址的高 8 位）由 P2 口输出。从外部程序存储器读取的指令代码将由 P0 口输入，因此 P0 口作为地址/数据总线分时复用。为了保证在访问期间提供给外部程序存储器的 16 位地址码不变，同时又保证被访问的程序存储器单元读出的 8 位指令代码通过 P0 口正确输入，就必须在 P0 口上输出低 8 位地址码有效期间，利用地址锁存允许信号 ALE 的下降沿把该地址字节锁入片外地址锁存器中，随后 P0 口便进入浮动状态，等待接收来自程序存储器

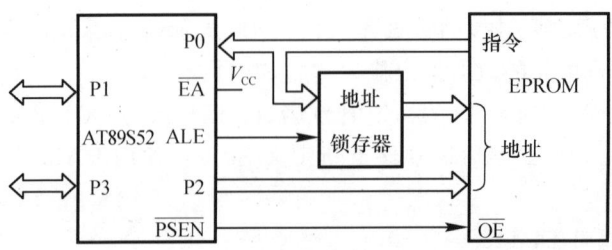

图 4-11　片外程序存储器接口原理图

的指令代码字节，而低 8 位地址码由地址锁存器输出（图 4-12）。PSEN 信号选通 EPROM 中上述地址所指定的单元，于是把这里存放的指令代码字节通过数据总线（P0 口）读入到 CPU 中去。

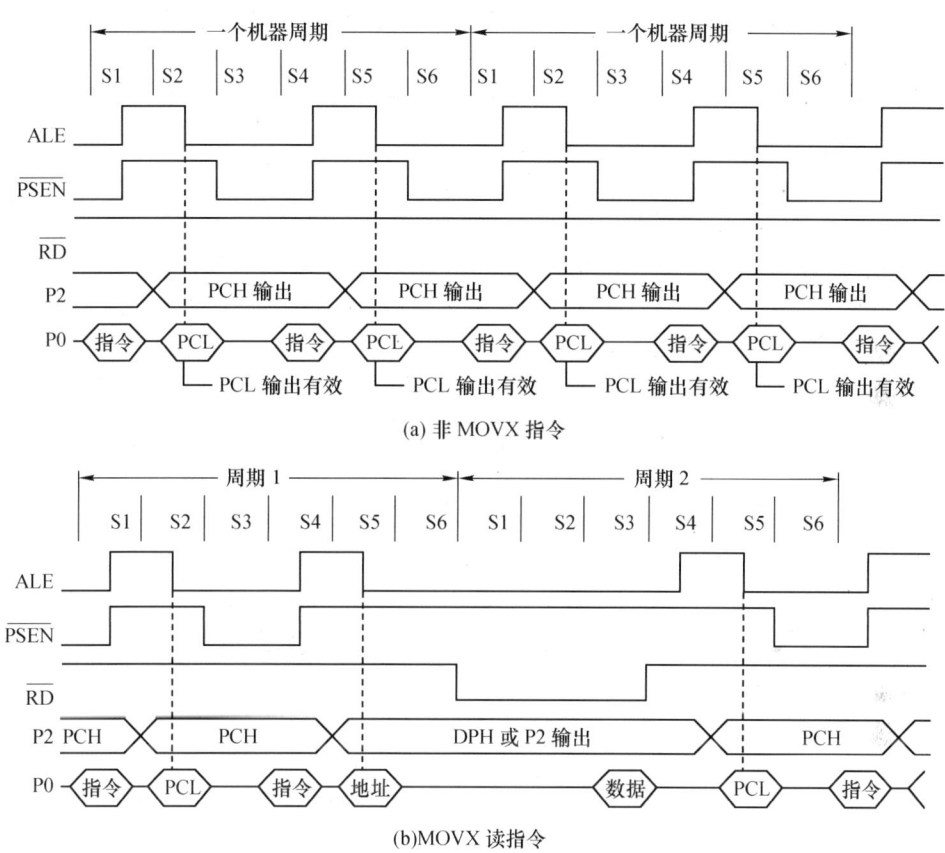

图 4-12　访问片外部存储器的时序

PSEN 系访问片外程序存储器的读选通信号，每个机器周期两次生效，见图 4-12（a）；但在访问片内 ROM 或访问片外 RAM 时并不产生 PSEN 信号，见图 4-12（b）。

（2）片外数据存储器的访问。

图 4-13 为单片机扩展片外部数据存储器的硬件接口原理图。访问片外数据存储器的是在执行 MOVX 类指令时发生的，CPU 自动产生 RD 和 WR 信号，分别通过 P3.7 和 P3.6 传递到 RAM 芯片的相应引脚。在图 4-12（b）中，第一个机器周期的前 4 个 S 状态周期为访问片外程序存储器的情况，执行的是一条 MOVX 读指令，于是从 S5 状态周期开始访问片外数据存储器。若系 MOVX A，

@ DPTR 指令,则在 S5 状态周期间,P0 口出现 DPL 数据的内容。在 S5 P2 期间 ALE 的下降沿把此地址字节锁存到片外地址锁存器中;而在 P2 口整个读周期中始终保持着 DPH 的内容。若执行的是一条 MOVX A,@ Ri 指令,则 P0 口上传递的不是 DPL,而是 Ri 寄存器的内容;P2 口的 I/O 线上出现并在整个读周期中始终保持着的是 P2 寄存器的内容。在读选通信号（RD 有效时间内,P0 口接收从外部数据存储器中读出的数据）。MOVX 写指令与上述情况基本一致,只不过欲写之数据在 WR 信号生效前就出现在 P0 口的引脚上,且一直保持到 WR 信号失效后一段时间。

访问片外数据存储器 MOVX 指令是单字节双周期指令,因此,在访问片外数据存储器的第二个机器周期 ALE 信号丢失一次,此期间也不产生 PSEN 信号。数据存储器总线周期等于程序存储器总线周期的两倍。

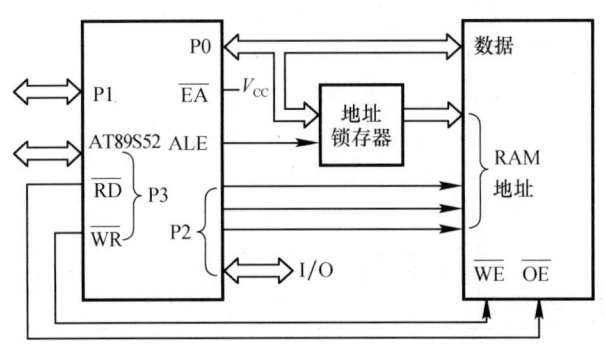

图 4-13　片外数据存储器接口原理图

（3）片外程序/数据存储器的访问。

片外程序存储器和片外数据存储器根据需要可以合成一体。这时将 PSEN 和 RD 两个信号逻辑相与（即负逻辑相或）,其结果（与门输出）可利用"与门"作片外程序/数据存储器的读选通信号。这样,无论读取指令时,还是读取数据时,在与门的输出端都会有低电平有效的信号去选通存储器。

综上所述,尽管访问片外程序存储器和片外数据存储器时,共用 16 位地址线,但由于访问片外程序存储器和片外数据存储器各有不同的地址指针：PC、Ri、DPTR,各指针又有不同的读、写选通信号：PSEN、RD/WR,并且采用不同的指令类型：访问内部数据存储器用 MOV 指令、访问外部数据存储器采用 MOVX 类指令、访问外部程序存储器采用 MOVC,从而保证了指令的执行不会出错。

4. 片内 Flash 存储器

AT89S 系列单片机内部采用 Flash 快速存储器,用户可方便地对其进行快速电擦除和重写,并保证了掉电情况下程序和数据不被破坏,提高了可靠性。另外,为维护用户的合法权益,AT89S 系列单片机内部 Flash 快速存储器设有加密位,供用户根据需要进行选择。

(1) 签名字节的含义及读出。

签名字节是生产厂家在生产 AT89S 系列单片机时特意写入存储器的特征信息,用以表明该产品的生产厂家、编程电压和机型。AT89S52 的签名字节共有 3 个字节,分别设置在片内 Flash 存储器的地址为 030H、031H、032H 个单元中,它们的含义见表 4-9。若在芯片封住外壳上印有的相关信息被磨损,用户可通过对签名字节内容的读出加以识别。还需指出的是签名字节的读出先决条件是程序存储器尚未加密封锁,即存储器的加密封锁位 LB1、LB2、LB3 均没有被编程,三位均为原始状态"1",Flash 擦除后的状态为 FFH。另外,加密封锁位不能读出。

表 4-9 AT89S52 的签名字节分配表

地　址	内　容	含　义
030H	1EH	表示生产厂家是 ATMEL
031H	52H	表示为 AT89S52 型单片机
032H	005H 或 0FFH	表示编程电压是 5V 或 12V

(2) 存储器加密。

AT89S 系列单片机的加密位设有 LB1、LB2、LB3,三位组合功能如表 4-10 所示,用户可以选择三种方式之一对存储器加密。必须注意的是对存储器加密是按顺序 LB1、LB2、LB3 一位一位编程,并且每位编程时所用的控制信号 P2.6、P2.7、P3.6、P3.7 的电平是不同的,图 4-14 是 AT89S 系列单片机加密位编程逻辑电路图。

表 4-10 程序加密位及其组合功能

方式	程序加密位			组合功能
	LB1	LB2	LB3	
1	U	U	U	没有程序加密功能
2	P	U	U	禁止在外部程序存储器中执行 MOVC 类指令读取内部程序存储器。EA 被采样并在复位时锁存。禁止对 Flash 存储器再编程
3	P	P	U	同方式 2,并禁止内部存储器校验
4	P	P	P	同方式 3,并禁止外部存储器的执行

注:表中"P"表示加密位被编程,"U"表示未被编程。

(3) Flash 并行编程方式。

AT89S52 片内设有 8KB 的 Flash 存储器,Flash 存储器阵列通常处于已擦除

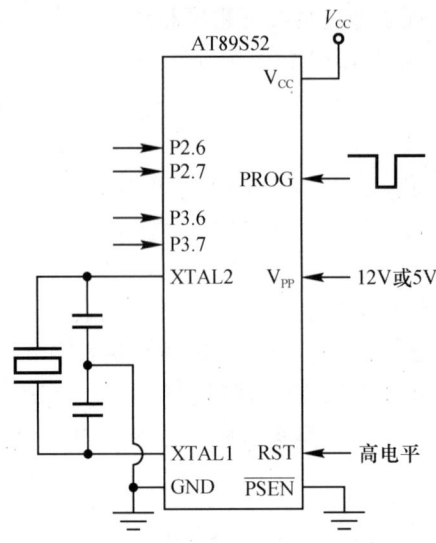

图 4-14 加密位编程逻辑电路图

状态(即存储单元内容为 FFH),随时可进行编程。编程模式和编程信号接口应按表 4-11 进行。

表 4-11 AT89S52 单片机 Flash 编程模式

Mode	V_{CC}	RST	$\overline{PSEN}$	ALE/$\overline{PROG}$	$\overline{EA}$/V_{PP}	P2.6	P2.7	P3.3	P3.6	P3.7	P0.7~0 Data	P2.4~0 Address	P1.7~0 Address
Write Code Data	5V	H	L	⌄(2)	12V	L	H	H	H	H	D_{IN}	A12~8	A7~0
Read Code Data	5V	H	L	H	H	L	L	H	H	H	D_{OUT}	A12~8	A7~0
Write Lock Bit 1	5V	H	L	⌄(3)	12V	H	H	H	H	H	X	X	X
Write Lock Bit 2	5V	H	L	⌄(3)	12V	H	H	H	L	L	X	X	X
Write Lock Bit 3	5V	H	L	⌄(3)	12V	H	L	H	H	L	X	X	X
Read Lock Bits 1, 2, 3	5V	H	L	H	H	H	H	L	H	L	P0.2 P0.3 P0.4	X	X
Chip Erase	5V	H	L	⌄(1)	12V	H	L	H	L	L	X	X	X
Read Atmel ID	5V	H	L	H	H	L	L	L	L	L	1EH	X0000	00H
Read Device ID	5V	H	L	H	H	L	L	L	L	L	52H	X0001	00H
Read Device ID	5V	H	L	H	H	L	L	L	L	L	06H	X0010	00H

注:(1) 每次 PROG 芯片擦除脉冲为 200~500ns;
(2) 每次 PROG 写代码或数据脉冲为 200~500ns;
(3) 每次 PROG 写保密位脉冲为 200~500ns;
(4) 编程期间在 P3.0 引脚输出 RDY/BSY 信号;
(5) "X" 表示不作要求。

AT89S52 单片机片内 Flash 存储器阵列是采用字节写入方式编程的,图 4-15 是并行模式编程逻辑电路。编程单元的地址加在 P1 口和 P2 口的 P2.0~P2.4(共 13 位地址,0000H~1FFFH 8KB),编程代码从 P0 口输入,P2.6、P2.7 和 P3.3、P3.6、P3.7 的电平按表 4-11 选择,$\overline{PSEN}$ 应保持低电平(接地),而 RST 应保持高电平,$\overline{EA}/V_{PP}$ 是编程电压的输入端,应接 12V,ALE/$\overline{PROG}$ 端输入编程负脉冲。编程时的振荡频率为 3~33MHz。编程具体步骤如下:

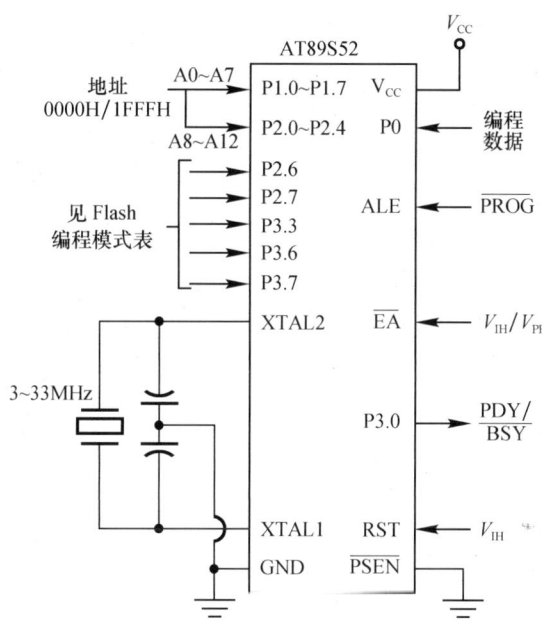

图 4-15 Flash 程序存储器并行模式编程逻辑电路

a. 在地址线上输入编程单元的地址码;

b. 在数据线上输入要写入的数据码;

c. 激活相应的控制信号;

d. 在 EA/V_{PP} 编程电压的输入端接 12V;

e. 在 ALE/$\overline{PROG}$ 端输入一个编程负脉冲;

f. 改变编程单元地址代码和写入的代码或数据;重复步骤 a.~f.,直到全部程序完毕。

① 数据查询方式。

AT89S52 单片机通过数据查询方式来检测一个写周期是否结束。在一个写周期期间,试图读出最后写入的字节,则读出的数据的最高位(P0.7)是原来写入该字节最高位的反码。写周期一旦结束,则写入该字节的有效数据会出现在所有输出端上,这时可开始下一个写周期。一个写周期开始后,可在任何时间开始进行写入数据的查询。

② 准备就绪/忙（RDY/BSY）信号。

字节编程的过程也可通过 RDY/BSY 的输出信号进行监视。在编程期间，当 ALE 变为高电平后 P3.0（RDY/BSY）端口的电平被拉低，表示忙（正在编程）状态；当编程结束，P3.0 的电平拉高，表示准备就绪状态。

③ 程序的验证。

如保密位 LB1、LB2 没有被编程，则可以对 AT89S52 单片机片内 Flash 的已编好的程序进行校验，也可以直接读出保密位的状态进行校验。图 4-16 是程序校验逻辑电路图。从图可见，程序存储器的地址仍为 P1 口和 P2 口的 P2.0～P2.4），校验代码由 P0 口输出，但校验时 P0 口需外接 10kΩ 的上拉电阻，P2.6、P2.7、P3.3、P3.6、P3.7 的信号按表 4-10 连接。PSEN 保持低电平，ALE、EA 和 RST 引脚均保持高电平。图 4-17 是 AT89S52 单片机进行并行编程验证时序图。

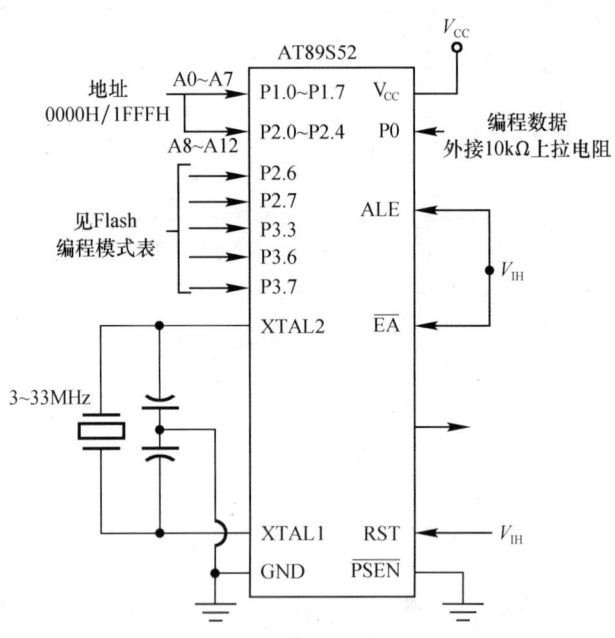

图 4-16　片内程序验证电路图

④ 程序的擦除。

在并行编程模式下，通过控制信号（见图 4-17）和 ALE/PROG 的一个 200ns 负脉冲等有效组合，整个 Flash 存储器的内容将被擦除，芯片的擦除后 Flash 存储器阵列的代码全部为 FFH。注意在对 Flash 存储器进行重新编程前，

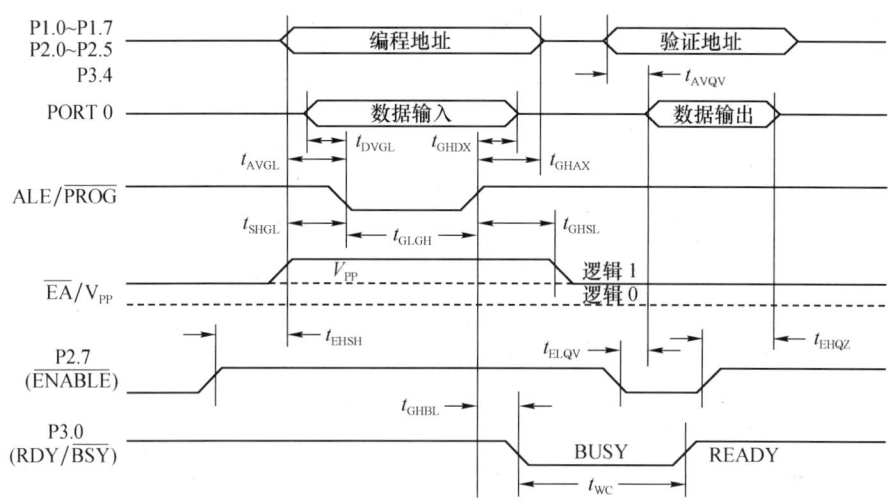

图 4-17 并行模式编程和验证时序图

必须进行芯片的擦除操作。

（4）Flash 存储器串行编程方式。

当 RST 接 V_{CC}，可通过串行 ISP 接口（P1.5MOSI 输入，P1.6MISO 输出，P1.7SCK 时钟）对 Flash 存储器阵列进行编程。图 4-18 是 AT89S52 单片机片内 Flash 程序存储器串行模式编程逻辑电路，最大编程时钟（SCK）的频率必须小于晶振频率 1/6。图 4-19 和图 4-20 分别是 Flash 程序存储器串行模式编程和校验波形图和时序图。Flash 存储器按 4B 协议设置串行编程指令，表 4-12 是串行编程指令集。

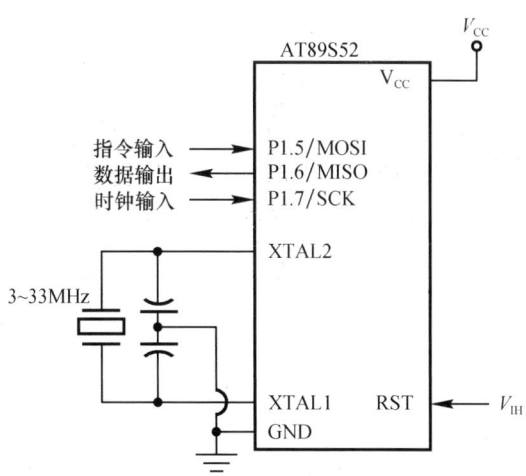

图 4-18 Flash 程序存储器串行模式编程逻辑电路

表 4-12 4B 串行编程指令设置

指令	指令格式				操作
	字节 1	字节 2	字节 3	字节 4	
编程激活	1010 1100	0101 0011	xxxx xxxx	xxxx xxxx 0110 1001 （Output）	激活串行编程同时 RST 变高
芯片擦除	1010 1100	100x xxxx	xxxx xxxx	xxxx xxxx	擦除 Flash 存储器阵列
读程序存储器（字节模式）	0010 0000	xxx A12 A11 A10 A9 A8	A7 A6 A5 A4 A3 A2 A1 A0	D7 D6 D5 D4 D3 D2 D1 D0	以字节模式从程序存储器中读数据
写程序存储器（字节模式）	0100 0000	xxx A12 A11 A10 A9 A8	A7 A6 A5 A4 A3 A2 A1 A0	D7 D6 D5 D4 D3 D2 D1 D0	以字节模式把数据写入程序存储器
写保密位	1010 1100	1110 00 B1 B2	xxxx xxxx	xxxx xxxx	写保密位
读保密位	0010 0100	xxxx xxxx	xxxx xxxx	xx LB3 LB2 LB1 xx	读回保密位的当前状态
读签名字节	0010 1000	xxx A5 A4 A3 A2 A1 A0	xxxx xxxx	Signature Byte	读签名字节
读程序存储器（页模式）	0011 0000	xxx A12 A11 A10 A9 A8	Byte 0	Byte 1… Byte 255	以页模式从程序存储器中读数据
写程序存储器（页模式）	0101 0000	xxx A12 A11 A10 A9 A8	Byte 0	Byte 1… Byte 255	以页模式向程序存储器写数据（256B 为一页）

注：(1) 在保密位模式 3 和 4，这个字节是不可读的。
(2) B1＝0，B2＝0—方式 1，保密位不保护；
B1＝0，B2＝1—方式 2，保密位 1 激活；
B1＝1，B2＝0—方式 3，保密位 2 激活；
B1＝1，B2＝1—方式 4，保密位 3 激活。

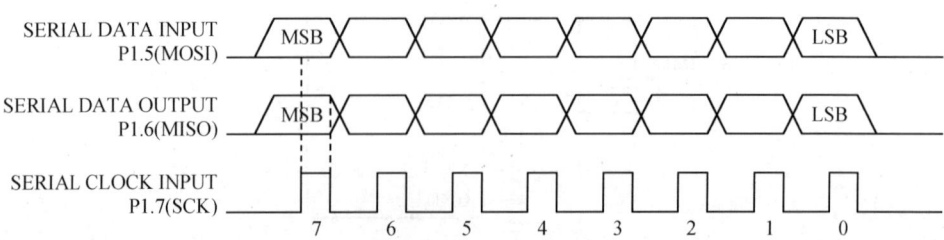

图 4-19 Flash 程序存储器串行模式编程和校验波形图

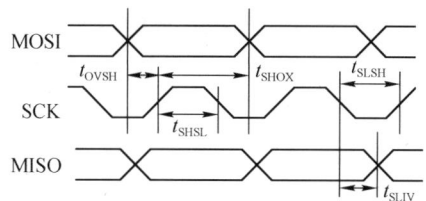

图 4-20　Flash 程序存储器串行模式编程时序图

4.3　单片机指令系统

计算机能直接识别和接受并命令 CPU 执行某种操作的代码称为指令。指令系统就是它所能执行的全体指令的集合。AT98S52 单片机的指令可用机器语言、汇编语言和 C 语言形式表示。随着单片机功能加强，可组成各种复杂的应用系统。对于程序量较大，实时性要求又不很高的场合，采用 C 语言或混合语言编程可以达到编程简单，效率高的目的。但汇编语言具有编程结构紧凑、灵活、直观，汇编成目标程序效率高，占用程序空间少，运行速度快，实时性强等特点，适合于实时测控等领域的要求。为此，本节主要讲述 AT98S52 单片机的寻址方式，并以汇编语言格式介绍指令系统和有关程序设计基础。

4.3.1　单片机指令格式

AT89S52 单片机的指令系统与 MCS-51 兼容，包括 111 条指令，其中单字节者 49 条，双字节者 45 条，三字节者 17 条。指令格式如下。

标号：操作码助记符　　目的操作数，源操作数；　　注解

标号是用符号（一般是以英文字母开头的字母与数字的序列）表明该指令在程序中的符号地址。标号常用以表明某一段程序的起始地址，应根据实际需要而设置。标号与操作码之间用"："分隔开。

操作码是表明 CPU 作何操作，即执行什么功能。

而操作数是表明 CPU 是对什么数据进行操作的。操作数的个数视具体指令功能而定，各操作数间用","隔开。

注解是对该指令功能的说明，以便于理解和阅读源程序，属于非处理部分。

4.3.2　单片机寻址方式

一般存储器均按字节存储单元顺序编码，一个 64KB 的存储器其地址为 0000H～FFFFH 共 65536 个存储单元。程序指令在程序存储器中是按顺序存放的，执行时一般也是按指令地址顺序执行，只有在遇到跳转类指令时，才改变执

行顺序。数据在数据存储器中往往是随机存放的,无一定规律可循。而所谓寻址方式(addressing mode)就是告诉 CPU 如何在整个存储器空间找到操作数的方式。

AT89S52 单片机设有五种基本寻址方式,通过组合可派生出多种寻址方式。表 4-13 是每种寻址方式对应访问的存储器、寄存器空间。

表 4-13 寻址方式及其有关存储空间

寻址方式	所涉及的存储空间
寄存器寻址	R0~R7,ACC,B,CY(位)和 DPTR
直接寻址	片内 RAM 低 128 个字节,专用寄存器
寄存器间接寻址	片内 RAM(@R0,@R1,SP);片外 RAM(@R0,@R1,@DPTR)
立即寻址	程序存储器
基址寄存器加变址寄存器间接寻址	程序存储器(@A+DPTR,@A+PC)

1. 寄存器寻址

寄存器寻址(register addressing)方式用以对所选寄存器组的 8 个工作寄存器 R0~R7 中的数据进行存取操作。指令操作码的最低 3 位代表所选寄存器的编号。此外,ACC、B、DPTR 和 CY(布尔处理器的累加器)也可作为寄存器被寻址访问。但是在访问这些寄存器的指令代码中不给出所选用寄存器的编号,寄存器隐含在操作码中。

2. 直接寻址

直接寻址(direct addressing)是指由指令直接给出操作数的地址。直接寻址可访问 3 种地址空间:

(1) 特殊功能寄存器地址空间,这是唯一能访问特殊功能寄存器的寻址方式;

(2) 片内 RAM 的低 128B;

(3) 位地址空间。

另外,对于片内高 128 字节的 RAM 和特殊功能寄存器,它们地址相同,但属于两个不同的物理层。访问各特殊功能寄存器只能采用直接寻址,而访问高 128B RAM 则采用其他寻址方法。

3. 寄存器间接寻址

寄存器间接寻址(register indirect addressing)方式是把由指令的寄存器的内容作为地址,由该地址所指示的单元内容作为操作数进行读或写。寄存器间接寻址规定：只能选用寄存器组中的 R0 或 R1。R0、R1 指针指向操作数所在的长度不超过 256B 的存储区：片内 RAM 的低 128B；片内 RAM 的高 128B；或片外 RAM 的最低 256B。

应当强调指出，对片外数据存储器整个 64KB 的地址空间，可用 16bit 的 DPTR 为指针进行寄存器间接寻址的读写操作。此外，堆栈操作指令 PUSH 和 POP 也属寄存器间接寻址方式，其地址指针为 SP。不过，在堆栈操作指令中并不明确写出指针 SP 来，R0、R1 和 DPTR 在指令中若作指针，则其前冠以"@"号，以表示其后寄存器的内容为操作数之地址。

4. 立即寻址

立即寻址（immediate addressing）是在指令中直接给出操作数，称立即数。换句话说，立即寻址方式允许常数作为程序存储器中指令代码的一个组成部分，其前冠以"#"，以区别这是操作数，而非地址。

5. 基址寄存器加变址寄存器间接寻址

基址寄存器加变址寄存器间接寻址（base register plus index register indirect addressing）方式用基址寄存器（数据指针 DPTR 或程序计数器 PC）和变址寄存器（累加器 A）两者内容之和作为有效地址。属于这类寻址的指令有：

```
JMP   @A+DPTR
MOVC  A,@A+PC
MOVC  A,@A+DPTR
```

第一条为散转指令，可实现多出口的跳转。A 中内容为动态运算的结果，执行这条指令就可根据 A 中的内容选定对应的跳转指令，转向对应的程序段去执行。

第二、三条指令适用于访问程序存储器中某个常数字节。特别是以数据指针 DPTR 为基址的第三条指令为查表操作提供了极大的方便，可读取 64KB 范围内的任何区域的表格参数，而且可任意并无限次读取。

4.3.3 单片机指令系统

AT89S52 单片机的指令系统与 MCS-51 系列单片机兼容，其功能很强。111 条指令按功能可分成五类：数据传送、算术运算、逻辑运算和控制转移、布尔（位）处理，见附录。

1. 指令中常用的符号注释

Rn：表示当前选定工作寄存器组的 R0~R7 中的一个，n 为 0~7。

♯data：表示 16 位或 8 位立即数，其中"♯"为立即数前缀符，例如，♯40H 表示 16 进制的 40。

@Ri：以 Ri 作间接寻址寄存器，其中@为间接寻址标识符，i=0 或 1。

Direct：表示 8 位内部数据存储单元的地址。

dir16：16 位目的地址，在 LCALL 和 LJMP 指令中使用可以产生一个指向 64KB 程序储存地址空间中的任何地址转移。

dir11：11 位目的地址，在 LCALL 和 LJMP 指令中使用可以产生一个和下一条指令的第一个字节同在 2KB 字节范围内的程序储存地址空间内转移。

Rel：带符号的 8 位二进制码偏移量（常用二进制补码表示）的符号。用于 SJMP 和所有的条件转移指令，其范围是相对于下一条指令的第一个字节地址的 －128～＋128B。

2. 常用伪指令

以汇编语言编写源程序一般需借助于 PC 机进行编辑、汇编和调试。因此，在采用汇编语言编写源程序时需应用伪指令。伪指令又称为汇编程序控制译码指令，属于说明性指令，"伪"字体现在汇编时不产生机器指令代码，不影响程序的执行，仅产生供汇编时用的某些命令。必须注意不同的单片机及开发装置所定义的伪指令不全相同。下面介绍几种常用的伪指令。

(1) 规定程序或数据段的起始地址伪指令 ORG。

格式：ORG　16 地址

如：ORG　3000H

　　START:MOV　A,♯00H

汇编后，从 START 开始的目标程序，其起始地址从 3000H 开始。一个源程序中，可能有多处设置程序段起始地址，因此定义地址空间应从低地址段向高地址设置，不能重叠，否则将出错。若程序段前无 ORG 伪指令，则汇编后的目标程序将从 0000H 地址开始或紧接前段程序之后。

(2) 定义字节的伪指令 DB。

格式　　标号：DB　表达式或字符串；

其含义是将表达式、字符串以字节形式存放在以指定的标号为首址的存储单元。

如：ORG　2000H

　　DATA:DB　10H,100,"7","C"

汇编后，程序存储器 2000H、2001H、2002H、2003H 单元的内容为 10H、100、7、C。

(3) 定义字的伪指令。

格式　　标号：DW　表达式、字符串；

其含义是将表达式、字符串以字形式存放在以指定的标号为首址的存储单元，低位地址存低位字节，高位地址存高位字节。

（4）赋值伪指令 EQU。

格式　　标号　EQU　表达式（地址、操作数）

其含义是将表达式赋予标号。表达式可是 8 位或 16 位，标号必须是以字母开头的。

　　　　如：START　EQU　10H

本语句向汇编程序指明：标号 START 等值于 10H。

（5）汇编结束伪指令 END。

END 伪指令是汇编语言源程序结束标志。处于 END 以后若有程序，汇编均不予处理，一个完整的源程序应该只有一个 END 结束伪指令。

4.3.4　程序结构及应用举例

程序设计是单片机开发最重要的工作，掌握程序结构对于单片机的软件编写是至关重要的。一个应用系统无论其功能的要求简单还是复杂，其程序一般由顺序结构程序、分支程序、循环程序、子程序、查表程序等结构化程序块组成。为此，现举例说明各种程序结构的特点。

1. 顺序结构程序

顺序结构程序是按照逻辑操作顺序，从第一条指令开始逐条顺序执行，直到最后一条指令为止。

例 4-1　双字节加法程序。

设被加数放在内部 RAM 的 41H、42H 单元，低位字节在前，加数放在内部 RAM 的 44H、45H 单元，低位字节在前，结果和存放在内部 RAM 的 41H、42H、43H 单元中。其程序段清单如下：

```
START:  PUSH A              ;将 A 内容进栈保护
        MOV R0,#41H         ;将被加数低位字节地址码送 R0 和 R1
        MOV R1,#44H         ;将加数低位字节地址码送 R1
        MOV 43H,#00H        ;将 43H 单元清 0,存放和的最高字节数
        MOV A,@R0
        ADD A,@R1           ;两低字节数相加
        MOV @R0,A           ;低字节和存于 41H 单元
        INC R0
        INC R1              ;地址分别加 1
```

	MOV A,@R0	;低位进位（进行高字节数相加）
	ADDC A,@R1	
	MOV @R0,A	;高字节和存于 42H 单元
	INC R0	;R0 指针指向 43H 单元
	MOV A,#00H	;清 A 为 0
	ADDC A,#00H	;求高字节和的进位
	MOV @R0,A	;将高字节进位存于 43H 单元
	POP A	;恢复累加器 A 内容

2. 分支结构程序

很多复杂的实际问题总是伴随逻辑判断或者条件选择，要求 CPU 能根据给定的条件进行判断，从而选择不同的处理路径。AT89S52 的指令系统提供了功能极强的多种分支指令，如 JB（JNB）、JC（JNC）、JZ（JNZ）、CJNE、JBC 等，它们可以完成诸如正负、大小和溢出判断等。这些比较转移和位判别跳转指令给测控系统的程序设计提供了方便。

例 4-2 键译码后，键号存在片内 RAM 的 50H 中，根据键号数值转各键处理程序。

其程序段清单如下：

	MOV A, 50H	;键值送入 A 中
	CJNZ A, #0NH, L0	;键值与 N 比较，不等转 L0
	AJMP L1	;等于 N 转 L1
L0:	JC L2	;小于 N 转 L2
	AJMP L3	;大于 N 转 L3

必须注意：在分支结构的指令设计中，执行一条判断指令只可以形成两路分支，如果要形成多路分支，就必须进行多次判断，也就是多条指令连续判断。

3. 循环结构程序

循环结构程序是控制 CPU 多次、重复执行同一个程序段的一种基本程序结构。它一般由以下四个主要部分组成。

（1）初始化：程序在进入循环处理程序段部分之前需设置初值，如循环次数、有关单元清 0、变量设置和地址指针等。

（2）循环程序主体：它是循环执行需完成某种功能的程序。

（3）循环控制：在重复执行循环体的过程中，不断修改和判断循环控制变量，直到符合结束循环条件。循环控制变量可以是循环递减计数或条件控制。

（4）结束处理：这是对循环程序全部执行结束后的结果进行处理和存储。一般用 RET 或 RETI（中断返回）指令。

以上四个部分中，第一和第四部分只能执行一次，而第二和第三部分可以执行多次。

AT89S52 指令集设有两条功能极强的循环转移指令：DJNZ　Rn,rel（以工作寄存器 Rn 为控制寄存器）和 DJNZ　direct,rel（以直接寻址单元作控制寄存器）。这两条基本指令可派生出很多条不同控制计数器的循环转移指令，大大扩展了应用范围和多重循环的层次。

例 4-3　工作单元清零。

设 R1 中存放清 0 单元首地址，R3 中存放清 0 字节数，则其循环程序段如下：

```
START:  MOV R1,#addr        ;清 0 单元首地址送 R1
        MOV R3,#data        ;清 0 字节数送 R3
        CLR A               ;A 清 0
LOOP:   MOV @R1,A           ;指定单元清 0
        INC R1              ;指向下一个单元
        DJNZ R3,LOOP        ;(R3)-1 不等于 0,继续清 0
        END
```

在循环程序设计中，循环控制部分是程序设计的关键环节，常用的循环控制方式有计数器控制和条件控制两种。计数器控制就是把要循环的次数（即预值数）放入计数器中，程序每循环一次，计数器的值就减 1，一直到计数器的内容为零时，循环结束，一般用 DJNZ 指令；而条件控制方式常预先不知道要循环的次数，只知道循环的有关条件，此时就可以根据给定的条件标志位来判断程序是否继续。

4. 子程序结构程序

子程序通常是只完成整个任务中的某一个单一而独立的又需多次调用的部分功能。因此，其程序量小、结构简单、易于编制与调试，在程序设计中应用极为普遍，一般在指令集中均设有子程序调用指令。在 AT89S52 的指令集中，考虑到程序存储器空间的限制和节省，特设置了绝对调用和长调用两条指令。

在汇编语言源程序中调用子程序时，一般应注意以下三个问题。

(1) 子程序结构应具备：

① 必须注明子程序的入口地址，又称首地址，以便主程序调用；

② 必须以返回指令 RET 结束子程序。

(2) 参数传递：通常在调用子程序前要给定子程序运行所要用到的参数，子程序运行结果应返回给调用程序，也就是出口参数传递，调用程序与子程序之

间的这些参数传递,一般可采用以下方法:

① 传递数据:将需传递的参数通过工作寄存器 Rn 或累加器 A 传递给子程序,即在主程序调用子程序之前将参数送入选定的工作寄存器或累加器中,供子程序读取或将参数在调用前压入堆栈,进入子程序后再从堆栈中读出。

② 传递地址:将需传递的参数存放在数据存储器中,而其地址通过工作寄存器 R0、R1 或数据指针 DPTR 传递,供子程序读出参数。

(3) 现场保护及恢复:子程序(包括中断程序)是独立的程序段,在子程序执行过程中常常需用到工作寄存器 R0~R7、累加器 A、数据指针 DPTR 以及有关标志位、状态位等,而这些单元中的原内容在调用子程序结束之后的主程序中仍有用,需进行保护,称为现场保护。在执行完子程序并返回继续执行主程序前应恢复其原内容,称为现场恢复。一般现场保护、恢复有以下两种方式:

① 调用前保护、返回后恢复。这种方式是在主程序的调用指令前进行现场保护,而在子程序结束返回断点处时进行现场恢复。其程序结构如下:

主程序

```
        PUSH PSW            ;保护现场
        PUSH A
        PUSH B
        PUSH DPL
        PUSH DPH
        MOV PSW,#10H        ;选用工作寄存器组 2,已将 0 组保护
        LCALL addr16        ;调用子程序
        POP DPH             ;恢复现场
        POP DPL
        POP B
        POP A
        POP PSW
```

② 调用后保护、返回前恢复。这种方式是在子程序的开始部分进行现场保护,而在子程序的结束部分,返回指令前恢复。其程序结构如下:

子程序

```
ADDR:   PUSH PSW            ;保护现场
        PUSH A
        PUSH B
        PUSH DPL
        PUSH DPH
        MOV PSW,#10H        ;选用工作寄存器组 2,已将 0 组保护
```

```
        ...                    ;子程序主体
        ...
        POP DPH                ;恢复现场
        POP DPL
        POP B
        POP A
        POP PSW
        RET
```

例 4-4 单片机 P1 口输出脉冲信号控制 8 只 LED 灯闪烁，其程序段如下：

```
LOOP:   MOV P1, #0FFH
        LCALL DELAY
        MOV P1, #00H
        LCALL DELAY
        LJMP LOOP
DELAY:  MOV R7, #250
D1:     MOV R6, #250
D2:     DJNZ R6, D2
        DJNZ R7, D1
        RET
        END
```

在这段程序中，两次调用到了 DELAY 这段程序，为了简化程序的设计，把 DELAY 这段程序单独地列了出来设计为子程序。

另：在这段程序中，为了延时需要多次执行 DJNZ 指令，此时若用循环结构指令就可以大大地简化程序的设计，减少程序占用的存储器空间。

5. 查表结构程序

在很多情况下，直接通过查表方式求变量的值比计算要简单、方便得多，而且速度快，实时性强。为此，AT89S52 单片机的指令集提供了两条查表指令：

```
        MOVC  A,@A+DPTR
        MOVC  A,@A+PC
```

上述两条指令的区别仅在于表格参数存放在程序存储器的位置不同：选用 PC 作为基址，常数表格必须设置在查表指令之后；选用 DPTR 为基址，常数表格可存放在 64KB 范围的任何区域，可供无限次查表；一般采用 DPTR 为基址的查表指令，其操作可分 3 步进行：

（1）将待查表格首地址装入 DPTR 中；

(2) 将待查表格具体项数值装入变址寄存器 A 中；

(3) 执行查表指令 MOVC A，@A+DPTR，将查表结果值读入累加器 A 中。

例 4-5 有一个数在 A 中，要求用查表的方法确定它的平方值（此数取值范围是 0~5），采用 MOVC A，@A+PC 查表指令的程序段如下：

```
        INC     A
        MOVC    A,@A + PC
        RET
TAB:DB 0,1,4,9,16,25
```

上述程序中的 INC A 指令是为了"绕过"RET 指令使基址相加的地址能正确地指向表格 TAB 中的相应字节。当 TAB 与 MOVC 指令之间有更多的指令时，就应用相应的指令代码字节数修正变址寄存器 A。

例 4-6 当采用 DPTR 为基址的查表指令实现例 4-5 功能，则其程序段如下：

```
        MOV DPTR,♯TAB
        MOVC A,@A + DPTR
TAB:DB 0,1,4,9,16,25
```

4.4 定时/计数系统

AT89S52 单片机片内具有三个可编程的定时/计数器，其中 T0/C0、T1/C1 是通用定时/计数器，具有 4 种工作方式；T2/C2 集定时、计数和捕捉三种功能于一体，功能更强；并且任一定时器/计数器在定时/计数到后可由程序安排产生中断。

4.4.1 定时/计数器 0、1 结构

组成定时/计数器的核心是一个 16 位的加 1 计数器和用于定义 T/C 的工作方式及控制功能的 TMOD 方式寄存器、TCON 控制寄存器，见图 4-21。

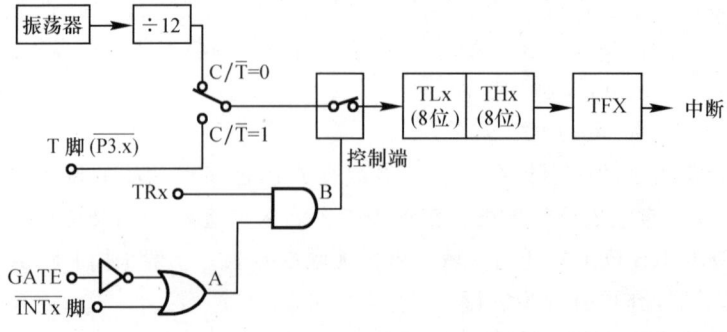

图 4-21 定时/计数器结构示意图

1. 加法计数器 TLx、THx

16 位的加 1 计数器由两个 8 位特殊功能寄存器（THx、TLx）组成。提供给加 1 计数器的信号有两个来源：作为定时器时，加法器对内部机器周期脉冲计数；作为计数器时，加法器对引脚 P3.4/P3.5 输入的下降沿信号计数，即 CPU 在每个机器周期的 S5P2 期间采样引脚 P3.2/P3.3 输入的的外部信号一次。当某周期采样到一高电平输入，而下一周期又采样到一低电平时，则计数值加 1。由于辨别一个 1 至 0 的跳变需要两个机器周期，故最高计数率为振荡频率的 1/24。对于外部输入信号的占空比没有什么限制，但为确保某个电平在其变化前至少被采样一次。该电平的保持时间不应小于一个完整的机器周期。另外，加法计数器的初始值可由程序设定，设置不同值，则定时/计数范围不同，并且加法计数器的内容可通过程序读到 CPU 中。

2. 方式寄存器 TMOD（89H）

特殊寄存器 TMOD 用来选择定时器/计数器的工作方式，其格式如下：

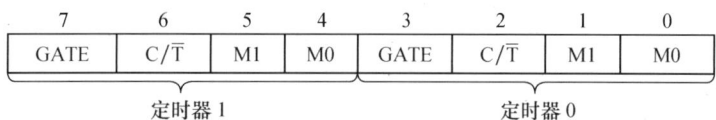

TMOD 寄存器内容分两部分，高 4 位控制定时/计数器 1，低 4 位控制定时/计数器 0。GATE 为门控位，GATE 为 0，定时/计数器启停取决于 TRx，GATE 为 1，则定时/计数器启/停则取决于 TRx 和 $\overline{INTx}$ 的控制，这给脉冲宽度测量提供了极大方便。C/T 为计数和定时功能选择位：若此位为 1，则相应定时/计数器将作计数器用；若为 0，则选中定时功能。M1 和 M0 为工作方式选择位，其定义如表 4-14 所示。

表 4-14 4 种工作方式与 M0、M1 的对应关系

M1	M0	工作方式	功能说明
0	0	方式 0	13 位定时/计数器
0	1	方式 1	16 位定时/计数器
1	0	方式 2	自动装入 8 位定时/计数器
1	1	方式 3	T0/C0 分成两个 8 位定时/计数器。注：T1/C1 无此功能

3. 控制寄存器 TCON（88H）

TCON 控制寄存器的作用是控制定时/计数器 T0/C0、T1/C1 的启停和中断

请求标志,TCON 控制寄存器格式如下:

| TF1 | TR1 | TF0 | TR0 | IE1 | IT1 | IE0 | IT0 |

TF1/TF0:定时/计数器 T0/C0、T1/C1 的中断请求标志。当 T0/C0、T1/C1产生溢出时,由内部硬件置位 TF1/TF0,向 CPU 请求中断,当 CPU 响应中断转向该中断程序执行时,由内部硬件自动清零 TF1/TF0。

TR1/TR0:定时/计数器 T0/C0、T1/C1 的启停控制位。TR=0,停止定时/计数;TR=1,启动定时/计数器。

TCON 的其余 4 位与中断有关,留待中断系统中介绍。顺便指出,TCON 寄存器的地址为 88H,可按位寻址;TMOD 寄存器的地址为 89H,不可按位寻址。

4.4.2 定时/计数器 0、1 的工作方式

通过编程对特殊寄存器 TDOM 中的 M1/M0 设置,可对定时/计数器 0、1 的 4 种工作方式任选一种方式。在同一方式中,定时/计数器 0 或 1 的功能结构完全相同,故不分别论述。下面就以 T0/C0 为例叙述 4 种工作方式的特点。

1. 工作方式 0

方式 0 是一个 13 位定时/计数运作方式。在图 4-21 中加法器是由 TH0 的 8 位和 TL0 的低 5 位组成。TL0 的高 3 位无用,低 5 位可以认为是一个分频系数等于 1~32 的定标器。若其初始值 5 位均为 0,则 32 次增 1 之后,高 8 位 TH0 加 1。如果 13 位由全 1 变成全 0,则加法寄存器发生溢出,其相应中断请求标志 TF0 硬件置 1。

2. 工作方式 1

工作方式 1 与工作方式 0 基本相同,只是在方式 1 下加法寄存器为 16 位。若晶振频率为 6MHz,计数寄存器初值设置为 0000H,则经过 $2^{16}=65536$ 个机器周期定时器将产生溢出,故定时间隔为 $2\mu s \times 65536 = 131.072$ ms。

3. 工作方式 2

工作方式 2 是将 16 位加法计数寄存器的高低 8 位分成对立两部分:TL0 作为 8 位计数器用,TH0 用以保存初始值。图 4-22 所示为定时器 1 在方式 2 下的运作机理。从图中可以看出,TL 的溢出,一则使 TF 置位,再则将 TH 的内容重新装入 TL 中。

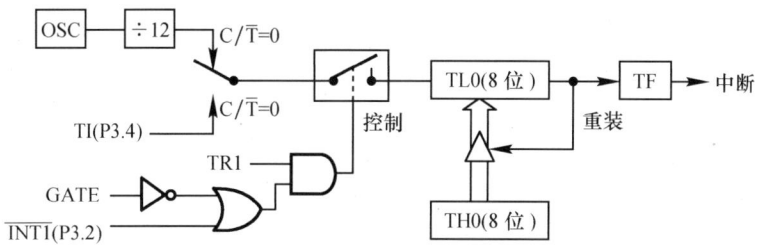

图 4-22　工作方式 2 示意图

应当指出，上述三种工作方式对两个定时/计数器来说，都是一样的。

4. 工作方式 3

定时/计数器 0 在方式 3 下建立起两个独立的计数器 TL0 和 TH0，如图 4-23 所示。用 TL0 组成完整的 8 位定时/计数器占用了全部有关控制位：GATE、C/T0、TR0、INT0 和 TF0，可定时，也可计数。TH0 只能执行定时功能，并借用定时器 1 的 TR1 和 TF1。

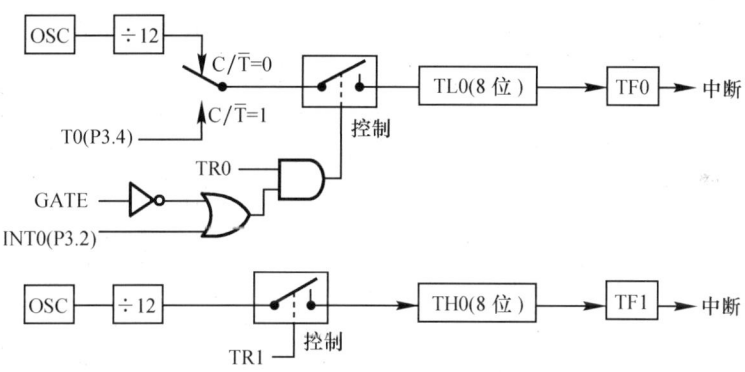

图 4-23　工作方式 3 示意图

当定时/计数器 0 工作于方式 3 时，虽然定时/计数器 1 可定义为方式 0、1、2（需指出：定时/计数器 1 无工作方式 3），但只能用于不需要请求中断的任何场合。一般在此时，将定时/计数器 1 定义工作方式 2，以满足串行通信波特率的产生，具体内容将在串行通信中论述。

4.4.3　定时/计数器 2

1. 特殊寄存器 T2CON

定时/计数器 2 是 AT89S52 的第三个 16 位的定时/计数器。其定时/计数功能由特殊寄存器 T2CON 设置来选择。特殊寄存器 T2CON 格式如下（地址

C8H，可按位寻址）：

| TF2 | EXF2 | RCLK | TCLK | EXEN2 | TR2 | C/$\overline{T2}$ | CP/$\overline{RL2}$ |

各位含义是：

TF2：定时/计数器 2 溢出中断请求标志，当定时/计数器 2 计数满溢出时由硬件置 1，但必须由软件清 0。RCLK 或 TCLK 为 1 将禁止 TF2 置位。

EXF2 定时/计数器 2 外部中断请求标志：当 EXEN2 位为 1，T2EX 引脚（P1.1）上的负跳变引起捕捉操作或重装操作时则由硬件置 1。向 CPU 请求中断，该标志也必须用软件清 0。

RCLK 接收时钟标志：若为 1，串行口将用定时器 2 的溢出脉冲作其方式 1 和方式 3 的接收时钟；若为 0，串行口即用定时器 1 为其接收时的波特率发生器。

TCLK 串行发送时钟标志：若为 1，串行口将用定时/计数器 2 的溢出脉冲作为串行通信方式 1 和方式 3 的发送时钟；若为 0，定时/计数器 1 的溢出将作这两种方式下的发送时钟。

EXEN2 定时/计数器 2 外部采样允许标志：当其置 1 时，若定时器 2 未用作串行口的时钟，则 T2EX 引脚上的负跳变信号将引起捕捉操作或重装操作。当 EXEN2=0 时，T2EX 引脚上的信号不起作用。

TR2 定时/计数器 2 的启停控制位：逻辑 1 为启动；0 为停止。

C/$\overline{T2}$ 定时器 2 的定时/计数功能选择位：C/$\overline{T2}$=1，定时/计数器 2 设定成下降沿触发的外部事件计数器；当 C/$\overline{T2}$=0，则选择内部定时功能。

CP/$\overline{RL2}$ 捕捉/重装标志：在 EXEN2 为 1 的情况下，若 CP/$\overline{RL2}$位为 1，则 T2EX 引脚 P1.1 上的负跳变引起捕捉操作；若该位为 0，则 T2EX 上的负跳变或定时器 2 的溢出将触发自重装操作。但若 RCLK 或 TCLK 位为 1，则 CP/$\overline{RL2}$位不起作用。这时一旦定时器 2 溢出，该定时器即被强制进行自重装操作。

2. 工作方式

定时/计数器 2 有捕捉、自重装和串行口波特率发生器等三种工作方式，可通过软件编程对 T2CON 特殊寄存器的相关位进行选择。表 4-15 列出工作方式与 T2CON 控制位间的对应关系。

表 4-15　工作方式与 T2CON 对应关系

RCLK 或 TCLK	CP/$\overline{RL2}$	TR2	选中方式
0	0	1	16 位自重装
0	1	1	16 位捕捉
1	×	1	波特率发生器
×	×	0	不运行

1) 捕捉方式（capture mode）

捕捉是及时捕捉住输入信号发生跳变及其有关信息。常用于精确测量输入信息的变化，如脉宽等。对捕捉方式，根据 EXEN2 标志的不同状态，捕捉方式可分两种情况：

（1）EXEN2＝0，由图 4-24 可见，T2EX 引脚上的信号不被传递。这时定时/计数器 2 为一个 16 位定时/计数器。溢出时，TF2 标志置 1，可用来请求中断。

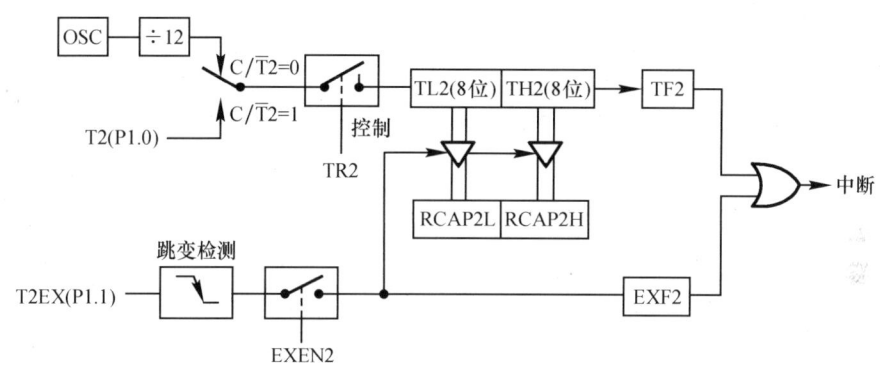

图 4-24 定时/计数器 2 定时、计数、捕捉方式示意图

（2）EXEN2＝1，定时器 2 除进行上述工作外，还增加了捕捉功能。当在外部引脚 T2EX 上的负跳变信号作用下，计数寄存器 TH2 和 TL2 的当前值分别被捕获在 RCAP2H 和 RCAP2L 寄存器中。同时，T2EX 上的负跳变信号将使外部标志 EXF2 置 1，向 CPU 请求中断。

2) 自动重装方式

图 4-25 所示为定时/计数器 2 自动重装运作方式的机理。根据 EXEN2 的状态也有两种方式选择。另外，根据特殊功能寄存器 T2MOD 中的 DCEN 位是"0"还是"1"还可选择加 1 或减 1 计数方式。T2MOD 特殊寄存器（地址 C9H，不能位寻址）的格式及相关位的含义如下：

—	—	—	—	—	—	T2OE	DCEN

D7～D2：保留位。

T2OE（D1）：定时/计数器 2 输出启动位。

DCEN（D0）：定时/计数器 2 增量（加 1）/减量（减 1）计数方式选择位。

（1）当 DCEN＝0，定时/计数器 2 为加 1 计数方式；此时根据 EXEN2 的状态可有以下两种方式选择：

• EXEN2＝0，当 16 位计数寄存器发生溢出时，不但 TF2 标志被硬件置 1，而且将陷阱寄存器 RCAP2H 和 RCAF2L 中由软件预置的 16 位计数初值重新装

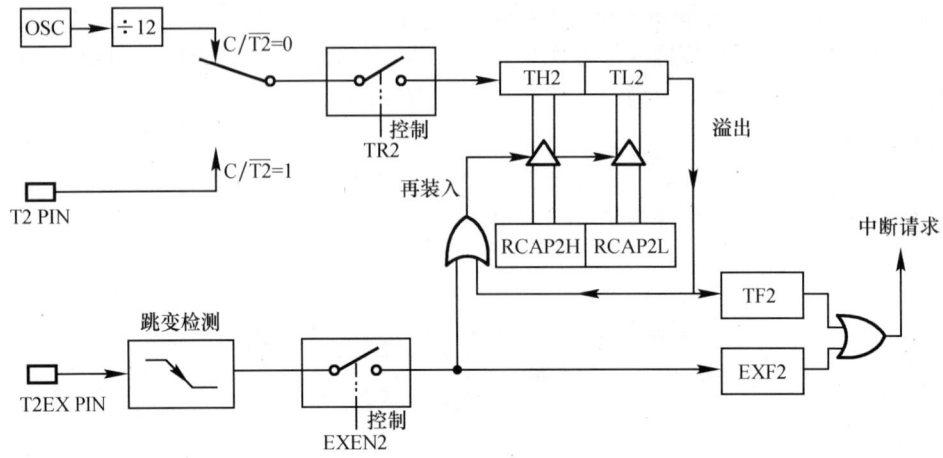

图 4-25　定时/计数器 2 自动重装方式（DCEN=0）

入 TH2 和 TL2 中，定时/计数器 2 的自动重装示意图见图 4-25。

• EXEN2=1，在保留上述功能的情况下，T2EX 引脚上的负跳变输入信号也可触发 16 位自重装操作，并使 EXF2 标志置 1，见图 4-25。

（2）当 DCEN=1 时，定时/计数器 2 的外部引脚 T2EX 的电平决定定时/计数器 2 是加 1 或减 1 计数方式，见图 4-26。

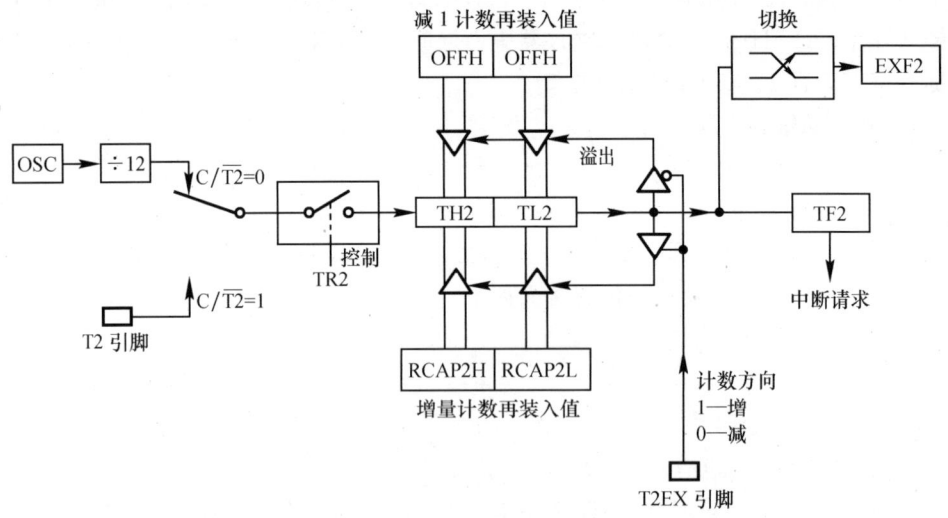

图 4-26　定时/计数器 2 增/减计数结构（DEEXN=1）

• T2EX=1（高电平），定时/计数器 2 是加 1 计数方式，当 16 位计数寄存器发生溢出时，不但 TF2 标志被硬件置 1，而且将陷阱寄存器 RCAP2H 和 RCAF2L 中的 16 位计数初值重新装入 TH2 和 TL2 中继续进行计数；

• T2EX=0（低电平），定时/计数器 2 是减 1 计数方式，当 TH2、TL2 的值等于 RCAP2H 和 RCAF2L 中的值时，产生向下溢出，一方面 TF2 标志被硬件置 1，另一方面减量计数值 0FFFFH 装入 TH2 和 TL2 中。

无论是向上或向下溢出，EXF2 位都会跳转，并作为 17th 分频率使用，并且 EXF2 不产生中断请求。中断请求标志位 TF2、EXF2 必须用软件清零。

3. 波特率发生器方式

当特殊寄存器 T2CON 中的 RCLK 或 TCLK，或两者均为 1 时，定时/计数器 2 将作波特率发生器用如图 4-27 所示，详见串行通信。

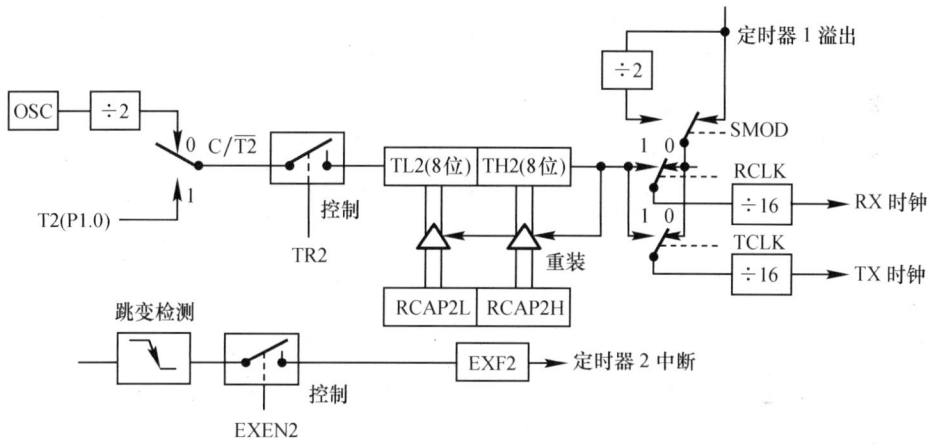

图 4-27 定时/计数器波特率发生器

4.4.4 定时器/计数器的应用

1. 初始化步骤

在使用定时器/计数器前，应对它进行初始编程化，主要是对 TCON 和 TMOD 编程；计算和装载 T/C 的计数初值。一般按以下步骤进行：
（1）工作方式寄存器（TMOD、T2CON）的设置；
（2）计算 T/C 中的计数初值，并装载到 THx、TLx 和 RCAP2H、RCAF2L；
（3）T/C 在中断方式工作时，编程 IE 寄存器，开放中断；
（4）启停定时器/计数器，编程 TCON 中 TRx。

2. 定时/计数初始值的计算

设：装入 THx、TLx 的初始值为 x，定时/计数长度为 n（$n=8$、13、16），则实际定时值 $T=(2n-x)T_{cy}$（一个相周期），实际计数值 $C=(2n-x)$。很显然，若 $f_{osc}=64\text{MHz}$，T_{cy}（一个机器周期为 $12/f_{osc}$）$=2\mu s$，在定时器模式下，T/C 是对机器周期脉冲计数的，于是：

方式 0 13 位定时器最大定时间：$2^{13}\times 2\mu s=16.384\text{ms}$

方式 1 16 位定时器最大定时间：$2^{16}\times 2\mu s=131.072\text{ms}$

方式 2 8 位定时器最大定时间：$2^{8}\times 2\mu s=512\mu s$

例 4-7 已知晶振 6MHz，要求定时 0.5ms，试分别求出 T0 工作于方式 0、方式 1 时的定时初值。

解 （1）工作方式 0。

$2^{13}-500\mu s/2\mu s=8192-250=7942D=1F06H$

1F06H 化成二进制：

$$1F06H=0001\ 1111\ 0000\ 0110B$$

其中：

低 5 位 00110 前添加 3 位 000 送入 TL0，TL0=000 00110B=06H

高 8 位 11111000B 送入 TH0，TH0=11111000B=F8H

（2）工作方式 1。

T0 初值 $=2^{16}-500\mu s/2\mu s=65536-250=65286=FF06H$

TH0=FFH；TL0=06H

从例 4-7 中看到：定时/计数器以方式 0 工作时，计算初值比较麻烦，根据公式计算出数值后，还要变换一下，这样容易出错，不如直接用方式 1，且方式 0 计数范围比方式 1 小。

4.4.5 看门狗定时器

1. WDT 的功能及工作原理

单片机应用系统在运行过程中，受到干扰而引起程序"跑飞"，使程序陷入"死循环"，一般软件干扰技术均难使失控的程序摆脱"死循环"。为此，常采用程序监视技术（又称看门狗技术），使程序脱离"死循环"。测控系统的应用程序往往采用循环运行方式，每一次循环运行的时间基本固定。"看门狗"技术就是不断监控程序运行的循环时间，若出现运行时间超过设定的值，则认为系统程序陷入了"跳飞"或"死循环"，然后强迫程序返回到指定的入口，指引出差处理程序，使系统运行纳入正轨。

AT89S52 将定时监视器集成到芯片内部，省略了外部电路设计，缩小了体积，应用方便。AT89S52 定时监视器 WDT 由 13 位计数器和看门狗定时器复位寄存器（WDTRST）构成。WDT 在默认情况下无法工作；为了激活 WDT，户用必须往 WDTRST 寄存器（地址：0A6H）中依次写入 01EH 和 0E1H（俗称喂狗)。当 WDT 激活后,晶振工作,WDT 在每个机器周期都会增加 1,当计数达到 8191 (1FFFH) 时,13 位计数器将溢出,并在 RST 引脚产生一个持续 96 个晶振周期的脉冲输出复位系统。当 WDT 激活后,除了复位(硬件复位或 WDT 溢出复位),没有办法停止 WDT 工作。因此为了很好地使用 WDT,用户必须在一定时间内周期性向 WDTRST 写入 01EH 和 0E1H 来避免 WDT 溢出。

2. 掉电和空闲方式下的 WDT

在掉电模式下,晶振停止工作,这意味这 WDT 也停止了工作,在这种方式下,用户不必喂狗。而中止掉电模式有两种方式:

(1) 硬件复位。或通过一个激活的外部中断。通过硬件复位退出掉电模式后,用户就应该给 WDT 喂狗,就如同通常 AT89S52 复位一样。

(2) 外部中断。外部中断应持续低电平很长一段时间,以使晶振稳定,工作并防止 WDT 复位系统。这就意味着 WDT 应该在中断服务程序中复位。为了确保在离开掉电方最初的几个状态 WDT 不被溢出,最好在进入掉电模式前就复位 WDT。

在进入空闲方式前,特殊寄存器 AUXR 的 WDIDLE 位(D4)用来决定 WDT 是否继续计数。默认状态下,在空闲方式下,WDIDLE=0,WDT 继续计数。为了防止 WDT 在空闲方式下复位 AT89S52,用户必须设置一个加 1 定时器,定时退出空闲方式,喂狗,再重新进入待机模式。当 WDIDLE=1,WDT 停止,并累计结果,退出空闲方式。

4.5 中断系统

所谓中断是指 CPU 在执行程序过程中,由于计算机系统内、外的某种原因使其暂时中止原程序的执行而转去为该突发事件服务,在处理完成后再返回原程序继续执行的过程。由此可见,一个功能很强的中断系统能大大提高 CPU 处理事件的能力,提高效率,增强实时性。AT89S52 单片机中断系统功能较强,其主要特点如下:

(1) 设有 6 个中断源,6 个中断矢量分别是 INT0、INT1、C0/T0、C1/T1、C1/T2 和串行口中断;

(2) 具有优先级管理功能即可分为 2 个优先级,其中每个中断源的优先级可由程序指定,可实现两级嵌套;

(3) 每个中断源都有各自的中断标志位;

(4) 可通过软件编程来屏蔽或响应各对应的中断请求。

4.5.1 中断系统构成

AT89S52 单片机的中断系统由中断源、中断控制电路、中断入口地址、4

个涉及中断系统的特殊功能寄存器：控制寄存器 TCON、串行口控制寄存器 SCON、中断允许寄存器 IE 和中断优先级寄存器 IP 等组成，结构框图如图 4-28 所示。

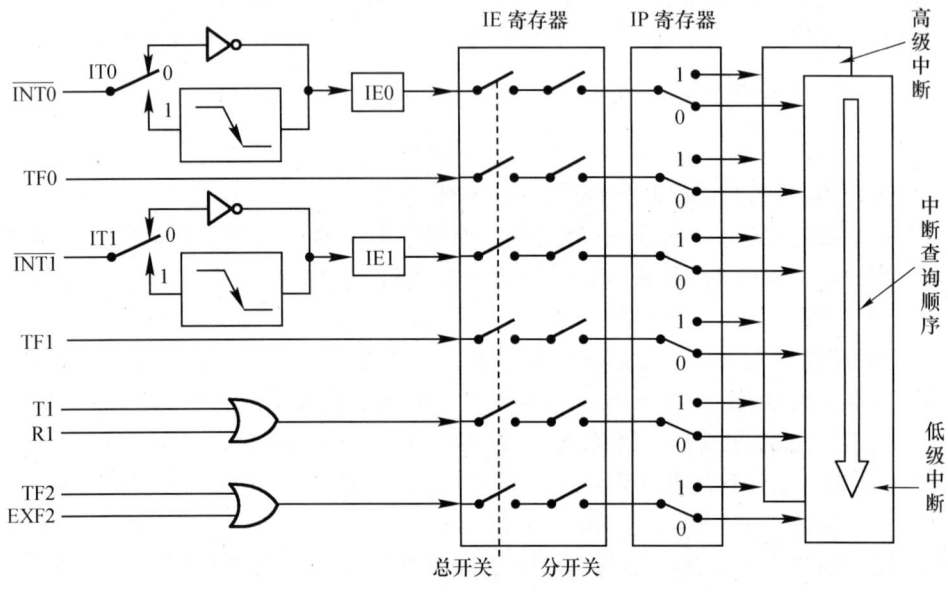

图 4-28 中断系统结构框图

4.5.2 中断源

中断源是指任何引起计算机中断的事件。为了了解每个中断源是否产生了中断请求，中断系统对应设置多个中断请求触发器（标志位）实现记忆。这些中断源请求标志位分别由专用寄存器 TCON 和 SCON 的相应位锁存。下面分别说明各中断源申请中断请求的过程。

1. 外部中断

外部中断请求 INT0、INT1 是由两个引脚 P3.2、P3.3 引入的。其激活中断请求方式有两种：电平触发和边沿触发。触发方式可通过软件对特殊寄存器 TCON 中的 IT0（D0）或 IT1（D2）设置来选择。ITx＝0，电平触发方式，低电平可引起中断；ITx＝1，下降沿触发方式，P3.2 或 P3.3 管脚上由高到低的负跳变可引起中断。当外部中断 0，1 依据触发方式满足条件产生中断请求时由硬件置位（TCON 中的 IE0/IE1＝1），一旦 CPU 响应中断后由硬件清除中断标志（IE0/IE1＝0）。

需要注意：

(1) 外部中断的电平触发方式仅限于低电平有效,中断控制系统在每个机器周期的 S5P2 查询 INT0（INT1）输入电平。因此,外部中断源若有请求,必须把有效的电平保持到请求获得响应时为止,不然就会漏掉,这是因为中断系统对此中断请求不作记忆;而在中断服务程序结束之前,中断源又必须撤销其有效的低电平,否则中断返回后将再次产生中断。

(2) 边沿触发方式仅限于下降沿有效。如果在某个机器周期的 S5P2、INT0 或 INT1 引脚上被采样到输入高电平,而在下一个机器周期的 S5P2 又发现一个低电平,则这时在 IE0 或 IE1 中将锁存一个逻辑 1,由此向 CPU 申请中断请求。因此,为保证下降沿能够被可靠地采样到,INT0 或 INT1 上的高低电平均至少要持续一个机器周期。

至于究竟应选低电平触发还是下降沿触发方式,要根据外部中断源的具体情况而定。

2. 定时器/计数器 0、1 中断源

当定时器/计数器到达设定的时间或检测到设定的计数脉冲后,其溢出时由硬件置位（TF0/TF1＝1）,一是 CPU 响应中断后由硬件清除中断标志位（TF0/TF1＝0）。

3. 定时/计数器 2 中断源

定时/计数器 2 有两个中断源（同一个中断矢量地址）,两种工作方式。

(1) "定时/计数"方式。当定时器/计数器 2 到达设定的时间或计数溢出,置位 TF2,向 CPU 申请中断处理。

(2) "捕捉"方式。当外部输入端口 T2EX 发生负跳变,置位 EXF2,向 CPU 申请中断处理。

在满足中断响应条件时,CPU 响应其中断请求,转入同一个中断矢量地址进行中断处理。因此,中断服务程序要查询、判断 TF2、EXF2 是哪一个引起的此次中断,然后根据查询的结果转到相应的服务程序段去。这样清除 TF2、EXF2 这两个标志位的任务就由软件执行,即 TF2、EXF2 与前面的中断请求标志位 IE0、IE1、TF0、TF1 有不同之处,CPU 响应中断后不会自动清除 TF2 或 EXF2,只能靠软件复位。

4. 串行口中断源

串行口发送一帧数据或接收一帧数据后,都会发出中断请求。串行口控制寄存器 SCON 中的 TI（即 SCON.1）和 RI（即 SCON.0）为串行中断请求标志位。由硬件置位,TI、RI 必须由软件清 0。另外,可根据需要用软件查询的方

法获知数据已发送/接收完毕的信息,或用中断方式来发送/接收下一个数据。

最后要强调指出,在 AT89S52 的所有上述能产生中断的标志位,均可由软件置 1 和清 0(又称软件中断)。此举可得到与硬件对之置 1 或清 0 的效果一样,即通过软件可产生中断,或将挂起的中断撤销。

4.5.3 中断的控制

中断源出现中断事件后,CPU 是否马上响应还取决于中断控制。中断控制主要解决三类问题:

(1) 中断的屏蔽控制,即什么时候允许或禁止 CPU 响应中断。

(2) 中断的优先级控制,即多个中断请求同时发生时,先响应哪个中断请求。

(3) 中断的嵌套,即 CPU 正在响应一个中断时,是否允许响应另一个中断请求。

上述问题主要是通过对特殊寄存器 IE 和 IP 的编程实现。

1. 中断允许寄存器 IE

AT89S52 的各中断源的中断均可单独开放或禁止。中断允许寄存器 IE(字节地址为 A8H,具有位寻址)格式以及各位的含义如下。

7	6	5	4	3	2	1	0
EA	—	ET2	ES	ET1	EX1	ET0	EX0

EA (IE7): 所有中断源的总体开放或禁止位。
　(IE6): 保留位。
ET2 (IE5): 定时器 2 中断允许位。
ES (IE4): 串行口中断允许位。
ET1 (IE3): 定时器 1 中断允许位。
EX1 (IE2): INT1 中断允许位。
ET0 (IE1): 定时器 0 中断允许位。
EX0 (IE): INT0 中断允许位。

中断允许寄存器 IE 的最高位 EA 为中断的总体允许位。若 EA=1,则为所有中断的开放提供了必要条件,此时各中断源的响应与否取决于各自的中断允许位的状态。若 EA=0,则任何中断均不被响应。IE 的其余各位分别对应一个中断源,内容为 1 者开放其相应源的中断;为 0 者则禁止其中断。

2. 中断优先级寄存器 IP

中断 AT89S52 的中断设有两级优先级,每个中断源的优先级别由中断优先级寄存器 IP（字节地址为 B8H，具有位寻址）中的对应一位确定。若某位为 1，则相应源的中断被编程为高级中断；为 0 者为低级中断。中断优先级寄存器 IP 的格式以及各位含义如下：

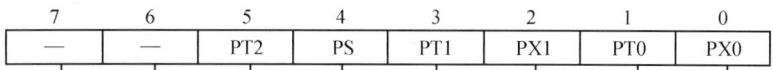

IP7、IP6：保留位

PT2（IP5）：定时/计数器 2 的中断优先级。

PS（IP.4）：串行口的中断优先级。

PT1（IP.3）：定时/计数器 1 的中断优先级。

PX1（IP.2）：外部中断 INT1 的优先级。

PT0（IP.1）：定时器 0 的中断优先级设定位。

PX0（IP.0）：外部中断 INT0 的优先级。

3. 基本规则

CPU 工作时，如同时有多个中断请求，或 CPU 在响应一个中断请求时，又接收到新的中断请求，那么 CPU 遵守以下规则响应：

（1）不同优先级别中断源同时请求中断时，首先响应高级别中断。

（2）高优先级的中断源中断请求可中断正在执行中的低优先级的中断服务程序，即所谓中断嵌套。但同级或低优先级中断源请求不能实现中断嵌套。

（3）多个同级中断源同时请求中断时，将由内部查询顺序（也称同级内的辅助优先级）决定优先响应的次序。AT89S52 同级内部的中断查询顺序见表 4-16。

表 4-16 中断查询顺序

中断源		中断向量	内部优先顺序
外部中断 0	IE0	0003H	
定时器 0	TF0	000BH	
外部中断 1	IE1	0013H	依次递减
定时器 1	TP1	001BH	
串行口	TI 或 RI	0023H	
定时器 2	TF2 或 EXF2	002BH	

4.5.4 中断处理过程

中断处理过程一般分为 3 个阶段：中断响应、中断处理、中断返回。

1. 中断响应

CPU 在每个机器周期 S5P2 状态采样各中断源的中断请求标志位，在允许中断响应的条件下（即 IE 寄存器中的 EA＝1 并且对应的中断源的中断允许）同时，还必须满足下述三个条件才能在下一个机器周期按中断优先级或优先级顺序对采样到的中断请求进行处理。

(1) 无同级或高级的中断在服务，以保证正常的中断嵌套。

(2) 当前的查询周期是所执行指令的最后一个机器周期；单片机指令有单周期、双周期、四周期指令等，CPU 必须等一条指令执行完毕才能响应中断，以保证每条指令的完整性。

(3) 正在执行的指令不是 RETI 或访问 IE 或 IP 寄存器等与中断有关的指令。此条件是为了保证中断响应的合理性。如果 CPU 当前正在执行 RETI 或访问 IE、IP 指令，则表示本次中断还没有处理完，中断的屏蔽状态和优先级将要改变，此时，至少应再执行一条指令才能接受中断请求，否则有可能会使上一条与中断控制有关的指令没起到应有的作用。

2. 中断处理

CPU 在中断响应后完成以下的操作：

(1) 硬件清除相应得中断请求标志。

在某些情况下，CPU 负责在响应中断时由硬件清除产生该中断的标志；但不能清除串行口和定时器 2 的中断标志。因此，在中断服务程序中，必须安排软件来清除已获响应的这类标志。至于外部中断标志 IE0 和 IE1，只有该中断为边沿触发时，硬件才负责清除。

(2) 保护断点，并转向中断服务程序入口。

中断的断点保护是由硬件自动实现，当 CPU 响应中断后，硬件把当前 PC 寄存器的内容压入堆栈，然后根据不同的中断源选择不同的中断入口地址送入程序计数器 PC，从而转入相应的中断程序，中断服务程序通常需考虑现场的保护和恢复。

3. 中断返回

中断服务程序最后执行中断返回指令 RETI，完成恢复断点和复位内部标志工作，返回主程序。

子程序返回指令 RET 也有返回断点的功能，将 RET 代替中断返回指令 RETI，虽然服务程序已经结束并从断点处恢复了原程序的执行，但它不能恢复中断逻辑，即无复位相应级别中断进行触发的功能，致使中断控制系统却认为中断仍在进行之中,其后果是与此同级的中断请求将不再被响应。

4.5.5 中断响应时间

在实时控制系统中,为了满足实时性要求,需要了解 CPU 中断响应时间。所谓中断响应时间是指从中断源发出中断请求,到 CPU 响应中断请求转向对应的中断服务程序开始执行所需时间。现以外部中断为例,讨论中断响应的最短时间。

1. 中断响应最短时间

在每个机器周期的 S5P2、INT0 和 INT1 引脚状态被锁存到内部寄存器中,而实际上 CPU 要在下一个机器周期才会查询这些值。如中断请求条件满足,则 CPU 需两个机器周期用于保护断点、设置内部中断标志和选择中断入口,见图 4-29。由图可见,中断的响应过程从标志置 1 到进入其中断服务程序,至少要经过三个完整的机器周期,这也是最短的中断响应时间。

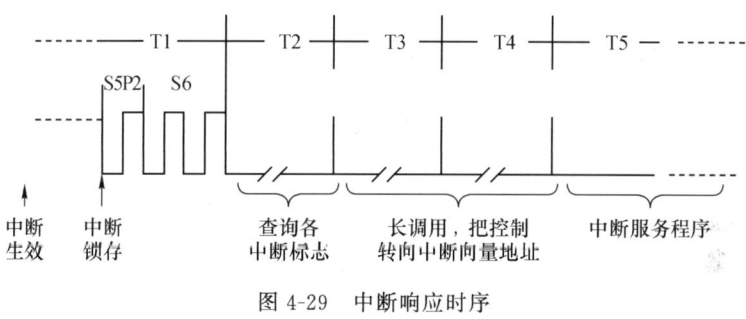

图 4-29 中断响应时序

2. 中断在响应过程中可能遇到的附加等待时间

(1) 由于同级或高级中断正在进行,则由此所带来的中断响应附加等待时间显然取决于正在执行中的中断服务程序的长短。

(2) 如果现查询周期不是正在执行的指令之最后一个机器周期,则附加等待时间取决于这条指令所需的机器周期数,但不会超过 3 个机器周期。因为执行时间最长的指令 MUL 和 DIV 也只有 4 个机器周期。

(3) 如果当前正在查询周期恰逢是返回指令 RETI 或访问 IE、IP 寄存器等与中断有关的指令的第一个机器周期,而这类指令后又跟着 MUL 或 DIV 指令。由此所引起的附加等待时间不会超过 5 个机器周期——一个机器周期完成正在执行的指令,再加 MUL 或 DIV 的 4 个周期。

至此,可以得出结论:中断响应时间至少 3 个机器周期;在没有遇到同级或高级优先级中断服务时,中断响应时间最多为 8 个机器周期。

4.5.6 中断的应用

例 4-8 P1.0 输出脉冲信号控制 LED 闪烁,脉冲周期 2s。

当 f_{osc} 为 6MHz 时,机器周期 $T_{cy}=2\mu s$,则各工作方式的最大的定时时间为:方式 0:$T=16.384ms$、方式 1:$T=131.074ms$、方式 2:$T=512\mu s$。由此可见,采用单一的定时器是无法实现 1s 定时。为此,采用定时器 T0、计数器 C1 复合方式,即 T0 作为定时器用,工作方式为方式 1,定时时间为 100ms,当 T0 溢出时后将 P1.2 取反,产生一个间隔为 100ms 的方波,然后把 P1.2 的输出作为 T1 的计数脉冲,一个脉冲周期为 100ms+100ms,故计数 5 个脉冲即为 1 秒,此时将 P1.1 取反一次,产生一个周期为 2s 的方波(即 LED 每 2s 闪烁一次)。

主程序

```
            ORG 0000H
            AJMP MAIN
            ORG 000BH              ;定时器 T0 的中断入口
            AJMP T_0               ;转 T0 中断服务程序
            ORG 001BH              ;定时器 C1 的中断入口
            AJMP C_1               ;转 C1 中断服务程序
            ORG 0030H
      MAIN: MOV TMOD,#51H          ;T1 为计数器方式 1,T0 为定时器方式 1
            MOV TH0,#15H           ;设置 T0 初值
            MOV TL0,#0A0H
            MOV TH1,#0FCH          ;设置 C1 初值
            MOV TL1,#18H
            MOV IE,#8AH            ;允许 T0、T1 中断
            SETB TR0               ;启动定时器 T0
            SETB TR1               ;启动定时器 T1
      LL:   SJMP LL                ;循环
```

定时器中断服务程序

```
      T_0: MOV TH0,#15H            ;给 T0 重新赋值
           MOV TL0,#0A0H
           CPL P1.2                ;定时到,取反 P1.2
           RETI
```

计数器 C1 中断服务程序

```
C_1: MOV TH1,#0FCH      ;给 C1 重新赋值
     MOV TL1,#18H
     CPL P1.1           ;计数到,取反 P1.1
     RETI
     END
```

例 4-9 航标灯的单片机控制模拟系统如下图。

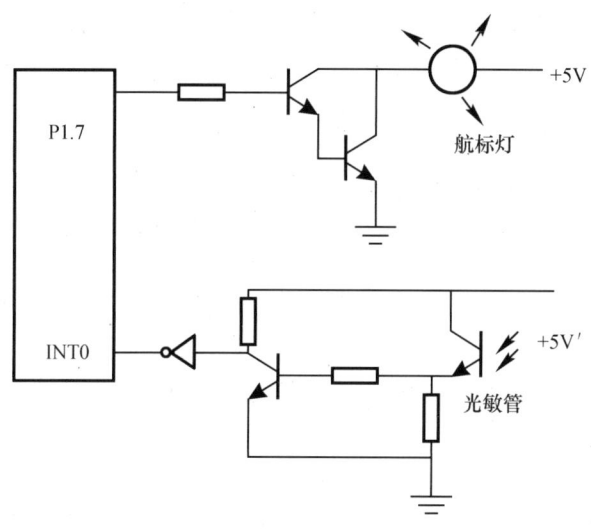

系统必须解决的问题：

(1) 白天/黑夜的识别。(白天 INT0＝1，黑夜 INT0＝0)；开放外部中断 EA＝1、EX0＝1,并且采用电平触发式。

(2) 实现长时间定时。采用定时器和软计数器 (R7) 相结合。

T0 工作为定时方式，定时时间＝100ms, R7 计数值为 20，总的定时时间为 100ms×20＝2s。

(3) 中断优先级的确定：INT0 为低优先级、T0 为高优先级。

主程序

```
        ORG 0000H
        AJMP MAIN
        ORG 0003H
        AJMP WINT0
        ORG 000B
        AJMP T0C0
        ORG 0100H
```

```
MAIN: MOV SP,#30H
      CLR P1.7              ;设指示灯灭
      CLR IT0               ;选择外部中断为电平触发
      CLR PX0               ;外部中断为低优先级
      SETB EX0              ;开放中断
      SETB EA
HERE: AJMP HERE             ;等待黑夜的到来
```

外部中断程序

```
      ORG 0110H
WINT0: MOV TMOD,#01H
       MOV TL0,nnH          ;定时器的初始化
       MOV TH0,mmH
       SETB PT0             ;设 T0 为高优先级
       SETB TR0             ;启动定时器 T0
       SETB ET0             ;T0 中断允许
       MOV R7,#0C8H         ;设软计数器的初始值
HERE1: JNB P3.2 HERE1       ;查询 INT0,当 INT0 = 0,等待 T0 中断
       CLR ET0              ;白天到来的处理
       CLR TR0
       CLR P1.7
       RETi
```

定时器中断程序

```
       T0C0: MOV TL0,#nnH    ;重新对定时器赋值
             MOV TH0,#mmH
             SETB TR0
             DJNZ R7,EXPORT  ;判断 R7 是否计数已满(R7 = 0)
             MOV R7,#0C8H    ;计数已满,重新对 R7 赋值
             CPL P1.7        ;指示灯输出取反
       EXPORT: RETi
```

4.6 单片机并行口

  由于单片机的应用领域极其广泛,所需配置外围设备、部件更是品种繁多,如机械式、机电式、电子式等。设备之间性能差异甚大,对数据要求、控制信号互不相同,这使得单片机的外围设备的扩展变得十分复杂,单靠单片机本身的端

口电路是难以实现，因此通过并行口 I/O 进行电路扩展就成了单片机测控应用的重要内容。

4.6.1 并行口的内部结构

AT89S52 共有 4 个 8 位双向 I/O 口，各具有特殊的电路结构，每位均由自己的锁存器、输出驱动器和输入缓冲器等组成，如图 4-30 所示。这种结构在数据输出时可锁存，但对输入的信息是不锁存的，故从外部输入的信息必须保持到取数据指令执行完为止。

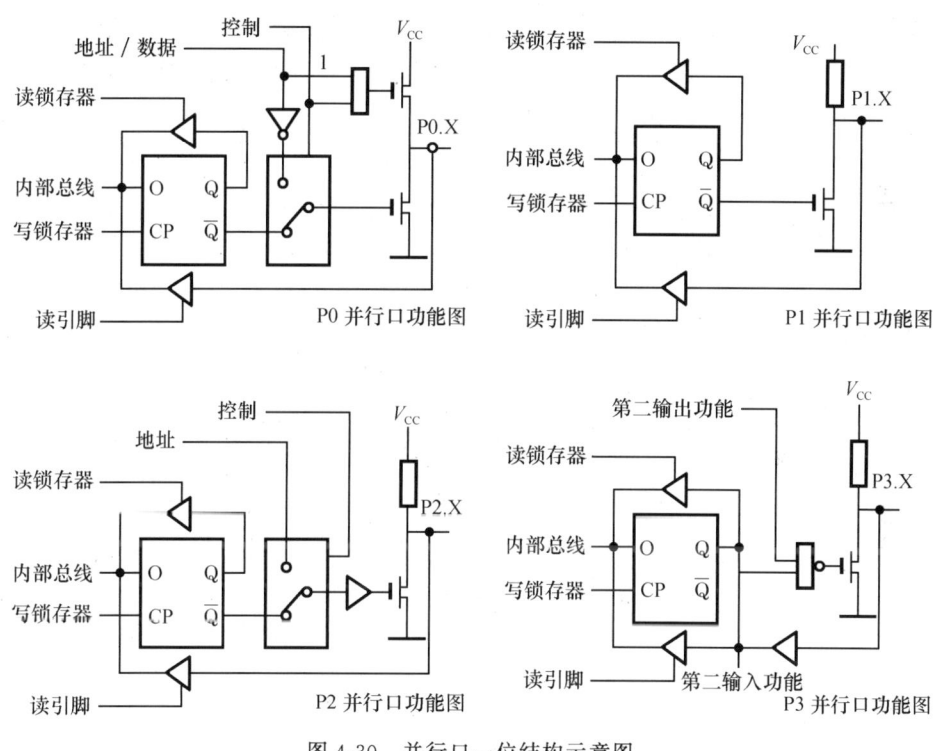

图 4-30 并行口一位结构示意图

4.6.2 并行口的工作原理

1. P0 口

P0 口既可作为地址/数据复用总线，又可作通用 I/O 口，从图 4-30 中可以看到，P0 口每一位的内部有一个受内部信号控制的模拟开关。

当 P0 口作为地址/数据复用总线时，控制信号为 1（高电平），控制模拟开关与地址/数据线经反向器输出相连，并与下拉 FET 管接通，同时使与门开锁，输出的地址/数据信号一路通过与门驱动上拉 FET 管，另一路通过反向器驱动下拉 FET 管接通。例如，当输出信号"1"时，上拉 FET 管导通，而"1"经反向器后为"0"，使下拉 FET 管截止，从而在输出引脚上呈现"1"（高电平）；反之，当输出信号"0"时，上拉 FET 管截止，而"0"经反向器后为"1"，使下拉 FET 管导通，从而在输出引脚上呈现"0"（高电平）。

当 P0 口作为通用 I/O 口时，控制信号为 0（低电平），控制模拟开关与锁存器的 $\bar{Q}$ 端相连（如图 4-30 中的位置），同时与门输出为"0"而使上拉 FET 管截止，这时 P0 口的输出级是漏极开路电路，故需外加上拉电阻（一般为 $5.1k\Omega$）才能工作。另外，此时 P0 口不是真正的双向 I/O 口，而是一个"准双向口"，即输入时须先将端口锁存器置"1"，才能保证输入的正确。

再强调一点，一般情况下，当电路扩展 P0 口作为地址/数据总线用之后，就再也不能作 I/O 口使用了。

2. P1 口

P1 口是一个标准的 8 位准双向并行 I/O 口，在组成应用系统时，P1 口一般均用于位信号的检测与控制，由于它的内部有一个上拉电阻，所以连接外围负载时不需要外接上拉电阻，这一点 P1、P2、P3 都一样，务必请大家注意。对于 AT89S52 而言，其中 P1.0 和 P1.1 是多功能的，P1.0 用于定时/计数器 2 的外部事件计数输入端口，P1.1 用于定时/计数器 2 的外部控制端。

3. P2 口

P2 口也是一个标准的 8 位准双向并行 I/O 口。与 P0 口一样，当内部开关接通地址端，可以输出程序存储器或外部数据存储器的高 8 位地址，并与 P0 口输出的低地址一起构成 16 位的地址线，从而可以分别寻址 64KB 的程序存储器或外部数据存储器；当内部开关接通锁存器的 Q 端，则进行通用 I/O 口操作。

P2 口输出级能驱动 4 个 LSTTL 负载。

4. P3 口

P3 口作为 I/O 口线用时，同 P1 口相同，也是"准双向口"；不同的是，P3 口的每一位都有另一种功能，也叫第二功能，各位的功能如表 4-17 所示。

表 4-17　P3 口功能

端口位	第二功能	注　释
P3.0	RXD	串行口输入
P3.1	TXD	串行口输出
P3.2	INT0	外部中断 0

续表

端口位	第二功能	注　释
P3.3	INT1	外部中断 1
P3.4	T0	计数器 0 计数输入
P3.5	T1	计数器 1 计数输入
P3.6	WR	外部 RAM 写入选通信号
P3.7	RD	外部 RAM 读出选通信号

注：P3.2 输出级能驱动 4 个 LSTTL 负载。

5. 并口的读-修改-写操作

从上述可见，每个并行 I/O 口作为输入口时有两种工作方式，即所谓的读端口与读引脚。读端口时实际上并不从外部读入数据，而是把端口锁存器的内容读入到内部总线，经过某种运算或变换后再写回到端口锁存器。比如，取反 CPL 置位、清零等等指令；而读引脚时才真正地把外部的数据读入到内部总线，读引脚时，首先要通过指令把端口锁存器置"1"，然后再实行读引脚操作，否则就可能读入出错。如果不对端口置"1"，端口锁存器原来的状态有可能为"0"加到场效应管栅极的信号为"1"，该场效应管就导通，对地呈现低阻抗，此时即使引脚上输入的信号为"1"，也会因端口的低阻抗而使信号变低，使得外加的"1"信号读入后不一定是"1"，若先执行置"1"操作，则可以使场效应管截止，引脚信号直接加到三态缓冲器中，实现正确的读入。由于在输入操作时还必须附加一个准备动作，所以这类 I/O 口被称为"准双向"口，AT89S52 的 P0、P1、P2、P3 口作为输入/输出口时都是"准双向"口。

4.6.3　键盘与单片机的连接

在单片机应用系统中，常常需要输入数据或命令以控制和管理系统运行，同时也需要显示中间结果及系统运行情况，因此，按钮、键盘、显示器是单片机应用系统中实现人机对话不可少的外围设备，以下介绍键盘与单片机的连接。

1. 独立式键盘的接线原理

独立式键盘是由若干个机械触点开关构成的，把它与单片机的 I/O 口线连起来，如图 4-31 所示。通过读 I/O 口的电平状态，即可识别出相应的按键是否被按下，如果有键按下，则相应端口就变为低电平；否则其端口就为高电平。在这种键盘的连接方法中，通常采用上拉电阻接法，即各按键开关一端接低电平，另一端接单片机 I/O 口线并通过上拉电阻与 V_{cc} 相连，这是为了保证在按键断开时，各 I/O 口线有确定的高电平，当然，如果端口内部已经有上拉电阻，则外电路的上拉电阻可以省去。由于单片机系统的键盘一般是由机械触点式微动开关，这种开关具有结构简单，使用可靠的优点，但当按键或释放按键的时候会产生抖动，为了使 CPU 能正确地读出端口的状态，对每一次按键只作一次响应，就必须考虑如何去除按键的抖动。常用的去抖动的方法有两种：硬件方法（见图 4-32）和软件方法。单片机中常用软件去抖动法，即在单片机获得端口为低电平的信息后，不是立即认定按键已被按下，而是延时 10ms 或更长一些时间后再次检测该端口，如果仍为低，说明此键的确被按下了；当检测到按键释放后，也给 5~10ms 的延时，待后沿抖动消失后才能转入该按键的处理程序。

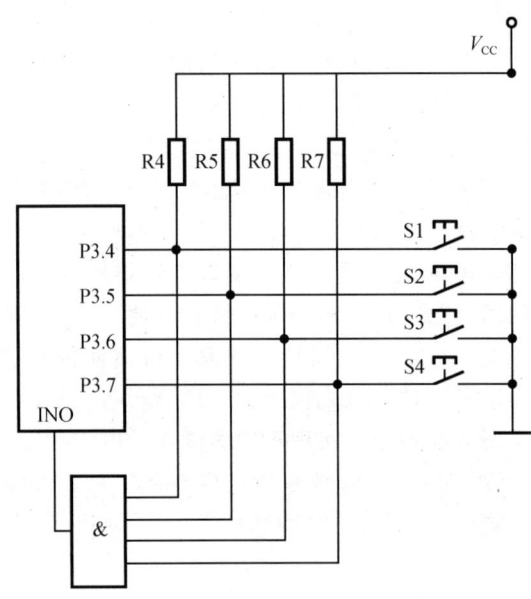

图 4-31 独立式键盘原理图

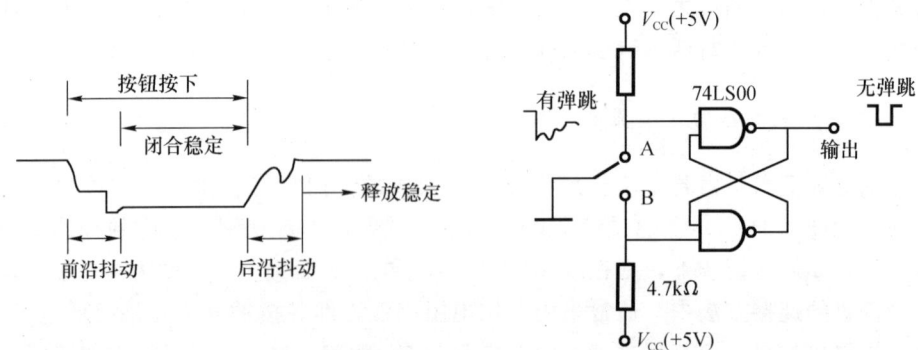

图 4-32 按键抖动过程、去抖电路

2. 矩阵式键盘的连接方法和工作原理

当键盘中按键数量较多时，为了减少 I/O 口线的占用，通常将按键排列成矩阵形式，如图 4-33 所示。在矩阵式键盘中，每条水平线和垂直线在交叉处不直接连通，而是通过一个按键加以连接。这样一个并行口可以构成 $4 \times 4 = 16$ 个按键，比之直接将端口线用于键盘多出了一倍，而且线数越多，区别就越明显。

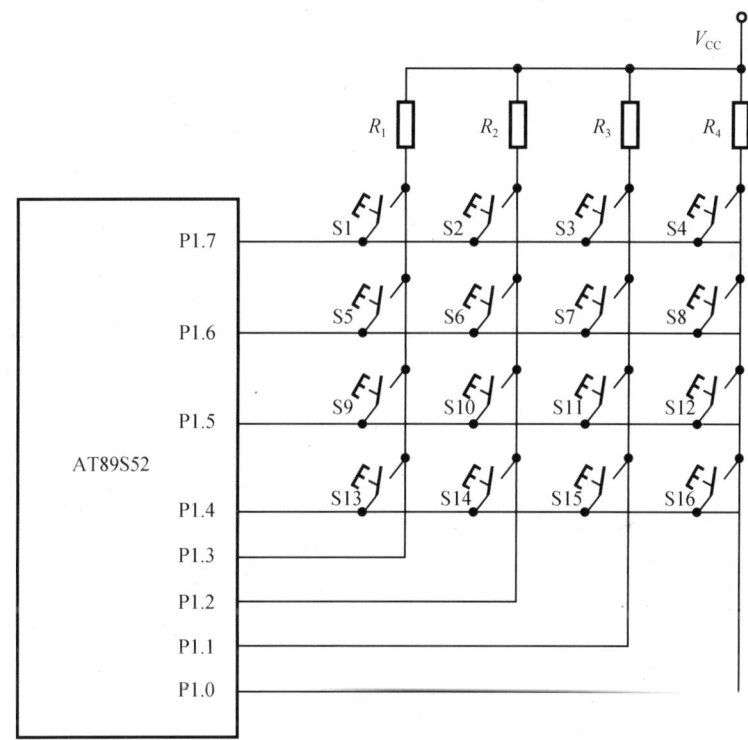

图 4-33 矩阵式键盘原理图

矩阵式键盘的按键识别通常采用"行扫描法"或者"行反转法"。行扫描法又称为逐行（或列）扫描查询法，它是一种最常用的多按键识别方法。下面就如图 4-33 所示的键盘电路为对象，以"行扫描法"为例介绍矩阵式键盘的工作原理。

（1）判断键盘中有无键按下。

单片机的 P1 口用作键盘 I/O 口，键盘的列线接到 P1 口的低 4 位，键盘的行线接到 P1 口的高 4 位，行线 P1.4～P1.7 并设置为输出线。也就是把列线 P1.0～P1.3 分别接 4 个上拉电阻到电源，把列线 P1.0～P1.3 设置为输入线。

将 P1.4～P1.7 输出全"0"，读取 P1.0～P1.3 的状态，若 P1.0～P1.3 为全

"1",则说明无键闭合;否则有键闭合。

(2) 去除键抖动。

为了保证按键每闭合一次 CPU 仅作一次处理,必须去除键释放时的抖动,即当检测到有键按下后,延时一段时间再将 P1.4~P1.7 输出全"0",读取 P1.0~P1.3 的状态,做下一次的检测判断。

(3) 判断闭合键所在的位置。

在确认有键按下后,即可进入确定具体闭合键的过程。依次将行线置为低电平(即在置某根行线为低电平时,其他线为高电平),P1.4~P1.7 按下述 4 种组合依次输出:P1.4 (1110);P1.5 (1101);P1.6 (1011);P1.7 (0111);在每组行输出时读取各列线的电平状态,即 P1.0~P1.3;若全为"1",则表示为"0"这一行没有键闭合;若某列为低,则该列线与置为低电平的行线交叉处的按键就是闭合的按键。由此得到闭合键的行值和列值,然后可采用计算法或查表法将闭合键的行值和列值转换成所定义的键值。

4.7 串行通信

随着单片机在数据采集、智能化仪表、通信设备以及嵌入式系统等方面广泛应用,单片机与单片机、单片机与计算机之间的通信越来越重要。AT89S52 单片机内部集成了一个功能强大的全双工串行口,设有四种工作方式,串行通信波特率由内部定时、计数器产生,并且根据需要可由软件设定不同的波特率和选择不同的工作方式。另外,此口可方便用于扩展串行外设或通过串-并转换扩展并行外设,为单片机在这类方面应用提供了有利条件。

4.7.1 AT89S52 的串行通信接口

AT89S52 单片机内含全双工串行口属于 UART 方式(异步通信),设及两个相互独立的接收、发送缓冲器,可在同一时刻进行发送和接收数据。因而共用一个地址码(99H),记作 SBUF。对此地址进行写操作时,数据进入发送寄存器;读操作则访问接收寄存器。AT89S52 单片机的串行通信设有两个特殊寄存器:串行通信控制器寄存器 SCON 和波特率选择寄存器 PCON。

1. 串行口控制寄存器

特殊寄存器 SCON 为串行口控制寄存器,地址为 98H,可按位寻址。其格式与各位含义如下。

SM0	SM1	SM2	REN	TB8	RB8	TI	RI

SM0 和 SM1（SCON.7 和 SCON.6）方式选择位：四种工作方式的选择如表 4-18 所示。

表 4-18　串行口工作方式选择

SM0	SM1	方式	功能	波特率
0	0	0	移位寄存器	$f_{osc}/12$
0	1	1	8 位 UART	可变
1	0	2	9 位 UART	$f_{osc}/64$ 或 $f_{osc}/32$
1	1	3	9 位 UART	可变

SM2（SCON.5）方式 2 和方式 3 的多机通信控制位：在这两种方式下，若 SM2=1，REN=1，则从机处于只有接收到第 9 数据位 RB8=1 时才触发中断请求标志位 RI=1，向主机请求中断处理。在方式 1 时，如 SM2=1，则只有接收到有效的停止位时才置位中断请求标志位 RI 为 1。对于方式 0，SM2 应为 0。

REN（SCON.4）允许/禁止接收位：由软件置 1 即允许接收；由软件清 0 便禁止接收。

TB8（SCON.3）发送的第 9 数据位：在方式 2 和方式 3 时，它为要发送的第 9 位数据，此位由用户根据需要置 1 或清 0。例如，可用作数据的校验位或多机通信中表示地址帧（TB8=1）数据帧（TB8=0）。

RB8（SCON.2）在方式 2、方式 3 下是所接收的第 9 数据位：对于方式 1，若 SM2=0，则接收到的停止位 1 进入 RB8，而 8 位数据进入 SBUF，并且 RI 置 1。方式 0 不用 RB8。

TI（SCON.1）发送中断标志：当方式 0 的第 8 位发送结束时，或其他方式下，停止位开始发送时由内部硬件自动将 TI 置 1。TI 标志必须由软件清 0。

RI（SCON.0）接收中断标志：当方式 0 的第 8 位接收完毕时，或其他方式下，若 SM2 允许，则在接收停止位的中间时刻由内部硬件自动将 RI 置 1。RI 必须由软件清 0。

2. 波特率选择寄存器 PCON

特殊功能寄存器 PCON 已在 4.2 节省电方式中作了介绍。串行通信只占用 PCON 中的最高位（PCON.7）SMOD 是波特率选择位，当用软件置位 SMOD 时，则串行通信工作方式 1、2、3 的波特率加倍；当复位 SMOD 时，原设置的波特率不变。

4.7.2　串行通信的工作方式

AT89S52 单片机的串行四种通信工作方式，可通过软件对特殊寄存器

SCON 的 SM0、SM1 的设置进行选择。

1) 方式 0

方式 0 为同步移位寄存器方式,在这种方式下,串行数据的发送和接收均通过 RxD (P3.0) 引脚进行。TxD (P3.1) 引脚用来输出移位脉冲。方式 0 以 8 位数据为一帧,先发送或接收最低位。每个机器周期发送或接收一位,故波特率固定为振荡频率的 1/12。

2) 方式 1

方式 1 为 8 位 UART 方式,在这种方式下的数据发送通过 TxD 引脚,接收则通过 RxD 引脚进行。方式 1 的一帧数据含 10 位:一个起始位(0)、8 个数据位(最低位居先)和一个停止位(1)。接收时,停止位进入特殊寄存器 SCON 的 RB8,波特率可变。

3) 方式 2

方式 2 为 9 位 UART 方式。在这种方式下,数据的发送与接收分别通过 TxD 和 RxD 引脚进行。11 位为一帧:一个起始位(0)、8 个数据位(最低位居先)、一个可编程的第 9 数据位和一个停止位(1)。发送时,第 9 数据位来自特殊功能寄存器 SCON 的 TB8,可为 0 或 1。波特率可编程设置为振荡频率的 1/32 或 1/64。

4) 方式 3

方式 3 除了波特率值是可任意安排之外,其他与方式 2 完全相同。一般串行通信工作方式 2、方式 3 主要用于多机通信。

上述四种方式的发送过程均可通过以 SBUF 为目的寄存器的任何指令来启动。至于接收过程,方式 0 必须同时具备两个条件,即特殊功能寄存器 SCON 中的 RI 位=0,REN 位=1。对于其他方式,若 REN=1,则起始位一到,接收过程即开始。

4.7.3 串行口波特率的设置

在计算机串行通讯中,每秒钟所传输的代码位数被定义为波特率(baud rate)。如果数据传送速率为 120 字符/秒,而每个字符格式规定包含 10 个数据位(起始位、8 个数据位和一个停止位),则相应波特率为 1200,有时写作 1200bit/s。显然,每个数据位的传送时间应等于波特率的倒数,在此例中应为 0.833ms。

AT89S52 的串行通信的波特率随所选择的工作方式不同而异,对于工作方式 0 仅与主机的振荡频率(f_{osc})有关;工作方式 2 除与振荡频率有关外,还可通过软件对 PCON 中的 SMOD 位的设置,使波特率有两种选择;工作方式 1 和方式 3 波特率是可变的,它由定时/计数器之溢出率和 SMOD 位的设置决定,即

$$\text{方式 1 的波特率} = \frac{1}{32} 2^{\text{SMOD}} \times \text{定时/计数器溢出率}$$

一般振荡频率（f_{osc}）随应用系统设计而选定，它是常数；SMOD 根据需要可通过下列指令来设置：

  MOV PCON, ♯00H; 设置 SMOD=0
  MOV PCON, ♯80H; 设置 SMOD=1

余下来选择方式 1 和方式 3 的波特率的关键是如何设置定时/计数器的溢出率。定时/计数器之溢出率是指单位时间（秒）内定时/计数器的溢出次数。AT89S52 单片机有三个定时/计数器，定时/计数器 0 和 1 有 4 种工作方式，其中工作方式 2（自动再装入）和定时/计数器 2 的自动再装入方式均有利于作为波特率发生器。

1. 定时/计数器 0 和 1 的溢出率计算

定时/计数器 0 和 1 的定时模式并且工作于方式 2（自动再装入），在这种情况下，禁止定时器 0 和 1 的中断请求。其 TLx 的计数输入来源于 f_{osc} 经 12 分频的时钟脉冲，故定时/计数器 0 和 1 的溢出率与晶体振荡频率 f_{osc} 和计数初始值有关。如果我们把（THx）理解成定时器 0 和 1 在方式 2 下的初始值，那么，每过 256−（THx）个机器周期，定时器 0 和 1 就要发生一次溢出，因此，溢出率为

$$\text{方式 1 和方式 3 的波特率} = \frac{2^{\text{SMOD}}}{32} \cdot \frac{f_{\text{osc}}}{12[256-(\text{TH1})]}$$

选用其他方式，如把定时器 1 设置成 16 位定时方式，可得到很低的波特率，在这种情况下，需开放定时器 1 的中断，由其中断服务程序负责恢复定时计数的初始值。

在实际应用中，往往在设定的晶体振荡频率 f_{osc}，并给出波特率的情况下需要计算定时器的初始值 Hx，为此

$$\text{定时器初始值 Hx} = 256 - \frac{2^{\text{SMOD}}}{32} \times \frac{f_{\text{osc}}}{12 \times \text{波特率}}$$

表 4-19 给出了常用波特率与定时器 0 和 1 的初始值之间的对应关系。

表 4-19 常用波特率与 T0、T1 各参数间的关系

串行口 工作方式	波特率	晶体振荡 频率/MHz	SMOD	T0、T1 工作方式	初始值
1、3	62.5×10^3	12	1	2	FFH
	19.2×10^3	11.059	1	2	FDH

续表

串行口工作方式	波特率	晶体振荡频率/MHz	SMOD	T0、T1工作方式	初始值
	96×10³	11.059	0	2	FDH
	4.8k	11.059	0	2	FAH
	1.2k	11.059	0	2	F8H
	137.5k	11.986	0	2	1DH
	110	6	0	2	72H
	110	12	0	1	FFFBH

2. 定时/计数器 2 的溢出率的计算

定时/计数器 2 本身具有专用的波特率发生器的工作方式。若设置特殊功能寄存器 T2CON 的 RCLK＝1 或 TCLK＝1，则选择定时/计数器 2 为接收或发送波特率发生器。若 RCLK＝1 并且 TCLK＝1，则定时器 2 进入波特率发生器模式。这种工作方式类似于 16 位自重装方式，即当 TH2 计满回 0 溢出时，捕捉寄存器 RCAP2H 和 RCAP2L 内原预置的 16 位值将被重新装入 TH2 和 TL2 中，参考图 4-26。

应当指出以下几点：

(1) 当定时/计数器 2，作为波特率发生器，可选择定时模式或计数模式。然而作波特率发生器时，每过一个时钟周期定时器计数值便增 1（即计数率为晶振频率的 1/2）。故方式 1 和方式 3 的波特率为

$$\frac{f_{osc}}{32 \times [65536 - (RCAP2H, RCAP2L)]}$$

这里（RCAP2H，RCAP2L）为捕捉寄存器的内容（16 位无符号整数值）。请注意，在选择定时器使用时，每过一个机器周期定时器计数值增 1（即计数率为晶振频率的 1/12）。

(2) 当定时器 2 作波特率发生器运行时，TH2 内容递增至 0 并不使 TF2 标志置 1，故不产生中断请求，因此无须禁止其中断。

(3) 如果 EXEN2 位被写成 1，则 T2EX 引脚上所发生的 1 至 0 的跳变将使 EXF2 标志置 1，但这不导致 RCAP2H 和 RCAP2L 的内容被重新装入 TH2 和 TL2 中。这就是说，当定时器 2 作波特率发生器时，T2EX 引脚可作附加的外部中断输入用。

(4) 定时器 2 正在作波特率发生器定时运行期间，不应对 TH2 或 TL2 进行读或写操作，因为写操作可能会与重装操作发生冲突。对陷阱寄存器 RCAP2 可

以读，但不能写，因为写 RCAP2 可能覆盖重装的数据使再装入出错。在这种情况下，访问定时器 2 或 RCAP 寄存器前，应先将 TR2 置 0，停止定时器 2 的运行。

4.7.4 串行通信技术应用

1. 串行口编程初始化

使用串行口前，应对它进行编程初始化，主要是设置产生波特率的定时器，具体步骤如下。

(1) 确定定时器 Tx 的工作方式：编程 TMOD 寄存器；
(2) 计算定时器 Tx 的初值：装载 THx、TLx；
(3) 启动定时器 Tx：编程 TCON 中的 TRx 位；
(4) 确定串行口的控制—编程 SCON；
(5) 串行口在中断方式工作时，须开 CPU 和源中断—编程 IE 寄存器。

例 4-10　运用定时/计数器 1 设置波特率的始化程序段如下：

```
            ORG 0000H
            AJMP START
            ORG 30H
    START:  MOV SP,#5FH
            MOV TMOD,#20H       ;T1:工作方式2
            MOV PCON,#80H       ;SMOD = 1
            MOV TH1,#0FDH       ;初始化波特率
            MOV TL1,#0FDH
            MOV SCON,#50H       ;Standard UART settings
            MOV R0,#0AAH        ;准备发送的数
            SETB REN            ;允许接收
            SETB TR1            ;T1 开始工作
```

2. 多机通信基本原理

在实际应用中常需多台计算机协调工作，而 AT89S52 单片机的串行通信方式 2 和方式 3 具有主-从多机通信功能，因而可方便地组成多种形式的多机通信系统。图 4-34 是常用的主机与若干从机的简单多机通信系统，即一个单片机系统为主机，N 个应用系统为从机，从机之间不能进行通信。在这种串行多机通信系统中，为保证主机与多台从机之间的可靠通信，系统必须具备识辨能力。AT89S52 单片机串行通信方式 2 和方式 3 设有 9 位数据位，其中 TB8 可用来表

示传输的是地址还是数据。主机通过对 TB8 的设置以区别发送的是地址帧（TB8＝1）还是数据帧（TB8＝0）。于是主机与多台从机之间通信的过程安排如下：

（1）全部从机设置 SM2＝1，处于接收地址帧状态；

（2）主机发送一帧地址信息，其中包含 8 位地址，第 9 位 TB8＝1，以表示发送的是地址；

（3）从机接收到地址帧后，将与本从机的地址进行比较。是本机，使 SM2＝0，回发应答信号，准备接收此后的数据字节。地址不符合的从机，保持 SM2＝1，对其后的数据帧不予理睬，对接收到的信息不装入 SBUF，不置位 RI 产生中断请求；

（4）主机在接收到从机发回的允许通信的信息后，随之发送一连串的 TB8＝0 的数据帧。此时，只有 SM2 已清 0 的目的从机在接收完一帧数据后置位 RI＝1，向 CPU 请求中断，在中断服务程序中对此数据帧进行处理。全部数据或传输结束，从机再次置位 SM2＝1，等待下一次呼叫。

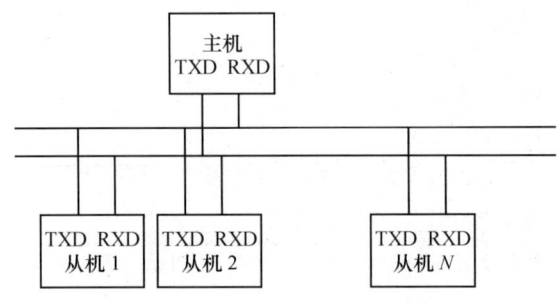

图 4-34 主从多机通信拓扑结构

3. 串行标准接口的扩展

由计算机与单片机采用主从式多机通信方式构成的分布式控制系统，在工业控制领域应用极其广泛。此类系统以计算机作为上位机，用 VC、VB 或 DELPHI 等编制管理软件，以单片机作为下位机完成具体的控制和检测操作，充分利用了计算机与单片机各自的优点。下面仅介绍 PC 与单片机间进行 RS232C、RS-485 串行通信的一般原理。

1) RS232C 标准接口

RS232C 是美国电子工业协会正式公布的串行总线标准，用来实现计算机与计算机、计算机与外设之间的数据传输。一般适用于通信距离不大于 15m，传输速率最大为 20kbit/s。

RS232C 采用负逻辑，即逻辑"1"用 −5～−15V 表示；逻辑"0"用 +5～+15V 表示，而 AT89S52 的串行通信采用 TTL 正逻辑，因此，当 AT89S52 的串行口与终端之间利用 RS232C 作近程通信连接时必须进行电平转换。当前 RS232C 与 TTL 之间的电平转换实现 RS232 通信功能的芯片很多，其中 MAXIM 公司生产的 MAX232A 是一款性价比较高的 RS232 通信芯片。MAX232 的引脚配置图如图 4-35 所示。引角功能表见表 4-20。

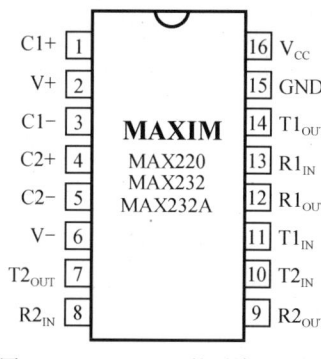

图 4-35　MAX232 的引脚配置图

表 4-20　MAX232A 引脚功能表

引脚名	引脚说明	引脚名	引脚说明
T2$_{OUT}$	RS232 输出	R2$_{IN}$	RS232 输入
T1$_{OUT}$	RS232 输出	R1$_{IN}$	RS232 输入
T2$_{IN}$	TTL/CMOS 输入	R2$_{OUT}$	TTL/CMOS 输出
T1$_{IN}$	TTL/CMOS 输入	R1$_{OUT}$	TTL/CMOS 输出
V$_{CC}$	电源	GND	地

MAX232A 的电路连接：在 RS232 通信方式中，硬件上采用 3 线制（RXD、TXD、GND）软握手的零 MODEM 方式，即将 PC 机和单片机的发送数据线（TXD）与接收数据（RXD）交叉连接（图 4-36），二者的地线（GND）直接相

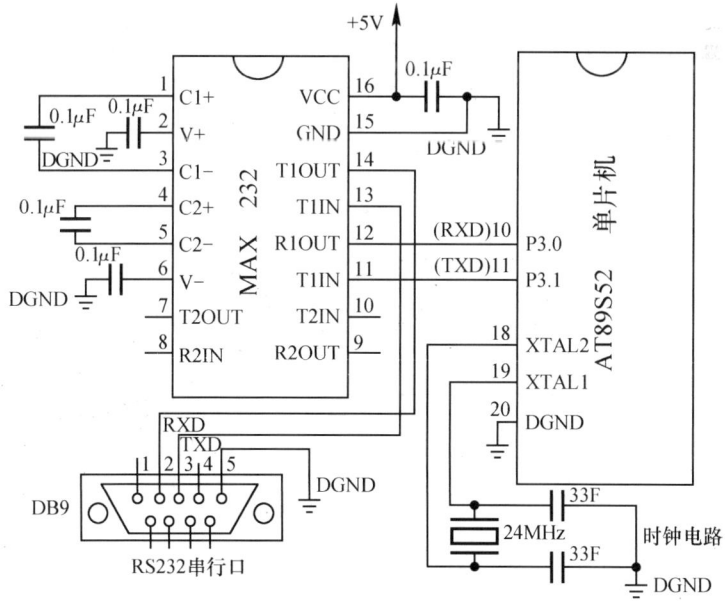

图 4-36　扩展 RS232 通信接口的电路连接图

连,而其他信号线如握手信号线均不用,而采用软件握手,这样即可以实现预定的通信功能,又可以简化电路设计,同时节约了成本。

2) RS485 标准接口

RS232C 虽然应用很广,但由于其推出较早,数据传输速率低,通信距离短,未规定标准的连接器,接口处各信号间易产生串扰等。因而,随着科学技术的发展,新的标准接口芯片被不断推出。RS485 通信具有硬件设计简单、控制方便、成本低廉等优点,在测控系统中被广泛使用。RS485 是一种多发送器的电路标准,传输介质为双绞线,差分传输,标准节点数为 32 点,节点可以是被动发送器、接收器或收发器。传输信号速度快,最大传输速度可达到 10Mbit/s,最远通信距离 1200m,差分输入范围 $-7\sim+12\text{V}$,接收器输入灵敏度为 200mV,接收器输入阻抗大于或等于 $12\text{k}\Omega$。一般情况下,以总线形式组成通信网络,特殊情况下也可以星形方式组网。

图 4-37 是基于 RS485 总线实现 PC 机与单片机通信电路原理图。

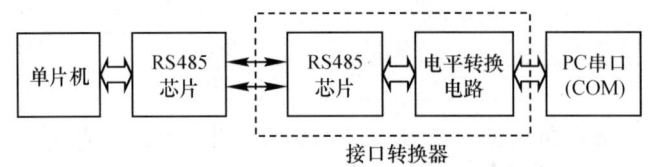

图 4-37 总线形式的 RS485 网络

目前市场上 RS485 芯片的种类很多,选择时应首先考虑芯片满足 RS485 通信的基本要求,如单双工、可驱动节点数等。在成本允许范围内,选择自带故障保护和抗静电功能的芯片可以有效提高通信的可靠性。图 4-38 是一种实用的单

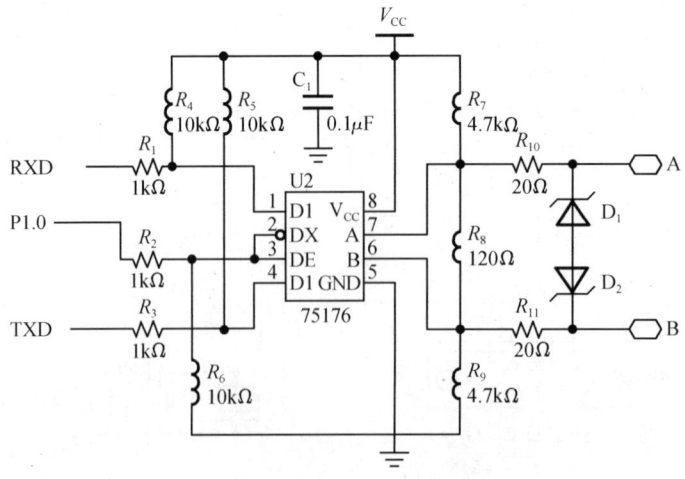

图 4-38 单片机与 RS485 串行通信接口电路

片机与 RS422/485 串行通信接口电路。图中 RS422/485 通信芯片 DS75176 是 MAXIM 公司生产的一款性价比较高的 RS485 通信芯片，此芯片具有如下特征：

(1) 符合 EIA RS-485 标准，而且与 RS-422 标准相容；
(2) 小型封装有利于节省空间；
(3) 22ns 驱动器传送延时；
(4) 单 5V 供电；
(5) 总线上允许 $-7 \sim +12V$ 电压出现；
(6) 热保护；
(7) 允许高达 32 个收发器挂在总线上；
(8) 接收器 70mV 滞后。

硬件电路的合理设计是提高 RS485 通信可靠性的基础。如果硬件电路存在不足，则 RS485 通信的可靠性很难保证。针对 RS485 通信在实际应用中的问题，在硬件电路方面重点采用了以下提高 RS485 通信可靠性的具体措施：

(1) 输出电路的设计要充分考虑线路上的各种干扰及线路特性阻抗的匹配。由于工程环境比较复杂，现场常有各种形式的干扰源，所以 RS485 总线的传输端一定要加有保护措施。在图 4-38 所示的电路设计中采用了稳压管 D_1、D_2 组成的吸收回路。也可以选用能够抗浪涌的 TVS 瞬态杂波抑制器件，或者直接选用能抗雷击的 RS485 芯片（如 SN 75LBC184 等）。

(2) 考虑到线路的特殊情况（如某一台分机的 RS485 芯片被击穿短路），为防止总线中其他分机的通信受到影响，在图 4-38 所示电路中的 DS75176 的 RS485 信号输出端串联了两个 20Ω 的电阻 R_{10}、R_{11}。这样本机的硬件故障就不会使整个总线的通信受到影响。

(3) 为防止 RS485 收发器处于不稳定状态，可人为地使 A 端电位高于 B 两端电位，这样 RXD 的电平在 RS485 总线不发送期间（总线悬浮时）呈现唯一的高电平，单片机不会被误中断而收到乱字符。图 4-35 所示的电路中通过在 RS485 电路的 A、B 输出端加接上拉、下拉电阻 R_7、R_9，即可很好地解决这个问题。

(4) 一般情况下，RS485 收发器通过收数据、发数据、发收使能引脚端不能与单片机直接连接，以避免可能导致的相互损伤。一般有两种接口电路方案。一是通过电阻电路连接。该方案比较简单易行，单片机 RXD、TXD 引脚通过 1kΩ 限流电阻与 RS485 收发器相连，DERD 端接 10kΩ 下拉电阻 R_6，保证单片机在不发送数据时，使 RS485 收发器处于接收状态，RS485 收发器的收数据、发数据端分别接 10kΩ 上拉电阻 R_4、R_5，保证 RS485 收发器的接受端在总线空闲时保持数据"高"电平。接口电路方案二是通过将系统电源和 RS485 收发器的电源隔离，以及光耦将信号隔离，彻底消除共模电压的影响。

4.8 单片机应用系统设计与开发工具

随着微电子技术的飞跃发展,各种多功能、可编程器件日益丰富、齐全。单片机具有很强的适应性,能与大多数器件芯片连接,这就大大拓宽了单片机应用领域,可以说已到了无所不包、无所不在的程度,各种类型的成熟应用实例举手可得。为此,下面仅就单片机应用系统的设计方法、开发工具做一简单介绍,并以单片机在智能阀门控制器中的应用为例,进一步叙述单片机应用系统的特点和正确的设计方法。

4.8.1 单片机应用系统的设计方法和步骤

单片机应用系统的开发是指用单片机组成应用系统时,从任务提出到设计定型、制造调试,直到使用的整个过程。单片机应用领域很宽,要求各不相同,设计方案也千差万别,很难有一个固定的模式适用一切问题,但就设计方法和步骤来说是基本相同,见图4-39。

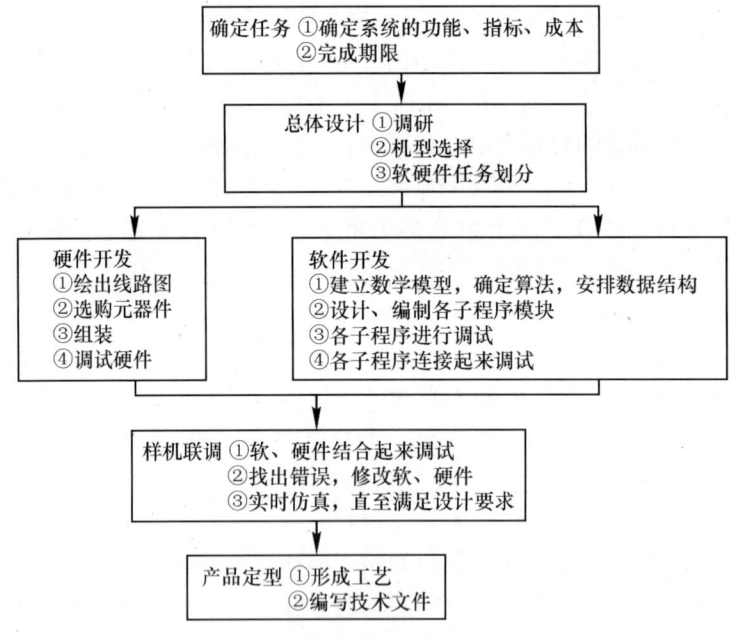

图4-39 单片机应用系统设计过程示意图

4.8.2 单片机应用系统的开发工具

1. 开发工具的作用

单片机虽然是个五脏俱全的微型计算机,可用来组成十分灵活的系统。然而一旦付诸实施就会立即发现：应用程序怎样写到程序存储器中？错了如何修改？怎样运行程序等，这些问题显然靠单片机自身是根本无法解决的。必须借助于开发工具来进行硬件系统的诊断和开发应用软件。开发工具的主要功能有：

(1) 程序的输入与修改；

(2) 程序的运行、调试和具有全速跟踪调试、运行的能力；

(3) 系统硬件电路的诊断；

(4) 程序固化到存储器芯片上；

(5) 具有较齐全的开发用的软件工具，如配置有汇编语言，将用户用汇编语言编写的程序自动生成目标文件；配置反汇编软件，能将目标程序转换成汇编程序文本；有丰富的子程序可供用户调用等。

2. 开发工具的结构

单片机开发工具也是一个面向机器的微机系统，不同单片机系列对应的开发系统各不相同。除了专门制作的开发系统之外，目前，国内使用较多的单片机开发系统都借助于计算机的，其硬件配置如图 4-40 所示。

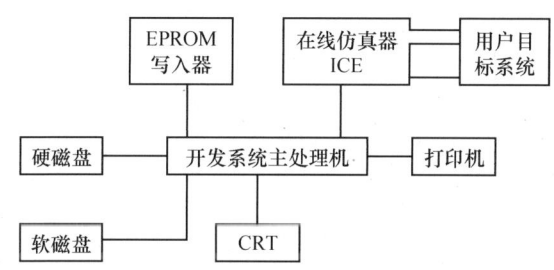

图 4-40　单片机开发系统结构示意图

通用计算机作为单片机开发系统的主处理器，它除了具备通用计算机所有硬、软件资源之外，在硬件上主要配置了在线仿真器 ICE (in circuit emulator)、编程器 (EPROM 写入器) 和 EPROM 擦除器，在软件上主要增加了与单片机有关的汇编程序、仿真调试程序、EPROM 写入程序等，下面着重介绍这些不同之处。

1) 在线实时仿真器

仿真器本身就是一个单片机系统，它具有与所要开发的单片机应用系统相同的单片机系列芯片。在进行用户目标系统开发调试期间，用户目标系统不用自己的 CPU 和程序存储器，而是将仿真器的 CPU 通过仿真插头（它是仿真器的单片机芯片引脚延伸线）插入用户目标系统的 CPU 插座上，应用程序存储在仿真器的 RAM 中，见图 4-41 所示。这样当人们利用仿真器上的 CPU 接收来自用户目标系统的 I/O、中断请求，对存储在仿真器 RAM 中的应用程序进行调试、修改时，就像使用目标系统中的真实的单片机、RAM 一样，察觉不到这种"替

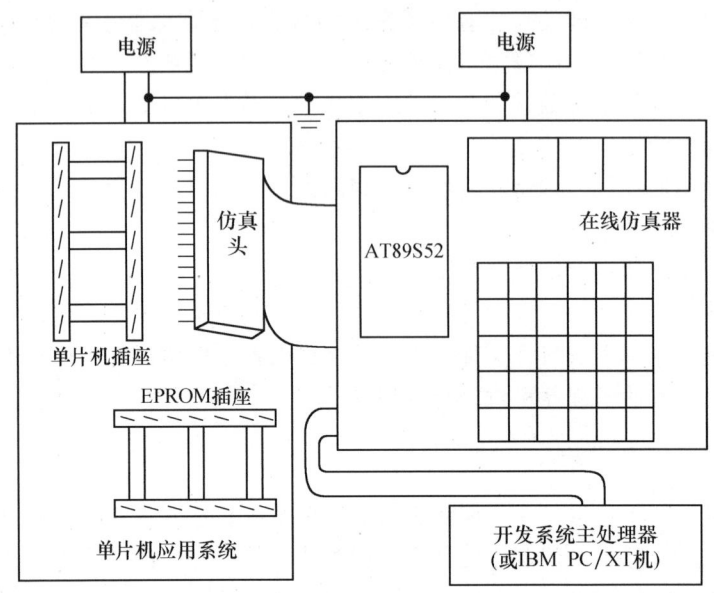

图 4-41 仿真示意图

代",这就是所谓的"仿真"。由于开发系统的软、硬件的强大支持,利用仿真器的断点设置、单步跟踪、寄存器/数据存储器/程序指令在线修改等方便的调试手段就可以在开发系统上观察用户应用程序的运行情况以及硬件的性能,查找软、硬件故障。

可见在线仿真器的主要作用是能取代用户目标系统的微处理器和程序存储器,沟通开发系统与应用系统的联系,达到最接近真实情况下,对软、硬件进行联合调试的目的。这种特点在应用系统开发初期,一些部件尚未配齐,软硬件都需调试的情况下显得特别重要。

2) 编程器

单片机应用系统的应用程序必须放入程序存储器中,系统才能运行。在应用系统还未调试好之前可借用开发系统的存储器,当系统调试完毕后,确认软件无错误时,应该把用户程序固化到 EPROM 或 OTP ROM 中去,编程器就是完成这种任务的专用设备,它是单片机开发系统的重要组成部分。EPROM 写入时的控制信号与 TTL 不兼容,因此编程器必须提供 EPROM 写入时的全部电信号。在开发系统的控制下,编程器能将暂存在开发系统存储器中的程序或常数逐条写入到 EPROM 中去,并且有写入校验功能。

3) 汇编器(又称为汇编程序)

单片机存储器容量有限,因此大多数直接将应用程序以机器代码固化在 ROM 或 EPROM 中,而用户通常是用汇编语言编写应用程序的,那么怎样将用户的汇编程序翻译成机器代码呢？汇编器就具有在开发系统上直接接收单片机汇编语言程序（源代码）并将它翻译成单片机的机器代码程序。一般汇编程序允许在汇编语言源程序中使用伪指令，好的汇编程序还支持宏指令和条件汇编，提供方便有效的编制源程序的方法。

综上所示，单片机开发系统是单片机应用中不可或缺的工具，开发工具的功能愈强，开发单片机应用系统就愈容易。

4.8.3 单片机在电动执行器的控制器中应用

1. 应用背景及要求

1) 执行器的作用

水、汽、油等流体与工业发展有着密切联系，而流体在工业上的应用离不开管网系统，管网自动控制系统一般由变送器、调节器、执行器和调节对象组成。执行器直接安装在工艺管道上，其控制器接受自动控制系统中的调节器或上位机的控制信号，并将其转换为执行器相应的角位移或直线位移输出，使调节阀的开度产生相应变化，从而实现对被调参数（温度、压力、流量、液位等）进行自动调节的目的。由此可见：电动执行器对自动调节系统的安全性、可靠性及调节品质的优劣都有很大影响，它是自动调节系统中一个重要的、必不可少的组成部分。

2) 执行器的控制器的功能要求

人机界面：

（1）参数设定，在执行器运行的初始阶段能够对系统灵敏度、零点、开度、电机额定电流设定和系统参数调整；

（2）数据显示，系统参数（如调节阀开度、力矩、温度等）、工作方式及状态实时显示。

3) 调节阀开度实时控制

控制器实时将调节阀开度设定信号与现场阀位实际值比较，根据偏差采用控制算法对调节阀开度进行实时控制。同时对力矩、温度进行监控。

4) 故障的检测、故障处理与报警

（1）系统有相序自动诊断和纠错功能，当发现相序有误，内部自动调正，而和外特性无关；

（2）对系统电源进行实时监控，当电源缺相时，应启动自保功能，禁止电机运行并发出报警信息。

5) 数据通信

（1）将调节阀开度参数经 D/A 转换后以相应的标准信号 4～20mA 或者 1～

5V 的模拟信号输出给控制器和显示仪表；

（2）采用 MODBUS 总线实现上位机与现场执行器的通信；

（3）采用红外数据发送/接收形式实现遥控器与执行器的数据通信；

（4）采用 CDMA 移动通信系统的 SMS 业务实现各执行器与管网数据中心进行远程数据采集、功能设置，满足工业控制系统向分散化、网络化、无线化方向发展的要求。

2. 执行器的控制器硬件设计

硬件结构及工作原理如下：

以 AT89S52 单片机为核心的电动执行器的控制器硬件结构如图 4-42 所示。其中 MCU、三相检测、掉电保护、LCD、A/D、D/A、总线、红外键盘等主要部分电路见图 4-43。在操作者预先设定调节阀的灵敏度、零点和行程等整定参数后，执行器的控制器接受上位机发送来的调节阀开度设定信号，并将

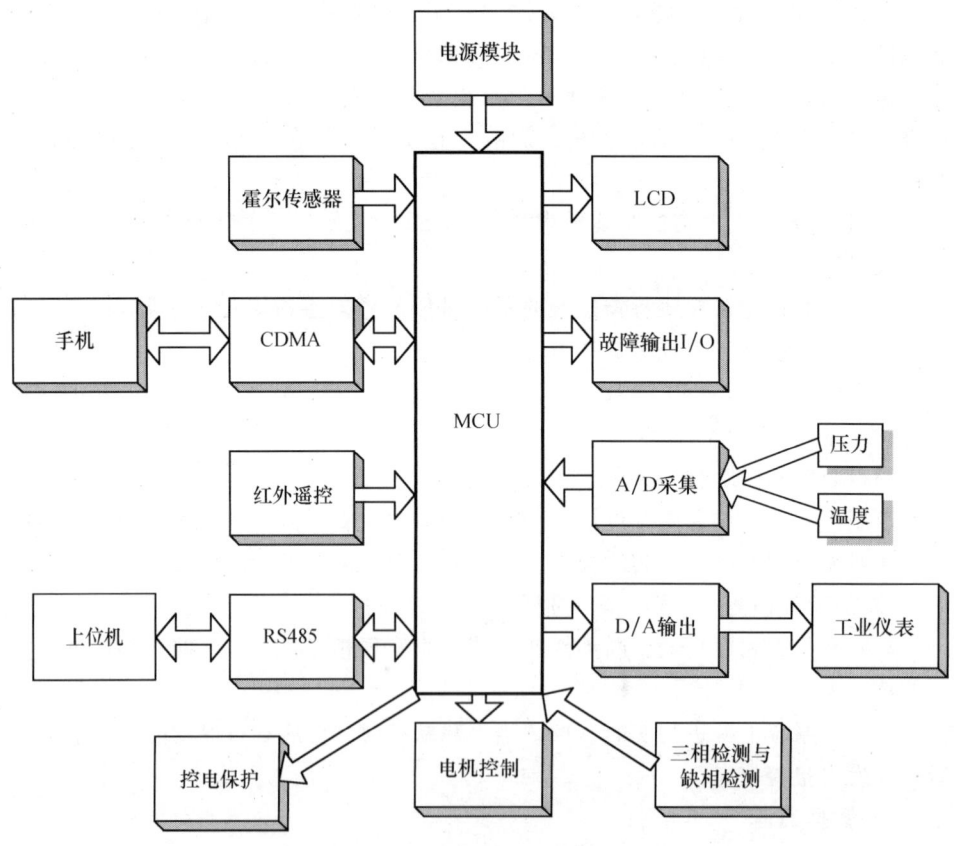

图 4-42　控制器硬件结构图

第 4 章 单片微型计算机技术

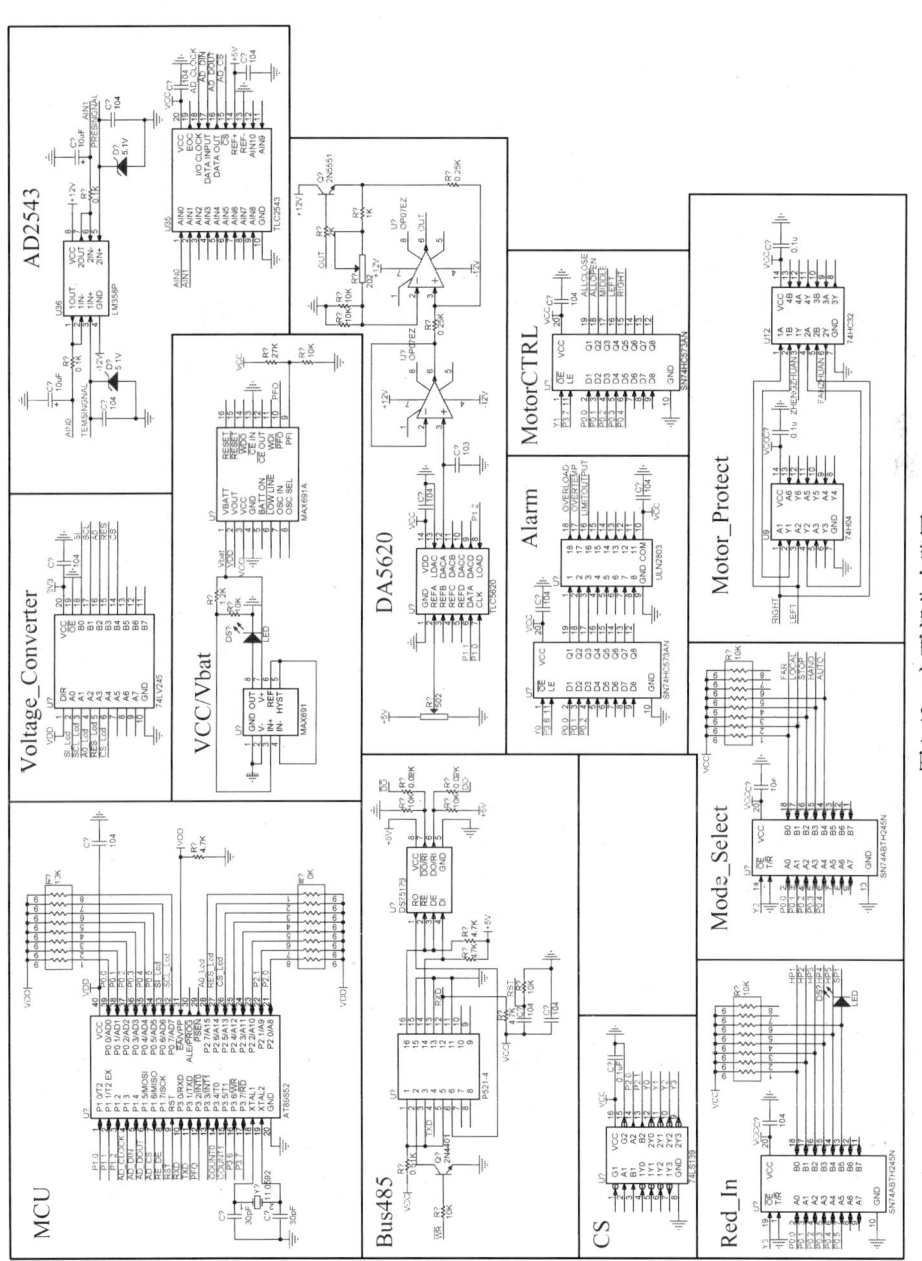

图4-43 主要部分电路图

此信号与开度反馈信号相比较,由单片机按一定控制策略,向消除其差值的方向驱动和控制电机正转或反转,从而使调节阀开启或关闭、运行到指定开度位置。控制器一方面通过总线、无线网络将实际开度位置、系统的工作状态回送控制中心,另一方面利用LCD就地实时显示调节阀开度及系统的工作状态。另外,现场总线上可以挂若干个执行器,组成以上位机为主机的现场总线控制网络。

3. 控制系统软件设计

一个单片机应用系统,在经过总体方案论证和硬件系统设计基本定型的基础上,即可着手进行软件设计,以保证应用系统整体功能要求和技术指标的具体实现。根据执行器的控制器特点,执行器系统软件化设计方法,即按不同功能划分成多个相对独立的程序模块,见表 4-21。由于单片机应用已十分广泛,成功的软件很多、很丰富。因此,可根据设计需要,寻找并参考合适的、现成的,经验证明稳定可靠的程序模块,特别是通用子程序,经略加修改即可应用于自己的程序设计中。

程序设计具有很大的柔性和实践性,设计方法不拘一格,灵活多样。不仅与功能要求、规模、复杂程度等有关受篇幅限制,本节不作论述,敬请参考相关的资料。

表 4-21 控制器应用程序的各子程序名称及功能

序号	子程序名称	功 能	形 参	备 注
1	void use_lcd(void)	选通 LCD		
2	void use_red(void)	选通红外		
3	void use_motor(void)	选通电机		
4	void delay(unsigned char ms)	延迟	char ms 延时时间	
5	void use_switch(void)	选通远程本地手动开关		
6	bit lcd_bz()	测试 LCD 忙碌状态		
7	void lcd_wcmd(unsigned char cmd)	写入指令数据到 LCD	char cmd 命令	调用 6 子程序
8	void lcd_pos(unsigned char pos)	设定显示位置	char pos	调用 7 子程序
9	void lcd_wdat(unsigned char dat)	写入字符显示数据到 LCD	char dat	调用 6 子程序
10	void lcd_init(void)	LCD 初始化设定		调用 6 子程序

续表

序号	子程序名称	功　能	形　参	备　注
11	void lcd_cursor_pose (unsigned char left_right_digit, unsigned char left_right)	光标移位	char left_right_digit, left_right	调用7子程序
12	void lcd_PutStr (unsigned char *Str, unsigned char data_pose)	字符串显示	char *Str, unsigned char data_pose	调用8、9子程序
13	void lcd_PutNum (unsigned char num, unsigned char data_pose)	数字显示	char num, char data_pose	调用8、9子程序
14	unsigned int read2543 (unsigned char port)	AD2543驱动	char port	
15	void da5620 (unsigned char da)	DA5620驱动	char da	
16	void red_check (void)	check显示模式		调用1、7、12子程序
17	void red_Dir (void)	设定开阀,关阀方式		调用1、12子程序
18	void red_dead_area (void)	死区值的设定		调用1、7、11、12子程序
19	void red_close_value (void)	关阀限位值		调用1、7、11、12子程序
20	void red_open_value (void)	开阀限位值		调用1、7、11、12子程序
21	void red_set (void)	密码输入		调用1、2、7、11、12、20子程序
22	void motor_CtrN ()	电机位置正偏差		调1、13子程序
23	void motor_CtrP ()	电机位置负偏差		调1、13子程序
24	void motor_Ctr ()			调用22、24子程序
25	Unsigne int motor_Check (unsigned int cu_elec_value2, unsigned int data_cn2)	检测堵转功能函数		
26				

4. 单片机应用系统的结构特点

由上述可见:从结构上看,一般单片机应用系统由单片机基本系统、前向通道、后向通道、人机对话通道及数据通信通道组成。

1) 单片机基本系统

单片机芯片配置必要的外部器件就能构成基本系统。

2) 前向通道

前向通道是单片机应用系统与采集对象相连接部分，它有以下主要特点：

(1) 它与现场被控制对象相连，是现场干扰进入的主要通道，故是系统抗干扰设计的重点部位。

(2) 由于所采集的对象不同，有开关量、模拟量、脉冲量等，而这些都是有现场的传感器测量后送给单片机。许多参数信号往往不能满足单片机输入的要求，故前向通道通常含有信号变换，如放大器、I/F 变换、V/F 变换、A/D 转换和整形电路等。

(3) 前向通道是一个模拟、数字混合电路系统，其电路功耗小，通常没有功率驱动要求。

3) 后向通道及特点

后向通道是用于系统的伺服驱动控制通道，它具有以下主要特点：

(1) 它是应用系统的输出通道，通常需要功率驱动；

(2) 靠近伺服驱动现场，伺服控制系统的大功率负荷易从后向通道进入单片机，故后向通道的隔离方式对系统的影响极大；

(3) 根据输出控制的不同要求，后向通道电路多种多样，有模拟电路、数字电路、开关电路等，有电流输出、电压输出、开关量输出及数字量输出等。

4) 人机对话通道及特点

单片机应用系统中的人机对话通道是用户为了对应用系统进行干预以及了解系统运行状态所设置的，它主要有键盘、显示器、打印机等接口，其特点为：

(1) 通常的单片机应用系统是小规模的，故系统中的人机对话设备采用的是微型打印机、非编码键盘、LED/LCD 显示器等；

(2) 人机对话通道接口通常为数字电路，电路结构简单、可靠性高。

5) 数据通信接口及特点

组成较大的测控系统，系统间相互通信的接口是必不可少的，而多数单片机设有串行口，为应用系统数据通信提供了方便条件：

(1) 单片机本身的串口只给相互通信提供了基本结构及基本的通信各种方式，但它并没有提供标准通信规程，故利用单片机串行口构成通信接口时，还要配置较复杂的通信软件；

(2) 在很多情况下，利用标准通信接口芯片来构成相互通信电路接口；

(3) 通信接口都是数字电路，抗干扰能力强，但大多数都需要长距离传输，故要解决长距离传输驱动、匹配、隔离等问题。

随着单片机的开发、应用日益广泛，并逐渐向高层次推进，对应用系统的稳定性、可靠性要求也愈显重要，已引起诸多专家投入专门的研究，方法与措施层出不穷，这里就不一一详述了。

复习参考题

1. 单片机与通用微型计算机在结构上有何区别？
2. AT89S52 单片机的时钟周期、机器周期、指令周期是如何划分的？当 $f_{osc}=6\text{MHz}$，则一个机器周期 T 为多少？
3. 单片机有几种工作方式？为什么要进行复位？复位后的状态是什么？
4. 每个机器周期出现两次 ALE 信号有效，意味着什么？在什么情况下只出现一次？
5. 简述 AT89S52 单片机内部数据存储器的配置与地址分配单片机 RAM 的寻址空间为多少？它包括哪两个部分？
6. 若要完成以下的数据传输，应如何用 8051 单片机的指令来实现？
   - 外部 RAM 40H 单元数据送入 R1 中；
   - 外部 RAM 2000H 单元内容送入外部 RAM 3000H 单元中；
   - ROM 3000H 单元内容送入内部 RAM 30H 单元中。
7. 简述 RET 和 RETI 的区别。中断响应的过程是什么？
8. 一个由 8051 单片机构成的力、速度测量报警系统，其采用周期为 2s，力、速度报警信号分别接入 8051 的 INT0、INT1，并且其故障处理的优先级是速度-力-时间。
   - (1) 请写出相关寄存器 TMOD、TCON、IE、IP 的具体值。
   - (2) 故障处理的中断程序能否存储在 64KB 的程序存储器的任意区域？若不可以，说明其理由，若可以，如何实现？
9. 什么是键盘的去抖动问题？为什么要对键盘进行去抖动处理？
10. 请您针对日常生活、学习工作中的某一问题，利用已学的机电控制技术知识，提出一个解决方法（应包括：问题的提出、研究目标、测控方案）。

参 考 文 献

孙育才，王荣兴，孙华芳. 2005. 新型 AT89S52 系列单片机及其应用. 北京：清华大学出版社

第 5 章　机电系统中的 PC 控制技术

5.1　工业 PC 控制系统的基本原理和组成

工业 PC 控制是计算机控制系统的高级阶段。PLC 控制主要针对工业现场设备的逻辑控制，单片机等嵌入式控制器主要应用于小型工业、家用产品的功能实现，而工业 PC 则主要应用于大型工业装备和系统的过程控制，既包括离散系统的逻辑控制，也包括连续过程的闭环控制。在机电系统中，从复杂零件的数控加工过程控制、多轴工业机器人的轨迹控制，到柔性制造系统和生产线的调度控制等等，均广泛采用工业 PC 作为主要的控制手段和实现技术。

5.1.1　工业 PC 控制系统的概念和组成

按照功能划分，工业 PC 控制系统一般可分为计算机数据采集系统和计算机控制系统。在很多场合，这两种功能是紧密结合的。

1. 工业 PC 实时数据采集系统

工业 PC 数据采集系统承担对机电系统进行实时数据采集的任务，或者在实时数据采集的基础上进行统计、分析，从而向操作人员给出参考操作方案与报警。在这种应用场合，计算机不直接（或很少）参与过程控制，对机电系统不会直接产生影响。

采用工业 PC 实时数据采集系统的场合：

（1）为了记录与统计机电设备和系统运行过程的必要数据，或者是为了监视工业生产现场各种设备的状态，以便进行及时的、针对性很强的维修。

（2）工业生产现场规模过大而使得操作决策难于表达，或者虽然能够表达，但是仍然需要较多的人为介入时，采用数据采集系统是既经济又实用的选择。

采用工业 PC 实时数据采集系统的作用：

（1）计算机运行速度特别快，在过程参数的测量和记录方面可以代替大量的常规显示仪表和记录仪表，对整个生产过程实现集中监视。

（2）计算机具有运算和逻辑判断能力，可以对大量的输入数据进行必要的集中、分类与处理，并得出一定的结果，从而可以作为指导生产过程控制的参考。

（3）计算机具有存储信息的能力，可以预先存入各种工艺参数的极限值，以便在处理过程中进行超限报警,确保生产过程的安全。

(4) 可以得到大量的统计数据,逐渐从中抽象出生产过程的数学模型,为导入实时计算机控制系统作准备。

2. 工业 PC 实时控制系统

计算机实时控制系统是能够对工业生产过程实施实时控制的系统。一个计算机实时控制系统,必须具有实时数据采集功能。因为只有在此功能的基础之上才能够实现实时决策,从而实施实时控制。对机电系统而言,工业 PC 控制系统方框图可用图 5-1 表示。

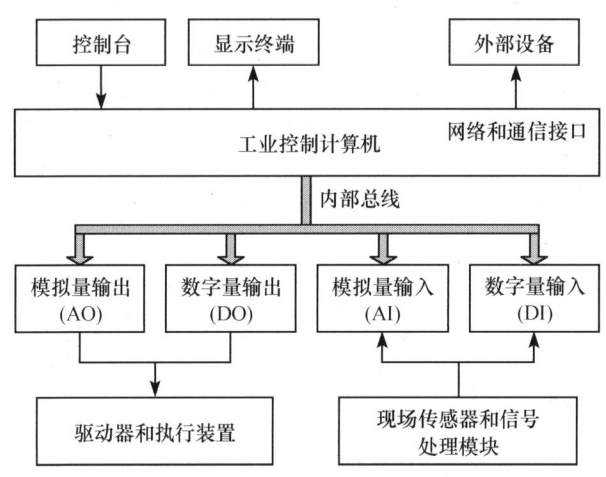

图 5-1 工业 PC 控制系统

3. 工业 PC 控制系统组成

1) 工业控制计算机

工业控制计算机由若干模块组成,如一个或多个处理器模块、图形处理模块和 I/O 模块等。它们通过机箱内部总线构成工业控制计算机系统,主要进行数据采集、数据处理、逻辑判断、控制量计算、报警处理等,通过接口电路向系统发出各种控制命令。

如常用的台式 PC 或 PC 工控机,采用 ISA(industry standard architecture)或 PCI(peripheral component interconnection)总线和多种数据采集、控制和专用模块相连接,这类系统往往运行 Windows 桌面操作系统,价格低廉,有很好的图形窗口界面和丰富的商业软件支持,是目前应用最广泛的一类工业控制计算机。

对控制性能要求较高的场合，可采用由 VME（versa module european）或 Compact PCI 总线等构成的系统，如美国国家仪器公司（NI-National Instrument）提出的 PXI（PCI eXtensions for instrumentation）系统，硬件上结合了 PCI 的电气总线特性与 Compact PCI 的坚固性、模块化及 Eurocard 机械封装的特性，是一种高端测量和自动化系统平台。软件方面，此类系统往往运行在实时操作系统下，实时性和可靠性都很高。对于极端控制性能要求的系统，还可采用 MultiBus 总线系统实现多 CPU 的实时控制。

2）输入输出接口

I/O 接口与 I/O 通道是主机与外部连接的桥梁，用来和外部设备完成信息交互。常用 I/O 接口有并行、串行、网络接口等，I/O 通道有模拟量 I/O 通道和数字量 I/O 通道。

3）驱动器和执行装置

机电系统中主要的执行装置包括各类电机、阀及开关等，用于产生机电系统中所必须的运动。控制电机的驱动器主要包括功率驱动单元和伺服控制单元，功率部分的主要功能是将由控制器发出的小功率信号放大为可驱动外部负载的等效功率信号；伺服控制单元则主要完成位置、速度和转矩和电流的计算。

目前各类电机驱动器大都含有专用控制芯片，除了具有快速的数据处理能力外，还集成了丰富的电机控制的专用集成电路，如 A/D 转换器、PWM 发生器、定时计时器、异步通讯电路、总线控制器以及高速可编程 RAM 和大容量的程序存储器等，具有很强的控制、监测和诊断功能。

4）现场传感器和信号处理模块

现场传感器是把机电系统中的待测量（如位移、速度、加速度、力、温度等）变换成某种电信号的装置。信号处理模块作用是把从传感器来的信号滤波、放大、电平调节和量化，变成适合于计算机接口使用的电信号。

5）控制台和显示终端

控制台是主要的人机接口，包括开关和各种功能键，最普通的控制台功能采用计算机键盘和鼠标就能完成，对于工业应用场合，则经常采用专门的电源开关、自动/手动选择开关、紧停开关等以及功能按钮、旋钮等完成机电设备的启停、设置和修改控制方式以及设定的专门动能。

显示终端可采用 LED 数码管、CRT 显示器、触摸屏等，用来显示被测参数以及机电系统的状态数据、报警以及流程图等与生产过程相关的重要信息。

5.1.2 工业 PC 控制系统的特点

工业 PC 控制主要用于大规模、复杂机电系统生产作业过程的监测和控制，它和前面章节所讲述的 PLC 控制、单片机控制相比，在控制算法的复杂度、输入输出控制的规模上有显著的提高；工业 PC 控制和通常的办公用 PC 机系统相比也有较大不同，在系统可靠性和对工业环境的适应性方面，是普通 PC 机无法比拟的。综合起来，工业 PC 控制具有如下的一些主要特点。

1. 实时性强

实时性是系统能够在限定的时间内对外来事件作出反应的特性。实时系统包括弱实时系统（soft-real-time system）和强实时系统（hard-real-time system）。前者的大量工作是进行事务处理，对时间有一定的要求，响应时间一般不是很急，在一个或多个实时任务无法满足时间约束时，系统仍然可以运行，其影响可能是系统部分性能的下降，所带来的损失相对要小，如银行交易系统、雇员上下班计时打卡系统以及多媒体歌曲点歌系统等。而后者要求对外部事件作出快速确定的反应，如果某个实时任务没有在截止时限前完成，就会导致整个系统失败，甚至引起灾难性后果，例如，一个飞机导航系统，它采集雷达数据、记录导航目标的位置及运行速度，并同时检测、处理其他飞行目标的有关数据，产生和修正导航目标轨迹，向导航目标及时发出控制信号以避免与其他目标相碰。

应用于工业控制领域的实时系统一般属于强实时系统，当构成系统的硬件性能完全确定后，影响系统实时性的便是软件设计。工业控制计算机通常采用查询和中断两种方式进行对外部事件响应处理，对于需要弱实时响应事件，通常利用周期性查询过程进行处理，而对强实时要求的事件，则需要在中断服务程序里进行处理，以便在该类事件一旦发生时计算机能立即响应。

对于系统规模较大的情形，如果强实时事件过多而且计算复杂，则可能导致 CPU 负荷过重而无法满足系统的实时性要求。此时可采用增加 CPU 的数量，提高 CPU 的档次以及采用分布式多计算机系统等方法解决系统的实时性问题。

2. 可靠性高

工业 PC 控制系统常用于控制连续的生产过程，在运行期间不允许停机检修，一旦发生故障将会导致质量事故，甚至生产事故。因此要求工业控制计算机具有很高的可靠性，低故障率和短维修时间。

对可靠性要求很高的场合，可采用双机工作及冗余系统，包括双控制站、双操作站、双网通信、双供电系统、双电源等，具有双机切换功能、双机监视软件等，以保证系统长期不间断工作。

3. 环境适应性强

由于工业现场环境恶劣，要求工业 PC 控制系统具有很强的环境适应能力，如对温度/湿度变化范围要求高；具有防尘、防腐蚀、防振动冲击的能力；具有较好的电磁兼容性和高抗干扰能力及高共模抑制能力。

4. 丰富的输入输出板卡

PC 控制系统的最大优势在于具备丰富的 I/O 板卡系列产品，世界上很多公司开发了大量的高可靠性的工业级板卡，使得工业 PC 控制系统的开发过程缩短，质量也可得到保证。工业 PC 控制系统中的输入输出板卡包括数字量输入输出卡、模拟量输入输出卡、计时器/定时器卡、通信扩展卡、运动控制卡等，是实现工业控制功能的主要元器件。

5. 系统扩充性和开放性好

灵活的系统扩充性有利于工厂自动化水平的提高和控制规模的不断扩大。采用开放性体系结构，便于系统扩充、软件的升级和互换。工业 PC 控制系统采用开放的总线标准，规定了总线信号规范、电气规范、机械规范等，凡是满足规定总线规范的板卡都可以添加到系统中，系统结构灵活，适应性强，便于更新、维护和升级。

6. 开放式软件平台，丰富的应用软件、控制软件

工业 PC 控制系统通常 Windows 平台，应用软件丰富。常用的控制软件开发环境包括 Visual Basic、Visual C++、LabVIEW 等，有大量的开发实例可供参考，另外也有采用其他操作系统运行控制程序，如 DOS、Unix 等。

Windows 软件平台的主要缺点是实时性较差，不能满足强实时任务对确定性时间响应的需要，因此在对系统响应比较苛刻的场合，通常采用实时扩展软件或实时操作系统完成设计的控制功能。

7. 系统通信功能强

一般要求工业 PC 控制系统都能方便地构成计算机网络，具有远程通信功能。除了目前流行的以太网（ethernet）通信，还可采用现场总线标准如 CAN、PROFIBUS、CC-link 等做成工业通信网络，满足大型工业过程的实时性需求。

5.1.3 工业 PC 控制系统的分类

1. 工业控制计算机 IPC

在多种总线的工业 PC 控制器的发展过程中，以 PC 总线的发展最快，利用率最高，因此，在通用商业个人计算机的基础上，世界许多公司针对工业控制的现场需求，设计了工业控制计算机（industrial personal computer，IPC），简称工控机，目前已成为工业 PC 控制系统的主流产品。

工控机在结构设计上作了较大改进，这种改进包括：

1）无源底板

把 PC 机原来的大底板（系统板或主板、母板）的功能移到一块 ALL-IN-ONE 插卡（通常称为工控机的主板）上，底板则变成无源的总线母板。工业现场使用工控机做控制核心，会接上多种扩展卡，扩展卡以早期的 ISA 卡、主流 PCI 卡为主，视用户需求，所使用的 ISA、PCI 槽也不同。

2）机箱

工控机的机箱通常采用全钢密封式机箱，增强了机械强度与抗电磁干扰的能力。机箱附带减振和加固压条装置，在机械振动较大的环境中仍能可靠运行。

3）电源

采用特殊设计的高可靠性电源装置，除了能适应较宽的电压波动范围外，还能承受瞬间浪涌冲击，保证工控机在电网不稳、电气干扰较大的环境中也能可靠运行。

4）散热、防尘设计

工控机使用环境比较特殊，经常在高温、粉尘、供电条件不好的环境下运行，并大多处于不间断运行。为了提升散热效果，加大机箱内部风流，目前大多采用双风扇设计，即正面增加一个大功率的带过滤网的吸风机，使机壳内形成威风正压，以防止灰尘进入机箱。过滤网易于安装和更换。

2. PC104 总线嵌入式控制器

PC104 总线嵌入式控制器是工业控制计算机的简化版本。和工业控制计算机相比，嵌入式控制器具有体积小、重量轻、成本低、可靠性高的优点，其中最基本的部分包含 CPU、ROM、RAM、总线接口、各种外设等器件。嵌入式控制器有多种类型，如 ARM 系列、DSP 系列等，都是在工业控制中广泛应用的嵌入式控制器。

PC104 基于 IEE P996.1 兼容 PC 嵌入式模块标准，其信号定义和 PC/AT 基本一致，但电气和机械规范却完全不同，是一种优化的、小型、堆栈式结构的嵌入式控制系统总线。PC104 有两个版本，8 位和 16 位，分别与 PC 和 PC/AT 相对应。PC104 PLUS 则与 PCI 总线相对应，在 PC104 总线的两个版本中，8 位 PC104 共有 64 个总线管脚，单列双排插针和插孔，P1：64 针，P2：40 针，合计 104 个总线信号，PC104 因此得名。

机电控制领域，许多运动控制卡厂商将运动控制功能和 PC104 总线嵌入式控制器相结合，可直接应用于机电设备控制。图 5-2 是美国德州仪器公司的

PMAC-PC104 控制器和我国固高公司的 GT-PC104 控制器外形图。

(a) PMAC2A-PC104基板

(b) GT400-PC104控制器

图 5-2　PC-104 总线嵌入式控制器

3. 分布式控制系统

分布式控制系统（distributed control system，DCS）是针对大型复杂机电系统控制的需要发展起来的系统，与之相对应的是集中控制系统和分散式控制系统。集中控制系统是以一台高性能工控机或工作站为主，通过总线扩展各个功能模块，其主要特点是可靠性较差，当主机发生故障时将导致系统无法正常工作。分散式系统则通过网络将分散的控制器连接起来，并通过网络下达命令，实现预定的控制功能。分布式控制在网络（包括现场总线）架构的基础上，通过更高层的协议管理各级设备。它有以下两个基本特点：

（1）分离性。系统内有大量的独立自治的可以相互通信的节点。

（2）透明性。系统的分离性是隐蔽的，对于使用者而言，整个系统如同一个单一处理机一样。

分布式系统中，每个 I/O 数据通道被赋予唯一的名字，同一层次的节点功能上具有互换性。给应用软件开发、系统配置和维护提供了较大便利。

分布式控制系统的控制规模大，它内在地包含了机箱式系统和嵌入式系统。分布式控制系统的技术是与网络技术同步发展的，已经形成比较成熟的体系结构。

5.1.4　工业 PC 控制器的发展趋势

1. 工业 PC 控制器的总线性能不断提高

从 20 世纪 90 年代中期开始，PCI 总线技术在 PC 机中已经确立了其地位，越来越多的 PC 机中设计了 PCI 总线，以此也积累了丰富的芯片、硬件和软件工具资源，PCI 总线向工业和其他可靠性要求较高的领域应用已经势在必行。为了适应新一代嵌入式计算机技术发展的需要，在 Pro-Log 公司的倡导下，1994 年成立了 PCI 总制造商协会 PICMG（PCI industrial computer manufacturers group)。1997 年 9 月 2 日诞生了第一个 Compact PCI 总线标准 PICMG 2.0 R2.1-the Compact PCI base specification，1999 年 10 月 1 日颁布了修订版本 PICMG 2.0 R3.0-the Compact PCI corespecification。Compact PCI 总线是从 PCI 总线和 VME 总线基础上发展而来的，它集中了两种主流总线的先进性而演变成的可靠的、开放的工业标准，如 PCI 总线的高性能数据传输能力、VME 总线的欧洲卡的四面锁定的稳定结构、板卡垂直安装利于散热的特性、更换板卡的简便性以及系统良好的可扩展性等。

高可靠、模块化、高性能和低价位的 Compact PCI 总线嵌入式计算机已经在通信、医疗器械、仪器测量、工业控制以及军事设备、航空和航天领域得到了广泛的应用。Compact PCI 总线标准经过近 10 年的发展已经趋于完善，将在未来的高端机电系统控制中得到广泛应用。

PC/104 总线工业控制器在工业和军事控制领域保持着持久的地位和发展态势。目前 PC/104 总线中已经制定标准去掉 PC/104-plus 标准中的 ISA 总线部分，仅保留 PCI 总线部分，为嵌入式板卡的设计提供更大的空间，形成 PCI-104 总线，使得 PC/104 总线工业控制器的性能和现在的 PCI 总线的工控机相当，从而在机电设备控制中得到更广泛的应用。

2. 现场总线控制系统发展迅速

现场总线控制属于分布式控制系统的一部分。根据现场总线基金会（Field Bus Control System Foundation）的定义，现场总线是连接现场智能设备与控制器之间的全数字式、开放的、双向的通信网络。

现场总线的节点是现场设备或现场仪表，如传感器、变送器和执行器等。但不是传统的单功能现场仪表，而是具有综合功能的智能仪表。如温度变送器不仅具有温度信号变换和补偿功能，而且具有 PID 控制和运算功能。现场设备具有互换性和互操作性，采用总线供电，具有本质安全性。现在国际上流行的设备级的通信网络有多种，如 CANBUS、LONWORKS、PROFIBUS、HART 和 FF 等。

现场总线技术使用一对电缆就可以为多个互联设备提供电源以及控制和配置信息。开放式现场总线技术可以使不同制造商生产的设备在同一个系统中实现互操作，方便采购和维护，降低了成本。是目前工业 PC 控制系统发展较快的领域。

3. 无线网络融入工业 PC 控制系统

近年来，随着人们对设备可互联性和可移动性要求越来越高，无线系统的使用呈指数形式增长。无线网络在工业控制和监测方面的应用也成为继工业 Ethernet

之后的工控领域的又一个热点技术。无线网络在工业现场主要应用在设备或环境实现物理连接困难以及技术上不允许或不希望用物理连接的场合,如移动或旋转设备、运动节点、远距离设备管理、障碍物阻隔环境、高危环境等,以弥补有线网络的不足。

未来,工业控制网络主要的存在形式应该是有线和无线的混合网络,相辅相成,取长补短。无线网络的主要技术有基于 802.11 的 WLAN(Wireless LAN)、BlueTooth、ZigBee 技术以及 RFID(radio frequency identification)技术。一般而言,工业监控系统对网络的数据吞吐量的要求比较低,但对在恶劣环境下数据通信的可靠性却要求很高,如在高温和低温、高湿度等级、剧烈振动、爆炸性气体、腐蚀性化学物质以及强电磁干扰环境里。无线网络在工业控制和监测方面应用主要需要解决的技术问题是安全性(security)、鲁棒性(robustness)、故障安全运行模式或故障降级运行模式(fail-safe/fail-softoperation)、干扰免疫性(interference immunity)、能源获取技术(power availability)、可互操作性(interoperability)以及人机接口技术(interface)等。

4. 工业 PC 控制系统与 PLC 功能交叉

随着开放的、模块化的主流工业控制计算机总线技术的不断发展,如 PC/104、CompactPCI、PXI 工控机等,高性能、高可靠、维护方便的工业控制计算机将在工厂自动化的控制层得到更广泛的接受和应用,而不局限于管理层和操作层。同样,PLC 产品也将在功能、通信能力、规模、可扩展性、软件、开发工具以及自诊断能力等方面得到改进。二者的功能设计出现交叉。

融合 PC 机强大的功能和 PLC 的可靠性,以及工业 PC 控制采用实时操作系统后,目前 PLC 和 IPC 相结合产生了新一代工业控制器技术——可编程自动化控制器,即 PAC(programmable automation controller)。PAC 的概念是由 ARC 公司于 1990 年提出的。PAC 可以通过一个复杂的控制器,提供先进的控制特性、网络互联能力、设备之间的互操作能力以及企业的数据信息的集成能力等。其本质上仍然是一种变结构的嵌入式工业控制计算机,将在现在和未来的工厂自动化领域发挥重要的作用。

5.2 工业 PC 控制系统的结构以及扩展模块

工业 PC 控制系统是由底板、主板、输入输出接口模块、人-机接口模块、通信模块和外围驱动和传感模块构成,各模块之间的互联一般采用标准总线结构。总线定义了引线的信号、电气、机械特性,为计算机与各模块之间、模块与模块之间或计算机各系统之间提供了标准的公共信息通路。工业 PC 控制系统的各个模块就是通过总线标准进行互联的。本节主要介绍 PC 控制系统的总线结构、输入/输出扩展模块,并着重讲述其应用方法。

5.2.1 PC 总线结构介绍

总线是一组信号线的集合,它定义了引线的信号、电气、机械特性,使计算机内部各组成部分之间、不同的计算机之间建立信号联系,进行信号传送及通信。各种总线中有不同的信号线定义、逻辑关系、时序要求、信号表示方法、电路驱动和抗干扰能力。

在计算机控制系统中,一般将总线分为内部总线(系统总线)和外部总线(通信总线)两部分。总线就是各种信号线的集合,是计算机各部件之间传送数据、地址和控制信息的公共通路。

1. 总线的组成和功能

按总线功能或信号类型划分,主要有:数据总线、地址总线、控制总线。
1) 数据总线

外部设备和总线主控设备之间进行数据传送的数据通道,用于传输数据,采用双向三态逻辑。STD 总线是 8 位总线,ISA 总线是 16 位总线,PCI 总线数据宽度为 32 位。总线中的数据总线宽度反映了总线数据传输能力,反映了总线的性能。

2) 地址总线

外部设备与主控设备之间传送地址信息的通道,一般采用单向三态逻辑。地址总线的宽度表明了该总线的寻址能力。例如,ISA 总线有 24 位地址线,可寻址 16MB;PCI 总线有 32 位地址线,寻址能力达到 4GB,可构成非常庞大的计算机系统,具有很强的计算能力。

3) 控制总线

控制总线是专供各种控制信号传递的通道,每根线或者是单向的,或者是双向的,它们分别传送控制信息、时序信息和状态信息。例如,输入输出读/写信号、存储器读/写信号和中断信号等。控制总线的信号是总线信号中种类最多、变化最大、功能最强的信号,是最能体现总线特色的信号。各种总线标准的最大区别就在控制总线上,它决定了总线功能的强弱和适应性。

此外,电源线和地线是系统必备总线。ISA 总线采用 ±12V 和 ±5V,PCI 采用 ±5V,还有 3.3V 电源信号。其中 +5V 要求有大电流供电。电源的种类在向 3.3V、2.5V、1.7V 低电压方向发展。

计算机总线有数据传输功能、中断功能、多主设备支持功能和错误处理功能。

2. 常用总线标准

常用的总线标准有 STD、ISA、PCI、VME、MULTIBUS 等。

1) STD 总线

STD 总线（standard bus）是美国 Prolog 公司和 Mostek 公司于 1978 年公布的，它是一种规模最小、面向工业控制、设计周密的工业控制计算机系统总线。SID 总线具有许多优点：系统结构简单，接口方便，尺寸较小，可维护性好，工作可靠，性能价格比高，能适应工业生产现场环境等。所以，它很快地被工业界所接受，成为在中、小规模工业控制领域中极受欢迎的一种总线标准。美国电气与电子工程师协会 IEEE 于 1981 年将 STD 标准总线制定为 IEEE P961（建议）标准，并于 1987 年制定为 IEEE 961 标准。

STD 总线定义了一种面向工业控制的计算机系统总线标准，它采用大规模和超大规模集成电路芯片在 4.5in×6.5in（即 114mm×165mm）的印刷电路板上制成各种功能插件板，为面向工业监测和控制的系统设计提供了一种模块化设计方案。

STD 总线的主要性能：

(1) 8 位双向、三态、高电平有效的数据总线。

(2) 16 位地址线可直接寻址的内存容量为 24KB。

(3) 56 引脚，功能模板尺寸减小。

(4) 控制总线 22 根，可划分为 5 类即存储器或 I/O 控制、外设控制、时钟及复位、中断和总线控制、串行优先链控制等。

(5) 最高时钟频率 2MHz。

(6) 最大稳态传输率 2MB/s。

(7) 中断功能。

(8) DMA 通道功能。

(9) TTL 总线驱动特性 $I_{OL}=24\text{mA}$，$I_{OH}=-3\text{mA}$；CMOS STD 总线的驱动能力为 $I_{OL}=6\text{mA}$，$I_{OH}=-6\text{mA}$，驱动能力强，具备充分的抗干扰能力。

2) ISA 总线

IBM 公司于 1981 年推出的基于 8 位机 PC/XT 的总线，称为 PC 总线。1984 年 IBM 公司推出了 16 位 PC 机 PC/AT，其总线称为 AT 总线。然而 IBM 公司从未公布过他们的 AT 总线规格。为了能够合理地开发外插接口卡，由 Intel 公司、IEEE 和 EISA 集团联合开发了与 IBM/AT 原装机总线意义相近的 ISA 总线，即 8/16 位的"工业标准结构"（industry standard architecture，ISA）总线。

ISA 总线有 98 只引脚。其中 62 线的一段基于 8 位的 PC 总线，可以独立使用，连接 8 位的扩展卡，而 62 线与 36 线相加后就扩展成标准的 16 位 ISA，连接 16 位的扩展卡。

ISA 总线的主要性能指标如下：

(1) I/O 地址空间 0100H-03FFH。

(2) 24 位地址线可直接寻址的内存容量为 16MB。

(3) 8/16 位数据线。

(4) 62+36 引脚。

(5) 最大位宽 16 位 (bit)。

(6) 最高时钟频率 8MHz。

(7) 最大稳态传输率 16MB/s。

(8) 中断功能。

(9) DMA 通道功能。

(10) 开放式总线结构，允许多个 CPU 共享系统资源。

3) PCI 总线

1991 年下半年，Intel 公司首先提出了 PCI 的概念，并联合 IBM、Compaq、AST、HP、DEC 等 100 多家公司成立了 PCI 集团，其英文全称为：Peripheral Component Interconnect Special Interest Group（外围部件互联专业组），简称 PCISIG。PCI 有 32 位和 64 位两种，32 位 PCI 有 124 引脚，64 位有 188 引脚，目前常用的是 32 位 PCI。32 位 PCI 的数据传输率为 133MB/s，大大高于 ISA。

PCI 总线的主要性能：

(1) 支持 10 台外设。

(2) 总线时钟频率 33.3MHz/66MHz。

(3) 最大数据传输速率 133MB/s。

(4) 时钟同步方式。

(5) 与 CPU 及时钟频率无关。

(6) 总线宽度 32 位 (5V)/64 位 (3.3V)。

(7) 能自动识别外设。

4) VME 总线

VME 总线起源于美国 Motorola 公司的 Versa 总线，Versa 总线结构原来是为其各种模块之间的接口和充分发挥 16/32 位的微处理器 MC68000 的功能而设计的。后来，Motorola 公司将 Versa 总线的模板改成欧洲式模板的尺寸，称之为 Versa-Module Eurocard（VME），并很快在欧洲形成标准。1981 年，Motorola、Mostek、Signetics、Philips 联合宣布 VME 总线作为通用标准，从而使得 VME 总线成为一种性能极高、开放式的总线。该总线于 1985 年成为 IEC851 标准，于 1987 年成为 IEEE P1014 标准。

VME 总线的主要性能和特点：
(1) 地址总线宽度 32 位。
(2) 数据总线宽度 32 位。
(3) 异步总线传输机制，数据传输率 40MHz。
(4) 具备 7 级中断能力。
(5) 具备为多处理机系统定义的总线仲裁机制，可连接 21 个处理机。
(6) 模块尺寸有 3U 和 6U 两种，最大插槽数为 21。
(7) VEM64 采用地址线和数据线复用技术，最高传输速率高达 80MB/s。

5.2.2 工业 PC 控制系统的 I/O 电路设计

采用工控机对生产现场的设备进行控制，首先要将各种测量的参数读入计算机，计算机要将处理后的结果进行输出，经过转换后控制生产过程。因此，对于一个工业控制系统，除了 IPC 主机外，还应具备各种用途的输入输出（I/O）接口部件。I/O 接口的基本功能是连接计算机与工业生产控制对象，进行必要的信息传递和变换。I/O 接口部件可以是简单的元件，也可以是复杂的 I/O 设备，如图 5-3 所示。

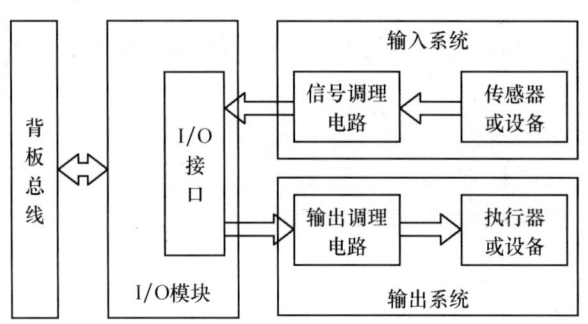

图 5-3 I/O 接口系统结构

1. I/O 元件分类

简单和基本的输入元件是传感器和探测器，输出元件是执行器或换能器，包括：

(1) 换能器（transducer）：将一种能量形式转换为同一种或者另一种能量形式的元件。换能器不仅是传感器、探测器和执行器的基本组成部分，换能器本身也是一种输出元件。

(2) 传感器（sensor）或探测器（detector）：I/O 接口的输入元件，它能感知物理变化，并将其变换为可用于测量或记录的电信号，传感器和探测器由换能器与相关电路组成。

(3) 执行器 (actuator)：I/O 接口的输出元件，它接受电信号并将其转换为物理运动或动作。执行器由换能器与相关电路组成。

2. 输入元件

1) 小功率输入开关量电路

将开关、继电器等触点的接通和断开动作，转换成 TTL 电平或 CMOS 电平与计算机相连，为了消除由于触点的抖动而产生的振荡信号，通常需要采用滤波电路，如图 5-4 所示。

2) 大功率输入开关量电路

在大功率信号中，需要从电磁离合等大功率器件的触点接受信号。为了使触点工作可靠，触点两端通常要加上 24V 以上的直流电压，为了消

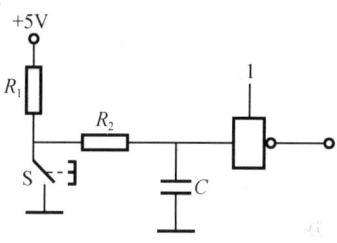

图 5-4 小功率输入开关量电路

除现场信号带来的干扰，通常采用光电耦合器进行隔离，如图 5-5 所示为机床原点信号输入电路。

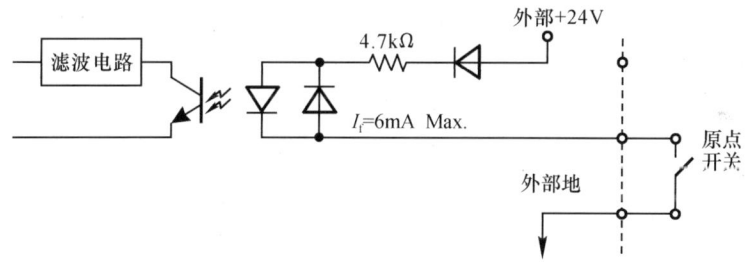

图 5-5 数字量输入电路

3) 二进制脉冲串输入电路

产生二进制脉冲串的传感器较多，常用的如光电计数器和增量式轴角编码器，其典型输入电路如图 5-6 所示。

图 5-6 中，R_1C_1 构成 RC 低通滤波电路，过零电压比较器 LM311 接成施密特电路，用于波形整形，输出信号经光耦合器 OP_1，隔离后送往计算机脉冲测量端口。如果脉冲频率不高，则可采用软件计数的方法，用查询方式或中断方式对输入脉冲量计数。如果脉冲频率高，软件计数来不及处理时，可外加硬件计数器，如采用可编程定时器/计数器 8253 对脉冲量进行计数。

4) 模拟量输入电路

由于连续物理变化而产生模拟信号的传感器，类型繁多，包括温度传感器

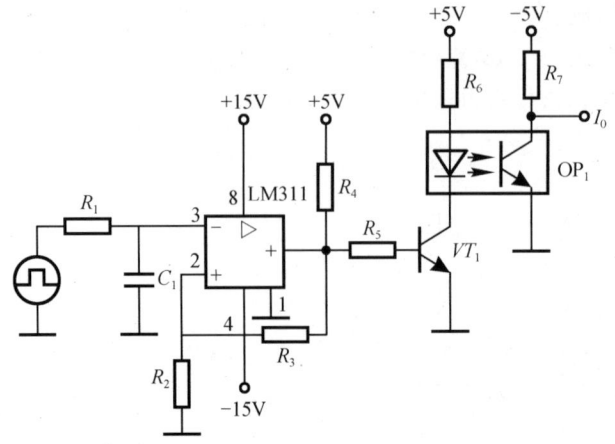

图 5-6 脉冲量输入通道电路

(如热电偶、热敏电阻和半导体温度传感器等)、机械量传感器 (如压力传感器、张力传感器、扭力传感器等)、电传感器 (如电阻传感器、电位计等)、液位传感器、电磁传感器 (如霍尔元件)、光传感器 (如光敏电阻、光电管、光敏半导体器件)、声传感器等。

模拟量输入电路包括单端输入 (single-ended input) 和差分输入 (differential input) 两种,分别如图 5-7 和图 5-8 所示。

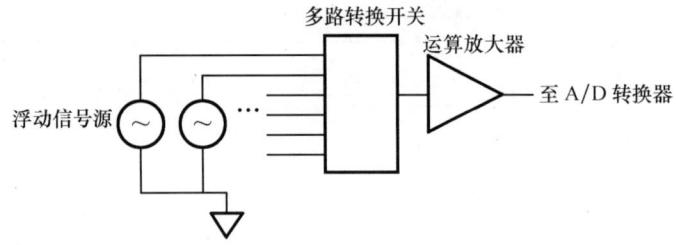

图 5-7 模拟量单端输入电路

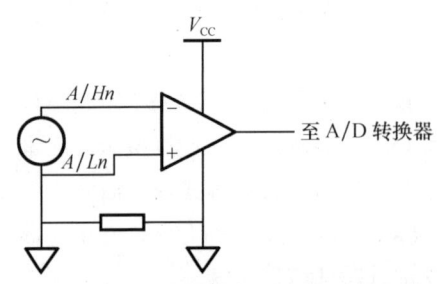

图 5-8 模拟量差分输入电路

模拟量单端模式是指电压采集相对于隔离地 (IGND),适合于浮动信号源 (指信号源与系统不共地);差分模式是向 A/D 输入差分信号对 (differential pair),采用差分方式可消除共模噪声。

3. 输出元件

1) 电压开关量信号输出接口

对于低电压情况下开关量控制输出,可采用三极管、OC 门、达林顿管或运放等方式输出,如驱动低压电磁阀、发光二极管、LED 显示器、直流电动机等。使用 OC 门作为小功率开关信号输出驱动电路如图 5-9 所示,OC 门的驱动电流一般只有几十毫安,如果被驱动设备所需驱动电流较大时,可采用三极管输出方式,如图 5-10 所示。

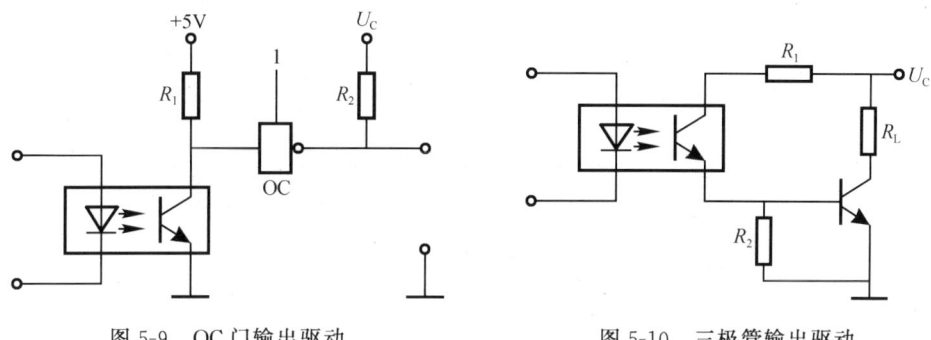

图 5-9 OC 门输出驱动   图 5-10 三极管输出驱动

2) 继电器输出接口

继电器输出方式常用在测控系统中驱动大型设备的第一级执行机构,以实现低压直流到交流高压的过渡。如图 5-11 所示,在经光电耦合后,直流部分给继电器 K 供电,而其输出触点则直接与交流 220V 相接。

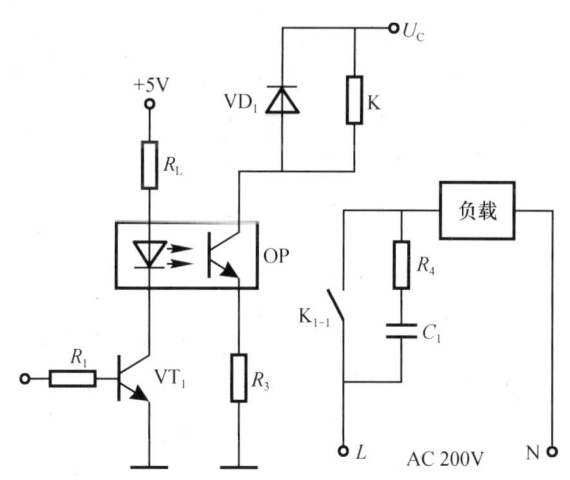

图 5-11 继电器输出电路

继电器的驱动线圈有一定的电感,在关断瞬间可能会产生较大的反电势电压,因此,常在继电器两端并联一个保护二极管 VD_1 用于反向放电。电阻 R_3 为限流电阻。在图 5-11 中是采用达林顿输出的光电耦合器直接驱动继电器,而在某些需较大驱动电流的场合,则可在光隔离器与继电器之间再接一级三极管以增加驱动电流。

3)"源"(Source)和"吸"(Sink)方式

对开关型输出元件的驱动有所谓 Source 和 Sink 两种方式,如图 5-12 所示,图中负载是二进制态的输出元件(如继电器)。在 Source 方式中,当驱动输出为高电平时,驱动电流从驱动电路流向负载,产生驱动;在 Sink 方式中,当驱动输出为低电平时,驱动电流从负载流向驱动电路,产生驱动。

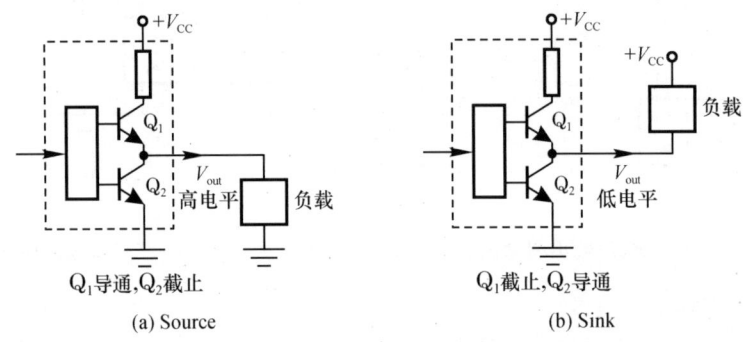

图 5-12 驱动开关型输出元件的两种方法

Sink 方式可以提供比 Source 方式大的驱动电流和驱动能力,如普通的 TTL 电路输出,Source 方式下电流最高可达 $400\mu A$,而 Sink 方式下电流可达 16mA。这是因为 Sink 输出的三极管处在低电平(导通状态),流过很大电流时才会达到额定功耗。

4)PWM 输出

各种换能器都可用作连续态(模拟量)输出元件,如电阻器(电-热变换)、灯和各种发光器件(电-光变换)、扬声器(电-声变换)、线圈(电-磁变换)等等。

对于连续态的输出元件,除了用通常的线性放大器驱动之外,还有一种常用的驱动方式即脉宽调制(PWM)。PWM 驱动的最大优点是效率高,PWM 放大器工作在开关状态,在高电压低电流和低电压高电流这两种低功耗的状态间交替,自身消耗功率小。相比之下,线性放大器自身处在高功耗的线性区(中电压中电流),效率低。

PWM 方法将输入的幅度信号转换为脉冲串输出,输出脉冲串的脉冲宽度与输入的幅度信号成正比(即工作比 duty cycle),如图 5-13 所示。对于交流应用,可以用滤波将输出脉冲串恢复为原始形状,对于某些直流应用(例如,电加热),可以直接使用输出脉冲串。显然,PWM 的调制频率越高,输出的质量越高。

用幅度信号作输入的 PWM 芯片,需要与 DAC 模拟输出接口,这种方法既复杂而又影响精度。其实并行数字信号可以直接转换为 PWM 脉冲串,采用数字信号输入的 PWM 芯片,更方便与计算机 I/O 模块接口,如图 5-14 所示。

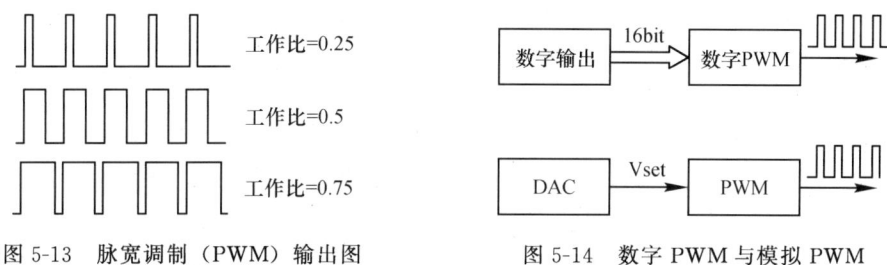

图 5-13 脉宽调制(PWM)输出图   图 5-14 数字 PWM 与模拟 PWM

4. 控制电机接口

控制电机输出接口较为复杂,简要介绍如下:

(1) 步进电机,可以把加在电机绕组上的脉冲信号变为精确的增量或减量(步进)运动,从而控制执行器的位置。步进电机操作简单,通常在开环下使用即可,是定位控制的首选方法。它的控制信号是简单的数字脉冲信号,也易于接口。

(2) DC/AC 伺服电机,通常具有位置、速度、电流的闭环控制模式。伺服电机具有很高的扭矩/惯量比,可以迅速地加速或减速。负反馈信号可以由与电机一起转动的光电轴角编码器取得,通过数字信号处理来实现控制。伺服电机的 I/O 接口是复杂的控制器。

(3) 变频电机,可用于无级变速,I/O 接口也是专门的控制器。

5.2.3 工业 PC 控制系统的功能模板选型

工业 PC 控制系统经过长时间的发展,已经形成了大量的基于总线的 I/O 接口产品,机电系统设计的硬件设计往往不用从最基本的元器件开始,可以在现有工控主机和外围功能模板的基础上,完善接口电路设计即可。目前机电系统常用的接口模板包括模拟量输入、模拟量输出、数字量输入、数字量输出、脉冲计数、运动控制以及各种通信模板等,此外还有大量的信号调理模板以及专用接线端子板等。

1) 模拟量输入模板

(1) 输入信号量程。输入量程是指所能转化的电压(电流)的范围。模拟量输入板的常见量程有 0～5V、0～10V、±5V、±10V、4～20mA,有的模拟量板卡还能直接输入毫伏级电压信号或热阻信号。

(2) 分辨率。有 8 位、10 位、12 位、16 位之分,分辨率越高,转换时对输入模拟信号变化的反应就越灵敏,如 8 位分辨率表示可对满量程的 1/256 的增量作出反应。分辨率是由采用的 AD 芯片决定的。

(3) 精度。有绝对精度和相对精度两种表示法。常用数字量的位数作为度量绝对精度的单位,如精度为最低位 LSB±1/2 位,即为 ±1/2LSB。精度是指转换后所算结果相对于实际值的准确度,而分辨率是指能对转换结果发生影响的最小输入量。这是两个指标概念,例如,分辨率即使很高,但有温度漂移、线性不良等原因使得精度并不相应很高。也常用百分比来表示相对于满量程的相对误差,如"±0.04% FSR25℃"表示在 25℃环境温度下,相对满量程的相对误差为 0.04%。

(4) 采样速率。通常用单位时间处理采样数据的能力表示。如 250ksps(samples per second),1Msps 等。根据香农的采样定理,只要采样频率 f_s 大于信号中最高频率 f_{max} 的两倍,即 $f_s \geq 2f_{max}$,采样信号就包含原信号的所有信息。

(5) 输入信号类型。电压或电流环;单端输入或差分输入。

其他的主要指标包括输入通道数、缓冲区大小以及支持软件接口等。

2) 模拟量输出卡

(1) 分辨率。与模/数转换器同定义。

(2) 稳定时间。系指数/模转换器中代码有满度值的变化时,其输出达到稳定(一般存定到与±1/2 最低位值相当的模拟量范围内)所需的时间,一般为几十个毫微秒到几个毫微秒,又称转换速度率。

(3) 输出电平。不同型号的数/模转换器件的输出电平相差较大,通常板卡可兼容多种电平,如 0~5V、0~10V、±5V、±10V 等,也有一些高压输出型为 24~30V。电流输出型低的为 0~10mA、4~20mA,高的达 3A 级。

(4) 输入编码。如二进制 BCD 码、双极性时的符号一数值码、补码、偏移二进制码等,必要时可在数/模转换前用微处理器进行代码转换。

(5) 编程接口和支持软件。同模/数转换器。

对于 AI/AO 模块,一般还分为隔离型和非隔离型两类,非隔离型适用于干扰小的场合,对于干扰大的工业现场一般要求隔离型产品。隔离型产品又分为公共隔离型和全隔离型两种。所谓全隔离型是指各路模拟量输入通道之间不隔离,经过多路转换开关和 A/D 转换后采用光电总线隔离。全隔离型则是指各路模拟量输入通道之间均采取隔离放大器进行全隔离。

3) 开关量输入输出模板

工控机系统通过开关输入板卡采集工业生产过程的离散输入信号,并通过开关量输出板卡对生产过程或控制设备进行开关式控制(二位式控制)。将开关量输入和开关量输出功能集成在一块板卡上,就称为开关量输入输出板卡,简称 I/O 板卡。如果开关量输入输出是 TTL 电平,也可以将开关量 I/O 板卡称为数字量 I/O 板卡。开关量输入有隔离/非隔离、触点/电平等多种输入方式。非隔离开关量输入的信号地和计算机的逻辑地是连通的。隔离开关量输入既可以采用隔离电源驱动光电耦合器,也可以采用外部开关量输入信号驱动光电耦合器,后者要求开关量输入信号必须有足够的驱动能力。触点输入开关量所用的驱动电源可由板卡提供,也可由外部提供,一般由板卡提供电源。开关量输出有触电/电平、隔离/非隔离等方式。触电输出本身是隔离的,不需要隔离电源。隔离型电平输出必须提供隔离电源。

4) 信号调理模板

信号调理 (signal conditioning) 是指将现场输入信号经过隔离放大,成为工控机所能接受的统一信号电平以及将计算机输出信号经过放大、隔离转换成为工业现场所需的信号电平的处理过程。

信号调理的功能包括:

(1) 输入信号种类、幅值和阻抗特性转换。在测试系统中经传感器的采样并变换输出的信号种类很多,往往是电阻、电容、电荷、电流、电压的变化量包括模拟电压、模拟电流和电荷以及数字脉冲等。而一般的数据采集卡只能对电压量进行模拟转换,通过调理模板可实现信号种类的转换;从信号的幅值范围来讲,在测试系统中经传感器输出的信号幅值范围很大。电压可能从几微伏到几千伏,频率可能直流到若干兆赫兹。数据采集卡可以接受的电压范围一般是 $0\sim5V$、$-5\sim5V$、$-10\sim10V$、$0\sim10V$ 等几种形式,当遇到电压幅值比较小的输入信号或幅值特别大的信号,就要首先对之进行放大或衰减到数据采集卡所能接受的电压范围。在信号的阻抗特性方面,测试系统中传感器输出的信号阻抗范围变化很大,有的电压性传感器的输出阻抗很低,例如,磁电式振动传感器,其输出信号进行数据采集时就必须进行阻抗转换;而有些电荷输出型的传感器输出的信号的阻抗又太高。例如,电压式加速度传感器,其输出的信号进行数据采集时也必须进行阻抗转换。

(2) 电器隔离和滤波。信号调理的一个重要环节是电气隔离,用来防止传感器输出信号混杂的冲击电压;信号调理模板的另一个作用是通过滤波环节来消除传感信号混入的干扰噪声,提高信号的信噪比。

选用信号调理模板时不应过于依赖计算机的硬件结构和软件操作系统,应保证其适应性,同时还需要注意其与数据采集设备的通信方式。信号调理板卡作为前端时,它与数据采集卡的通信方式有两种:一种是多路复用方式,另一种是并行模式。采用多路复用时,信号调理模块的所有输入通道的信号,都从一个通道输出到数据采集卡。采用并行模式时,信号调理模块是直接把经过调理后的每一个输入信号通道的信号逐个送到数据采集卡的若干个独立的数据采集通道。显然,多路复用方式降低信号调理板卡的复杂程度,可以减少资金投入,而并行模式可以实现更快速的数据采集,增加信号调理板的复杂程度。选择信号调理板卡时还需要注意其可扩展性,因为现场的数据通道数往往会因实际情况而有所改变。

5) 运动控制模板

运动控制卡主要用于各种运动控制场合(包括位移、速度和加速度)目前的运动控制卡种类繁多,但如果按核心处理器来划分,大致可分为三类:基于单片机型、基于专用控制芯片型和基于数字信号处理器(DSP)型。

(1) 基于单片机的运动控制卡。

这类卡一般以 8031、8051、8096 等单片机作为微处理器,加上存储器、编码器信号处理电路、D/A 转换电路、通信接口电路等构成一块插卡,直接插入 PC 机的总线扩展槽中,以一个外部设备的方式被 PC 访问。基于单片机的运动控制卡采用元件较多,可靠性较差,控制参数不易改变。受单片机输入、输出通道数和运算速度的限制,这类控制卡控制轴数较少,控制程序不能太大,不能采用较为复杂的控制算法,不适用于高精度、高速度的场合。

(2) 基于专用运动控制芯片的运动控制卡。

20 世纪 80 年代后,国外半导体厂商推出了直接面对伺服控制任务的专用控制芯片,如 LM628、L297/298 等。它们均可从硬件一级完成对伺服电机、步进电机位置和速度控制,控制精度高,性能可靠。

(3) 基于数字信号处理器(DSP)的运动控制卡。

数字信号处理器(DSP)专为信号处理而设计,是解决实时处理要求的单片可编程处理芯片。它使用灵活,在用于实现数据量大、计算复杂、实时性高的信号处理任务时,与一般微处理器相比,其速度更快、效率更高。DSP 强大的运算功能,使其在伺服控制中得到了越来越广泛的应用。许多公司研制以 DSP 为微处理器的运动控制卡,这些卡一般以 DOS 或 Windows 为软件平台,使用很方便。其中,美国 DeltaTau 公司的 PMAC 运动控制卡比较有代表性。在国内,固高公司推出的 GT400 系列伺服控制卡也具有相当的竞争力。

以固高公司 GT400 运动控制器为例,其结构原理如图 5-15 所示。数字信号处理器和一片 FPGA 构成 GT400 的内核完成运动控制器的实时位置轨迹计算,闭环伺服控制,主机命令处理和控制器的 I/O 管理。其主要外围接口分为以下几个部分:

主机命令接口用于主机与 GT400 运动控制器的信息交换。主机通过该接口设定运动控制器的运动控制状态/模式和轴控制参数,并通过该接口获取运动控制器的当前状态/模式、轴控制参数以及当前轴的实际位置、速度等参数。

目前被工业界广泛采用的交流伺服系统(电机+驱动)通常具有力矩控制、速度控制和位置控制等闭环控制功能。而常用的运动控制器除了具有轨迹规划功

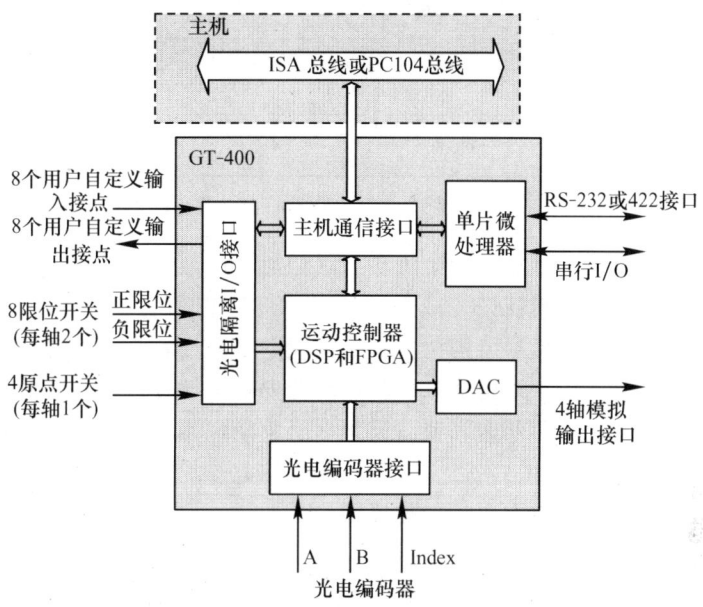

图 5-15　GT400 运动控制器结构原理图

能外，也具有位置控制和速度控制等闭环控制功能。如果采用伺服系统的位置闭环控制，配套选用的控制器则只需具有轨迹规划功能，这样的运动控制器通常价格比较低廉，而且稳定性和可靠性也会比较好，如图 5-16 所示。如果选用步进电机和驱动系统，该类型控制器也同样适用。这种类型的运动控制器通常叫做位置脉冲型运动控制器。

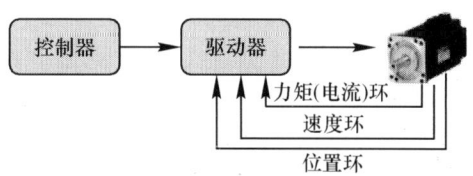

图 5-16　脉冲信号输出闭环位置控制

如果想利用伺服驱动的速度闭环来完成系统的位置闭环控制，则需要选用具有位置闭环控制功能的运动控制器，如图 5-17 所示。这种控制方式通常比第一种控制方式具有更高的控制精度，但系统的调整比第一种控制方式复杂和困难。在这种控制方式下，运动控制器接受位置反馈信号，进行位置闭环控制，向伺服驱动器输出模拟电压控制信号。伺服驱动装置接受速度控制信号，完成速度闭环控制。目前，这种类型的运动控制器也已非常普遍。

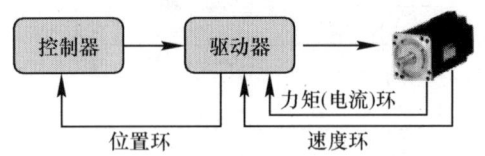

图 5-17　模拟信号输出闭环速度控制

如果伺服驱动装置只具有力矩闭环控制功能,则需选用具有速度闭环和位置闭环控制功能的运动控制器来完成系统的高精度位置和轨迹控制,如图 5-18 所示。这种类型的运动控制器结构比较复杂,成本也会比较高,但对于需要多轴运动控制的系统来说,如果采用具有多轴控制能力的运动控制器,总的系统成本可能会比其他两种方式还要低廉一些。因为多个驱动成本的降低幅度会超过一块运动控制器成本的增加幅度。不过,除了一些能够配套提供控制器和相应驱动器的生产厂家外,这种控制方式比较少被采用。

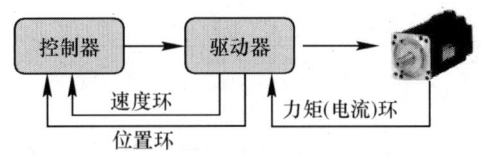

图 5-18　模拟信号输出力矩控制

(4) 运动控制卡的选型主要从以下几个方面考虑。

① 控制卡的总线类型。ISA 总线板卡数据传输速率低,属于早期板卡,但经济性较好;软件编程时可直接对硬件端口进行操作;PCI 总线板卡数据传输速率高,是目前的主流板卡,软件编程时需要驱动程序,比较复杂。

② 控制的轴数。通常可控制 1~32 轴。更多轴数的控制则需要采用总线结构。

③ 控制模式。低端板卡可提供点-点控制模式,高端板卡还可提供多轴轨迹控制,如直线、圆、抛物线等。

④ 伺服周期。伺服周期是指底层微处理器完成位置信息采集、控制算法计算和控制信号输出的时间,伺服周期的大小可直接决定控制的速度和精度。目前高性能的运动控制卡可达 $100\mu s$ 甚至更小的伺服周期。

⑤ 控制性能。包括运动曲线形式,控制算法种类,故障检测和自动保护等多种功能,需要根据实际情况考虑。

⑥ 软件接口。运动控制卡通常采用 Windows 环境下高级语言编程,如 VB、VC 等。有些运动控制卡有自身的专门编程语言。可采用的编程语言越丰富,编程指令越多,则应用场合越广,选择余地越大。

⑦ 可扩展性。如是否支持网络控制，有无多轴（>8 轴）运动控制解决方案等。

6）其他模板

除了上述的各种工业 IPC 控制板卡外，还有许多功能模板，如通信模板、计数器/定时器板、远程 I/O 模板以及总线扩展模板等，在本书不作详细介绍。

5.3 PC 总线工业控制器的通信技术

工业控制计算机系统中的数据交换有两种方式：一种是并行方式，如 5.2 节介绍的各种总线；数据交换的另一种方式是串行方式，在此基础上发展形成了各类现场总线通信技术。

本节介绍数据通信的基本知识，并着重介绍 3 种机电控制系统的数据通信和网络技术。

（1）数字量 I/O 通信。

（2）串行异步通信技术：RS-232 和 RS-485。

（3）现场总线技术，以 CAN 总线为例作详细的分析。

5.3.1 数字量 I/O 通信

在很多机电设备如焊机、机器人、雕刻机等，都预留了和外界通信的外部 I/O 接口。这些专机通过收到的外部 I/O 信号，在程序中执行不同的控制命令。图 5-19 所示为数字量输出模板与机器人通用输入的通信原理图。工业控制计算机发出的数字量输出信号通过光电耦合器隔离后和继电器相连并传递到机器人控制器中。图 5-20 所示为数字量输入模板与机器人通用输出的通信原理图。

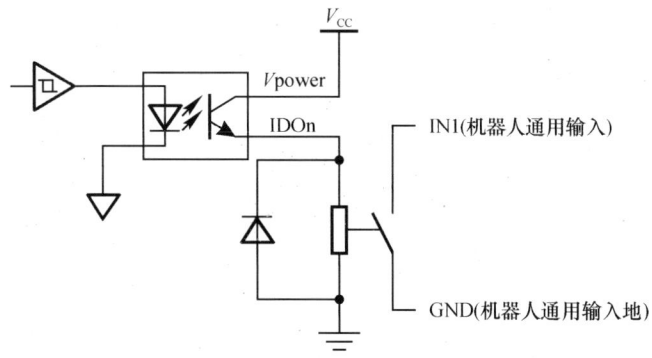

图 5-19　数字量输出卡与机器人通用接口的 I/O 通信

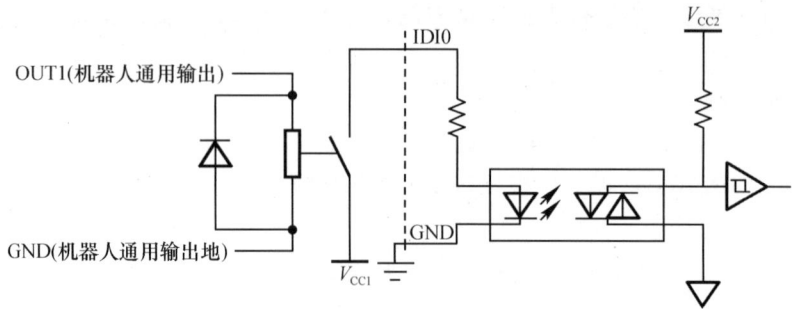

图 5-20 数字量输入模板与机器人通用接口的 I/O 通信

数字量 I/O 通信适用于传输信息量不大的情形，由于一个数据通道只能传输 "0" 和 "1" 两种状态，通常用于传输控制命令以及获取设备状态中。为了传输更多的信息，可将多个数字量通道组合编码，如 8 根数据线编码后可表达 2^8 种数据信息。

采用数字量 I/O 通信方式，传输电平可采用 24V、48V 等高电平，因此抗干扰性能较好，适用于恶劣的工业环境。其主要缺点为通信接线量较大，铺设和维护都较为困难。

5.3.2 异步通信技术

1. 串行通信的基本概念

串行通信是指在一根传输线上依照一定的顺序逐位地传输信息的通信方式。串行通信所使用的传输线少，对于与计算机相距较近的计算机外部设备如终端、打印机、存储器等，大都可采用串行通信的方式交换数据。在多台微处理器组成的分布式控制系统中，各 CPU 之间的通信也一般采用串行通信方式。下面介绍串行通信的基本概念。

1) 波特率

所谓波特率，是指每秒串行发送或接收的二进制位（比特，bit）数，其单位为 bit/s（每秒比特数），它是衡量数据传送速度的指标，也是衡量传送通道频带宽度的指标。

通信线上所传输的字符数据是按位传送的，1 个字符由若干位组成，每秒钟所传输的字符数称为字符速率，它和波特率是两种概念。串行通信中，所说的传输速率是指波特率，而不是指字符速率。设异步串行通信中，传送 1 个字符，包括 1 位起始位，8 位数据位，1 位奇偶校验位，2 位停止位。若传送速率为 1200 波特，则每秒钟能传送的字符数是 1200/(1+8+1+2)=100 个。

最常用的标准波特率是 110、300、1000、1200、2400、4800、9600、19200 以及 38400 波特。通信传输的速率越高，则误码率也越高，可靠性降低。

2) 同步通信和异步通信

按时钟控制数据发送和接收的方式，串行通信分为同步通信和异步通信两种方式。这两种通信的代码结构如图5-21所示。

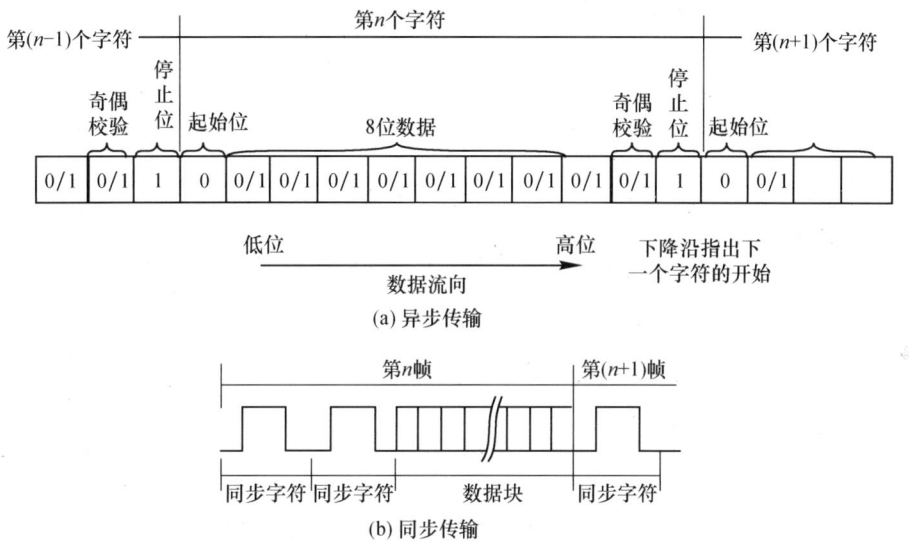

图 5-21 同步传输和异步传输的信息块结构

在同步通信中，串行数据在发送和接收两端使用的时钟应同步，才能使发送和接收保持一致。通常，发送和接收移位寄存器的初始同步是使用1个或2个同步字符来完成，当一次串行数据的同步传输开始时，发送寄存器送出的第一个字符应该是一个双方约定的同步字符。接收器在时钟周期内识别该同步字符后，即与发送器同步，开始接收后续的有效数据信息。

异步通信协议数据格式以起始位开始，以停止位结束，传送数据之间没有固定的时间间隔要求。每一个字符的前面都有一位起始位（低电平，逻辑0），字符本身由5～8位数据位组成，字符后接着一位校验位，最后是一位，或一位半，或二位停止位，停止位后是不定长度的空闲位。停止位和空闲位都规定为高电平（逻辑1），这样保证了起始位开始处一定有一个下降沿。

在异步通信中，发送和接收两端分别使用自己的时钟。只要求时钟频率在短期内保持同步。通信时发送端先送出一个初始定时位（称起始位），后面跟着具有一定格式的串行数据和停止位。接收端首先识别起始位，同步它的时钟，使之接近于发送器的频率，然后使用同步的时钟接收紧跟而来的数据位及停止位。停止位表示数据串的结束。一旦一个字符传送完毕，线路空闲，则时钟变为异步。而无论下一个字符在何时出现，它们再重新同步。

同步通信优点是传输速度快，不足之处是由于同步通信的实用性完全取决于发送器和接收器保持同步的能力,另外,若在一次串行数据的传输过程中,接收器由于某种原因(如噪声等)漏掉一位,则所有以下接收的数据都是不正确的。异步通信相对同步通信而言,传输数据的速度较慢,但若在一次串行数据传输的过程中出现错误,仅影响一个字节数据。目前,在计算机测控系统中,串行数据的传输大多使用异步通信方式。

3) 单工、半双工和全双工通信

在串行通信中,按照发送和接收数据的方向以及能否同时进行数据传送,可将数据传送分为单工、半双工与全双工三种基本的传送模式,如图 5-22 所示。

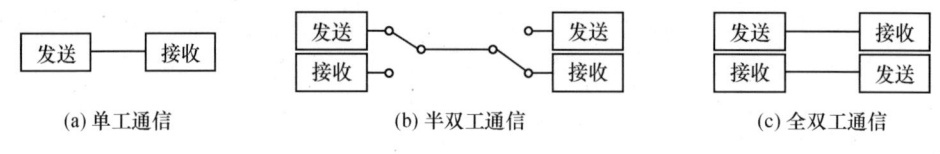

图 5-22 单工、半双工和全双工通信

(1) 单工方式。仅允许数据单方向传送。

(2) 半双工方式。发送和接收数据分时使用同一条传输线路,即在某一时刻只能进行一个方向的数据传送。

(3) 全双工方式。采用两根传输线连接两端设备,可同时进行数据的发送和接收。

2. 工业控制中常用的串行接口

本节介绍经典的数据通信协议,RS-232 和 RS-485。这一类数据通信协议在经历了长期发展之后,至今仍然被广泛用于控制系统之中。首先,这两种通信方式简单,可以灵活地设计数据格式;其次,它们的通信速率能满足大多数应用场合,由于支持光电隔离,它们的通信距离也得到相当的扩充。

1) RS-232

(1) 信号定义。

美国电子工业协会(EIA)在 1962 年制定的 RS-232 标准是最广泛使用的数据通信协议,用于点到点的串行异步通信。RS-232 标准采用 25 针连接器,共定义了 20 条信号线,但实用中只用到其中的 10 条信号线,表 5-1 给出了它们的定义。

表 5-1 RS-232 信号定义

信号名称	DB25 管脚号	DB9 管脚号	信号线定义及传送方向
GND	1	外壳	机壳地
GND	7	5	信号地
TxD	2	3	发送数据,DTE→DCE

续表

信号名称	DB25 管脚号	DB9 管脚号	信号线定义及传送方向
RxD	3	2	接收数据，DCE→DTE
RTS	4	7	请求发送，DTE→DCE
CTS	5	8	允许发送，DCE→DTE
DSR	6	6	DCE 准备好，DCE→DCE
DTR	20	4	DTE 准备好，DTE→DCE
DCR	8	1	数据载波检测，DCE→DTE
RI	22	9	呼叫检测，DCE→DTE

RS-232 协议只规定了接口的电气和机械特性，它既可以用于异步通信，也可以用于同步通信，但在实际应用中常见的是用于 PC 的异步通信端口。通信双方的传输速率、异步传输位流的代码结构、停止位数和校验方法（奇/偶校验）等，均通过双方的异步传输控制器（UART）预先设定。

（2）系统互联。

采用 RS-232 的数据通信系统，它的标准连接方式是由 RS-232 接口提供计算机（称为数据终端设备 DTE）与调制解调器（称为数据通信设备 DCE）之间的连接，而真正的通信链路（通常是电话线）则是在通信双方的调制解调器之间，如图 5-23 所示。

图 5-23 RS-232 协议下的数据通信系统

标准连接的 RS-232 的数据通信系统过于复杂，在短程数据通信中，尤其在控制系统中，两个通信节点之间可不用调制解调器，而且信号也可进一步简化。

（3）电平转换。

在计算机内，通用的信号是正逻辑的 TTL 电平，而 RS-232C 的逻辑电平是负逻辑±12V 信号，与 TTL 电平不兼容，必须进行电平转换。用于电平转换的集成电路芯片种类很多，RS-232C 总线输出驱动器有 MC1488、SN75188、SN75150 等。RS-232C 总线接收器有 MC1489、SN75199、SN75152 等。采用 MC1488、MC1489 实现电平转换的原理如图 5-24 所示。

其中 MC1488 的电源为±12V 可输出 RS-232C 电平，并且驱动反相，以完成正负逻辑的转换。MC1489 的电源为+5V，可输出 TTL 电平，也具有反相功能。近年问世的一些 RS-232C 接口芯片采用单一的+5V 电源，其内部集成了 DC/DC 电源转换系统，而且输出驱动器与接收器制作在同一芯片中，使用更为

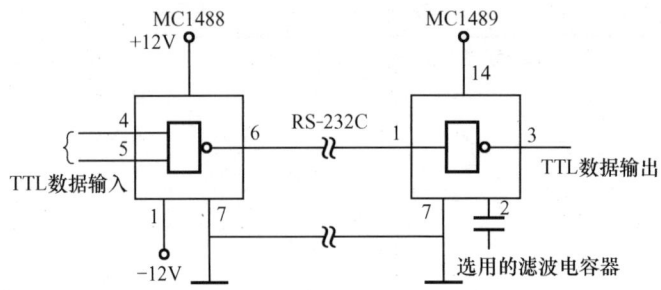

图 5-24 RS-232 与 TTL 电平转换

方便，例如，MAX232、ICL232 等。

2) RS-422

虽然 RS-232C 使用得很广泛，但它存在着一些固有的不足，主要有：

（1）数据传输速率慢，一般低于 20kbit/s；

（2）传送距离短，一般局限于 15m，即使采用较好的器件及优质同轴电缆，最大传输距离也不能超过 60m；

（3）有 25 芯 D 型插针和 9 芯 D 型插针等多种连接方式；

（4）信号传输电路为单端电路，共模抑制性能较差，抗干扰能力弱。

针对以上不足，EIA 于 1977 年制定了新标准（RS-449），目的在于支持较高的传输速率和较远的传输距离。RS-422A 是 RS-449 标准的子集，是一种以平衡方式传输的标准。所谓平衡是指双端发送和双端接收，发送端和接收端分别采用平衡发送器和差分接收器。即通过平衡发送器，把逻辑电平变成电位差，完成始端的信息传送，通过差分接收器，再把电位差转变成逻辑电平，实现终端的信息接收，RS-422A 标准传输线连接如图 5-25 所示。

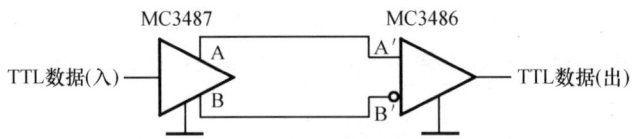

图 5-25 RS-422A 标准传输线连接

3) RS-485

RS-485 串行接口标准是 RS-422A 的变形，它具有以下特点：

（1）在两个设备相连时，RS-422A 为全双工，RS-485 为半双工。

（2）对于 RS-422A，数据信号线上只能连接一个发送器，而 RS-485 却可以连接多个，但在某一时刻只能有一个发送器发送数据。因此，RS-485 的发送电路必须由使能端 E 加以控制。

（3）电路结构是在平衡传输线的两端配置终端电阻，其发送器、接收器、组合收发器可挂在平衡传输线上的任何位置，实现在数据传输中多个发送器和接收器共用同一传输线的多点应用。

(4) RS-485 的电气特性。逻辑"1"以两线间的电压差为 2～6V 表示；逻辑"0"以两线间的电压差为 －2～－6V 表示。该电平与 TTL 电平兼容，可方便与 TTL 电路连接。

(5) RS-485 标准抗干扰能力强，传输速率高，传送距离远。采用双绞线，不用 Modem 的情况下，在 100kbit/s 的速率时，可传送的距离为 1.2km。若速率降到 9600bit/s，则传送距离可达 15km。它允许的最大速率可达 10Mbit/s（传送 15m）。

(6) RS-232C 接口在总线上只允许连接 1 个收发器，即单站能力。而 RS-485 接口在总线上是允许连接多达 128 个收发器，即具有多站能力，这样用户可以利用单一的 RS-485 接口方便地建立起设备网络。

RS-485 可以作为半双工来实现，在这种情况下双绞线既可以用来发送数据，又用来接收数据；也可以作为全双工来实现，这时发送和接收由不同的双绞线来完成。全双工的 RS-485 用 MAX3491 来实现通信接口。

RS-485 网络的主要问题是需要避免两个节电同时发送数据。需要制定网络协议指派一个节电为主节点，而其他所有的节点为从节点，只有主节点可以进行数据的发送，而一个从节点只有在主节电的数据发送完毕之后，对主节点进行响应。

3. 现场总线通信技术

现场总线（fieldbus）是用来将控制器与分布在现场的各种类型 I/O 设备或 I/O 元件相连接的网络，现场总线主要采用总线拓扑结构，具有电缆开销小、可靠性高和灵活强的优点，在工业控制中得到广泛的应用。

现场总线协议标准繁多，比较著名的有 CANbus/DeviceNet、PROFIBUS、WorldFIP、LonWorks、FF 和 ControlNet 等。从 ISO/OSI 网络参考模型的角度来看，早期的现场总线，例如，Bitbus 协议以及广泛流行的 CANbus 协议，只定义了物理层和数据链路层；而现代主流的现场总线协议则都定义了物理层、数据链路层和应用层，如图 5-26 所示。

图 5-26　现场总线协议

各种现场总线协议采用了形形色色的技术，大多数现场总线支持总线型、星型和树形拓扑，其中最常用的是总线型；现场总线的传输介质可是双绞线或光纤，多数场合都采用双绞线，采用具有光电隔离，适用于工业环境下使用的高可靠连接器。各种网络总线的特点对比如表 5-2 所示。

表 5-2 现场总线特性对比

现场总线	CAN	LonWorks	PROFIBUS	FF	HART
传输速率（bit/s）/距离（km）	$5\times10^3/10$ $1\times10^6/0.04$	$7.8\times10^3/2.2$ $1.25\times10^6/0.125$	$93.75\times10^3/1.2$ $1.5\times10^6/0.2$	$31.25\times10^3/1.9$ $1\times10^6/0.75$	$1.2\times10^3/1.5$
最大节点数	110	127	32	32	15
信号类型	数字	数字	数字	数字	数字/模拟
拓扑类型	总线型	总线型	总线型	总线型、树型、环形	
实时性	好	好	好	好	差
开放性	好	好	较好	好	
普及程度	高	一般	一般	一般	高
传输介质	双绞线光纤	双绞线同轴电缆光纤	专用电缆	双绞线同轴电缆光纤	二线制电缆
应用领域	工业场合底层测控	楼宇自动化 Internet 系统集成	底层测控工厂管理 Internet 系统集成	工业仪表	工厂测控

CAN（controller area network）的基本协议层只包括物理层和数据链路层。数据链路层又分为介质访问控制层和逻辑链路控制层两部分。CAN 的通信接口由 CAN 收发器（对应物理层）和 CAN 控制器（对应介质访问控制层和逻辑链路控制层）组成，总线通常采用双绞线作平衡式传输，两根信号线分别称为 CAN_H 和 CAN_L。CAN 网络的基本构成如图 5-27 所示，单个 CAN 网络支持 32~64 个节点。当数据传输速率 1Mbit/s 时，节点间最大距离为 40m；当数据传输速率 500bit/s 时，节点间最大距离约为 100m。

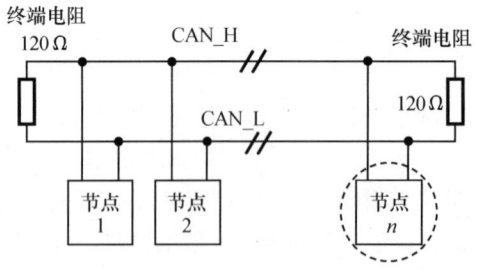

图 5-27 CAN 总线基本组成

1）电气标准

CAN 采用最简单的不归零（NRZ）制编码，以电平信号来代表"0"和"1"逻辑，如图 5-28 所示。

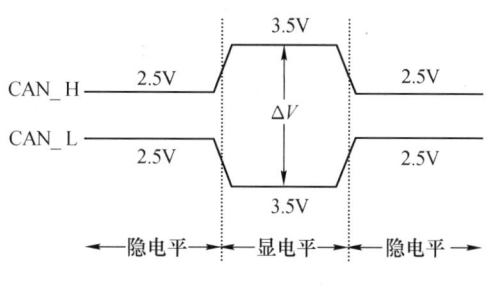

图 5-28 CAN 总线电气标准

"隐电平"(recessive) 用来表示"1",此时 CAN_H 和 CAN_L 线上的电压标称值均为 2.5V,2 根线之间电压差 ΔV 的标称值为 $\Delta V=0$,实际值 $\Delta V \leqslant 0.5V$。

"显电平"(dominant) 用来表示"0",此时 CAN_H 线上的电压标称值为 3.5V,CAN_L 线上的电压标称值为 1.5V,2 根线之间电压差标称值 $\Delta V=2V$,实际值 $\Delta V \geqslant 0.9V$。

CAN 逻辑电平在总线上表现具有类似硬件电路中所谓"线与"(Wired-AND) 的特性。由于显电平(2.0V)表示"0",隐电平(0V)表示"1",这样系统中在某一时刻只要有 1 个节点发出的数据位处于显电平,则总线上就呈现显电平("0")。

2) 物理层编码/解码

CAN 的每个数据位都被定义为 4 个时间段,如图 5-29 所示。

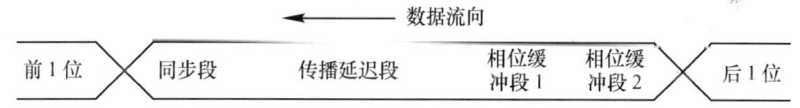

图 5-29 CAN 总线的位定时

(1) 同步段,用来对总线上各个节点同步的时间段,对于发生数据变化(由 0 到 1 或者由 1 到 0)的位,在这一段里会出现沿跳变。

(2) 传播延迟段,用来补偿网络物理延迟时间的时间段。

(3) 相位缓冲段 1,在补偿收发双方正的相位差而进行"再同步"时,用来调节(延长)缓冲时间。在本段末,该数据位的值被读取。

(4) 相位缓冲段 2,在补偿收发双方负的相位差而进行"再同步"时,用来调节(缩短)缓冲时间。

CAN 通过两种机制来实现消息传输同步。

第 1 种称为"硬同步",每当总线结束空闲期,出现消息帧时,总线上出现从隐电平到显电平的下降沿跳变,各节点的 CAN 控制器就利用这个跳变来调整各自的时钟,实现同步。

但是在整个 1 帧的传输过程中,仅仅靠硬同步机制不足以克服发送节点时钟和接收节点时钟之间的时间漂移,为此,CAN 采用第 2 种称为"再同步"的机制,在接收节点一方,利用接收帧中的各个发生沿跳变的位来对该位的时间长度作调整。

在位时间的同步段里检测到沿跳变,则这 1 位可以正常同步,无须作再同步调整。如果在同步段内没有检测到沿跳变,则就靠调整该位相位段的长度(时间量)来实现再同步。

(1) 如果该位的沿跳变落后,也即沿跳变发生在同步段之后和数据被读取之前,则当前数据位的相位缓冲段 1 自动调整加长。

(2) 如果下 1 数据位的沿跳变超前,也即沿跳变发生在当前位的相位缓冲段 2,则当前位的相位缓冲段自动调整缩短。

应该注意,再同步并不发生在帧的每 1 位,接收节点只能对发生数据变化(发生沿跳变)的位作再同步。

3) 消息帧

在 CAN 系统中,从源节点向目标节点的数据传输不是靠指定地址来实现,而是靠所发送消息的 ID 码。消息内容都标记有唯一的 ID 码,所有接收节点都同时收到总线上传输的所有消息帧,通过对所收消息帧中的 ID 码作接收检测,确定对该消息帧是接收还是加以滤除。ID 码还被用来指定所发送消息的优先级,ID 值越小,优先级越高。

图 5-30 所示为 CAN2.0A 协议的消息帧的格式,消息帧的长度依数据域长度不同(0~64bit),在 44~108bit 可变。它包括 7 个域:

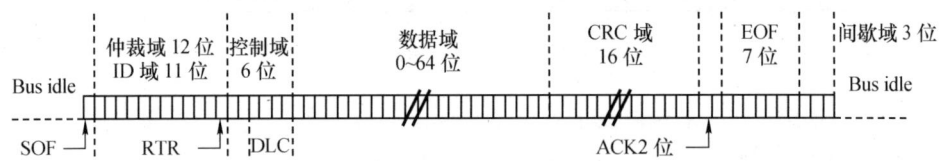

图 5-30 CAN 的消息帧

(1) 帧起始位(start of frame, SOF),指明一帧的起始处。

(2) 仲裁域,包括 11 位 ID 域和远端发送请求(RTR)位。接收节点根据 RTR 位来区分从远端收到的消息帧是发送消息帧还是请求消息帧。

(3) 控制域包括 6 位,2 个显电平位留作未来使用,4 位数据长度码(DLC)用来指出紧跟其后的数据域的字节数。

(4) 数据域,0~64 位可变(8 个字节)。

(5) CRC 域,包括 15 位循环冗余检测码和 1 个隐电平的定界位。

(6) 应答域(ACK)包括 2 位,第 1 位是 Slot 位,它在发送时是隐电平,随后会被成功地收到该发送消息的节点用显电平覆盖；第 2 位是隐电平的定界位。

(7) 帧结束域（end of frame，EOF），包括 7 个隐电平位。在 EOF 之后是 3 个隐电平位组成的间歇域（INT），此后就进入总线闲置期（Bus Idle）。

4) 介质访问控制技术

总线型拓扑的网络，各个节点共享同一条通信链路（即传输介质），为了防止冲突，必须采用某种控制方法，保证在任何时间只有 1 路数据在传输，这种控制方法称之为介质访问控制技术。

CAN 采用具有冲突检测功能的载波监听多次访问（CSMA/CD）方式来控制对介质的访问。

(1) 载波监听（carrier sense，CS），监听介质上有无消息在传输。

(2) 多次访问（multiple access，MA），1 个节点发送 1 次消息之后，如果发现线路空闲，该节点可以再次启动传输。

(3) 冲突检测（collision detection，CD），1 个发送数据的节点在传输数据过程中始终检测着往网络上是否有其他节点在发送消息。

CSMA/CD 方式下发送信息帧的具体过程可以描述如下：监听总线，看介质线路上有否其他节点发送的信号存在；如果介质是空闲的，则可以立即发送；如果介质正在忙，则继续监听，直到介质空时就立即发送。由于传递延迟，当总线上两个节点监听到没有其他信号而发送信息时，仍然会发生冲突。冲突监测（CD）机制用来发现这种发送过程中的冲突。

CSMA/CD 是一种竞争型（冲突型）介质访问控制方式，CAN 与以太网都是采用这种方式。但是 CAN 与以太网的不同之处在于，当发生冲突时，以太网是采用退避（backoff）这样一种谦让（fair）的方式来解决冲突，因而使得以太网不具有访问的确定性，也就是说没有实时性；而 CAN 则采用"非破坏式按位仲裁"（non-destructive bitwise arbitration，NDA）方式，根据优先级高低以"让先"的方式解决冲突。应该指出，这种优先级机制与通常在强实时操作系统中的抢先机制有所不同，高优先级的节点在当前的消息传送之中是无法抢先的，只有在当前消息传送完成之后才能取得访问控制权。

CAN 实现 NDA 机制是基于总线逻辑电平的"线与"特性，实现按位仲裁。CAN 发送数据位流是按先高位后低位的顺序发送的，每个节点在发送消息时，将自己发出的 D 位与从总线上监听到的 ID 位（"线与"后的结果）做比较，如果一致，说明直到目前为止还可能是自己占有总线，于是就发送下一位（并监听和比较），如果不一致，说明总线上有 1 个更高优先级的节点正在同时发送，它就停止此次发送，立即改成接收当前正在发送的消息。这里需要指出，只有当 2 个或多个节点同时启动发送时，才按位进行优先级仲裁。任何 1 个节点发送在先（哪怕优先级较低），别的高优先级的节点就无法打断此次发送。由于 CAN 的消息帧很短，实现仲裁的时间粒度不至于太粗。

5）CAN 的出错处理机制

CAN 消息帧一级和位一级提供出错检查机制，当接收节点发现出错时，将树立相应类型的出错标志。在消息帧一级提供以下出错检查机制：

(1) CRC 检查。

(2) 帧校验，在 CAN 消息帧中的一些特定位置传送指定的位值，如果接收方在这些位置查到任何无效位，就树立出错标志。

(3) ACK 出错检查，发送方没有收到 ACK 响应，就树立 ACK error 标志。在位一级提供以下出错检查机制：

(4) 位监测，在发送消息帧时，发送方自动将总线上的位电平与发送的位电平相比较，如果不一致，便树立出错标志。

(5) 位填充，当接连发出 5 个相同位后，发送方自动插入一个相反位，接收方会自动删除这个插入位。如果接收方一连收到 6 个相同位，就说明传输出错，将树立相应出错标志。

CAN 还具有界定暂时性故障和永久性故障的机制。每当出现传输故障，CAN 控制器的出错计数器就自动记录下来，计数器随出错增加而持续增加，而正确的传输又使可出错计数器计数减小，直至为 0，累计的计数值就用来界定一个节点的出错状态。出错计数过高，则节点被认为发生了永久性故障。

(6) 基于工业 PC 控制系统的 CAN 总线组成。

CAN 总线系统的一般组成模式如图 5-31 所示。系统主要包括工控机、CAN 适配卡（或者外置的 CAN/RS232 协议转换器）和若干 CAN 网络节点。CAN 适配卡是实现上位机系统和 CAN 总线的连接接口，它的作用和以太网卡相同。带 CAN 适配卡的上位机在 CAN 总线系统中相当于一个网络节点。而一般的 CAN 网络节点都是由微控制器系统组成的，根据节点的功能，分别完成某一个特定的任务，如将传感器数据上传到总线上，或将网络中传来的控制数据输出到执行器

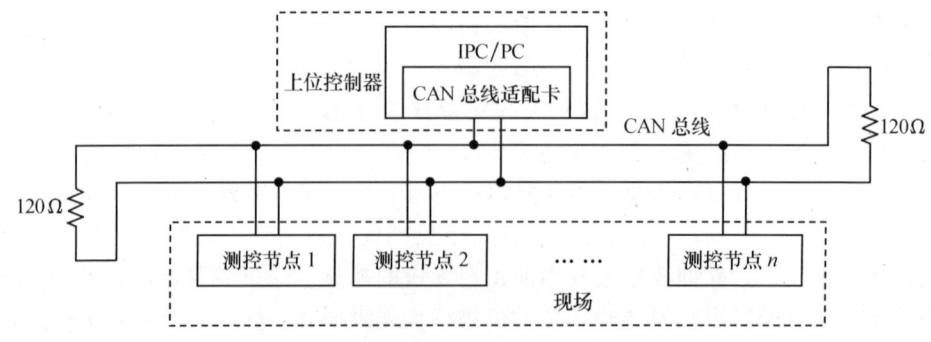

图 5-31 基于 IPC 的 CAN 总线构成

来控制该执行器的动作。

将 PC 作为一个节点联入 CAN 网络中，需要 CAN 总线适配卡，CAN 总线适配卡提供总线仲裁、错误检测及自动重发功能。可直接插在 PC 的扩展槽上，PC 自动为其分配内存地址和硬件中断号，并将其作为标准内存进行读写，对数据的发送和接收方式较为灵活，即可采用查询，也可采用中断方式。通信卡的驱动程序提供用户一个 C 编制的通信函数库（.lib 和 .dll 库），应用程序可以通过它们调用 CAN 通信卡提供的若干服务。

从功能上，CAN 卡可分为两个部分：PCI 总线接口部分和 CAN 网络通信部分。其中 PCI 总线接口部分是 CAN 卡和 PC 之间交换数据的桥梁，CAN 卡和 PC 之间的数据交换是通过 PCI 总线电路实现的。CAN 通信部分则实现了 CAN 物理层和数据链路层协议，这部分功能受 CAN 卡内的控制电路控制。

5.4 PC 总线工业控制器的软件技术

工控机系统中的软件是实现机电设备功能的最后环节。控制软件主要完成机电设备的运动功能，如单轴运动的位置、速度和加速度曲线控制；多轴联动的直线、圆、抛物线等复杂曲线控制；设备之间的协调控制；采集外部传感信息，完成故障检测和报警等。除去以上基本的运动控制功能外，工控机上的控制软件还需要完成数据输入、结果显示、参数调整等辅助功能。

本节介绍 IPC 控制软件的设计的基本要求、功能模块和设计方法，并着重介绍基于 LabVIEW 平台的控制软件设计。

5.4.1 控制软件概述

1. 控制系统对控制软件的功能需求

控制系统对控制软件提出的功能要求包括两个方面，一个是具有共性，如软件的可靠性、灵活性、通用性、可开发性、实时性等；另一个具有个性，即不同的控制系统有各自不同的控制要求，如软件的针对性等。

（1）可靠性。可靠性是控制系统的一个非常重要的指标，系统的可靠性高才能保证系统的正常运行。在控制系统中除了要求硬件系统具有高的可靠性外，软件可靠性也是至关重要的。设计控制系统软件时，应采取一系列的措施来提高软件可靠性，如设计诊断程序、抗干扰编程和将软件固化在 EPROM 中等。

（2）开放性和灵活性。开放性的主要思想体现在软件代码的移植性、高效率、可维护性、正确性以及资源的共享。具体实现上则需要采用标准的操作系统，选用通用的编程语言，改变各种操作系统和语言并存而互不兼容的情况；利用网络技术实现资源共享和远程通信，提高控制系统的柔性。

(3) 实时性。实时控制系统对应用软件的首要要求是实时性。实时性的含义是指能够在确定的时间运行其功能并对外部的异步事件作出响应。实时性除了取决于硬件的性能尤其是处理器的性能外，还包括操作系统的任务调度机制和控制软件的结构等。通常强实时性的系统需要采用实时操作系统。

(4) 多任务并发处理控制。软件必须完成控制和管理两大功能，为了满足系统的实时性要求，在软件的控制功能模块中多个线程必须并发执行，在软件中实现流水线并行操作。

(5) 模块化。软件各功能模块彼此间相互独立通过接口实现彼此间的通信从而提高软件系统的可维护性和代码复用性。

(6) 友好的人机界面。控制系统需要友好的人机界面，方便操作人员的操作也便于系统的开发测试监控和维护。

2. 机电设备控制软件的主要功能

(1) 人机界面。控制软件需要提供友好的用户界面，用户通过该界面可以对人进行灵活的控制。

(2) 轨迹规划。根据给定的路径结点和轨迹插值方式对末端执行器的运动轨迹进行求解。

(3) 运动控制。实现单轴运动的目标速度曲线、加速度曲线控制，控制电机的正转、反转和停止等基本运动功能。

(4) 数据采集。采集运动相关传感信号，如位置、速度、加速度等以及外部传感信息如力/力矩和环境温度等信息。

(5) 状态监控用于检测机器人各传感器的反馈信号和伺服警报信号检测的信号通过人机界面显示。

(6) 参数设置。用于对机电设备控制参数进行设置。

(7) 数据存储。用于存储机电设备运动数据及系统参数等。

3. 控制软件的驱动方式

设计控制系统的应用软件是要完成特定的控制任务，这就存在两个问题：一个是如何完成这些任务，另一个是何时完成这些任务。后一个问题就是软件运行时的驱动方式（或称为任务驱动方式）的选择问题。了解应用软件的驱动方式对设计软件非常重要，它关系到软件的结构、工作方式以及软件的功能。一般来说，软件的驱动方式有以下几种：

(1) 时间驱动。在控制系统中，时间是一个很重要的因素，实时控制系统许多特点都由时间因素体现出来。时间驱动方式主要应用于周期性活动性任务中，如周期性查询某个开关量输入口、动态数据的周期性刷新、定时显示和输出数据信息等。时间驱动有三种形式：一种是靠延时所确定的周期性驱动；第二种是周期严格的相对时间驱动；第三种是日历时间的定时驱动。

（2）命令驱动。操作人员通过人机接口给控制系统输入某些命令，软件接收到命令后立即停止当前正在执行的任务而转去执行与命令相对应的任务。例如，软件目前正处在点动运行状态，当操作人员通过开关或键盘输入"自动运行"命令后，软件便会立即停止点动并转入自动运行状态。

（3）中断驱动。该方式通过软件中断或硬件中断来驱动控制系统应用软件的运行，如紧急事故中断、脉冲计数中断等。中断方式是控制系统特别是实时控制系统应用非常多的一种驱动方式。软件接收到中断信号后，立即进入中断服务程序去执行相应的中断处理程序。

（4）数据驱动。某些关键数据的到达，使相应的任务进入就序状态，软件转去执行该任务。例如，在某些控制系统中，由于某项检测数据超过规定的最大值或低于规定的最小值，则软件就去执行相应的报警处理任务。

在设计应用软件时，选用哪一种或几种驱动方式要视具体情况而定。通常情况下，一个控制系统应用软件有多种驱动方式，如命令驱动、中断驱动和时间驱动等，不同的驱动方式驱动不同的软件模块。

5.4.2　Windows 平台下的控制程序编制

1. Windows 操作系统平台

传统的基于 IPC 的机电控制系统大多数是在 DOS 平台上开发的。DOS 是一个单用户、单任务的操作系统，只支持一个用户使用，并且一次只能运行一个程序。DOS 中的应用程序在运行时是过程式的，也就是说，它顺序执行自己的代码，直到运行完毕后才放弃 CPU，在此期间其他应用程序都不能运行。同时，DOS 采用的是字符操作界面，用户对计算机的操作一般都是通过键盘来输入命令来完成的。所以用 DOS 操作系统首先必须学习 DOS 命令，操作不如图形界面来得直观。

Windows 是当前最流行的操作系统。它具有以下特点：
（1）用户界面的友好易用。
（2）平台的无关性即可以安装在各种 PC 硬件平台上。
（3）强大的消息处理机制。
（4）支持抢占式多任务。
（5）先进的内存管理方式。
（6）动态连接库的支持。
（7）内置的网络功能。

2. 编程语言

Windows 操作系统平台上常用的控制软件编程语言包括 Visual Basic、Visual C++、Embedded Visual C++、LabVIEW 等。

1) Visual Basic

Visual Basic（以下简称 VB）是 Windows 平台下最容易掌握的软件编程软件。它最大的特点是界面设计，VB 采用可视化程序设计方法，程序员无须编写大量代码去描述界面元素（如常见的按钮，文本框）的外观和位置，只要把预先建立的界面元素用鼠标施放到屏幕上适当的位置即可。用户界面上各种元素，包括窗体（界面窗口）、按钮、文本框等在 VB 中对象称为控件，控件的各种属性，如窗体的标题、按钮的大小、文本框的字体等，可在建立时定义，在执行过程中也可以动态改变，界面设计比较灵活美观。

事件驱动程序设计是 VB 编程的主要技术。在 VB 中事件就是能被对象所识别的动作，如鼠标单击、键盘输入、窗体载入等，事件过程就是动作对象对事件的反应。通常，控制机电设备的程序代码放在某个事件的驱动程序代码段内，如键盘和鼠标事件相应等。采用 VB 开发数据采集和工业控制应用软件编程工作量较小，开发周期短，比较适合控制性能要求不高的场合。

2) Visual C++

微软公司的 Visual C++是一个功能强大的可视化编程工具，是目前常用的程序开发平台之一，VC++是一个非常复杂的程序开发包，包含了文本编辑器、资源编辑器、工程创建和管理、调试器、在线帮助等各个工具。在这个环境中，程序员可以完成应用程序的创建、编码、测试、完善等各个阶段的工作。Visual C++继承了 C 语言语法简练、代码运行效率高且具有对硬件操作能力等特点，适合底层控制软件的编制。除此之外，Visual C++6.0 以上版本还提供了一种建立在 Win32 API 之上的类库 MFC（microsoft foundation class library），结合 Class Wizard、AppWizard 和资源编辑器等工具，可以有效的简化应用程序开发流程；Visual C++还支持面向对象编程（OOP）技术和动态链接库（DLL）技术，便于实现软件的模块化。同 VB 相比，VC 对硬件和底层机电设备的控制更为灵活可靠。

3) Embedded Visual C++

Embedded Visual C++（嵌入式 VC）主要适用 Windows CE 操作系统，WinCE 是一个 32 位、多线程、多任务（最多同时支持 32 个进程）的实时嵌入式操作系统。和通常的 Windows 操作系统相比，具有可靠性高、可剪裁、实时性好、内核体积小等特点，广泛应用于各种机电设备的开发。WinCE 支持 X86、ARM/Strong ARM、MIPS、SHx 四种架构的 CPU，是一种硬实时操作系统，WinCE 使用与 Windows 相同的 Win32 编程模型，是 Win32 API 的一个子集。Embedded VC

和通用的 VC 编程环境完全相同，不同的是在创建工程时，要首先选择目标机的 CPU 类型，同时加载该 CPU 下的头文件（.h）和动态链接库（.dll）文件。

4）LabVIEW

LabVIEW 是美国 National Instruments（简称 NI）公司推出的一个图形化软件开发环境，在 LabVIEW 平台上除了可进行科学计算、数据处理等通用软件开发外，其最大的优势在于测控系统的开发。这是因为 LabVIEW 不仅提供了几乎所有经典的信号处理函数和大量现代的高级信号分析工具，而且 LabVIEW 程序还非常容易和各种数据采集硬件集成，可以和多种主流的工业现场总线通信以及与大多数通用标准的实时数据库链接。

在 LabVIEW 环境中开发的一个程序叫做 Visual Instrument（简称 VI），即虚拟仪器，一个 VI 程序由一个用户接口的前面板和一个框图程序组成。目前 LabVIEW 的最高版本是 2006 年 5 月发布的 LabVlEW 8.20。

3. 基于 LabVIEW 的控制系统编程实例

1）控制对象简介

本例涉及的机电系统为四自由度机械手，该机械手包括腰部回转、大臂俯仰、小臂俯仰、腕部回转 4 个自由度，整体采用重力方向折叠展开型结构，大臂俯仰与小臂俯仰为一组平面自由度。机械手臂主要通过钢丝绳传动机构，把小臂俯仰关节的电机和齿轮减速器等额外负载放置在机械臂基座部分，从而减轻了对其他关节驱动元件的要求及机械臂整体的功耗，降低了机械臂自身重量，增加了其对外做功的能力和效率。机械臂本体如图 5-32 所示，实物如图 5-33 所示。

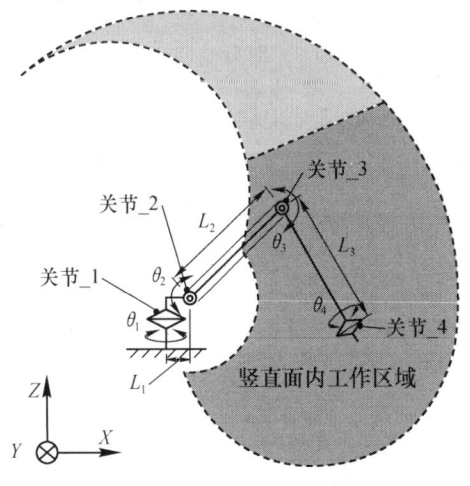

图 5-32　四自由度机械手机构示意图

图 5-33　四自由度机械手样机

机械手各关节运动范围如图表 5-3 所示。

表 5-3　四自由度机械手关节运动参数

角度 θ_1	$\geqslant 280°$（$-140°\sim 140°$）
角度 θ_2	$\geqslant 150°$（$-10°\sim 140°$）
角度 θ_3	$\geqslant 180°$（$30°\sim 210°$）
角度 θ_4	$\geqslant 300°$（$-150°\sim 150°$）
L_1, L_2, L_3 的长度	64mm，350mm，350mm
伸展长度	700mm
总重	12kg
负载	3kg

2) 控制系统设计

四自由度机械手的底盘（腰部）、大臂俯仰、小臂俯仰均采用步进电机驱动和编码器反馈来构成闭环控制系统，相应的 PC 控制器采用脉冲型运动控制卡，本例我们主要介绍台湾 ADLINK 公司的 PCI-8134 运动控制卡的编程控制；对于手腕旋转自由度以及抓取手爪吸合张开的控制，考虑到这部分机构主要处于靠近末端负载、要求体积尺寸小等原因，选择采用了直流电机配齿轮减速器并通过线性电位计的电压值来间接测量角度值的方案，相应的控制卡选用 ADLINK 公司的 PCI-9114 多功能输入输出卡。系统整体控制方案如图 5-34 所示。

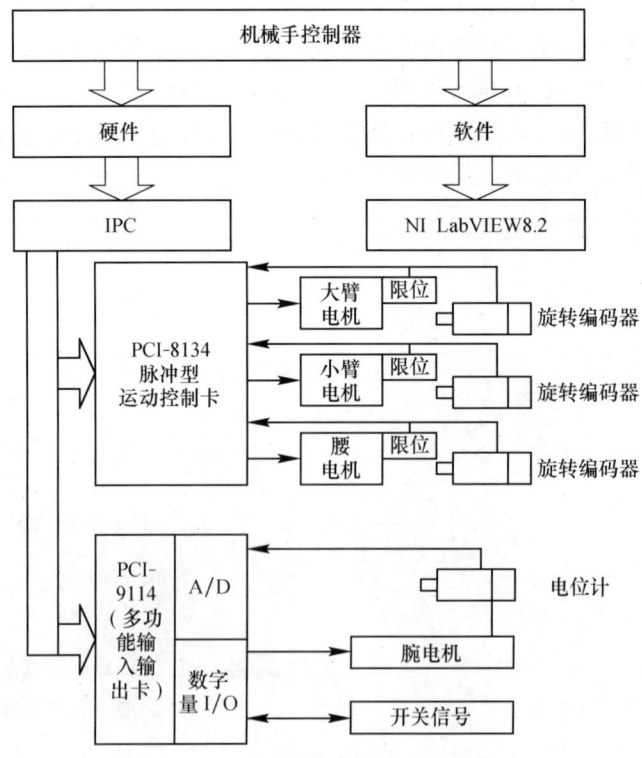

图 5-34　四自由度机械手控制系统构成

3) 硬件接口

PCI-8134 主要完成步进电机的脉冲和方向控制,其内部原理如图 5-35 所示,板卡通过高速光耦器件 2631(双路)向驱动器提供脉冲和方向信号,其中触点 1 和 2 连接时为集电极开路输出,触点 1 和 3 连接时为差分信号输出。图 5-36 为差分型编码器信号输入原理图,每对差分信号之间至少需要 3.5V 电压差。

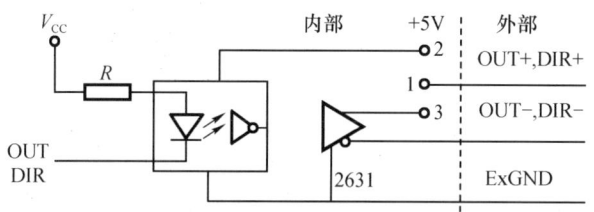

图 5-35　8134 脉冲发送原理图

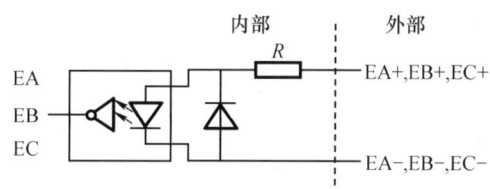

图 5-36　8134 编码器信号输入原理图

PCI-9114 包括 16 路 A/D 输入、16 路数字量输入和 16 路数字量输出,电路较为简单,在此不再详述。具体请参阅 ADLINK 公司的产品说明书。

4) 软件接口

以上两种板卡均提供 VB、VC 和 LabVIEW 编程控制,本部分详细介绍 LabVIEW 控件的使用。

PCI8134 提供的 VI 如表 5-4 所示。

表 5-4　PCI8134 控件说明

序 号	VI 名称	图 标	功　能
初始化			
1	8134 _ Initial. vi		Win2000/NT 环境下的初始化
2	8134 _ Close. vi		关闭 8134 卡
脉冲输入/输出配置			
3	set _ pls _ outmode		设置脉冲命令模式

续表

序号	VI名称	图标	功能
脉冲输入/输出配置			
4	set_pls_iptmode		设置编码器输入模式
5	set_cnt_src		设置计数器输入模式
6	set_manu_iptmode		设置手动脉冲输入模式和操作模式
单轴运动控制			
7	v_mode		采用速度梯形曲线运动
8	sv_mode		采用速度S型曲线运动
9	v_change		运动时更改速度
10	v_stop		减速停止
11	start_a_move		开始一个绝对梯形曲线
12	start_ta_move		开始一个绝对非对称梯形曲线
13	wait_for_done		等待轴运动完成
多轴运动模式			
14	start_move_all		开始一个多轴梯形曲线运动
15	wait_for_all		等待所有轴运动完成
16	move_xy		2轴直线插值运动
17	arc_xy		2轴圆弧插值运动

续表

序号	VI名称	图标	功能
手动及状态反馈设置			
18	home_move		复位运动
19	manu_move		手动运动
20	motion_done		如果运动完成返回 TURE
21	get_command		返回实际位置值
22	set_position		设置实际运动位置
23	get_io_status		返回8134I/O值

以上仅仅是8134VI的一部分，详见 8134 Motion Labview 手册。

5) 硬件原理图

本例主要讲述步进电机的控制，步进电机种类很多，但驱动器的接口较为相似，主要包括脉冲、方向以及门信号控制，对有些驱动器还有准备好（driver ready）信号输出。步进电机驱动器、编码器和运动控制卡接口如图5-37所示。

对于没有门信号的驱动器，需要将SVON信号通过开关控制接地（低电平有效），各轴运动的限位信号可根据所选限位开关的形式接入。

6) 软件编制前的准备

软件编制前需要完成如下工作：

(1) 安装好 LabVIEW。

(2) 安装 PCI-8134 和 PCI-9114 的硬件驱动程序。

(3) 安装 PCI-8134 和 PCI-9114 中的 LabVIEW 库函数（Motion-labVIEW 及 PCI-LabVIEW）。

(4) 根据板卡说明书设计好外部测量与控制电路。

(5) 完成硬件电路、传感器、执行器（电机）、驱动器和板卡及端子板的接线。

(6) 软件控制程序的编制与调试。

7) 机械臂控制程序

采用 LabVIEW 编制的机械臂运动调试程序的前面板如图 5-38 所示，图5-39则是程序的具体后台代码。

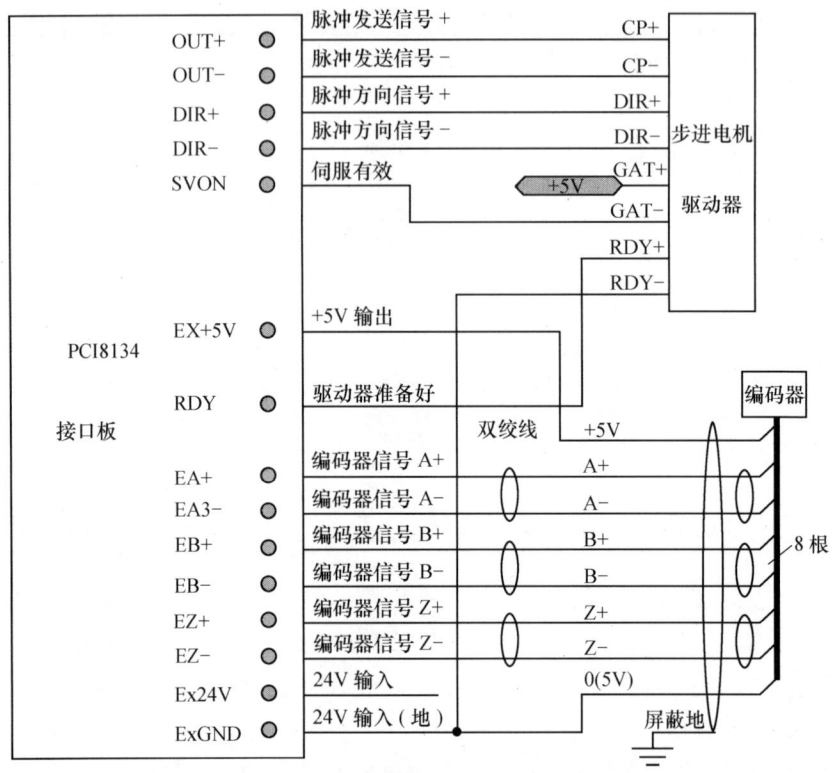

图 5-37 电机、编码器和运动控制卡硬件连接图

图 5-38 步进电机控制程序前面板

从图中可以看出，整个程序最外面是一个 while 循环，里面是四个子框图的顺序结构（此处为观看方便，采用平铺式顺序结构表达）。顺序结构的第一步相当于程序启动判定程序，它是一个 while 循环；第二步为初始化 8134 卡以及系统复位；第三步为最外面也是一个 while 循环，当系统复位完成之后且前面板 POWER 指示灯处于高亮状态的话，就一直在循环，等待前面板相应控件指示控件值改变来驱动电机；第四步就是程序运行结束，释放 8134 卡。

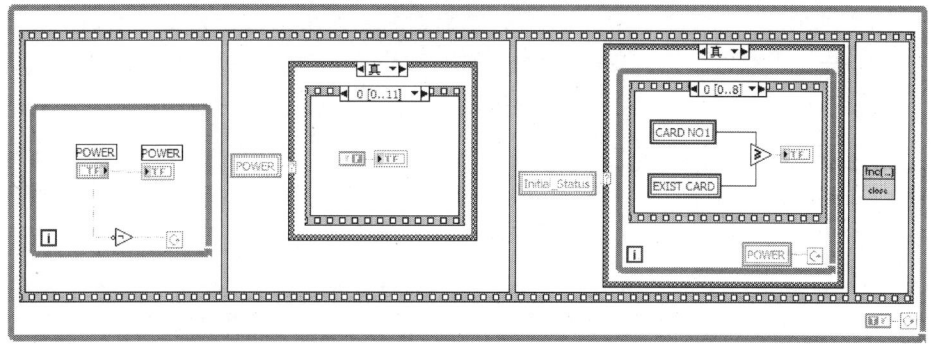

图 5-39　步进电机控制程序框图

程序框图展开如下：

（1）程序的启动与停止。

点击工具条上的运行按钮程序便开始运行，进入 while 循环，while 循环为真，程序开始执行顺序结构，当且仅当前面板上的电源控件 POWER 按钮按下时，程序才会从第一个子框图的 while 循环跳出，开始执行第二个子框图。程序的停止则与此相反。

（2）8134 板卡的初始化。

板卡初始化包括了板卡数量检测，各电机轴号的初始设置，系统报警信息及 IO 型号的电气参数设置，编码器反馈倍率，脉冲与方向信号输出形式等，是图 5-39 第二部分的展开（共 11 步），如图 5-40 所示。

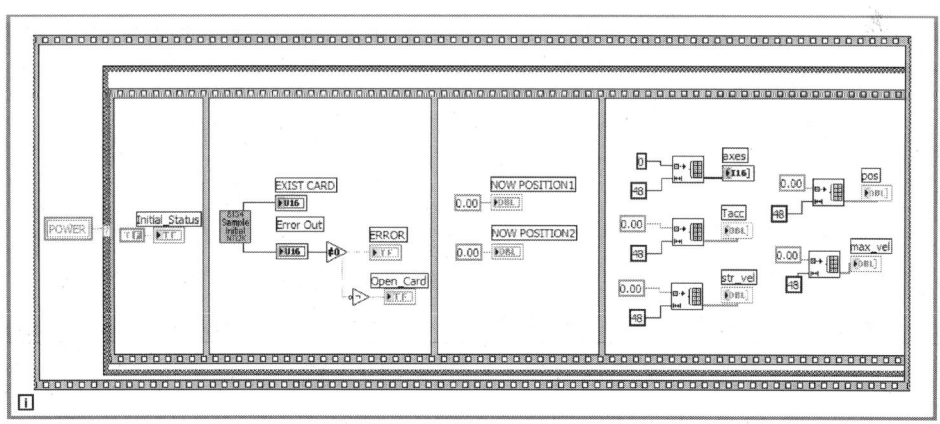

图 5-40　初始化程序框图

板卡的初始化主要通过子 Initial.vi 来实现。双击 Initial.vi 即可进入 Initial.vi 的前面板和程序框图。如图 5-42 和图 5-43 所示，Initial.vi 会自动检测板卡数

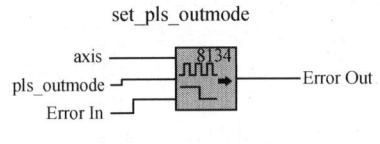

图 5-41 步进电机脉冲和方向信号设置

量,然后对每一张板卡进行相关参数设置。例如,板卡脉冲与方向信号输出形式的设置就是通过 set_pls_outmode.vi(图 5-41)来设置,当 pls_outmode 接线端为 0 时,为 OUT/DIR 脉冲方式输出;当为 1 时,为 CW/CCW 脉冲方式输出。

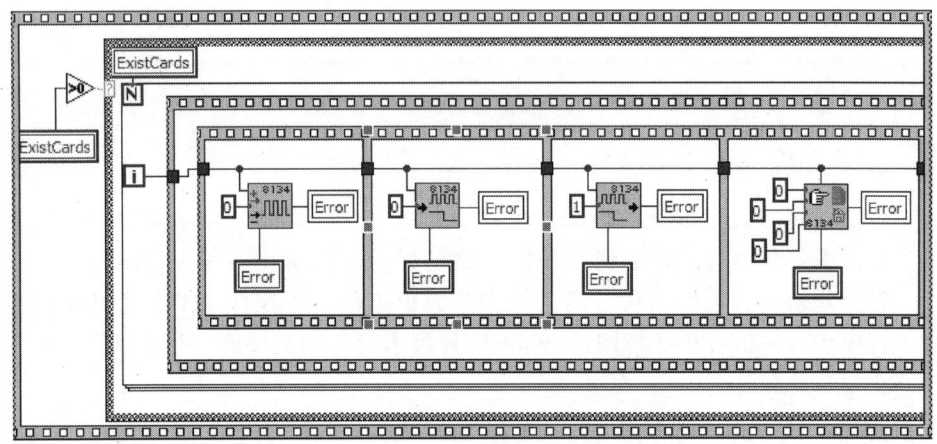

图 5-42 Initial.vi 程序框图第一部分

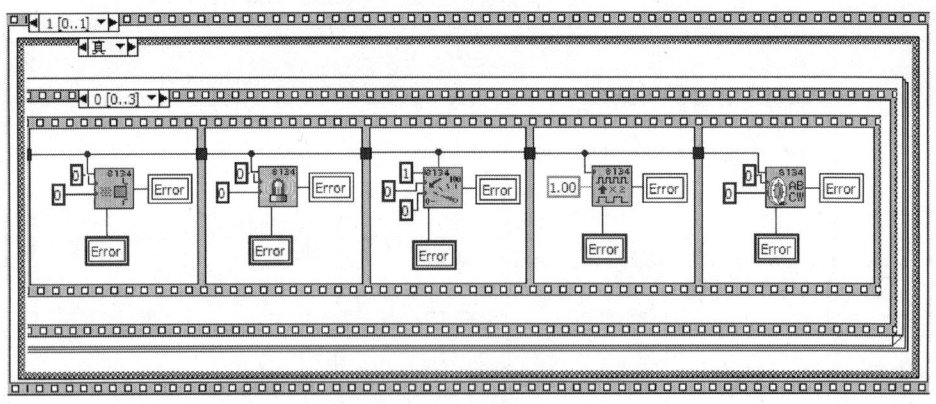

图 5-43 Initial.vi 程序框图第二部分

各电机轴号的初始设置如图 5-44 所示,图中只是简单地把各电机轴都赋给 PCI8134 卡的通道 1,这样当在前面板 AXIS NO1 输入控件选择不同的轴号时,就把相应的电机轴赋给了 Channel1。注意这仅仅是调试用的示例程序,在最终的程序编制中,最好是各个轴跟各个通道能够一一对应,不要出现一对多或者多对一的情况;轴号设置最好能有说明,这样程序读起来方便,便于理解。

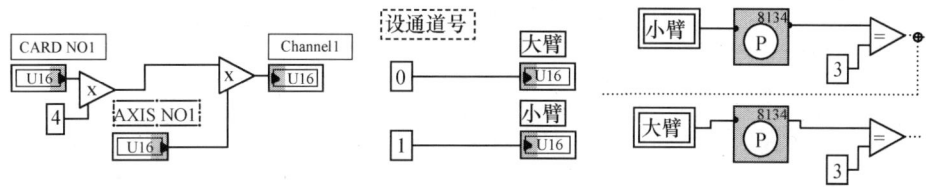

图 5-44 电机通道设置

(3) 系统复位。

图 5-45 中,从左往右依次通过 8134 Set_SVON、home_move、v_stop、set_position 四个子 vi 分别实现给驱动器上伺服电机复位,电机减速停止,标定当前位置为原点等功能。

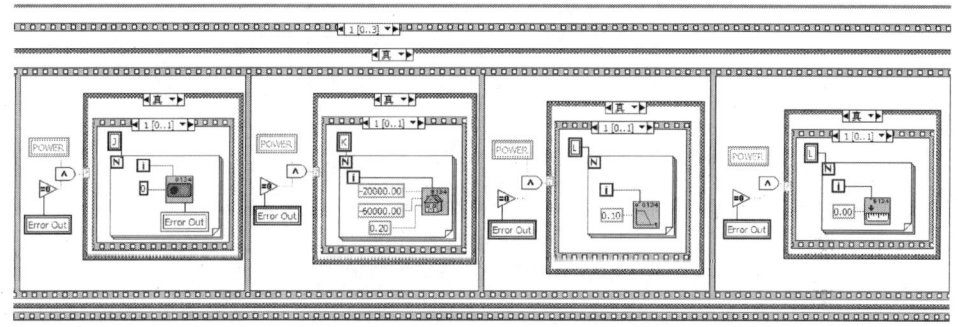

图 5-45 电机通道设置

(4) 系统复位。

当程序中有相关变量变化时影响到了 READY、BUSY、ERROR 的值,就会在前面板相关的显示件上显示出来,如图 5-46 所示。如电机还在运动时,BUSY 指示灯就会如右图所示为高亮状态;但其运动到指定位置时,BUSY 指示灯熄灭,READY 高亮;而当板卡有问题(未检测到板卡或板卡设置有问题)或速度位置等设置不对时,ERROR 指示灯高亮,此时电机停止转动直到找到原因使 ERROR 指示灯熄灭。如果要查看到底是哪些变量使这些显示件产生变化的话,可以在相关显示件上右击-查找-局部变量,就会弹出搜索结果对话框,如图 5-47 所示,双击其中一项,就可以在程序框图中找到相关的程序。例如,双击其中第三项,则跳转到相关的程序框图中,如图 5-48 所示。

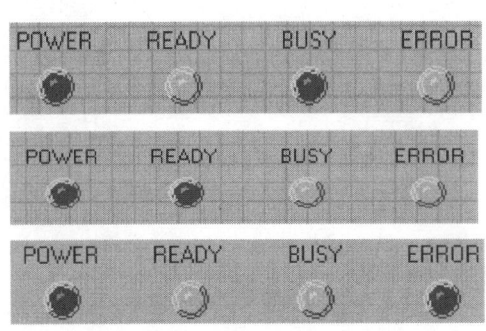

图 5-46 前面板指示灯的各种状态

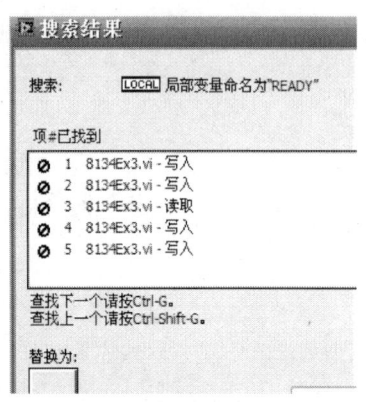

图 5-47 搜索局部变量

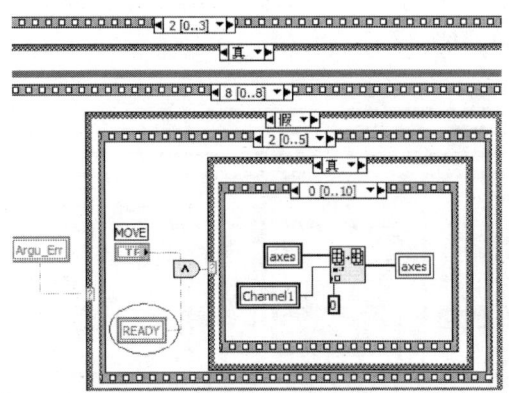

图 5-48 与 READY 相关的程序代码

(5) 电机运动参数的设置。

电机运动参数包括启动脉冲速率、最大脉冲速率以及目标位置设置。程序启动后,若 ERROR 指示件没有报错,设置好相关的电机目标位置,启动脉冲速率,最大脉冲速率参数后,点击前面板上的 ■ 控件,电机就会以启动脉冲速率启动,加速到最大脉冲速率,并从当前位置运动到目标位置,如图 5-49 所示。

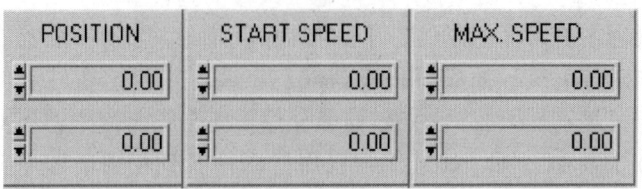

图 5-49 设置电机运动参数

(6) 位置信息反馈。

通过编码器反馈或者通过计数脉冲计算反馈给计算机的信号在本例中通过调用 get_position 子 vi 来转换为相应的位置量,并在前面板 NOW POSITION 显示控件中显示出来。原点则是在系统复位时通过 set_position 子 vi 来设定。如图 5-50 所示。

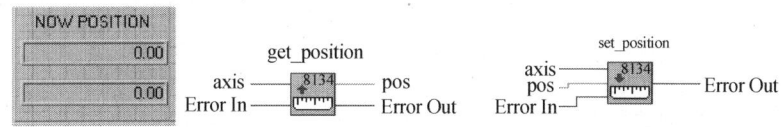

图 5-50　位置显示前面板和调用 vi

(7) 电机运动。

当 READY 为真,前面板上 READY 指示控件将高亮显示。此时如果 MOVE 布尔元件的值也为真,即前面板上相应控件按下时,运动触发,电机将会按照设置好的电机运动参数来运动。本例通过调用 start_move_all 子 vi 来实现多轴联动。当然也可以通过调用 move_xy 等子 vi 来实现联动。相应的程序代码如图 5-51 所示。

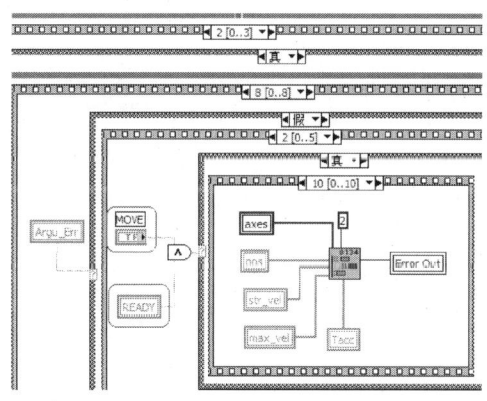

图 5-51　触发电机运动

通过以上编程要点的讲解,配合 LabVIEW 软件编程的基本技能,可以基本上掌握 IPC 工业控制器运动控制的编程。

8) 数字量输入与输出 (DI&DO)

机械手控制系统中需要控制开关量信号,如显示灯、手动/自动切换等。这些数字量信号可通过隔离式数字输出电路与继电器来控制;而控制命令及传感信号的输入则可通过隔离式数字输入电路进入 IPC。本例中采用 Adlink 公司的 PCI-9114 来实现上述功能。

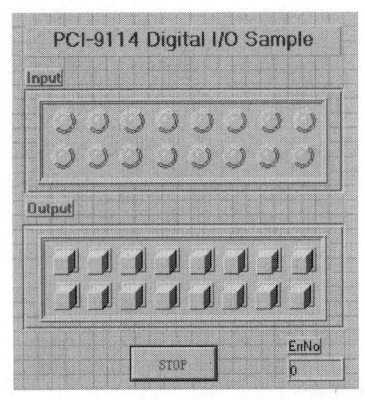

图 5-52　PCI-9114 数字量输入输出程序的前面板

图 5-52 为 PCI-9114 数字输入输出 vi 的前面板，9114 包含 16 路独立 DI 和 16 路独立 DO。在使用数字 IO 时，由于目前厂商多采用光耦电路作为初级输入，所以外接信号输入前一定要注意把电流调整到 IO 通道的额定参数内，输出则要注意继电器线圈应接上续流二极管预防交变高压。

图 5-53 为 PCI-9114 提供的数字量输入输出 vi，包括 9114 板卡的初始化、释放和输入、输出函数；图 5-54 则为 PCI-9114 数字输入输出功能演示的程序框图，顺序包含三个子框图。第一、第三步分别为 9114 卡的初始化和释放，第二步是一个 while 循环，分别调用 DO Read/Write Port 子 vi，实时更新 9114 数字量输入输出端口。

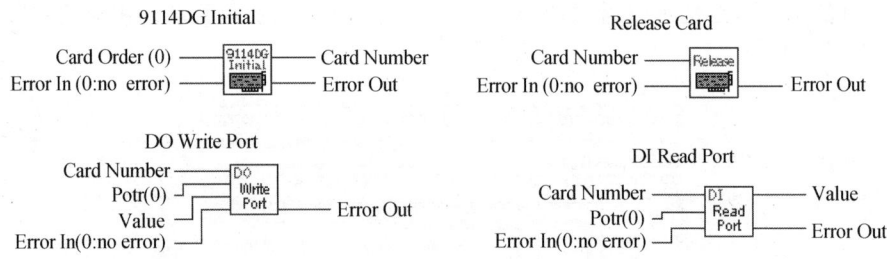

图 5-53　PCI-9114 数字量输入输出子 vi

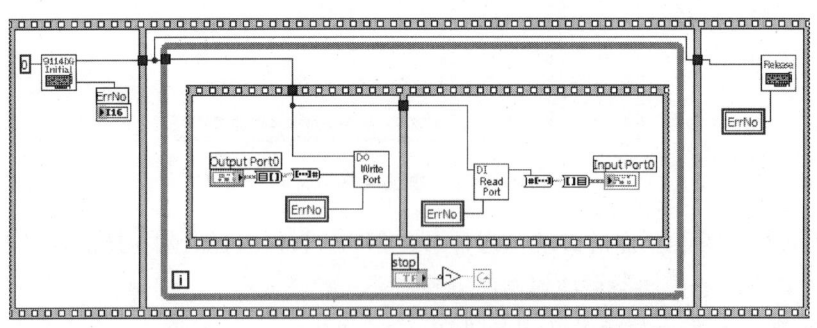

图 5-54　PCI-9114 数字量输入输出 vi 的程序框图

9）模拟量信号输入（A/D）

在本例中，手腕位置传感器采用电位计，需要将模拟量的电压输入信号转换为数字量供程序使用。应用 PCI-9114 的 A/D 转换功能可实现此功能。PCI-9114

可输入 16 通道差分的模拟电压信号，其调试程序的前面板和程序框图分别如图 5-55 和图 5-56 所示。

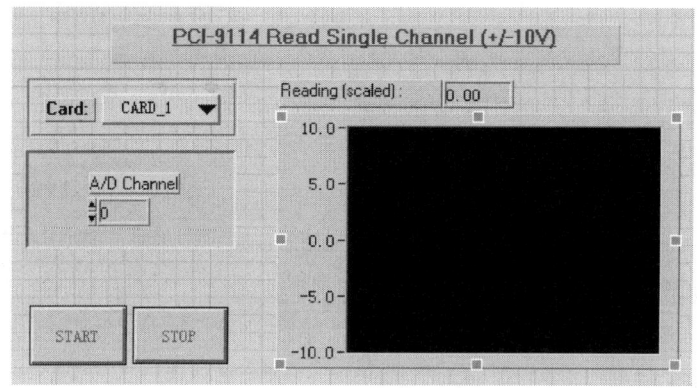

图 5-55　PCI-9114 模拟量输入 vi 的前面板

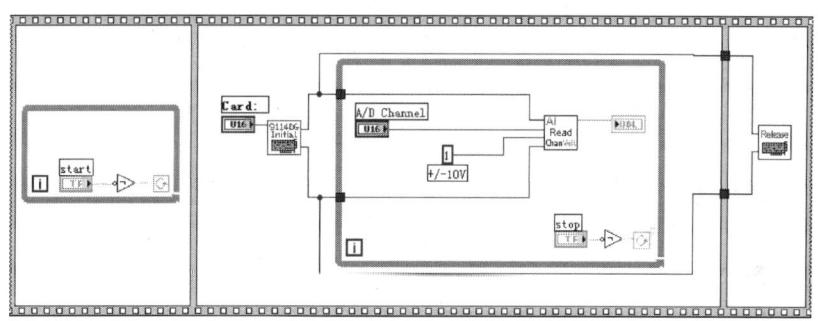

图 5-56　PCI-9114 模拟量输入 vi 的程序框图

PCI-9114 单通道测量模拟量电压信号程序框图顺序包含三个子框图，第一步程序启动，第三步释放 9114 卡，第二步首先是对 9114 卡进行初始化，然后进入 while 循环，调用 AI Read Channel Volt 子 vi，实时读取 AI Channel 的值并将其转换为计算机可识别的数字电平信号。

在程序编写过程中有以下两点需要注意：

（1）传感器电压或者电流信号应与板卡量程范围的匹配，因此外部电路设计时需要考虑分压及分流电路。

（2）在进入 AD 转换前可以先接入一个物理滤波器，在软件中在做一些简单的软件滤波，这样可以比较好的抑制交流干扰，信号线也应采用屏蔽线并远离电源线。

在掌握基本编程技术后，可以编制出更为完善、界面元素更加丰富的程序，图 5-57 是最终四自由度机械手的控制程序前面板，供同学参考。

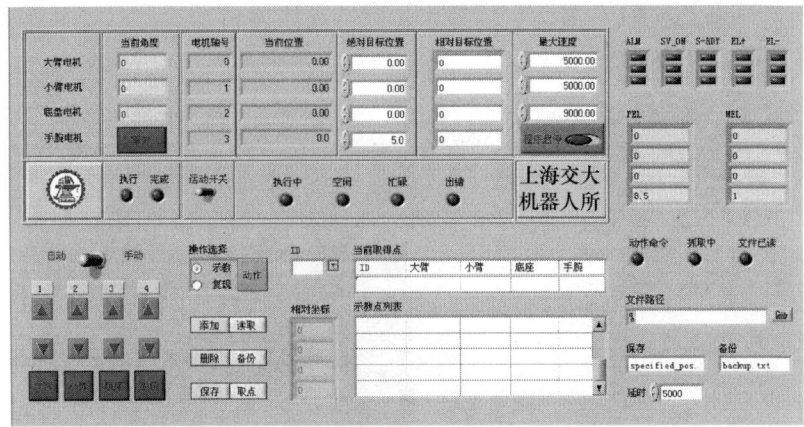

图 5-57　四自由度机械手控制程序前面板

复习参考题

1. 工业控制计算机由哪几部分组成？各部分主要作用是什么？
2. 工业控制计算机主要有哪几类？有哪些特点？
3. 工业控制计算机的总线有哪几种？各自有哪些特点，适用于什么场合？
4. 工业控制计算机模拟量输入模板的选型原则是什么？
5. 工业控制计算机运动控制卡的选型原则是什么？
6. 交流伺服驱动器和运动控制卡的接口形式有哪些？各自有什么特点？
7. 数字量 I/O 通信的特点是什么？适用于什么场合？
8. RS-232 通信的接线方式有哪几种？每种接线形式对软件编制有何影响？
9. 将若干台工业控制计算机通过 RS-485 连接构成网络，试画出硬件连接图。
10. CAN 总线有何特点？CAN 卡的主要功能是什么？
11. 机电设备控制软件的主要功能是什么？
12. Windows 平台下常用编程语言有哪几种？各自有何特点？
13. 采用 LabVIEW 和数字量输入输出卡编制步进电机的运动控制程序。

参 考 文 献

刘松强．2007．计算机控制系统的原理和方法．北京：科学出版社

燕永田．1999．工业控制计算机系统的设计和应用．北京：中国铁道出版社

GT400 运动控制器使用手册．固高科技有限公司．2006

LabVIEW 8.2 帮助．美国国家仪器公司．2006

PCI-8134 编程手册．台湾 ADLINK 公司．2006

PCI-9114 编程手册．台湾 ADLINK 公司．2006

第6章 机电控制系统设计综合

机电控制系统是一个比较复杂的机电结合系统，其核心部分是伺服系统。由于伺服系统包括了机械传动机构、机械执行机构、控制器、检测元件、执行元件和功率放大装置等部件，因此它是机电控制系统的一个典型。掌握了机电伺服系统的设计方法，也就基本掌握了机电控制系统设计的本质部分，因此本章主要综合讲述机电伺服系统的设计和分析方法。

6.1 开环伺服系统设计

6.1.1 系统方案设计

伺服系统按结构分有开环伺服系统和闭环伺服系统两种。开环伺服系统结构简单、稳定性好、成本低，在精度要求不高、负载不很大的许多情况下得到了广泛的应用。典型的开环伺服系统有经济型数控机床中的伺服进给系统及数控小型工作台等，其结构原理如图6-1所示。开环伺服系统的方案设计就是在图6-1的基础上，从系统角度出发，根据实际使用要求选择和确定各构成环节的实现方案。

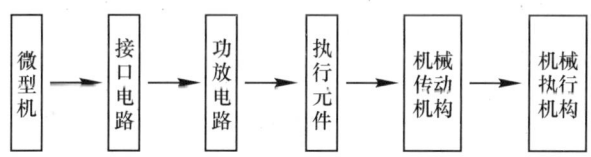

图6-1 开环伺服系统结构原理框图

1. 执行元件及功放电路装置

选择执行元件时应综合考虑负载能力、调速范围、运行精度、可控性、可靠性以及体积、成本等多方面要求。开环伺服系统中可采用步进电动机、电液脉冲马达、伺服阀控制的液压缸和液压马达等作为执行元件，其中步进电动机应用最为广泛。一般情况下应优先选用步进电动机。

功放电路与执行元件是紧密联系在一起的，应统一考虑，即在选择执行元件时，就应非常重视功放装置的选择。以前一些不大合适的做法是机械设计人员根据机械系统要求选择执行元件，执行元件选定后，让电气设计人员配功放装置。

这种做法经常使系统设计走弯路，应尽量避免。功放装置除了影响执行元件性能发挥外，还很大程度决定了系统的可靠性，因此功放装置最好与执行元件统一选购，无十分必要一般不要自行研制。

2. 传动机构

传动机构用于对运动和力进行变换和传递，是执行元件与执行机构之间的一个机械接口。在伺服系统中，执行元件以输出旋转运动和转矩为主，而执行机构则很多为直线运动。用于将旋转运动转换成直线运动的传动机构主要有齿轮齿条和丝杠螺母等。前者可获得较大的传动比和较高的传动效率，所能传递的力也较大，但高精度的齿轮齿条制造困难，且为消除传动间隙而结构复杂；后者因结构简单、制造容易而应用广泛。尤其是滚动丝杠螺母副，目前已成为伺服系统中的首选传动机构。

在步进电动机与丝杠之间运动的传递可有多种方式。可将步进电动机与丝杠通过联轴器直接连接，其优点是结构简单，可获得较高的速度，但对步进电动机的负载能力要求较高。此外步进电动机还可通过减速器传动丝杠。减速器的作用主要有3个：配凑脉冲当量、转矩放大和惯量匹配。当电动机与丝杠中心矩较大时，可采用同步齿形带传动，否则可采用齿轮传动，但应采取措施消除其传动间隙。

3. 执行机构

执行机构是伺服系统中的被控对象，是完成系统主功能的最后一个环节，因此执行机构的设计和选择主要是根据系统具体要执行的任务进行考虑。它的一般要求是有较高的灵敏度和精确度，有良好的重复性和可靠性。电子技术和计算机技术的飞速发展，使以前仅作执行元件的电动机成为了具有了动力、变速与执行等多重功能的伺服电动机，因此大大简化了传统的传动和执行机构。现代机械系统所执行的任务变得更为复杂和精细，因此它又推动了许多新的执行机构的诞生。设计人员在考虑执行机构方案时应从多种方案中去进行比较和选择。

在系统方案设计时，导向机构可以放在执行机构中一起考虑。导向机构作用主要是支撑和导向，在伺服系统中主要是指导轨。导轨主要有滑动和滚动两大类，每一类按结构形式和承载原理又可分为多种类型。在伺服系统中应用较多的是塑料贴面滑动导轨和滚动导轨，这方面的技术和产品相对比较成熟，设计时可根据具体情况合理使用。

现在一种称为线性组件的产品正被设计人员越来越广泛地使用，它是将滚动丝杠螺母副或齿形带传动与滚动导轨集为一体，统一润滑与防护，系列化设计，专业化生产，体积小，精度高，成本低，易于安装，有的还配套提供执行元件和相应的控制装置,为伺服系统的设计和制造提供了极大的方便。

4. 微型机及接口电路

常用的微型机有单板机、单片机、DSP 控制板、STD 总线微机、工业 PC 可编程控制器等。其中单片机由于体积小、成本低、设计灵活、接口电路配置方便等优点,在伺服系统中得到了广泛的应用。但是,单片机系统一般需自行研制,设计周期长,工作量大,在可靠性和环境适应性方面还不够满意。因此。如有条件,可选择一些成熟的工业控制机及其相应的接口模块,一般都可以收到很好的效果。

6.1.2 机械系统设计

系统方案确定之后,应进行机械系统的设计计算,其内容包括执行元件参数及规格的确定、系统结构的具体设计、系统惯量、刚度等参数的计算等。下面结合图 6-2 所示的典型开环位置伺服系统的机械传动原理图,介绍有关的设计计算方法。

1. 确定脉冲当量,初选步进电动机

脉冲当量应根据系统精度要求来确定。对于开环伺服系统,一般取为 0.005~0.01mm。如取得太大,无法满

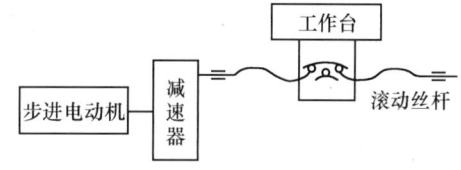

图 6-2 典型开环伺服系统机械传动原理图

足系统精度要求;如取得太小,或者机械系统难以实现,或者对精度和动态性能提出过高要求,使经济性降低。

初选步进电动机主要是根据系统性能指标选择其类型、步距角和运行频率。市场上提供给用户的步进电动机品种很多,步距角有 0.36°、0.75°、0.9°、1.5°、3.0°等。选择时应根据系统的控制精度要求、运行速度要求来选择合适的步距角。对于定位精度或运行频率要求不高的系统,可以选择步距角较大、运行频率较低的步进电动机,这样系统的成本也可降低。而对于定位精度较高、运行速度范围较广的系统,则要选择步距角小、运行频率高的步进电动机。有时所选择的步距不一定完全符合系统控制要求,则可以通过齿轮变速系统加以调节。有些定位精度要求更高的系统,也可以采用细分电路等特殊电路对步距角机械细分,以满足系统精度的要求。

初选步进电动机主要是根据具体情况选择其类型和步距角。一般来讲,反应式步进电动机步距角小,运行频率高,价格较低,但功耗较大;永磁式步进电动机功耗较小,断电后仍有制动力矩,但步距角较大,启动和运行频率较低;混合式步进电动机兼有上述两种电动机的优点,但价格较高。各种步进电动机的产品

样本中都给出通电方式及步距角等主要技术参数以供选用。

2. 计算减速器的传动比

减速器的传动比主要根据负载性质、脉冲当量和系统的综合要求来选择确定，具体来说就是传动比应满足电动机与负载之间的位移、转矩及转速的匹配要求，但是要同时满足这些要求是困难的。不妨先考虑满足脉冲当量与步距角之间的关系，再选择合适电动机型号以满足其他要求。此时，传动比可按下式计算：

$$i = \frac{\alpha p}{360 \delta_p} \tag{6-1}$$

式中，α 为步进电动机步距角（°）；p 为丝杠导程（mm）；δ_p 为工作台运动的脉冲当量（mm）。

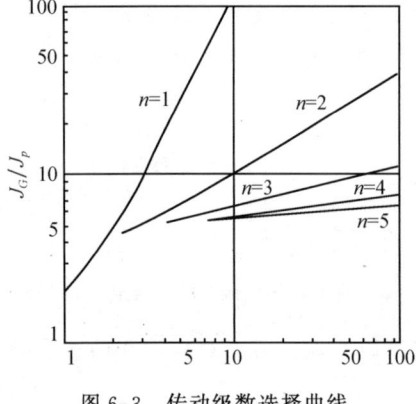

图 6-3 传动级数选择曲线

如算出的传动比 i 值较小，可采用同步齿形带或一级齿轮传动，否则应采用多级齿轮传动。选择齿轮传动级数时，一方面应使齿轮总转动惯量 J_G 与电动机轴上主动齿轮的转动惯量 J_p 的比值较小，另一方面还要避免因级数过多而使结构复杂。一般可按图 6-3 来选择。

齿轮传动级数确定以后，可根据总传动比和传动级数按下列公式合理分配各级传动比

$$i_1 = 2^{\frac{2^n-n-1}{2(2^n-1)}} \cdot i^{\frac{1}{2^n-1}} \tag{6-2}$$

$$i_k = \sqrt{2} \left(\frac{i}{2^{n/2}} \right)^{\frac{2(k-1)}{2^n-1}} \tag{6-3}$$

式中，n 为传动级数；i_1 为第一级传动比；i_k 为 k 级传动比。

图 6-4 所示为某数控车床纵向进给传动链简图。该系统要求脉冲当量 $\delta_p = 0.005$mm，定位精度 ± 0.01mm，所用丝杠直径 $d = 45$mm，导程 $p = 6$mm，初选的步进电动机步距角 $\alpha = 1.5°$，则根据式（6-1）可得

$$i = \frac{1.5 \times 6}{360 \times 0.005} = 5$$

按图 6-3 可取传动级为 2 或 3，对应的 J_G/J_p 值分别为 6.3 和 5.2。显然，取 2 级传动比较合理，因为若取 3 级传动，J_G/J_p 的减小并不显著，却使减速器

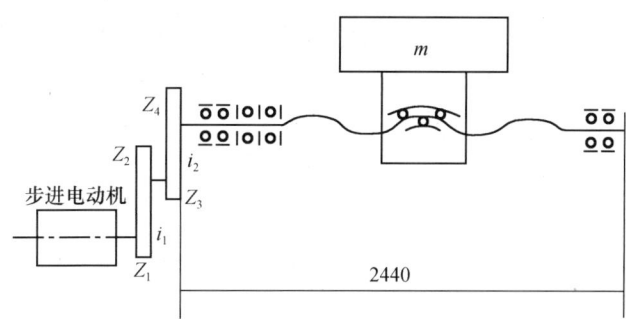

图 6-4 某数控车床纵向进给传动链简图

结构复杂，传动效率和扭转刚度降低，传动间隙增大，得不偿失。按传动级数 2 和总传动比 $i=5$，代入式（6-2），得

$$i_1 = 2^{\frac{2^2-2-1}{2(2^2-1)}} \cdot 5^{\frac{1}{2^2-1}} \approx 1.92$$

取 $i_1=2.0$，则

$$i_2 = 5 \div 2 = 2.5$$

3. 计算系统转动惯量

计算转动惯量的目的是选择步进电动机动力参数及进行系统动态特性分析与设计。

有些传动件（如齿轮、丝杠等）的转动惯量不易精确计算，可将其等效成圆柱体来近似计算。圆柱体转动惯量的计算公式为

$$J = \frac{\pi \rho d^4 l}{32} \tag{6-4}$$

式中，ρ 为材料密度（kg/m³）；d 为传动件的等效直径（m）；l 为传动件轴向长度（m）。

计算出的各传动件转动惯量应按式（6-5）折算到电动机轴上，以获得总当量负载转动惯量 J_d(kg·m²)。

$$J_d = J_{z1} + (J_{z2} + J_s)\frac{1}{i^2} + \left(\frac{\rho}{2\pi i}\right)^2 m \tag{6-5}$$

式中，J_{z1} 和 J_{z2} 分别为电动机轴上和丝杠轴上齿轮或齿形带轮的转动惯量（kg·m²）；J_s 为丝杠转动惯量（kg·m²）；m 为工作台质量（kg）。

如图 6-4 中，减速器各传动齿轮分别为 $Z_1=20$，$Z_2=40$，$Z_3=20$，$Z_4=50$，模数 $m=2$mm，齿宽 $b=20$mm，丝杠长度 $L=2440$mm，工作台及刀架质量 $m=300$kg。

电动机轴上总当量负载转动惯量计算可按式（6-4）分别计算各传动件的转动惯量，其中齿轮的等效直径取为分度圆直径，丝杠的等效直径为由 Φ43mm。

$$J_{z1} = J_{z3} = \frac{\pi \times 7.8 \times 10^3 \times 0.04^4 \times 0.02}{32}$$

$$\approx 3.9 \times 10^{-5} (\text{kg} \cdot \text{m}^2)$$

$$J_{z2} = \frac{\pi \times 7.8 \times 10^3 \times 0.08^4 \times 0.02}{32}$$

$$\approx 6.3 \times 10^{-4} (\text{kg} \cdot \text{m}^2)$$

$$J_{z4} = \frac{\pi \times 7.8 \times 10^3 \times 0.1^4 \times 0.02}{32}$$

$$\approx 153 \times 10^{-3} (\text{kg} \cdot \text{m}^2)$$

$$J_s = \frac{\pi \times 7.8 \times 10^3 \times 0.043^4 \times 2.44}{32}$$

$$\approx 6.39 \times 10^{-3} (\text{kg} \cdot \text{m}^2)$$

将各传动件转动惯量及工作台质量折算到电动机上，得总当量负载转动惯量。

$$J_d = J_{z1} + \frac{1}{i_1^2}(J_{z2} + J_{z3}) + \frac{1}{i^2}(J_{z4} + J_s) + \left(\frac{\rho}{2\pi i}\right)^2 m$$

$$= \left\{ \left[3.9 \times 10^{-5} + \frac{1}{4}(6.3 \times 10^{-4} + 3.9 \times 10^{-5}) + \frac{1}{25}(1.53 \times 10^{-3}) + 6.39 \times 10^{-3} \right] \right.$$

$$\left. + \left(\frac{0.006}{2\pi \times 5}\right)^2 \times 300 \right\}$$

$$\approx 5.3 \times 10^{-4} (\text{kg} \cdot \text{m}^2)$$

4. 确定步进电动机动力参数

1）电动机负载转矩计算

作用在步进电动机轴上的总负载转矩 T 可按下式计算：

$$T = (J_m + J_d)\varepsilon + \frac{p(F_\mu + F_w)}{2\pi\eta i} + \frac{pF_0(1 - \eta_0^2)}{2\pi\eta i} \tag{6-6}$$

式中，J_m 为电动机轴自身转动惯量（$\text{kg} \cdot \text{m}^2$）；$\varepsilon$ 为电动机启动或制动时的角加速度（rad/s^2）；F_μ 为作用在工作台上的摩擦力（N）；F_w 为作用在工作台上的其他外力（N）；η 为伺服传动链的总效率；F_0 为滚动丝杠螺母副的预紧力（N）；η_0 为滚动丝杠螺母副未预紧时的传动效率，一般取 $\eta_0 = 0.9$。

图 6-4 示例中，设初选的电动机轴转动惯量 $J_m = 1.0 \times 10^{-3} \text{kg} \cdot \text{m}^2$，导轨摩擦系数 $\mu = 0.2$，最大轴向载荷 $F_{W\max} = 4900\text{N}$，并要求空载启动时间 $\Delta t = 30\text{ms}$，最大进给速度 $V_{\max} = 1.2\text{m/min}$。

则步进电动机轴上的总惯量：

$$J = J_m + J_d$$
$$= 1.0 \times 10^{-3} + 5.3 \times 10^{-4}$$
$$= 1.53 \times 10^{-3}(\text{kg} \cdot \text{m}^2)$$

空载启动时，电动机轴上的惯性转矩：

$$T_J = J_\varepsilon = J\frac{\omega_{\max}}{\Delta t} = J\frac{2\pi i \omega_{\max}}{p\Delta t}$$
$$= 1.53 \times 10^{-3} \times \frac{2\pi \times 5}{0.006} \times \frac{1.2}{30 \times 10^{-3}} \times \frac{1}{60}(\text{N} \cdot \text{m})$$

电动机轴上的动力摩擦转矩：

设 $F_0 = F_{W\max}/3$

$$T_\mu = \frac{p}{2\pi\eta i}F_0(1-\eta_0^2) = \frac{p}{2\pi\eta i}\frac{F_{W\max}}{3}(1-\eta_0^2)$$
$$= \frac{0.006}{2\pi \times 0.8 \times 5} \times \frac{4900}{3}(1-0.9^2) \approx 0.074(\text{N} \cdot \text{m})$$

工作台上的最大轴向载荷折算到电动机轴上的负载转矩为

$$T_W = \frac{p}{2\pi\eta i}F_{W\max} = \frac{0.006}{2\pi \times 0.8 \times 5} \times 4900 \approx 1.17(\text{N} \cdot \text{m})$$

于是空载启动时电动机轴上的总负载转矩为

$$T_q = T_J + T_\mu + T_0 = 5.4 + 0.14 + 0.074 \approx 5.61(\text{N} \cdot \text{m})$$

在最大外载荷下工作时，电动机轴上的总负载转矩为

$$T_1 = T_W + T_\mu + T_0 = 1.17 + 0.14 + 0.074 \approx 1.38(\text{N} \cdot \text{m})$$

2) 电动机最大静转矩确定

根据电动机实际启动情况，按式 (6-6) 计算出启动时的负载转矩 T_q，然后按表 6-1 选取启动时所需步进电动机的最大静转矩 T_{s1}。

表 6-1 T_q 与 T_{s1} 之间的比例关系

电动机相数	3		4		5		6	
运行拍数	3	6	4	8	5	10	6	12
T_q/T_{s1}	0.5	0.866	0.707	0.707	0.809	0.951	0.866	0.866

根据步进电动机正常运行时的受力情况，按式 (6-6) 计算出负载转矩 T_1，然后按下式计算正常运行时所需步进电动机的最大静转矩：

$$T_{s2} = \frac{T_1}{0.3 \sim 0.5} \tag{6-7}$$

T_{s1} 和 T_{s2} 中的较大者选取步进电动机的最大静转矩 T_s，并要求

$$T_s \geqslant \max\{T_{s1},\ T_{s2}\} \tag{6-8}$$

图 6-4 示例中，初选步进电动机采用五相五拍通电控制方式，则根据前面计算好的 T_q 和 T_1，按表 6-1 查得空载启动时所需电动机最大静转矩为

$$T_{s1} = T_q/0.809 = 5.61/0.809 \approx 6.93(\text{N} \cdot \text{m})$$

按式 (6-7) 可求得最大外载下工作时所需电动机的最大静转矩为

$$T_{s2} = T_1/(0.3 \sim 0.5) = 1.38/(0.3 \sim 0.5) = 2.76 \sim 4.6(\text{N} \cdot \text{m})$$

根据式 (6-8) 取 $T_s = 7.0\text{N} \cdot \text{m}$。

3) 电动机最大启动频率确定

步进电动机在不同的启动负载转矩下所允许的启动频率也不同，应根据所计算出的启动转矩 T_q，按电动机的启动矩频特性曲线来确定最大启动频率。

4) 电动机最大运行频率确定

步进电动机在运行时的输出转矩随运行频率增加而下降，应根据所计算出的负载转矩 T_1，按电动机运行矩频特性曲线来确定最大运行频率。

电动机最大启动频率和最大运行频率确定后，注意校核是否满足系统空载确定时间和最大速度要求，如果不符应重新选择电动机。

5. 验算惯量匹配

电动机轴上的总当量负载转动惯量 J_d 与电动机轴自身转动惯量 J_m 的比值应控制在一定范围内，既不应太大，也不应太小。如果太大，则伺服系统的动态特性注意取决于负载特性，工作条件（如工作台位置）的变化而引起的负载质量、刚度、阻尼等的变化，将导致系统动态特性也随之产生较大变化，使伺服系统综合性能变差，或给控制系统设计造成困难。如果该比值太小，说明电动机选择或传动系统设计不太合理、经济性较差。为使系统惯量达到较合理的匹配，一般应将该比值控制在下式所规定的范围内：

$$\frac{1}{4} \leqslant \frac{J_d}{J_m} \leqslant 1 \tag{6-9}$$

如果验算发现 J_d/J_m 不满足式 (6-9) 要求，应返回修改原设计。通过减速器传动比 i 和丝杠导程 p 的适当搭配，往往可使惯量匹配趋于合理。

根据示例所得参数

$$\frac{J_d}{J_m} = \frac{5.3 \times 10^{-4}}{10 \times 10^{-3}} = 0.53$$

满足式 (6-9) 要求，说明惯量匹配比较合理。

在机械系统设计中，应该还有计算传动系统刚度和系统误差分析等工作，因这方面的内容在传统机械中已比较成熟，所以本书就不再细述。

6.1.3 控制系统设计

在机械系统设计初步完成之后就可开始控制系统设计，当然在许多场合，机械系统设计和控制系统设计可以同步进行。控制系统的设计实际上就是微机控制装置的设计，它包括计算机硬件电路、接口电路、控制算法及相应的控制软件的具体工程设计，当然也包括电动机驱动电路的设计或选购。

1. 控制系统总体考虑

1）确定功能指标

根据开环伺服系统总的功能指标以及与机械系统分工协调情况，确定该系统的功能指标。因开环系统本身就属经济型系统，因此确定设计指标时一般以够用为准，必要为度，充分发挥开环伺服系统周期短、费用低、见效快的特点，千万不要画蛇添足。

2）明确硬、软件分工

一般来说硬、软件的任务是明确的，但不少场合，硬、软件需要认真考虑分工，因为有的控制任务既可用硬件来完成也可用软件来完成。如步进电动机的脉冲分配，可以用硬环行分配器来完成，也可以采用计算机软件（俗称"软环分"）来完成。一般的开关量逻辑控制可以用硬件来完成，也可以用软件来完成。复杂的逻辑控制和一些控制算法，用软件完成比较经济、可靠，但完成这些任务要占用计算机的时间，如果计算机时间比较紧张，则要考虑用硬件来实现。

3）重视接口设计

系统是由各子系统或各个环节组合而成的，因此接口设计就显得特别重要。除了一般的机械接口外，伺服系统中还要注意电气接口。为了使信息流保持通畅、准确，必须对传送信息的形式、内容、时序等进行严格的定义和安排，不能有丝毫的马虎。

4）认真选择微机

微机系统可以自行设计，也可选购合适的工控机。对于批量大、结构紧凑的产品，可以采用自行设计的专用控制系统，而对于品种多、批量小的产品来说可以考虑采用较通用的工控机，以便减少开发工作量和保证系统可靠性。

2. 系统的硬件设计

控制系统的硬件设计主要包括微机控制系统设计和外围电路设计两大部分。微机控制系统常用的主要类型有：单片微机控制器（单片机）、可编程控制器（PLC）、工业标准控制机（STD）、工业 PC（IPC），高档一点的有 VME 总线工控机和多总线（Multi-bus）工控机。表 6-2 是几种常用微机控制系统的性能比较。

表 6-2　几种常用微机控制系统的性能比较

项　目	单片机	PLC	STD	IPC
控制系统构成	自行研制	选购相应的产品和扩展模块	选购主机板和标准 STD 模板	选购整机和接口板
系统功能	简单的逻辑控制和模拟控制	逻辑控制为主，也可以组成模拟量控制系统	可组成从简单到复杂的各类控制系统	可组成较复杂的逻辑控制和模拟量控制
硬件工作量	多	很少	少	少
执行速度	快	稍慢	快	很快
软件工作量	多	少	较多	较多
程序语言	汇编语言	梯形图或高级语言	汇编语言或高级语言	高级语言为主
通信功能	自行研制	选用通信模块	选用通信模块	系统已提供
带负载功能	差	强	较强	较强
抗干扰功能	较差	很好	好	好
可靠性	较差	很好	好	好
环境适应性	较差	很好	好	较好
价格	低	高	较低	较高

不管自行研制还是选购现成工控机，都要综合考虑以下一些因素：

1）计算速度与计算精度

计算速度决定控制功能能否实时实现，而计算精度决定了系统性能指标能否达到。当系统比较简单、计算量小、精度和速度要求不高时，可选 8 位的微型机，否则应选字长 16 位以上的微型机。当精度要求较高，但速度要求不高时，也可选字长较短，但速度较高的微型机，可通过多字节运算来满足精度要求。一般的开环数控系统常选择准 16 位的 8098 单片机作为系统微机，因为 8098 的实际运算速度比 8031 高 5 倍以上，且价格也比较便宜，使系统能比较经济合理。

2）系统规模

根据实际需要，确定 I/O 接口数量和存储器容量，并留有余地，同时要注意系统必须具有较完善的实时时钟和中断系统，以保证伺服系统的实时控制性能。自行研制时，一般并行接口芯片采用 8255A，键盘/数码显示接口采用 8279。单片机一般都有定时/计数器，中断控制也不必再扩展芯片。因开环系统一般比较简单，程序存储器一般采用 EPROM27128（16KB），数据存储器一般采用 RAM（32KB）也就够用了。

3) 保证设计的成功率

随着集成电路技术的飞速发展，各种功能很强的芯片不断出现。微机系统的硬件电路设计变得越来越简单，因此自行研制的单片机控制器也越来越多地得到应用。但由于自行研制的单片机控制器一旦制成印刷电路板，硬件电路的修改便很困难。因此硬件电路设计时必须认真讨论，反复推敲，有条件的最好进行计算机辅助设计，对设计电路进行必要的仿真和分析，以避免大的返工。为了使软硬件设计尽可能合理，保证设计的成功率，应注意以下几个方面：

（1）尽可能采用功能强的芯片，以简化电路。当然正品芯片的货源一定要有保证，大量的处理品和假货已使不少硬件设计人员缺乏了自信。设计人员对此一定要有思想准备和有力的措施，否则自行研制要失败。

（2）设计硬件电路时一定要留有余地，要为以后的修改和扩展提供方便。存储器、I/O 口都应有余量，线路板上也应留有机动布线道和必要的测试点。

（3）原则上能用软件实现的，就不用硬件，除非系统不能满足时间方面的要求。

（4）要重视监测电路的设计。系统在运行过程中有可能出现故障，这就要求设计人员在硬件、软件方面采取一定的措施，以及时处理故障和防止事故扩大。如自行诊断功能、看门狗电路等都应在设计时认真考虑。

（5）工艺设计不可忽视。硬件电路的抗干扰措施一定要包括在设计之中，机箱、机架、面板、地线、接插件等都必须考虑安装、调试、维修方便，否则就不能称为完整的硬件设计。

当然选购现成的工控机，系统的成功率一般不会有问题，但选购时如不认真比较、深入分析，很可能也会出问题。

3. 系统软件设计

作为单一的开环伺服系统来说，其软件设计并不复杂，没有很大的代表性。因此，这里要以开环数控系统为例介绍软件设计方法。

系统的控制功能一般是在硬件的基础上，通过软件来实现的。硬件是软件的后台，软件是决定系统功能、指标的关键。随着电子技术的发展，集成电路芯片的功能越来越强，使软件设计相对硬件设计的工作量越来越大，因此人们对软件设计越来越重视。作为通用现成的工控机，其硬、软件系统已比较成熟，软件设计工作风险及工作量相对较小，而专用控制器由于内部没有监控程序或通用管理软件，不具备自行开发能力，因此软件设计和开发工作量就比较大。下面仅从专用控制器角度介绍软件设计的一般步骤和方法。

1) 选择软件开发环境和开发工具

根据所选微型机类型及硬件配置，合理选择软件开发环境和开发工具，以保证能用较少的时间、较低的成本开发出满意的软件。

2) 编写软件任务书

认真进行目标分析，正确理解控制系统的功能及指标要求，详细编写设计任务书。任务书要综合考虑成本、周期、必要性、可能性等诸多因累，说明要清晰，指标要明确。

3) 软件总体规划

从软件功能来看，开发数控系统软件可分为执行软件和监控软件两大类。执行软件，如步进电动机控制、插补、译码、运行等，一般要求实时性强、算法效率高。各执行程序模块多以中断服务程序形式来实现，根据各个执行模块的实时性要求，可将其安排在不同优先级的中断服务程序中。软件总体规划就是要将各个执行模块逐一列出，进行模块功能定义和接口定义，规划好数据结构及其类型。

监控软件的作用是协调各执行模块和操作者的关系。在执行模块规划好以后，便可规划监控程序。开环数控系统的监控程序分为编辑、手动、自动三种状态，其中自动状态下监控程序的管理和协调任务比较复杂，因为此时几乎所有执行模块都要投入运行。监控程序规划的主要任务就是要定义好各执行模块之间的数据传递关系、执行的因果关系和调用关系等。

4) 资源分配

系统硬件资源包括 RAM、ROM、定时/计数器、中断源和 I/O 口等。软件总体规划时，实际上定时/计数器、中断源等已分配好。ROM 资源是用来存放程序和表格的，这也已确定。因此，资源分配主要是针对 RAM 和 I/O 口进行。单片机片内 RAM 存取速度快，操作方便，常用来存放常用数据、计算中间结果等。片内 RAM 是宝贵的资源，应精心分配规划。分配时一般部列出一张 RAM 分配的详细清单，作为编程时的依据供编程时使用。

5) 程序设计与编制

程序设计与编制是软件设计的具体实现。程序设计的一个重要内容是程序流程图设计，即画流程图。画流程图的过程就是进行程序逻辑设计的过程，是软件设计的关键。任何错误和疏忽都会导致软件可靠性下降，甚至失效。一些初学者不爱画流程图，而直接上机编写源程序，这是不对的。应该认识到，上机编程只是将设计好的程序流程图转换成程序设计语言而已，应一开始就养成良好的习惯。

流程图可以分三步进行。第一步将总任务分成若干子任务，安排好它们之间的相互关系，暂不管子任务怎么去完成，形成第一张流程图。第二步将第一张流程图的各个子程序进行细化，决定每个子任务的算法，而暂不管如何为数据指针、计数器、中间结果分配存放单元，形成第二张流程图。第三步以资源规划为重点，为每一个参数、中间结果、各种指针和标志、计数器等分配工作单元，定义数据类型和数据结构。对于有经验的编程人员，第三步可以省略而直接根据第二张流程图和资源分配表直接编写程序。

6) 程序调试

程序调试要设计调试方案和方法。一般可以编写一个模块调试一个模块。先排除语法错误，生成可执行的机器码，运行程序，然后进行输入、输出等方面的测试。测试时既要对一般情况进行测试，又要考虑可能出现的特殊情况，尽可能找出所有错误，确保程序正确可靠的运行。

6.2 闭环伺服系统设计

闭环伺服系统更适合精度较高或负载较大的系统，因而其设计内容比开环伺服系统复杂得多。本章主要介绍闭环伺服系统设计中的主要部分，与开环伺服系统设计中的类似设计内容将不再重复。

6.2.1 系统方案设计

1. 控制方案确定

闭环系统中有一种俗称"半闭环"的伺服系统，它的传感器设置在传动链中间部分的转动体上。例如，在数控机床的伺服进给系统中，传感器安装在丝杠上而不是安装在工作台上。虽然这种系统只能补偿部分误差，即仅反馈回路中的系统误差，但由于其对传感器要求较低，结构简单，调试方便而得到了广泛的应用。目前大多数数控机床和工业机器人中的伺服系统都采用这种半闭环控制方案。

当系统精度要求很高时，应采用全闭环控制方案。它将全部机械传动及执行机构都封闭在反馈控制环内，其误差都可以通过控制系统得到补偿，因而可达到很高的精度。但是全闭环伺服系统结构复杂、设计难度大、成本高，尤其是机械系统的动态性能难于提高，系统稳定性难以保证。因而除非精度要求很高时，一般应采用半闭环控制方案。

2. 执行元件的选择

直流伺服电动机、交流伺服电动机和伺服阀控制的液压伺服马达都是闭环伺服系统中最广泛采用的执行元件。在负载较大的大型伺服系统中常采用液压伺服马达，而在中、小型伺服系统中，则多数采用直流或交流伺服电动机。由于直流伺服电动机具有优良的静、动态特性，并且易于控制，因而在20世纪90年代以前，一直是闭环系统中执行元件的主流。近年来，由于交流伺服技术的发展，交流伺服电动机可以获得与直流伺服电动机相近的优良性能，而且交流伺服电动机无电刷磨损问题，维修方便。随着价格的逐年降低，它正在得到越来越广泛的应用。

永磁直流伺服电动机用于一般的直流伺服系统。无槽电枢直流伺服电动机用于需要快速动作、功率较大的伺服系统。空心杯电枢直流伺服电动机用于需要快速动作的伺服系统。印制绕组直流伺服电动机用于低速运行和启动、反转频繁的系统。

同步型交流伺服电动机常用于位置伺服系统，如数控机床的进给系统、机器人关节伺服系统及其他机电一体化产品的运动控制，包括点位控制和连续轨迹控制。常见的功率范围是数十瓦到数千瓦，个别的达到数十千瓦。而异步型交流伺服电动机主要用于需要以恒功率扩展调速范围的大功率调速系统中，如在数控机床中用作主轴系统驱动，常见的功率范围是数千瓦以上。

直流伺服电动机和交流伺服电动机各有其优缺点，设计者应根据应用场合，市场供应，价格以及有关人员对该元件的技术掌握程度等情况来确定选取合适的执行元件。

3. 检测反馈元件的选择

常用的位置检测传感器有旋转变压器、感应同步器、码盘、光电脉冲编码器、光栅尺、磁尺等。如被测量为直线位移，则应选尺状的直线位移传感器，如光栅尺、磁尺、直线感应同步器等。如被测量为角位移，则应选取圆形的角位移传感器，如光电脉冲编码器、圆感应同步器、旋转变压器、码盘等。一般来讲，半闭环控制的伺服系统主要采用角位移传感器，全闭环控制的伺服系统主要采用直线位移传感器。

传感器的精度与价格密切相关，应在满足要求的前提下，尽量选用精度低的传感器，以降低成本。

选择传感器还应考虑结构空间（如外形尺寸、连接及安装方式等）及环境（如温度、湿度、灰尘等）条件等的影响。

在位置伺服系统中，为了获得良好的性能，往往还要对执行元件的速度进行反馈控制，因而还要选用速度传感器。交、直流伺服电动机常用的速度传感器为测速发电机。目前在半闭环伺服系统中，也常采用光电脉冲传感器，既测量电动机的角位移，又通过计时而获得速度。

4. 机械系统与控制系统方案的确定

在闭环系统中，机械传动与执行在机构形式上与开环伺服系统基本相同。如在数控机床的进给系统和数控 x-y 工作台中，都是由执行元件通过减速器和滚动丝杠螺母机构驱动工件台运动。

控制系统方案的确定主要包括执行元件控制方式的确定和系统伺服控制方式的确定。

对于直流伺服电动机，应确定是采用晶体管脉宽调制（PWM）控制，还是采用晶闸管放大器驱动控制。对于交流伺服电动机，应确定是采用矢量控制，还是采用幅值、相位或幅相控制。

伺服系统的控制方式有模拟控制和数字控制，每种控制方式又有多种不同的控制算法。另外还应确定是采用软件伺服控制，还是采用硬件伺服控制，以便选择相应的计算机。

6.2.2 系统性能分析

系统性能分析的首要任务是建立合理的数学模型，有了比较接近实际的数学模型，就能对表征系统质量特性的性能指标进行研究和分析。

采用伺服电动机驱动的闭环伺服系统一般都是高阶系统。为了便于分析，常根据具体情况进行适当的简化。

（1）假如系统中各环节都比较理想，没有惯性，没有阻尼，刚性为无穷大，则这样的闭环伺服系统可简化为一阶系统形式。一阶系统没有稳定性问题，随着开环增益 K 的提高，各种性能指标可以得到很大的改善。遗憾的是，这样的简化过于理想化，不太符合实际。

（2）假如机械系统的刚度不是无穷大，但也非常大，惯性也非常小，其固有频率又远远大于伺服电动机的固有频率，则伺服系统的动态特性就主要取决于伺服电动机速度环的动态特性。这种情况，系统就可以简化为二阶系统形式。在分析或设计控制系统时，二阶系统的响应特性通常被视为一种基准。因为实际上的高阶系统都有可能用二阶系统去近似，或者可以表示为一、二阶系统响应的合成，因此对系统的分析常常集中在对二阶系统的分析。

二阶系统传递函数的标准形式为

$$\varphi(s) = \frac{\omega_n^2}{S^2 + 2\xi\omega_n S + \omega_n^2}$$

式中

$$\omega_n = \sqrt{\frac{K}{T_M}}, \quad \xi = \frac{1}{2\sqrt{KT_M}}$$

ω_n 为系数无阻尼固有频率；ξ 为系统阻尼比；K 为系统各环节的传递系数（比例系数，放大倍数等）之积；T_M 为电动机机电时间常数。

ω_n 和 ξ 称为二阶系统传递函数的两个特征参量，对应不同的 ξ 值。传递函数的极点在复数平面的位置不同,而极点的位置直接影响系统的过渡过程特性。

表 6-3 是工程上根据 ξ 值把过渡过程分成的 4 种情况。因 $\xi<0$ 的负阻尼情况,系统是不稳定的,无工程实用意义,所以没有列入该表。

表 6-3 阻尼比与极点的关系

名 称	阻尼比	传递函数极点
过阻尼	$\xi>1$	$S_{1,2}=-\xi\omega_n\pm\omega_n\sqrt{\xi^2-1}$
临界阻尼	$\xi=1$	$S_{1,2}=-\xi\omega_n$
欠阻尼	$0<\xi<1$	$S_{1,2}=-\xi\omega_n\pm j\omega_n\sqrt{1-\xi^2}$
无阻尼	$\xi=0$	$S_{1,2}=-j\omega_n$

从表 6-3 中可以看出,当 $\xi\geqslant1$ 时,传递函数的极点为两相等或相异的负实数,其单位阶跃响应为无振荡的指数曲线,系统稳定,且无超调量。当 $0<\xi<1$ 时,传递函数的极点为具有负实部的共轭复数,其单位阶跃响应为衰减振荡曲线,系统稳定,但有超调量。当 $\xi=0$ 时,其传递函数极点为一对共轭虚数,系统处于稳定与不稳定的临界状态,其单位阶跃响应为等幅振荡曲线,共振荡频率等于 ω_n。同样可以分析得出 ξ 值越小,系统的响应速度越快,上升时间越短,但超调量也越大,系统的稳定性和响应的平稳性越差。为了获得较好的响应特性,工程上常使系统工作在欠阻尼情况。固有频率对系统特征也有很大影响,ω_n 越大,系统振荡响应衰减得越快,快速响应性越好。

(3) 如果机械系统的固有频率远低于伺服电动机固有频率时,伺服系统的动态特性主要取决于机械系统,这时闭环伺服系统可简化为三阶系统形式。三阶系统的阶跃响应表达式推导比较困难,通常把具有一对共轭复数主导极点的三阶系统用其主导极点所对应的二阶系统来近似,通过对等效二阶系统的分析来估计三阶系统的过渡过程性能指标。

6.2.3 系统参数设计

影响闭环伺服系统性能的主要参数有系统开环增益 K、系统阻尼比 ξ 和系统无阻尼固有频率 ω_n 等。在设计闭环伺服系统时,必须综合考虑它们对系统的影响,通过合理的设计来保证系统的性能要求。

1. 系统开环增益 K

为了满足快速响应和精度要求,一般 K 值要选得大一点,但是 K 值太大,系统稳定性就变差;而为了提高系统稳定性 K 值选小了,又会导致系统的截止频率降低.频带变窄,快速性下降而稳态误差增大。一般位置伺服系统中 K 值应选得低一点,以确保系统稳定。其范围往往在 $8\sim50s^{-1}$,具体数值根据执行元件类型、控制方式、工作质量及导轨阻尼特性来确定。比如，连续控制的数控机床伺服系统，K值常取为25s^{-1}左右。虽然低增益伺服系统在运动时开环增益比较低，但在静止状态时，速度负反馈回路不起作用，因而相当于具有较高的开环增益。所以，低增益伺服系统并不影响其启动时的快速响应性和制动时的定位精度。此外，采用计算机控制的伺服系统还常通过变增益的方法来改善系统性能。在系统响应的开始阶段，采用较高的开环增益，使系统响应快，曲线上升变陡；在系统响应接近稳态值时，减小开环增益，使系统平稳、无超调，而且快速地趋近于稳态值。许多数控机床伺服进给系统的开环增益就是按照这一方法设计的。

2. 系统阻尼比 ξ

阻尼比ξ对系统性能的影响也是矛盾的。增大ξ值可提高系统稳定性及响应过程的平稳性，减小超调量，但同时也会使系统的响应速度降低。因而，ξ的取值不能太小，也不能太大，一般按系统所允许的最大超调量M_p来决定。对于二阶系统，ξ与M_p的关系曲线如图6-5所示。当系统允许的最大超调量M_p在$25\%\sim 1.5\%$时，ξ可在$0.4\sim 0.8$范围内选取。对于高阶系统，在进行适当简化后，可参照二阶系统的情况确定ξ。

影响系统阻尼比ξ的主要因素是导轨阻尼比。经试验统计提出的各种导轨在运动方向上的当量阻尼比如表6-4所示。可见导轨的阻尼比一般都比较小，无法满足系统的稳定性和响应过程的平稳性的要求。因此，实际系统中经常采取一些措施来增加系统阻尼比，如对滚动导轨预加载荷、加设阻尼器等，或通过降低系统开环增益及采用速度负反馈回路的方法来增加阻尼比。

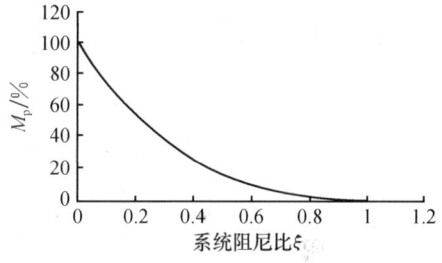

图6-5 M_p与ξ的关系曲线

表6-4 各种导轨的当量阻尼比

导轨种类	普通滑动导轨	静压导轨	滚动导轨
当量阻尼比	$0.02\sim 0.3$	0.02	$0.02\sim 0.05$

3. 系统固有频率 ω_n

伺服系统中各环节的固有频率对系统稳定性、精度和快速响应性都有重要影响。一般来讲，提高固有频率有利于改善系统稳定性和快速响应性，减小各种因素引起的误差，抗干扰能力强，但固有频率的提高往往受系统结构、成本等条件限制。一般情况下，主要按系统稳定性要求来确定各环节的固有频率。

欠阻尼二阶系统阶跃响应的包络线为指数曲线，其进入允许误差带 Δ 的时间 t_s（调节时间）应满足 $\Delta = \dfrac{e^{-\xi\omega_n t_s}}{\sqrt{1-\xi^2}}$。

其近似表达式 $\Delta = 5\%$ 时

$$t_s \approx \frac{3}{\xi\omega_n}$$

$\Delta = 3\%$ 时

$$t_s \approx \frac{4}{\xi\omega_n}$$

因此可以根据对调节时间 t_s 的要求，估计 ω_n。

对于某些高阶系统，为保证其稳定，应满足

$$\omega_n > \frac{k}{2\xi}$$

如要保证系统有大于 10dB 的幅值稳定裕度，经推算，应满足

$$\omega_n > \frac{k}{0.64\xi}$$

当系统开环增益 K 和阻尼比 ξ 初步确定之后，即可估算出所需的机械系统固有频率 ω_n。一般情况下，伺服系统中各环节的固有频率都应满足如下要求：

（1）机械系统的固有频率应高于驱动系统的固有频率的 2~3 倍。

（2）位置环以外的其他机械部件的固有频率应比位置环内各部件的固有频率高 2~3 倍。

（3）如在位置环内还有速度环，则速度环的幅频交界频率应高于系统截止频率，驱动系统的固有频率应高于速度环的幅频交界频率。

（4）系统工作频率范围内不应包含有各环节的固有频率，以免在扰动影响下发生共振。

（5）各环节的固有频率应相互错开一定距离，以免振动耦合。

表 6-5 是美国通用电气公司推荐的、采用直流伺服电动机驱动的闭环伺服系统各环节固有频率的取值，可供设计时参考。

表 6-5 闭环伺服系统各环节固有频率推荐值

参 数	系统开环增益 k/s^{-1}	截止频率 $\omega_r/(\mathrm{rad}\cdot\mathrm{s}^{-1})$	速度环交界频率/ $(\mathrm{rad}\cdot\mathrm{s}^{-1})$	最低机械固有频率/ $(\mathrm{rad}\cdot\mathrm{s}^{-1})$	其他机械固有频率/ $(\mathrm{rad}\cdot\mathrm{s}^{-1})$
推荐值	17	17	60~100	300	600

6.2.4 系统校正

系统的校正是系统分析的逆过程，是系统设计中的重要内容。因为按确定参数设计的实际系统，一般都要求通过校正才能使系统的性能指标得到满足。校正的工程方法有两种：根轨迹法和频率法，其本质都是通过引入校正装置，改变系统的零、极点分布情况，即改变系统的根轨迹或频率特性曲线的形状，使系统性能得以改善。

校正环节有电气的和机械的两种，其中电气校正环节较易实现。电气校正环节可串联在控制系统的前向通道中，称串联校正，也可与前向通路并联，称并联校正。并联校正实质上是通过局部负反馈来改善系统性能。直流伺服电动机的速度负反馈回路就是一种并联校正，它使系统的开环增益减小，阻尼效应增强，而且降低了环路内各元器件非线性等因素的影响。

串联校正可采用无源 RC 校正环节，也可采用有源校正环节。无源校正环节结构简单，调整方便，但校正效果较差。有源校正环节有比例积分（PI）、比例微分（PD）和比例微积分（PID）等环节。在位置伺服系统中常采用 PI 校正环节。加入 PI 校正环节后，伺服系统从原来的只包含一个积分环节的 Ⅰ 型系统变成了包含两个积分环节的 Ⅱ 型系统。可以证明，无论输入信号为阶跃或等速斜坡信号，Ⅱ 型系统输出响应的稳态误差都为零，而且由恒值负载扰动所引起的稳态误差也为零。

此外，为了改善伺服电动机的调速性能，许多伺服系统还在速度反馈控制环内设置了一个电流反馈控制环，以控制电枢绕组中的电流。而且在速度环和电流环的前向通路中又分别串联一个 PI 校正环节，使得伺服电动机既能以恒定的最大电流快速启动，又能使稳态运行时速度误差为零，从而获得了良好的静态性能。

6.3 伺服系统中的非线性因素考虑

前面两节的分析与设计都是基于线性控制系统的，严格地讲，绝大部分伺服控制系统都是非线性系统。当系统的非线性程度不严重时，在一定范围内应用小偏差法进行线性化处理，可以得到比较满意的结果。但对于一些非线性程度比较严重的系统，采用线性方法处理可能会严重影响整个伺服系统的性能，甚至无法工作，因此必须考虑其非线性的影响，才能使系统满意的工作。

在实际系统中，常见的非线性因素有饱和、死区、间隙、摩擦及机械零件的结构弹性变形等。下面分别就这些因素对伺服系统的影响进行必要的分析。

6.3.1 饱和特性与死区特性的影响

1. 饱和特性

饱和是最常见的一种非线性特性，例如，各类放大器的饱和、磁饱和，直流电动机转速和控制电压的关系也具有饱和特性。所谓饱和就是输入信号超过一定范围后输出不再增加的一种特性，如图 6-6（a）所示。从线性系统中关于放大倍数的概念来看，它相当于输入信号超过一定范围后，平均放大倍数的下降。如果用平均放大倍数作为非线性环节的等效增益，则可得饱和特性的等效增益曲线如图 6-6（b）所示。从曲线上可以看出，在饱和特性的线性区段（$|x_1|\leqslant a$）内，等效增益为 K，进入饱和区段（$|x_1|>a$）后，等效增益 K 随输入信号增大而减小，因此，饱和特性的存在将使系统的增益下降，使系统的稳态精度降低，但对系统的稳定性有利。如果饱和点过低，则不仅使系统的稳定精度下降过大，而且还要影响系统的快速性，使过渡过程时间加长，动态性能变坏，因此系统中存在饱和特性限制了系统的反应速度，但可保证系统的安全运行，在系统设计中应具体考虑饱和特性的利弊关系。

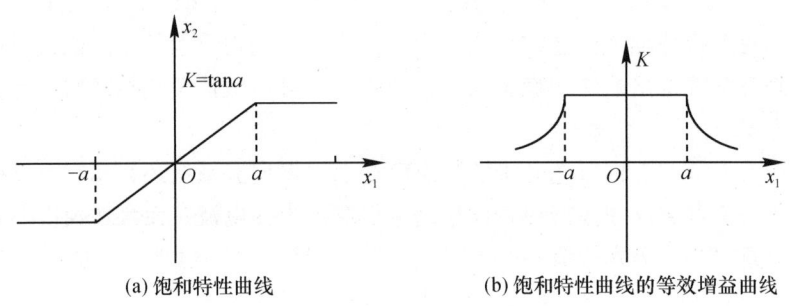

(a) 饱和特性曲线　　　　　　(b) 饱和特性曲线的等效增益曲线

图 6-6　饱和特性示意图

2. 死区特性

死区又称不灵敏区。系统中的死区可由多种原因引起，如放大器的门槛电压；电气触点的气隙；继电器只有当激磁电流大于吸合电流时才有控制电压输出；执行机构上的静摩擦转矩往往也可以折合为死区特性，因为只有当转角差引起执行机构转矩等于静摩擦转矩时输出轴才开始转动。死区特性的典型形式如图 6-7（a）所示。

死区特性的等效增益曲线如图 6-7（b）所示。可见，在 $0\sim\Delta$ 范围内，等效增益为零；其后，等效增益 k 逐渐增大，但总是小于原特性直线段的斜率 K。故死区特性相当于在系统中加入了一个变增益环节。

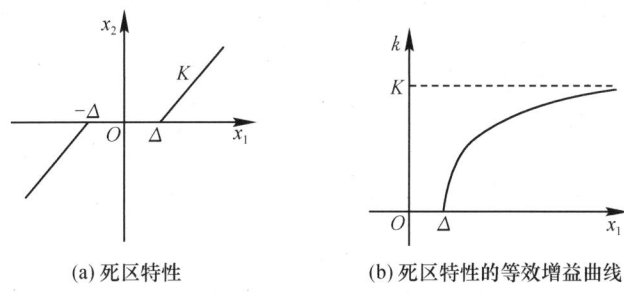

(a) 死区特性　　　　(b) 死区特性的等效增益曲线

图 6-7　死区特性示意图

死区非线性给系统带来的最直接影响是造成了稳态误差，降低了定位精度。死区特性一般不会增强过渡过程的振荡性，而是振荡性减弱。因为在过渡过程中，当死区非线性环节前的信号小于死区阈值 $|a|$ 时，环节没有输出而处于断开状态，外界能源不给系统提供能量，这样就使得整个过渡过程中总的能量减少，振荡强度下降，增加了系统的稳定性。另外，死区具有滤除输入端小幅值干扰信号的作用，增强系统的抗干扰能力。在随动系统中，死区特性可能造成输出信号的滞后，影响系统的实时性。

6.3.2　间隙特性的影响

1. 传动间隙

在伺服系统中经常用到机械减速装置和其他传动机构，由于加工、装配和使用中各种误差因素的存在，间隙是难以避免的。同时，为保证传动灵活，不致发生卡死现象，必须允许有少量间隙的存在，以储存润滑油和补偿由于温度和弹性变形引起的尺寸变化。由于间隙的存在，当传动机构件反向运动时，主动传动部件需要转过间隙大小的空行程，才能带动从动部件的反向运动，两者不能同步运动，形成如图 6-8 所示的环状间隙特性。其中，$-b$ 至 b 为间隙大小，它的存在造成了可逆传动中的空程误差，也使传动装置的输出轴与输入轴之间的关系不是单值的线性关系，而是具有了滞环形的非单值的非线性关系。

在伺服系统的多级齿轮传动中，各级齿轮的间隙影响是不同的。设有一传动链为三级传动，R 为主动轴，C 为从动轴，各级传动比分别为 i_1、i_2 和 i_3，齿侧间隙分别为 Δ_1、Δ_2 和 Δ_3，如图 6-9 所示。

因为每一级的传动比不同，所以各级齿轮传动间隙对输出轴的影响也不一样。将所有的传动间隙都折算到输出轴 C 上，总间隙为

$$\Delta_c = \frac{\Delta_1}{i_2 i_3} + \frac{\Delta_2}{i_3} + \Delta_3$$

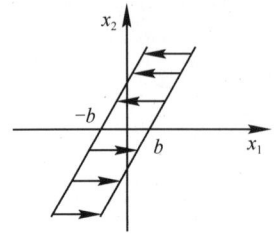
图 6-8 环状间隙特性

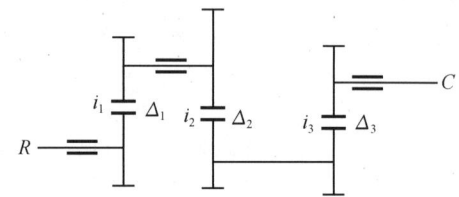
图 6-9 多级齿轮传动

如果折算到输入轴 R 上,总间隙为

$$\Delta_R = \Delta_1 + i_1\Delta_2 + i_1 i_2 \Delta_3$$

由于是减速运动,所以 i_1、i_2 和 i_3 均大于 1。由上两式可知,最后一级齿轮间隙传动 Δ_3 对总间隙 Δ_R 的影响最大。为了减小间隙的影响,除尽可能地提高齿轮的加工精度外,装配时还应尽量减小最后一级齿轮间隙。

2. 间隙特性对系统的影响

间隙特性对系统的影响主要有两点:第一,由于间隙的不确定性,降低了系统的定位精度,增大了系统的静差;第二,间隙的存在,给系统带来了滞后效应,相当于引入了附加滞后相角,因而使系统的稳定裕度下降,平稳性变坏,系统动态响应振荡加剧,甚至会出现自激振荡,造成系统不稳定。下面以一典型的旋转工作台伺服系统为例,分析系统中各个位置上传动间隙对系统的影响。图 6-10 是传动间隙在该系统中的结构图。

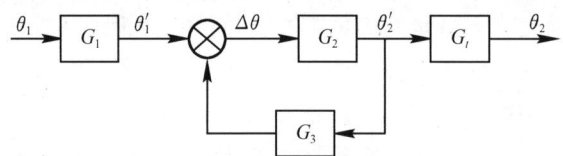

图 6-10 传动间隙在系统中的结构图

1) 闭环内动力传动链齿轮 G_2

由于 G_2 存在齿隙,电动机在误差信号作用下转动时,一开始(在齿隙范围内)并不能带动被控对象,此时没有反馈信号,系统处于开环状态。当电动机转过齿隙后,主动轮与从动轮产生冲击接触,这时的误差角大于无齿隙时的误差角,因此从动轮以较高的加速度转动,角 θ_2 等于输入转角 θ_1 时(假设此时 G_1 与 G_4 无间隙)被控对象并不会立即停下,而是随惯性继续转动,使被控对象比无间隙时更多地冲过平衡点,这又使系统出现较大的反向误差。如果间隙不大,且系统控制器设计得合理,那么被控对象摆动的振幅会越来越小,最后停止在平衡位置上。如果间隙较大,且控制器设计得不好,那么被控对象就会反复摆动,产生自激振荡。因此,闭环之内动力传动链 G_2 的间隙影响了伺服系统的稳定性。

虽然 G_2 存在的间隙,会产生空程误差,但只要与输出轴连接在一起的位置检测元件能检测到,就会有信号反馈到输入端,产生误差信号使伺服电动机动作,从而将被控对象调整到输入指定的位置上,即使 $\theta_2 = \theta_1$,因此 G_2 的间隙并不影响系统的精度。

2) 反馈回路上传动链齿轮 G_3

传动链 G_3 具有间隙,相当于比较元件具有误差。在平衡状态下,输出量等于输入量,误差信号等于零。当在外力作用下,被控对象转动不超过 G_3 间隙范围时,连接在 G_3 输出轴上的位置检测元件仍处于静止状态,无反馈信号,当然也就无误差信号,控制器不能校正此误差。因此反馈回路上传动链齿轮 G_3 的间隙影响了系统精度。

采用前面 G_2 间隙分析方法,同样可以得出结论,反馈回路的 G_3 间隙同时还影响系统的稳定性。

3) 闭环前数据输入通道上传动链齿轮 G_1

系统伺服精度指的是伺服系统输出 θ_2' 与指定输入 θ_1 之间的误差。G_1 间隙的存在虽然并不影响伺服系统达到 $\theta_2' = \theta_1'$,但是 θ_1' 并不等于 θ_1,因此 G_1 的间隙实际上影响了系统的精度。但 G_1 的间隙仅仅影响指定信号的精度,因此对系统稳定性并没带来不良影响。

4) 闭环后位置输出通道上的传动链齿轮 G_4

类似前面分析方法可得,G_4 间隙对伺服系统稳定性无影响,但影响伺服系统精度。

3. 消除或减小间隙影响的措施

1) 系统设计方面

(1) 减小系统增益。

(2) 引入相位超前网络。

(3) 提高间隙前面环节的增益,降低间隙后面环节的增益,改善系统中的增益分布。

2) 机械设计方面

主要是采用各种消间隙机构,常见的方法有:

(1) 中心距可调消除。在一对齿轮副中,设计一个齿轮轴可调的机构,使减速器中心距可调。这种方法可以补偿齿厚误差与中心距误差引起的常值齿隙。但不能补偿偏心型误差引起的变值齿隙。

(2) 弹簧加载双片齿轮消除。利用弹簧的加载力消除齿隙的影响。这种方法可以消除齿轮本身误差引起的齿隙，也可消除温度变化引起的那部分空程，但不能消除轴承以及其他因素引起的齿隙。

(3) 双传动链消除。双传动链消除方法又分为双传动链预紧齿轮消除法、双传动链摩擦阻尼消除法和双传动链扭簧加载消除法多种，详细情况请参阅有关书籍。

6.3.3 摩擦特性的影响

在机械传动机构中，摩擦是必然存在的物理现象。摩擦一般分为动摩擦和静摩擦。静摩擦是指执行机构由静止状态启动时，必须克服的摩擦阻碍；动摩擦是指执行机构启动后，为保持运动速度或加速度所要克服的阻力。在随动系统中，所谓摩擦非线性是指执行轴的静摩擦转矩大于动摩擦转矩造成的非线性特性，如图 6-11 所示。其中，M_f 表示摩擦转矩，ω 表示角速度，M_1 表示静摩擦转矩，M_2 表示动摩擦转矩（未考虑黏滞摩擦力矩）。

摩擦特性对系统的影响，从静特性上看会增加静差，降低精度；从动特性上看，主要是造成低速运动的不平滑性，也就是使系统出现低速爬行现象。这种现象对实际系统是很有害的。

当输入轴以 ω_i 做等速转动时，输入角 θ_i 随时间线性增长。如果没有摩擦，则输出轴以 ω_0 转动，输出角 θ_0 在动态过程消失以后，应以一定的精度跟随输入信号 θ_i 作等速运动。但是由于摩擦特性的影响，结果输出转角 θ_0 出现低速爬行现象，如图 6-12 所示。

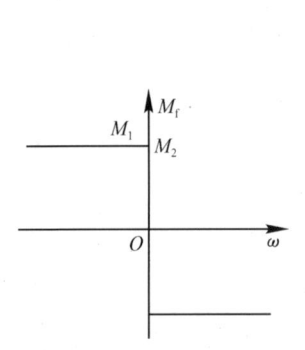

图 6-11 摩擦特性

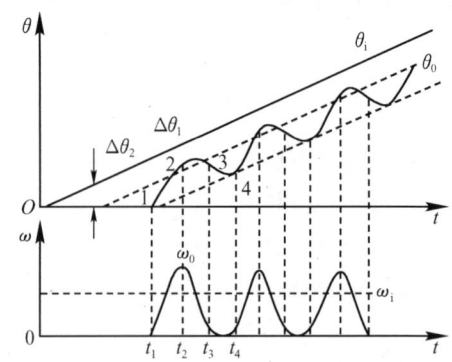

图 6-12 摩擦存在引起的低速爬行曲线

对产生低速爬行现象的过程大致分析如下：

$0 \sim t_1$ 阶段：由于主动转矩 M 不足以克服静摩擦转矩 M_1，因此输出轴不能一开始就马上跟随输入轴做等速转动，输出转角 $\theta_0 = 0$，输出角速度 $\omega_0 = 0$。

$t_1 \sim t_2$ 阶段：当主动转矩 M 等于静摩擦转矩 M_1 时，输出轴才开始转动，相当于图 6-12 中 1 点，这时转角差 $\theta_1 - \theta_0 = \Delta\theta_1$。输出轴一旦开始转动，负载转矩就变成动摩擦转矩 M_2。由于 $M_1 > M_2$，而主动转矩 M 不能突变，即转角差 $\Delta\theta_1$ 不能突变，所以输出轴开始加速。当输出轴角速度上升后，输出转角随之增大。由于是加速旋转，θ_0 的增长比 θ_i 的增长快，转角差 $\Delta\theta$ 逐渐减小，主动转矩也相应减小。当转角差 $\Delta\theta$ 减小到图中 $\Delta\theta_2$ 时，对应输出转矩等于动摩擦转矩 M_2。此时，加速停止，输出轴转速 ω_0 达到最大值，相当于图中 2 点。

$t_2 \sim t_3$ 阶段：由于 $\omega_0 > \omega_i$，所以输出轴仍以比 ω_i 大的速度继续转动，结果转角差 $\Delta\theta$ 还要继续减小，则输出转矩小于动摩擦转矩，于是输出轴减速，ω_0 开始下降，输出转角 θ_0 增长变慢，直至图中 3 点。此时，主动转矩 M 等于动摩擦转矩 M_2，转角差 $\Delta\theta = \Delta\theta_2$，输出角速度 $\omega_0 = 0$，于是动摩擦转矩 M_2 变为静摩擦转矩 M_1。

为了改善或者避免低速爬行带来的不利影响，一般采取以下几种措施：

1. 尽量降低静、动摩擦转矩之间的差值（$M_1 - M_2$）

低速爬行的临界速度与 $M_1 - M_2$ 值成正比。降低 $M_1 - M_2$ 值，可获得更低的平稳运行速度，乃至完全避免低速爬行的现象。摩擦发生于有相对运动的机械零部件之间的接触面上，降低 $M_1 - M_2$ 值的措施很多，如：

（1）在滑动接触面上刻油槽，储存高性能的润滑剂。

（2）采用低摩擦系数的贴塑或涂塑导轨副。传统的金属-金属滑动导轨副（如铸铁-铸铁、铸铁-淬火钢），动、静摩擦系数相差较大，几乎近一倍。如果采用某些塑料-金属滑动导轨副，动、静摩擦系数可基本一致。塑料-金属导轨副上，金属导轨这部分的材料仍为铸铁或淬火钢，塑料导轨这部分是在金属表面粘贴聚四氟乙烯导轨软带或刮涂（或注入）环氧型耐磨导轨涂层 SKC3 而成的。

（3）变滑动摩擦为滚动摩擦。由于滚动摩擦系数低，且静、动摩擦系数相差小，可大大降低 $M_1 - M_2$ 值。常见的形式有各种直线滚动导轨、滚珠丝杠等。

（4）采用静压或气浮支承。如静压轴承、静压导轨、静压蜗杆-蜗母副、气浮轴承、气浮导轨等，基本上也可消除爬行现象。

2. 适当增加系统的惯量 J

J 增大时，运动的角加速度将减小，有利于改善系统低速运行的平稳性。但是，惯量的增加将引起伺服系统响应性能降低，故必须权衡得失后适当处理。

3. 适当增加系统黏滞摩擦系数 f

为了改善或避免低速爬行，降低 $M_1 - M_2$ 值是主要措施。另外，增大与速

度有关的 f 亦可改善系统的低速运行平稳性，通常采取增加电气黏滞摩擦系数的办法，如对电动机增加反电势反馈、测试反馈等。但是需注意，这样增加 f 对伺服性能有不利的一面。它将增加系统的稳态——速度滞后，故必须权衡得失后适当处理。一般是在系统中引入相位超前网络，它既可适当增大阻尼，改善系统低速运行特性，又可不增加速度滞后。

4. 动力润滑

在控制信号中附加高频正弦信号，使伺服电动机时刻处于适度的微振状态，可以有效减少低速爬行。这种方法称为"动力润滑"。用脉宽调制（PWM）式放大器作功率放大器来驱动伺服电动机是一种"动力润滑"的工程实现方法。PWM 功率放大器的输出是一串宽度可调的矩形脉冲，除包含有驱动伺服电动机的控制信号（直流分量）外，还包含一个频率同放大器切换频率相同的高频分量。在高频分量作用下，伺服电动机时刻处于微振状态，从而有利于克服静摩擦，改善系统低速运行特性。

6.3.4 结构弹性变形的影响

1. 结构谐振的影响

当伺服电动机带动机械负载运动时，机械系统中的所有部件，如传动轴、齿轮、联轴节、紧固件等，都要产生程度不等的弹性变形。由于这些弹性变形而产生的振动称为结构谐振，其振动频率称为固有谐振频率。为了避免伺服系统产生结构谐振而失去稳定性，机械系统的固有谐振频率应远离伺服系统的带宽。对于一般要求不高的系统，其伺服系统带宽比较窄，只要传动系统设计的刚度比较大，结构谐振问题并不突出。但是，当伺服系统的精度和快速响应性要求越来越高时，伺服系统的带宽就要求比较宽，从而对机械系统的固有谐振频率提出了更高的要求。

机械传动装置的弹性变形与它的结构、尺寸、材料性能及受力状况等因素有关，下面用一个双质量—弹簧等效系统（图 6-13）来分析弹性变形引起的谐振对系统的影响。图中，U_c 为伺服电动机的控制电压；M_m、J_m 和 θ_m 为伺服电动机输出转矩、转子惯量和轴角位移；J_0 与 θ_0 为折算到电动机轴上的负载惯量和负载角位移；K 与 F_{m0} 为有关机械系统的扭转刚度系数和黏性摩擦系数。

根据自由转子固有频率（对应于电动机转子固定时的固有频率）和锁定转子固

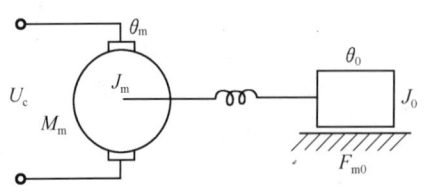

图 6-13 机械传动系统简化图

有频率（对应于电动机转子不加约束时的固有频率）这两个概念，可得到同时考虑弹性变形和摩擦阻尼后该系统的运动微分方程

$$J_m \ddot{\theta}_m = M_m + K(\theta_0 - \theta_m) + F_{m0}(\dot{\theta}_0 - \dot{\theta}_m)$$
$$J_0 \ddot{\theta}_0 = -K(\theta_0 - \theta_m) + F_{m0}(\dot{\theta}_0 - \dot{\theta}_m)$$

伺服电动机的转矩和电压方程分别为

$$M_m = K_M I_C$$
$$U_C = K_E \dot{\theta}_m + \dot{I}_C R_C$$

式中，K_M、K_E 分别为电动机的转矩、反电势常数；I_C、R_C 分别为电动机控制绕组的电流、电阻。

通过积分变换运算可得到锁定转子固有频率

$$\omega_1 = \sqrt{\frac{K}{J_0}}$$

及自由转子固有频率

$$\omega_f = \sqrt{\frac{J_m + J_0}{J_m}} \omega_1$$

还可求得输出 θ_0 对输入 U_C 的频率特性 θ_0/U，如图 6-14 所示。

由图 6-14 可知，系统在 ω_ρ（$\omega_1 < \omega_\rho < \omega_f$）处有一个谐振峰。该谐振峰的高低与系统的阻尼（如摩擦阻尼 F_{m0}、反电势常数 K_E 以及测试反馈阻尼等）有关。根据伺服控制理论，为使系统稳定，要求 ω_ρ 处的幅值裕量≥6dB。

为保证系统稳定，要求谐振频率 ω_ρ 离切割频率 ω_c 有一段距离，一般要求 $\omega_\rho > 2.5\omega_c$。考虑到切割频率 ω_c 近似等于带宽频率 ω_b 的 2 倍，因此，一般情况下就要求 $\omega_\rho > 5\omega_b$。

在工程设计中，习惯上常用锁定转子固有频率 ω_1 来衡量系统的机械谐振

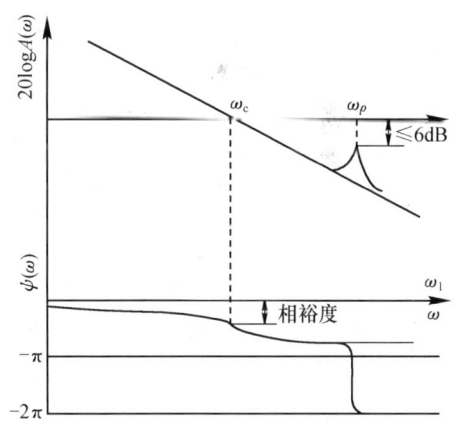

图 6-14 考虑弹性和摩擦阻尼时系统频率特性

特性，这是因为实际的谐振点 ω_ρ 常落在 ω_1 和 ω_f 之间，用 ω_1 来衡量是较安全的。

综上所述，为避免如图 6-13 所示的机械系统由于弹性变形而使整个伺服系统发生结构谐振，该机械系统的锁定转子固有频率 ω_1 应大于伺服系统带宽 ω_b 的 5 倍，即

$$\omega_1 > 5\omega_b$$

伺服系统的闭环带宽与系统伺服精度、快速性之间有下列经验公式：

$$\omega_b = 60\sqrt{\frac{\varepsilon_{Lmax}}{e}}$$

式中，ε_{Lmax} 为负载最大角加速度（°/s²）；e 为伺服精度（″）。

例如，负载最大角加速度为 0.5°/s²，伺服精度为 18″，按上式则

$$\omega_b = 60\sqrt{\frac{\varepsilon_{Lmax}}{e}} = 60\sqrt{\frac{0.5}{18}} = 10(\text{rad/s})$$

或

$$f_b = \frac{\omega_b}{2\pi} = 1.6\text{Hz}$$

因此，机械结构谐振频率需控制在

$$\omega_1 \geqslant 5\omega_b = 50\text{rad/s}$$

或

$$f_1 \geqslant 8\text{Hz}$$

上面讨论了考虑弹性和摩擦时的结构谐振问题，如果再加上齿隙这一结构因素，同时考虑弹性、齿隙和摩擦时的结构谐振问题将更为复杂。

2. 减小或消除结构谐振的主要技术措施

（1）提高传动刚度。提高传动刚度，可以提高结构谐振频率，使结构谐振频率处在系统的通频率之外。采用弹性模量高的材料，合理选择构件的截面几何形状和尺寸，都可以提高构件刚度。轴的扭转刚度与直径的 4 次方成正比，所以适当加大轴的直径可以有效提高轴的抗扭刚度，还要注意加大传动系统最后几根轴的刚度，因为级数越后的轴，其刚度对等效刚度影响越大。当然由于等效刚度与减速比的平方成正比，增大末级减速比将非常有效地提高输出轴的等效刚度。

对机械系统来说，要注意其几个特别的薄弱环节，如轴承、减速器、联轴节、离合器及有关的接触面等，因为这些薄弱环节对机械系统的固有频率有较大影响，如采用无齿传动或用低速大力矩电机直接驱动，取消减速器，则可以显著提高结构的固有频率。

（2）提高阻尼。不改变机械结构固有频率，通过增大阻尼系数来抑制谐振峰值，也可解决结构谐振问题。例如，某转台伺服电动机和减速器输入轴之间设置了一个黏性液体联轴器，液体黏性，使系统的阻尼系数提高了一个数量级，这时虽然机械结构固有频率只有 13.5Hz，伺服系统带宽却可提高到 5Hz。

另外也可采用增加机械结构阻尼的办法，结构阻尼一般有结合面之间的摩擦阻尼和结构材料的内摩擦阻尼两种。通常螺栓连接的结构阻尼比焊接大，间断焊缝的阻尼比连续焊缝大。灰铸铁由于石墨的吸振作用，阻尼系数远大于钢。但是，近年来钢板焊接结构有代替铸件的趋势，因为钢板焊接结构容易采用更有利于提高刚度的筋板布置形式，可在其表面喷涂一层高内阻尼的黏滞弹性材料（如沥青基制成的胶泥减振剂、高分子聚合物或油漆腻子等），涂层厚度越大，阻尼越大，ξ 值可达 $0.05\sim0.1$。

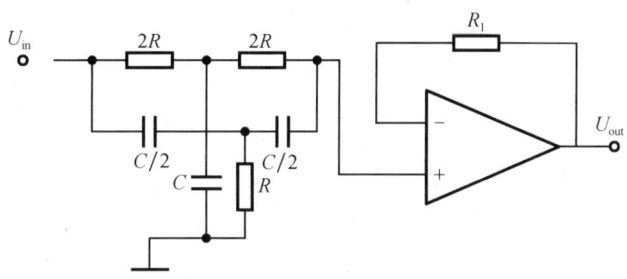

图 6-15 桥式 T 形微分网络

（3）采用校正网络。可以在系统中串联图 6-15 所示的桥式 T 形微分网络，该网络传递函数为

$$G(S) = \frac{\tau_1 + \tau_2 S^2 + (\tau_1 + \tau_2)S + 1}{\tau_1 \tau_2 S^2 + (\tau_1 + \tau_{12} + \tau_2)S + 1}$$

式中，$\tau_1 = mRC$，$\tau_2 = nRC$，$\tau_{12} = RC$。
图 6-16 为该网络频率特性。图中

$$\omega_0 = \sqrt{\frac{1}{\tau_1 \tau_2}}$$

$$d = \frac{\tau_1 + \tau_{12}}{\tau_1 + \tau_{12} + \tau_2} \tau$$

$$b = 2(\tau_1 + \tau_{12} + \tau_2)\sqrt{1 - 2d^2}$$

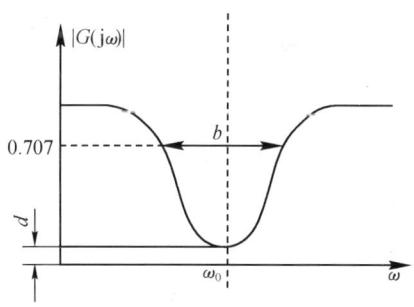

图 6-16 频率特性

由图可知，该网络频率特性有一凹陷处，将此处对准系统的结构谐振频率，就可抵消或消平结构谐振峰值。

因为机电控制系统中的传动装置比较复杂，其结构谐振频率和谐振峰值不止一个，又因系统参数变化，其数值也不能保持恒定，再加上传动间隙、摩擦等非线性等影响，其频率特性也较复杂，因此用校正方法只能近似削弱结构谐振对伺服系统的影响。目前应用综合速度反馈或采用全状态反馈等方法来更有效地减少和克服结构谐振的影响，其技术正在取得不断的进展。

复习参考题

1. 开环伺服系统设计包括哪几个方面？
2. 闭环伺服系统设计包括哪几个方面？
3. 设计伺服系统时，需考虑哪些非线性因素？
4. 机械系统的设计内容。
5. 控制系统的设计内容。

参考文献

高春甫等．2007．机电控制系统分析与设计．北京：科学出版社
黄金源．1992．自动控制工程基础．北京：中央广播电视出版社
李运华．2003．机电控制．北京：北京航空航天大学
彭旭昀．2006．机电控制系统原理及工程应用．北京：机械工业出版社
尚涛．2006．机电控制系统设计．北京：化学工业出版社
唐仲文，王信义等．1996．机电一体化技术手册．北京：机械工业出版社
吴本奎等．1996．机电一体化及其发展策略．北京：机械工业出版社
徐志毅等．1994．机电一体化实用技术．上海：上海科学技术文献出版社
张建民等．1996．机电一体化系统设计．北京：北京理工大学出版社
赵松年，张奇鹏．1996．机电一体化机械系统设计．北京：机械工业出版社
郑堤，唐可洪．1997．机电一体化设计基础．北京：机械工业出版社

第 7 章　双臂 SCARA 机器人系统设计实例

7.1　双臂教学机器人系统简介

7.1.1　机器人系统简介

由两只平面机械臂（后臂、前臂）组成，左、右两臂各有两个自由度。右臂由交流伺服电机驱动，经谐波减速器减速，通过光电编码器进行闭环控制；左臂由步进电机驱动，经谐波减速器减速，进行的是开环控制。

该机器人右手前臂末端安装笔架，可以书写多种字体（黑体、楷体、宋体等）、不同大小的汉字，绘制多种形状图形。左手前臂末端安装有下棋专用手爪，可以与人对弈五子棋。

机器人肩上安装有摄像头，通过图像处理来识别玩家所下的棋子在棋盘上的位置，然后由程序演算出机器人下棋策略。其外形照片如图 7-1 所示。

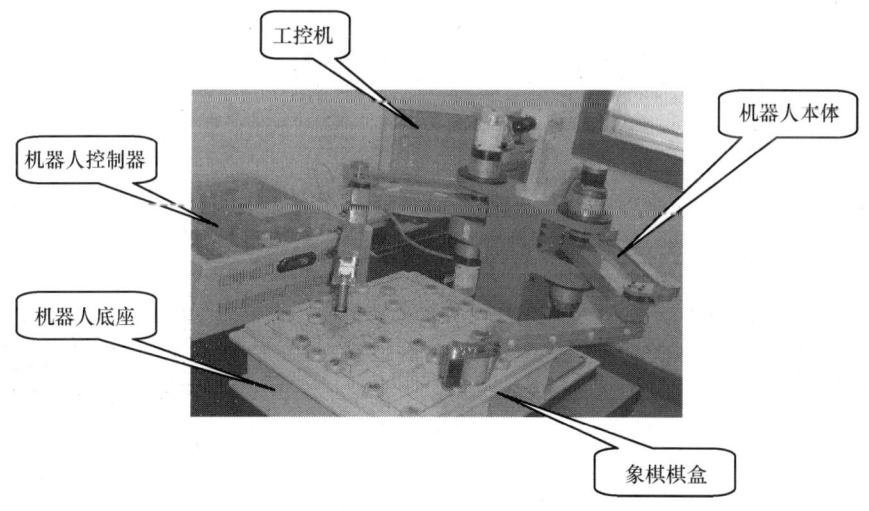

图 7-1　双臂 SCARA 机器人外形照片

双臂 SCARA 机器人为多功能双臂科普机器人，是面向机电系统机构、控制等多个层面的高水平教学实验平台。通过左、右手可实现开环和闭环的控制性能比较，控制参数可通过软件在线设置；通过关节坐标、直角坐标等多种形式介绍机器人示教再现的各种概念;通过机器人书写汉字,以及汉字的放大、缩小、倾斜,向学生传授计算机图形学的基本知识;通过计算机左右手绘图,可以比较直线和曲线插补的基本概念。

7.1.2 主要功能

1. 机器人写字

在屏幕菜单中输入机器人要书写的汉字,并选择字体,然后在屏幕上进行仿真,效果满意后,输出控制信息给机器人,机器人完成汉字书写动作。

可以学习机器人控制、图形转换等知识。

2. 机器人绘图

用户在工具条或菜单上点击相应的功能,就可以开始绘图操作,同时,绘图区会有虚线表达相应的提示。

可以学习图形学、插补有关知识。

3. PID 控制

可在操作界面中输入比例系数 P、积分系数 I、微分系数 D,然后根据被控对象的数学模型,在屏幕上仿真出相应的动态响应曲线。如果曲线的各项指标符合要求,则将 PID 系数用于实际闭环控制中。

可以学习有关计算机控制的相关知识,如闭环控制等。

4. 机器人下五子棋

进入人机对弈控制界面,可以完成人和机器人的五子棋对弈过程。玩家放好相应的棋子后,机器人启动图像判别系统,根据人所放棋子的位置,进行推理判断,做出下一步决策。然后机器人自动到棋盒里取棋子,然后放到棋盘的对应位置。

可以学习图像处理、机器人智能、控制决策等知识。

7.2 机械系统构成

7.2.1 双臂 SCARA 机器人的结构

对于双臂 SCARA 机器人的机械结构来说,其关键部件是两只平面机械臂。每只机械臂都由大臂和小臂组成,各有三个自由度,配合头部、肩部和基座,形成一个人形机器人。机器人的机械部件具体包括左臂、右臂、电机减速器组、肩、摄像头、基座、写字(绘图)笔架、下棋手爪,其结构见图 7-2。

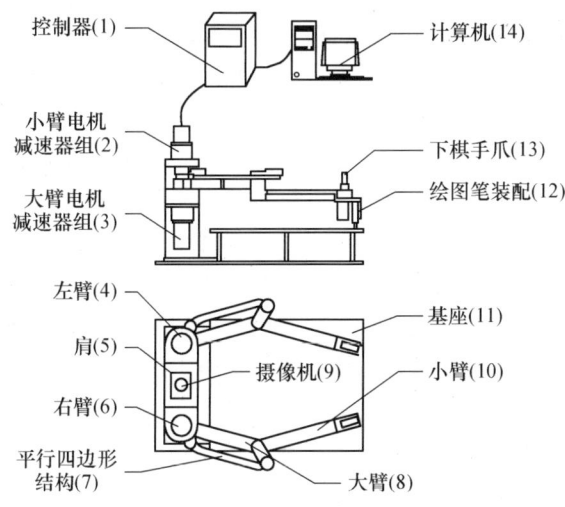

图 7-2 双臂 SCARA 机器人结构图

左臂和右臂用螺钉固定在肩的两侧，CCD 摄像头安放在肩的中间。肩固定在基座上。绘图笔装配安放在右小臂前端。工控机作为人机交互和编程设备把各种命令和规划信息发给左、右臂的电机驱动器，完成所需的规划任务。左右两臂的机械结构相同，都是由大臂、小臂、大臂电机减速器组、小臂电机减速器组和平行四边形机构组成。不同的是左臂所用的电机是步进电机，采用的是开环控制；右臂所用电机是交流伺服电机，采用半闭环控制方式。大臂电机减速器组直接带动大臂转动。小臂电机减速器组通过平行四边形机构带动小臂转动。图 7-3 为双臂 SCARA 机器人的实物照片。

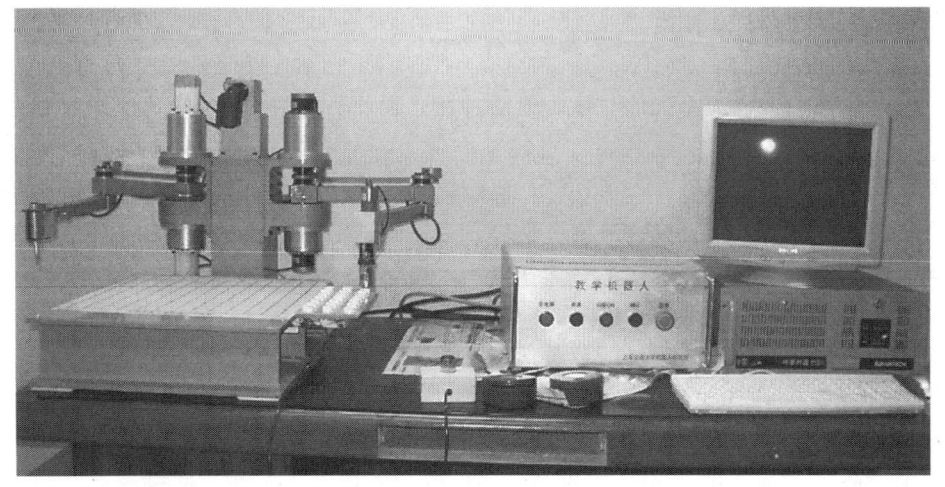

图 7-3 双臂 SCARA 机器人的实物照片

双臂 SCARA 机器人机构的设计具有如下特点：

（1）左右手臂可以同时进行演示，通过程序的控制，保证两个手臂不相互干涉，这在工业系统中是一个非常重要的环节，所以双臂结构可以成为良好的实验研究平台。

（2）把大臂电机减速器组和小臂电机减速器组都安装在肩上，并且在同一轴线上而无需像典型的 SCARA 机器人那样把小臂电机减速器组安装在大臂上，从而降低了大臂的负载。小臂电机减速器组通过平行四边形机构把电机转动传递给小臂，从而有效解决了大臂和小臂之间的耦合，使得就关节控制问题而言，两关节控制变成两个独立的关节控制，这就使得手臂的运动控制变得更加简单。不过这样的结构对机械加工和装配的要求会相对增高，因为如果安装后大、小臂电机减速器组的同轴度没有符合设计要求，那么当手臂运动时，大、小手臂的连接处相互挤压的作用力有可能大到影响手臂的正常运动。

7.2.2 机电元件选型与构成

驱动右臂的交流伺服电机采用松下 MINASA 系列三相伺服电机。基于 DSP 处理器的运动控制卡向伺服电机驱动器的控制端口置电压信号，由驱动器控制电机转动，同时编码器采集卡采集伺服电机的码盘信号，从而形成半闭环控制。

驱动左臂的是常州创伟电机厂生产的 57BYG060 两相双极混合式步进电机，采用开环控制，控制卡向步进电机驱动器输入脉冲和方向信号，由驱动器控制电机转动。

7.2.3 末端执行器

1. 机器人专用写字笔架及基本工作原理

为了完成机器人系统的写字、绘图功能，设计了专用的写字笔架，其结构见图 7-4 所示。整个笔架通过螺钉安装在小臂上，电磁铁通过螺钉安装在笔架下面，当电磁铁电源接通时，活动杆在电磁铁内的推杆的作用下向上运动，通过连杆带动笔向下运动，完成"落笔"动作。当电磁铁电源断开时，安装在笔套里的弹簧使笔套抬起，完成"抬笔"动作。

实际上，对于笔架中抬落笔的控制是通过控制继电器的开合来间接控制电磁铁通断电而完成的。因此，综合考虑继电器的输出电压匹配、磁铁外形尺寸、笔杆的行程以及顶压普通圆珠笔时所需的压力，在此选用了上海机床三厂的 MFZ1-2.5 型号的直流阀用电磁铁。其主要技术参数如下：额定吸力：2.5kg，额定行程：5mm，额定电压：24V，工作电流：0.85A，通电持续率：100%，总重量：0.56kg。图 7-5 为写字笔架的实物图。

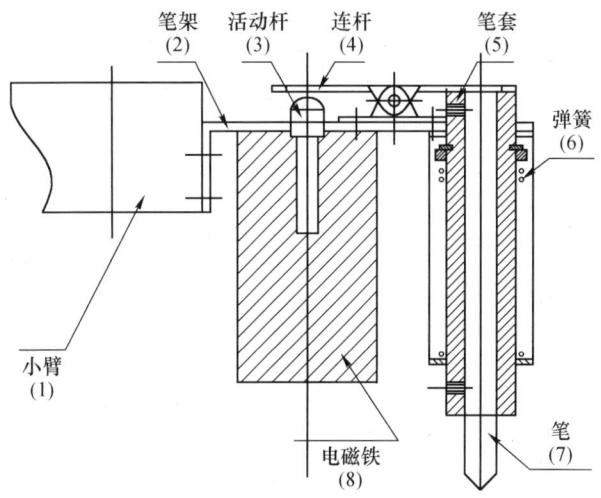

图 7-4　写字笔架结构图

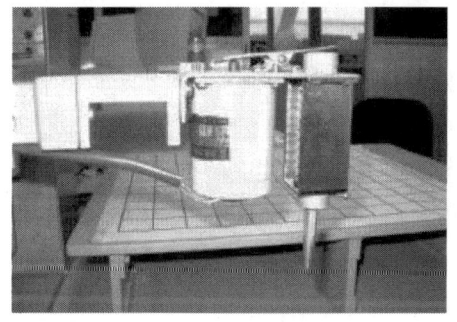

图 7-5　写字笔架的实物图

2. 机器人专用下棋手爪设计

SCARA 机器人的手臂无法在垂直方向上运动，因此，下棋手爪需要具备的功能是能够在垂直方向上下运动，还要能抓取棋子。

实现手爪在垂直方向上运动的方法很多，比如采用类似写字笔架的结构，使用直流阀用电磁铁，通过杠杆结构推动手爪向下移动，然后利用弹簧在电磁铁断电后使手爪复位。这种方法的优点在于手爪移动迅速，结构简单；而其缺点则是手爪只能保持在两个极限位置，上下运动的行程较短，另外弹簧的选取也比较困难。第二种方法就是可以使用直流电机，通过丝杠传动机构，把电机转子的转动运动转化为手爪的直线运动。这种方法的优点在于可以通过控制电机来控制手爪停止的位置，缺点是对机械结构和加工的要求比较高，另外还会造成手爪在垂直方向上的长度增加，影响美观。

棋子的抓取总的来说应该有两种常见的方式,一种是吸取,另一种是夹取。

(1) 吸取方式的实现可以用气泵加吸盘或者用电磁铁。

前者的实现过程是,取棋子时,吸盘接近棋子的时候,气泵抽气,在吸盘处形成负压,从而吸住棋子;放棋子时,气泵缓慢充气,棋子就可脱离吸盘。这种方法的优点在于:手爪部分的结构可以相对精简;使用吸盘,对棋子的形状没有太多要求,可以使用普通的围棋棋子。但是这种方法的缺点也很明显:由于要使用气泵,整个机器人的成本提高了。

如果用电磁铁的话,那就是改变动力来源,实现过程基本不变:取棋子时,电磁铁接近棋子,然后电磁铁通电,吸住棋子;放棋子时,电磁铁断电,棋子在重力的作用下脱离电磁铁。这种方法的优点是,成本较低,机械结构相对简单,控制方便;不足之处在于:棋子需要定制,被吸附的表面必须是平面而且必须是铁质的;电磁铁的额定行程与体积、重量成正比,而电磁铁的吸力同距离成反比,所以在吸附棋子时需要比较接近棋子。

(2) 夹取方式的实现主要是通过机械结构的运动来模拟人手抓取棋子。

这种方法的优点在于:演示效果更好,无须在表面贴铁皮;缺点在于:仍然需要特制棋子,对机械结构的设计与加工的要求较高,另外在夹取棋子时,对手爪与棋子间的相对位置要求较高,手爪轴心不可偏离棋子中心太多。

综合考虑了以上各种方案的优缺点,采用了如图 7-6 所示的机器人手爪结构。棋子使用特制的五子棋棋子,棋子是圆柱形的,直径为 22mm,高度为 10mm。

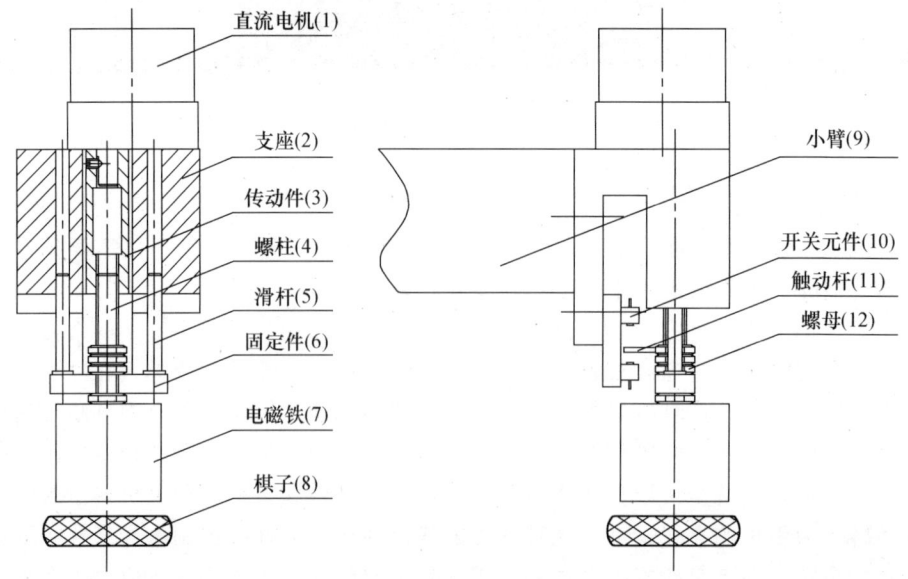

图 7-6 下棋手爪结构图

直流电机通过螺丝固定于支座上，电机轴通过螺钉与圆柱形的传动件连接，传动件的另一端是螺孔，螺柱可以在螺孔内自由上下运动，并通过螺母固定在固定件上。左右两个滑杆也固定在固定件上，并可在支座上的两个通孔内上下运动，滑杆的作用主要在于导向，另外可以防止螺柱及其以下部分的晃动及随传动件而转动。螺柱最上面的一个螺母上固定着一个触动杆，用于触发限位开关。

当电机轴顺时针转动时，螺柱将旋入螺孔内，从而带动固定件和电磁铁向上运动；当电机轴逆时针转动时，螺柱将旋出螺孔，固定件和电磁铁就随着一起向下运动。

综合考虑了电磁铁的体积以及额定行程，最后我们选用的是上海超诚电子技术研究所的直流电磁铁。其主要技术参数如下：额定吸力：2kg，额定行程：5mm，额定电压：24V，工作电流 0.18mA，质量：0.18kg。直流电机选用的是上海仪表电机厂生产的 37JB6K10B 直流电机，其主要技术参数如下：额定电压：24V，额定转速：500r/min。图 7-7 为下棋手爪的实物图。

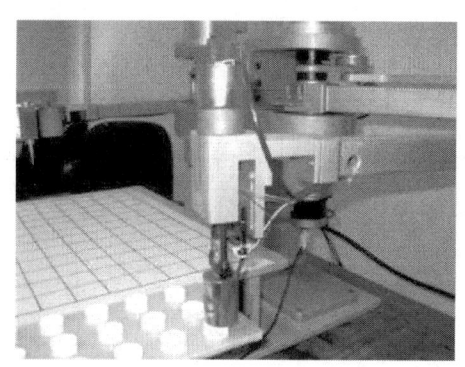

图 7-7 下棋手爪的实物图

7.2.4 视觉系统组件介绍

对于如何获得玩家所下的棋子在棋盘上的位置这一问题，在此列举两种不同的解决方案。

方案一：使用霍尔元件作为传感器。霍尔元件是根据霍尔效应原理制成的磁电转换元件，其功能是用于检测其一定邻域范围内是否存在一定方向的磁场。当霍尔元件邻域内出现磁场时，霍尔元件输出引脚的电位会发生阶跃变化，通过检测这一变化，就可以判断出棋子所对应的位置。这一方案的优缺点如下。

优点：只要没有磁场干扰，外界环境的变化对这套方案的影响最小。

缺点：①成本不低、制作复杂。这套方案涉及的元器件包括霍尔元件（169 个，3 元/个）、圆磁片（169 片，1 元/片）等。因为需要将霍尔元件埋到围棋棋盘中去，圆磁片需要埋到五子棋棋子中去，还需要焊接复杂的电路，所以需要订做棋盘和棋子，这其中所花费的人力物力是巨大的，另外维修也很不方便。②棋子需尽量靠近霍尔元件。由于受到棋子大小的限制，磁片的面积必须比棋子横截面面积小，那么一定距离处的磁场强度也相应降低，而霍尔元件的输出引脚只有当磁场强度到达一定程度时才会发生改变。受到这些条件的限制，如果玩家所下的棋子偏离霍尔元件中心较多时，系统将无法检测到棋子。

方案二：用机器视觉来实现棋子位置的检测功能。这个方案就是使用摄像头来获取一些棋盘图像，然后通过数字图像处理技术获得棋子位置的信息。这一方案的优缺点如下。

优点：①实现简单。这一方案涉及的主要设备是 CCD 摄像头和图像采集卡。这些都是市场上很常见的设备，这对于系统将来的升级和维修都很方便。棋盘只需要使用普通的围棋棋盘即可。②开放性及教育性较好。机器人视觉现在已经是个非常热门的学科，如果采用这套方案，可以增加机器人的教学功能。另外机器视觉的关键是数字图像处理算法，属于软件，所以开发性好，学生可以自己动手设计或改编处理算法。

缺点：①成本较高。摄像头的价格一般都在 600 元以上，高性能的摄像头价格可以达到几千元甚至几万元，当然，我们这套系统无需使用昂贵的摄像头，一般性能的产品就可以满足要求；图像采集卡的价格也一般都在 1000 元以上。②外界环境影响较大。由于数字图像处理算法的智能化程度无法和人脑相比，所以这些算法都是应用于一些特定的场合。如果有其他物体进入到图像采集范围内（比如玩家的手无意中放在棋盘上等），就容易导致视觉算法的失效。

比较了以上两个方案的优缺点，综合考虑了功能与性价比等因素，在双臂机器人中采用方案二，因为与人对弈五子棋这一功能不应当只是一种演示，还应该具备参与性和开放性的特点。该方案的硬件构成如下。

1. CCD 摄像头

摄像头在系统中的功能是拍摄棋盘场景的图像，选择摄像摄像头时要考虑到如下一些因素（按考虑的先后顺序排序）：

(1) 摄像头的安装固定的位置和方式。

(2) CCD 的靶面尺寸。

(3) 摄像头的镜头选择。

(4) 摄像头的外形颜色。

(5) 摄像头的附加功能。

首先考虑的是摄像头安装的位置。如果从图像处理的角度考虑，摄像头安装在棋盘的正上方最佳，这时垂直拍摄棋盘场景，得到的图像畸变最小，图像处理相对简单。但是这种安装方式，摄像头位置不易太低（至少应安装在高于玩家头部的位置，以避免给人压抑感），这就使得固定摄像头的支架需要占用很大空间，也不美观。考虑到这一点，我们决定把摄像头固定在机器人的头部位置，这样虽然会造成图像畸变程度相对严重，但总的来说畸变并没有严重到无法检测的程度。

摄像头所能摄取景物的视场的大小是由镜头至被摄取物体距离、镜头焦距及 CCD 靶面大小所决定,关系如式(7-1)和式(7-2)所示,因此,我们可以根据如图 7-8 所示的数据信息求得镜头的焦距。

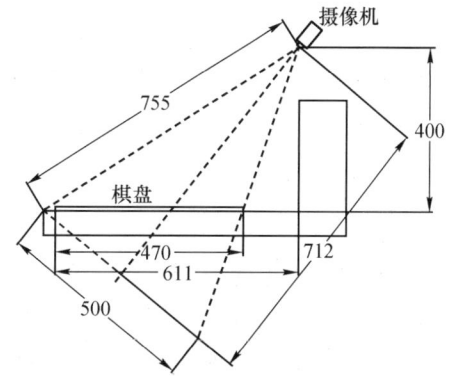

$$f = u \times D/U \quad (7-1)$$
$$f = h \times D/H \quad (7-2)$$

其中,f 镜头焦距;U 景物实际宽度;H 景物实际高度;D 镜头至景物实测距离;u 图像宽度;h 图像高度。

图 7-8 镜头焦距的确定

在计算 CCD 焦距时,可以用 CCD 靶面的宽度和高度来代替图像的宽度和高度。现在常见的靶面尺寸有:1in(1in = 2.54cm)、2/3in、1/2in、1/3in、1/4in。综合考虑了经济性和性能,这里选择了 1/3in(宽 4.8mm×高 3.6mm)的 CCD。

如图 7-8 所示,棋盘的实际面积约为 470mm×470mm,镜头与棋盘的垂直距离约为 400mm,与棋盘最远端的水平距离约为 611mm,通过计算可得 $U=500\text{mm}$,$H=470\text{mm}$,$D=712\text{mm}$,$u=4.8\text{mm}$,$h=3.6\text{mm}$,则

$$f_1 = u \times D/U = 4.8\text{mm} \times 712\text{mm}/500\text{mm} = 6.84\text{mm}$$
$$f_2 = h \times D/H = 3.6\text{mm} \times 712\text{mm}/470\text{mm} = 5.45\text{mm}$$

因为摄像头和棋盘的位置是基本固定不变的(摄像头可以左右上下转动),所以选择一款焦距小于 5.45mm 的定焦镜头就可以满足系统需要。

定焦镜头的光圈直径较小,在通常的室内照明情况下,容易造成 CCD 感光量不足,使得图像较暗,不便于处理。所以最终选择了泰扬机电公司的一款子弹型内嵌红外灯的摄像头,型号是 TY-135IR,其外形如图 7-9 所示,它的功能特点和技术规格如下。

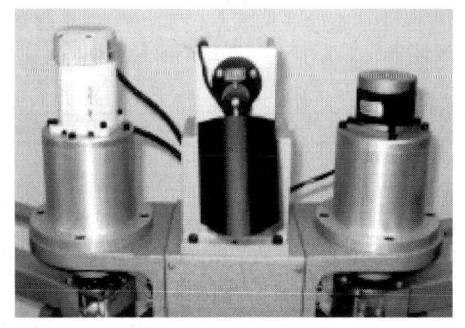

图 7-9 CCD 实物图

- 传感器:(1/3)″ SONY CCD
- 自动背光补偿、自动增益控制
- 信噪比:大于 52dB
- 图像单元:795(H)×596(V)
- 镜头:$f=3.7\text{mm}$

- 供电电源：DC 12V/3W
- 电流损耗：300mA（LED On）
- 工作温度：-10～+45℃

2. 视频图像采集卡

视觉系统方面，摄像头采集到的图像信息通过图像采集卡传递给工控机。

图像采集卡的功能就是将模拟摄像机、录像机等输出的模拟视频信号转换成计算机可辨别的数字信号。按照其用途可分为广播级视频采集卡、专业级视频采集卡、民用级视频采集卡，它们档次的高低主要是采集图像的质量不同。在本系统中采用了 MicroView 公司的 V2A 黑白图像采集卡（见图 7-10），其特点如下：

V2A 卡所采集的图像点阵位置精度高，A/D 转接后的数字视频信号误差小，完全忠实于视频源信号，具有高分辨率、高清晰度、高精度的实时采集效果，能够充分满足专业图像处理领域的要求。

V2A 卡所采集的图像均未经压缩。目前的压缩技术在客观上都是有损而不可逆的，而只有 1∶1 的全数字化采集，才能确保图像不失真，影像层次更为丰富。

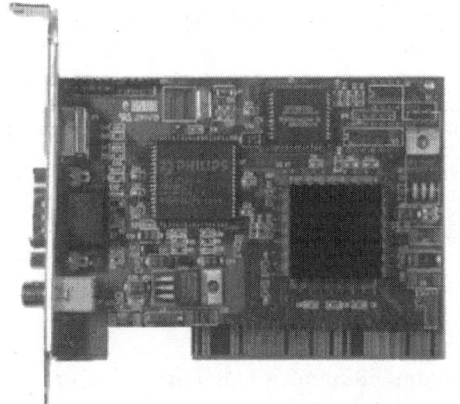

图 7-10　V2A 黑白图像采集卡

V2A 卡用户二次编程开发方便，可广泛用于医学影像、分析测量、生物医学、工业图像分析，以及其他多种高精度图像处理与分析领域。

除此之外，由于采集卡传送数据采用 PCI MASTER BURST 方式，图像传送速度高达 33MB/s，可实现摄像头图像到计算机内存的可靠实时传送，并且几乎不占用 CPU 时间，留给 CPU 更多的时间去做图像的运算与处理。该卡支持使用 VC、BC、VB、C++ Builder 等语言编程，其硬件兼容性能好，可在绝大多数 PII、PIII 兼容机、原装机、工控机上，使用 24 位 PCI/AGP 显卡均可良好地稳定工作，显示效果好，杜绝花屏/伪彩现象。其底层程序稳定，功能丰富、开发便捷、便于程序移植。

其性能指标如下：

(1) 可四路复合视频信号输入，软件切换。

(2) 视频输入为 CCIR、PAL 或 RS-170、NTSC，同时具有一定的非标准信号采集能力。

(3) A/D 的采样频率从 8MHz 到 25MHz，行频从 10kC 到 20kC 软件可调，其中包括了 15.625kC 的标准行频，适用于标准和一部分非标准的 CCD 摄像头、X 射线机等设备。

(4) 图像采集显示分辨率：768×576。

(5) 采样位数，黑白方式 8bit，256 级灰度。

(6) 灰度精度 1/256，点阵扰动不大于 10ns。

(7) 亮度、对比度、色度、饱和度及画面大小比例，均可由硬件或软件调节。

(8) 提供色键功能，可在图像上实时叠加字符、图形、文字等。

(9) 外触发采集功能（TTL 电平下降沿），可由用户的设备触发图像到内存的传送。

(10) 硬件支持图像在水平/垂直方向任意缩小及开窗；并可实现实时镜像、顶底倒置。

(11) 外形尺寸，145mm×98mm。

(12) 水平清晰度可达 500 电视线以上。

7.2.5 机构运动学分析

1. 运动学正解

为了能够更方便地建立机械臂的运动学方程，这里以俯视图为坐标平面。坐标原点定在机械臂与基座的连接处。下面以左机械臂为例求运动学正解，右机械臂的求解类似。图 7-11 为左机械臂的原理图，图中的 OA 为左大臂，长为 l_1；AB 是左小臂，长为 l_2。采用笛卡儿坐标系，O 为原点，X 轴水平向右，Y 轴竖直向上，由图可知，若变量 θ_1 和 θ_2 已知，则点 B 的坐标为 $B(x_B, y_B)$，即正解为

$$\begin{bmatrix} x_B \\ y_B \end{bmatrix} = \begin{bmatrix} \cos\theta_1 & \cos\theta_2 \\ \sin\theta_1 & \sin\theta_2 \end{bmatrix} \begin{bmatrix} l_1 \\ l_2 \end{bmatrix} \quad (7-3)$$

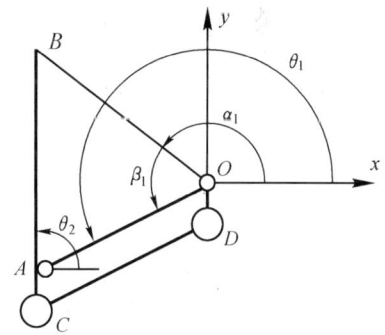

图 7-11 机械臂原理图

2. 运动学逆解

为了验证机器人的工作区域和传动角的范围，必须求取机器人的运动学逆解。逆解主要应用在手臂某种运动轨迹的实现中，即已知轨迹点反求出手臂关节

所需运动的角度。图中若点 B 的坐标 $B(x_B, y_B)$、l_1 和 l_2 已知，则逆解为：

$$\begin{cases} \theta_1 = \pi + \arctan\left(\dfrac{y_B}{x_B}\right) + \arccos\left(\dfrac{x_B^2 + y_B^2 + l_1^2 + l_2^2}{2l_1 \sqrt{x_B^2 + y_B^2}}\right), & x_B < 0 \\ \theta_2 = \pi + \arctan\left(\dfrac{y_B - y_A}{x_B - x_A}\right), & x_B < x_A \end{cases} \quad (7\text{-}4)$$

式中 $x_A = l_1 \cos\theta_1$，$y_A = l_2 \sin\theta_1$。

3. 机械臂运动分析

1) 机构简化

为了实现仿真智能化，即手臂在仿真运动过程中能自动识别极限位置，必须对机器人的机体、手臂和四连杆机构进行简化，以获取相关位置参数。由于机器人的运动只是手臂的平面运动，因此上述各部件均可简化成平面图形。图 7-12 为机器人的俯视简化图。

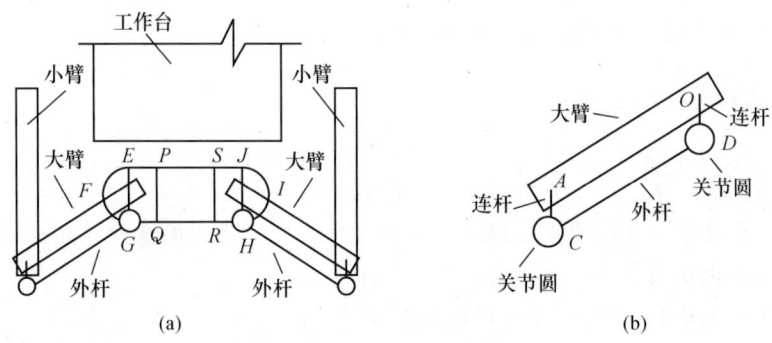

图 7-12 俯视简化图

(1) 机体的简化。将机体简化为球场形区域 $EFGHIJ$，其中的矩形区域 $PQRS$ 高于机体的其他部分。

(2) 四连杆机构的简化。左臂四连杆由大臂、外杆、2 个关节圆、关节圆与大臂间的连杆组成，如图 7-12（b）所示。考虑到四连杆中除大臂外其他杆件的横向尺寸在仿真智能化中不起作用，故用直线代替；由于在仿真中需要四连杆的关节参数，因此其关节以圆的形式给出。

(3) 手臂的简化。在仿真过程中需要的手臂参数主要是手臂的外四角参数，因此可将两头大中间小的手臂部件转化成矩形部件，矩形的宽度是手臂宽度的最大值。

2) 手臂姿态规划

手臂姿态规划的主要任务是构造不同姿态的手臂。在利用运动学正解求出机器人手臂的关节点后,便可进行手臂姿态规划,即由手臂的关节点求手臂所在矩形的四角坐标。手臂的姿态不同,四角坐标的求法也不同,对图 7-13 所示姿态的左小臂,若已知轴线 AB 到 $M'N'$ 边的距离 d_0,关节点 A 到 MM' 边的距离 d_1,关节点 B 到 NN' 边的距离 d_2 和关节点坐标 $A(x_A, y_A)$、$B(x_B, y_B)$,则可依据几何关系,求得手臂的四角坐标 $N(x_N, y_N)$、$M(x_M, y_M)$、$M'(x_{M'}, y_{M'})$、$N'(x_{N'}, y_{N'})$ 为

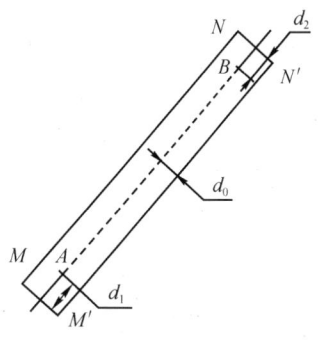

图 7-13 小臂姿态图

$$\begin{bmatrix} x_M \\ x_{M'} \\ x_{N'} \\ x_N \end{bmatrix} = \begin{bmatrix} 1 & 0 & -d_1 & -d_0 \\ 1 & 0 & -d_1 & d_0 \\ 0 & 1 & d_2 & d_0 \\ 0 & 1 & d_2 & -d_0 \end{bmatrix} \begin{bmatrix} x_A \\ x_B \\ s_2 \\ s_1 \end{bmatrix} \quad (7\text{-}5)$$

$$\begin{bmatrix} y_M \\ y_{M'} \\ y_{N'} \\ y_N \end{bmatrix} = \begin{bmatrix} k & & & \\ & k & & \\ & & k & \\ & & & k \end{bmatrix} \begin{bmatrix} x_M \\ x_{M'} \\ x_{N'} \\ x_N \end{bmatrix} + \begin{bmatrix} y_A - kx_A + d_0 s_0 \\ y_A - kx_A - d_0 s_0 \\ y_A - kx_A - d_0 s_0 \\ y_A - kx_A + d_0 s_0 \end{bmatrix} \quad (7\text{-}6)$$

式中 $s_1 = \dfrac{k}{s_0}$,$s_2 = \dfrac{1}{s_0}$,$k = \dfrac{y_B - y_A}{x_B - x_A}$,$s_0 = \sqrt{k^2 + 1}$。

3) 运动干涉约束

(1) 空间约束。

在解决手臂仿真智能化问题时,主要考虑以下几点:

① 各手臂做外扩运动远离工作台时,四连杆机构和关节圆是否碰到机体的 PQ 或 SR 部分。

② 小臂做内缩运动靠近工作台时,其内侧是否碰到机体圆弧面 EFG 或者 HIJ。

③ 小臂做外扩运动时,四连杆机构的外杆是否碰到大臂转动轴。

④ 小臂做内缩运动时,其末端是否会碰到 EJ 部分。

⑤ 大臂做内缩运动时,其内侧是否会碰到 P 点或 S 点所在的机体侧棱。

对于图 7-12,下述代码说明左小臂是如何实现运动干涉约束的,即在程序循环中是如何识别并跳出极限位置的。

$$\text{if} \quad (\theta_1 < \theta_0 \,\&\&\, x_b > x_a \,\&\&\, y_{N'} < r + e_0) \quad \text{break;} \quad (7\text{-}6a)$$

```
if    (θ₁ > θ₀ && xᵦ > xₐ && d₃ < r + e₀)    break;    (7-6b)
```

代码中，θ_0 为图 7-12（a）中左小臂内侧刚好与机体内壁 $EPSJ$ 重合时的 θ_1 值，r 为图 7-12（a）中机体 EFG 弧的半径，e_0 为机体与手臂为避免碰撞而允许的最小间隙，d_3 为原点到左小臂内侧的距离。

（2）传动效率约束。

由于式（7-6a）、式（7-6b）中的 θ_1 和 θ_2 受到四连杆机构中传动角的约束，因此为提高机构传动效率，必须进行传动角分析。在图 7-14 中，$OACD$ 是四连杆机构，F 是 CD 杆对 CA 杆的力，则传动角 $\gamma = \delta = \theta_1 - \theta_2$。

同样可以求出左右臂在其他姿态时四连杆机构的传动角。通过分析可以发现，任何情况下机构的传动角恒等于同侧大小臂的夹角。

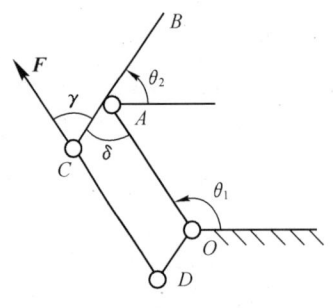

图 7-14 关节角度示意图

4. 运动目标点的标定

所谓运动目标点的标定也就是对机器人进行标定，它是计算机器人左臂下棋手爪从回零点运动到某一目标位置时大、小臂所转过的角度。因为左臂的功能是下棋，所以左臂对应的运动目标点仅仅是棋盘的网格线交叉点以及棋盒上棋子放置的位置等一些离散点。

下面以棋盘网格线交叉点为例，说明运动点标定的方法。

在图 7-15 中，点 O 表示的是机器人的左臂电机中心，OA_0B_0 表示的是左臂在回零点时的姿态，OA_1B_1 表示的是当交叉点在 O 左边时左臂的姿态，OA_2B_2

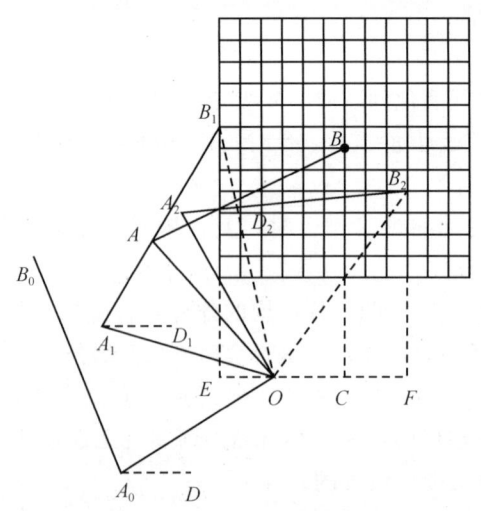

图 7-15 机器人手臂姿态示意图

表示的是当交叉点在 O 右边时左臂的姿态，OAB 表示的是当运动目标点为棋盘中心时左臂的姿态。

1) 手臂在回零位置时的姿态角的确定

要进行标定，首先要确定大、小臂在回零位置时的姿态角，即求 $\angle A_0OC$（钝角）以及 $\angle B_0A_0D$ 大小。

采用的方法就是先手动调节机器人左臂运动到 OAB 状态，然后控制手臂回零，并记录下大、小臂对应的脉冲数，根据脉冲数与角度的对应关系，从而获得手臂在回零位置时的姿态角。

2) 手爪运动到目标点时手臂姿态角的确定

运动目标点的确定分成两种情况：

(1) 目标点在 O 点的左边。

现在要计算 $\angle A_1OC$ 及 $\angle B_1A_1D_1$ 的大小，由图 7-15 可知

$$\angle A_1OC = \angle A_1OB_1 + \angle B_1OC = \angle A_1OB_1 + (90° + \angle EB_1O)$$

$$= \arccos \frac{A_1O^2 + B_1O^2 - A_1B_1^2}{2A_1O \times B_1O} + 90° + \arctan \frac{EO}{B_1E} \tag{7-7}$$

$$\angle B_1A_1D_1 = \angle B_1A_1O - \angle D_1A_1O = \angle B_1A_1O - \angle A_1OE$$

$$= \angle B_1A_1O - (\pi - \angle A_1OC)$$

$$= \arccos \frac{A_1B_1^2 + A_1O^2 - B_1O^2}{2A_1O \times A_1B_1} - \pi + \angle A_1OC \tag{7-8}$$

$$B_1O = \sqrt{B_1E^2 + EO^2} \tag{7-9}$$

然后问题转化为求取直线 A_1O、A_1B_1、EO、B_1E 的长度，其中直线 A_1O、A_1B_1 的长度即为机器人左臂大、小臂的长度，可以用卷尺进行测量获得。直线 EO、B_1E 的长度是目标点 B_1 到点 O 的水平、垂直距离。我们已经知道棋盘网格线之间的距离，所以通过测量点 O 与棋盘上任一交叉点（比如中心点）的水平、垂直距离后就可以推算出 EO、B_1E 的长度。

这样就可以计算出当手爪运动到点 O 左边任一交叉点时大、小臂的姿态角。

五子棋棋盒放置在棋盘的左边位置，所以只需要用相同方法计算出对应的 EO、B_1E 的值就可以很容易的得到对应的手臂姿态角。

(2) 目标点在 O 点的右边。

现在要计算 $\angle A_2OC$ 及 $\angle B_2A_2D_2$ 的大小，由图 7-15 可知，

$$\angle A_2OC = \angle A_2OB_2 + \angle B_2OF = \arccos \frac{A_2O^2 + B_2O^2 - A_2B_2^2}{2A_2O \times B_2O} + \arctan \frac{B_2F}{OF}$$

$$\angle B_2A_2D_2 = \angle B_2A_2O - \angle D_2A_2O = \angle B_2A_2O - \angle A_2OE$$

$$= \angle B_2 A_2 O - (\pi - \angle A_2 OC) = \arccos \frac{A_2 B_2{}^2 + A_2 O^2 - B_2 O^2}{2 A_2 O \times A_2 B_2} - \pi + \angle A_2 OC$$

其中 $B_2 O = \sqrt{B_2 F^2 + FO^2}$。

然后问题转化为求取直线 $A_2 O$、$A_2 B_2$、FO、$B_2 F$ 的长度。同理计算出当手爪运动到点 O 右边任一交叉点时大、小臂的姿态角。

3）运动目标点的标定

现在已经获得了手臂在回零位置的姿态角以及手爪运动到目标点时手臂的姿态角，那么手臂从回零位置运动到一个目标点，或者是手爪从一个目标点运动到另一个目标点时，大、小臂转过的角度就是手臂在前后两者状态时的姿态角的差。

7.3 控制系统设计

7.3.1 控制系统硬件设计

1. 左臂开环伺服系统设计

驱动左臂的是常州创伟电机厂生产的 57BYG060 两相双极混合式步进电机，采用开环控制，步进电机开环控制系统框图如图 7-16 所示。系统由步进电机控制器、步进电机驱动电源、步进电机和 LED 状态显示等 4 部分组成，本章着重介绍步进电机控制器、步进电机驱动电源、LED 显示状态 3 部分。

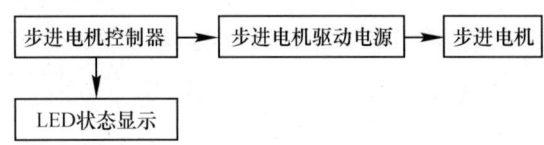

图 7-16 步进电机开环控制系统框图

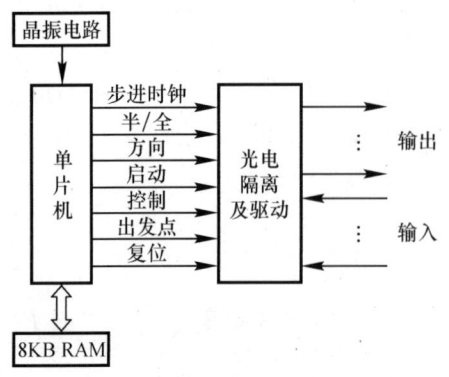

图 7-17 步进电机控制器组成

1）步进电机控制器

步进电机控制器主要由单片机、晶振电路、8KB RAM 和光电隔离电路等组成（见图 7-17）。

（1）晶振电路。

单片机的时钟信号通常用两种电路形式得到即内部振荡方式和外部振荡方式。在引脚 XTAL1 和 XTAL2 外接晶体振荡器（简称晶振）或陶瓷谐振器，就构成了内部振荡方式。由于单片机内部有一个高增益反相放大器,当外接晶振后,就构成了自激振荡器并产生振荡时钟脉冲。内部振荡方式的外部电路如图 7-18 所示。本系统选 C_1 和 C_2 值为 30pF。

(2) 光电隔离电路。

利用光隔离器组成的光电隔离电路将控制器

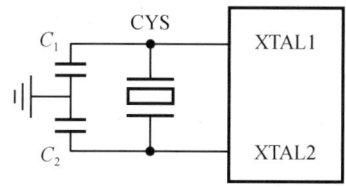

图 7-18　内部振荡电路

与外部的驱动电路隔离开来,使得外部电路的变化不至于影响或者损坏控制系统,从而提高系统的可靠性,增强抗干扰能力。光隔离器最重要的参数是电流传输比 CTR,通常其值为 0.2~0.9。输入数字信号提供一定的电流(5~10mA)时,光隔离器才会输出放大的数字电平。

光隔离器连接时注意信号正负逻辑。光隔离器的输入、输出端地线必须互相隔开,并且输入、输出端两个电源必须单独供电;如果使用同一电源,外部干扰信号可能通过电源串到系统中来。

(3) 存储模块。

89C51 单片机片内只有 128B 的 RAM,而本系统中需要存储的数据较多,需扩展外部 RAM。

(4) 步进脉冲产生电路。

在采用单片机的步进电机开环系统中,控制系统的 CP 脉冲的频率或换向周期实际上是控制步进电机的运行速度。系统可用两种办法实现步进电机的速度控制:一种是延时,一种是定时。

延时方法是在每次换向之后调用一个延时子程序,待延时结束后再次执行换向,这样周而复始就可发出一定频率的 CP 脉冲或换向周期。延时子程序的延时时间与换向程序所用的时间和就是 CP 脉冲的周期。该方法简单,占用资源少,全部由软件实现,调用不同的子程序可以实现不同速度的运行;但占用 CPU 时间长,不能在运行时处理其他工作,因此只适合较简单的控制过程。

定时方法是利用单片机系统中的定时器定时功能产生任意周期的定时信号,从而可方便地控制系统输出 CP 脉冲的周期。当定时器启动后,定时器从装载的初值开始对系统及其周期进行加计数;当定时器溢出时,定时器产生中断,系统转去执行定时中断子程序。将电机换向子程序放在定时中断服务程序中,定时中断一次,电机换向一次,从而实现电机的速度控制。由于从定时器装载完重新启动开始至定时器申请中断止,有一定的时间间隔,造成定时时间增加。为了减少这种定时误差,实现精确定时,要对重装的计数初值作适当调整。调整的重装初值主要考虑两个因素:一是中断响应所需的时间;二是重装初值指令所占用的时间,包括在重装初值前中断服务程序中的其他指令因素。综合这两个因素后,重装计数初值的修正量取 8 个机器周期,即要使定时时间缩短 8 个机器周期。

用定时中断方式控制电动机变速时，实际上是不断改变定时器装载值的大小。在控制过程中，采用离散办法逼近理想升降速曲线。为了减少每步计算装载值的时间，系统设计时就把各离散点的速度所需的装载值固化在系统的 ROM 中，系统在运行中用查表法查出所需的装载值，这样可大幅减少占用 CPU 的时间，提高系统的响应速度。其流程图如图 7-19 所示。

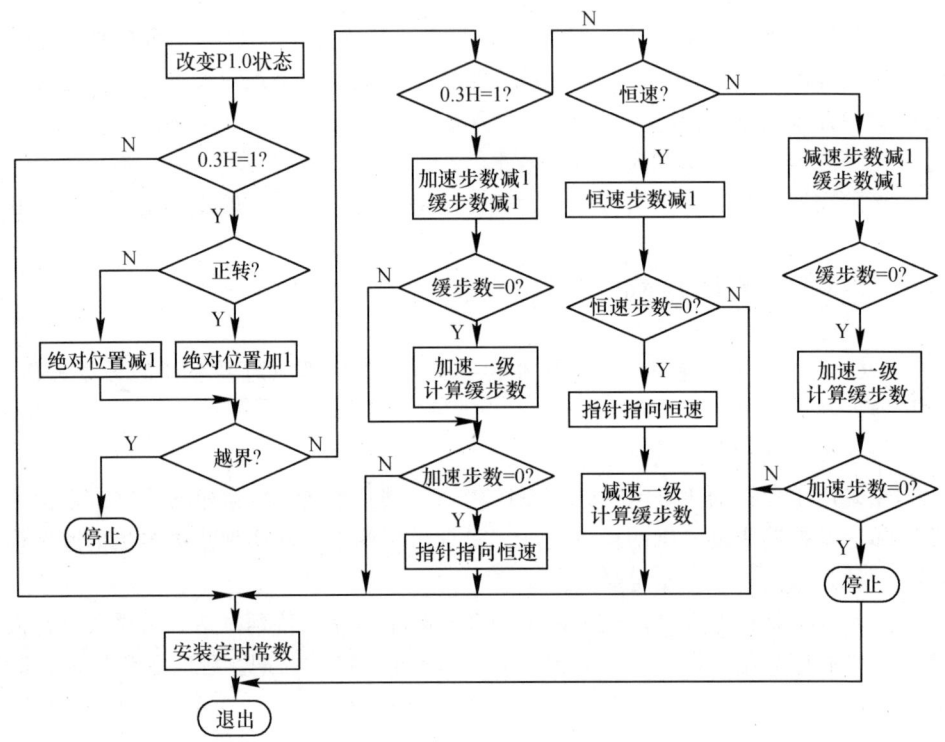

图 7-19 加减速控制流程图

2) 步进电机驱动电路

步进电机驱动电路由专用芯片 L297、L298 组合而成。L297 单片步进电机控制集成电路适用于双极性二相步进电机或四相单极性步进电机的控制，与 H 桥式驱动芯片 L298 组合成完整的步进电机固定斩波频率的 PWM 恒流斩波驱动器。

L297 步进电机控制集成电路产生四相驱动信号，用以控制双极性二相步进电机或四相单极性步进电机，可以采用半步、二相励磁和单相励磁 3 种方式的切换。使用 L297 的突出特点是外部只需时钟、方向和工作方式 3 个输入信号，同时 L297 自动产生电机励磁相序，减轻了微处理器控制和编程负担。L297 具有 D IP20 和 SO20 2 种封装形式，可用来控制集成桥式驱动电路或分立元件组成的驱动电路。

L297 主要由译码器、固定斩波频率的 PWM 恒流斩波器（2 个）以及输出逻辑控制组成。

L298 芯片是一种高电压、大电流、双 H 桥功率集成电路，可用来驱动继电器线圈、直流电机和步进电机等感性负载。每个 H 桥的下侧桥臂晶体管的发射极连接在一起，相应的外接线端可用来连接电流检测电阻。

由 L297、L298 组成的步进电机驱动应用电路如图 7-20 所示。该电路为固定斩波频率恒流斩波驱动方式，适用于二相双极性步进电机或四相单极性步进电机，最高电压 46V，每相电流可达 2A。用 2 片 L298 和 1 片 L297 配合使用，可驱动更大功率的二相步进电机。

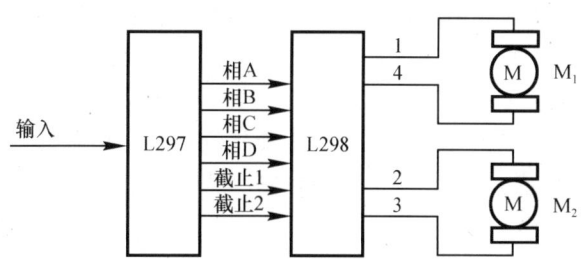

图 7-20　步进电机驱动器组成

L297 有 3 种工作方式：半步工作方式、双向励磁工作方式和单项励磁工作方式。双向励磁工作方式的相序波形如图 7-21 所示。

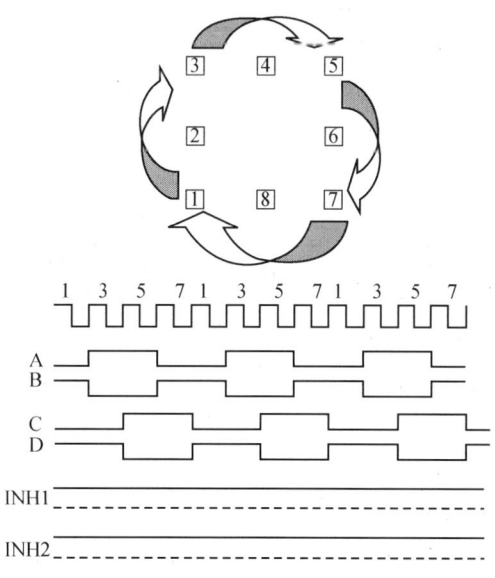

图 7-21　双向励磁时相序波形

当 L297 的 HALF/FULL 为低电平，如译码器工作在奇数状态（1、3、5、7）时，为双向励磁工作方式。该模式下，禁止信号 INH1 和 INH2 输出保持高电平。如译码器工作在偶数状态下（2、4、6、8），为单相励磁方式；当 HALF/FULL 为高电平时，译码器产生半步工作方式相序，也就是 8 步格雷码时序。

3）LED 运行状态显示

本系统中，用 74LS164 作为显示驱动，带锁存，采用串行接法，可以节约 I/O 口资源，但要使用 SIO，发送数据时容易控制。

步进电机开环控制系统具有成本低、简单、控制方便等优点。在此方案中，负载位置对控制电路无反馈，因此步进电机必须正确响应每次励磁变化。如果励磁频率选择不当，电机不能达到新的要求位置，那么实际的负载位置相对控制器所期待位置会出现永久性误差，也就是会产生"失步"和"过冲"现象。可以采用位置反馈确定与转子位置相适应获得正确相位转换，从而大大改善步进电机的性能，这样就可以进行更加精确的位置控制和获得高速、平稳的速度了。

2. 右臂闭环伺服系统设计

驱动右臂的交流伺服电机采用松下 MINASA 系列三相伺服电机，伺服电机内部的转子是永磁铁，驱动器控制的 U/V/W 三相电形成电磁场，转子在此磁场的作用下转动，同时电机自带的编码器反馈信号给驱动器，驱动器根据反馈值与目标值进行比较，调整转子转动的角度。伺服电机的精度决定于编码器的精度（线数）。伺服电动机有直流和交流之分。其主要特点是，当信号电压为零时无自转现象，转速随着转矩的增加而匀速下降，交流伺服要好一些，因为是正弦波控制，转矩脉动小。直流伺服是梯形波。但直流伺服比较简单、便宜。

交流伺服数字化系统的硬件由 DSP 作为信号处理器，用旋转编码器和电流传感器提供反馈信号，智能功率模块 IPM 作为逆变器，经传感器出来的信号经过滤波整形等处理后反馈给 DSP 进行运算，DSP 经过对参考信号和反馈信号的处理运算来调节伺服系统的电流环、速度环和位置环的控制，最后输出 PWM 信号经过隔离驱动 IPM 模块实现电机的伺服闭环控制。系统的硬件结构如图 7-22 所示。

系统的控制为三环控制方式，位置控制是外环，也是最终目标，速度控制是中环，电流控制是内环。为了保证动态响应速度和定位时不产生振荡，电流环和速度环均采用 PID 调节，位置调节器采用 PI 调节。系统的控制框图如图 7-23 所示。

编码器检测的转子位置实际信号与系统给定位置信号进行比较，比较后的差值经位置调节器 PI 调节后输出转子转速给定信号，给定转速信号再与编码器检测的实际速度信号进行比较，比较后的差值经速度调节器调节后，输出给定电流

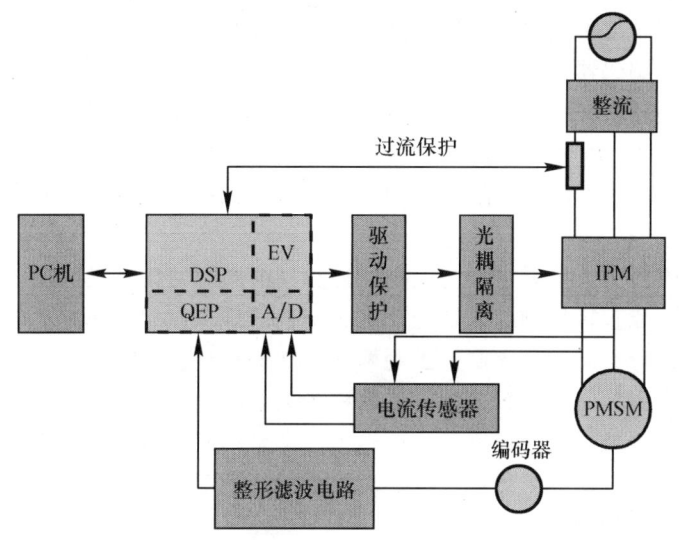

图 7-22　右臂闭环控制系统硬件结构图

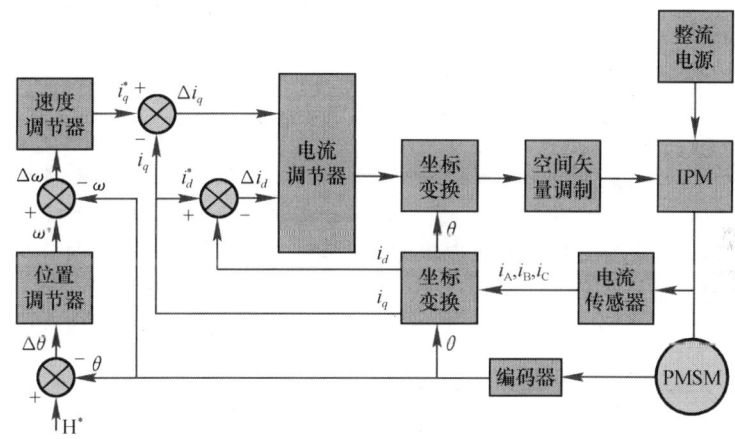

图 7-23　右臂闭环控制系统框图

指令值,在于电流反馈实际值比较后进行 PWM 控制。在位置控制方式下,伺服驱动器接收数控主机发出的位置指令信号(包含脉冲数量与方向两方面的信息),送入脉冲列形态,经电子齿轮分倍频后,在偏差可逆计数器中与反馈脉冲信号比较后形成偏差信号。反馈脉冲是由光电编码器检测到电机实际所产生的脉冲数,经四倍频后产生的。位置偏差信号经位置环的复合前馈控制器调节后,形成速度指令信号。速度指令信号与速度反馈信号与位置检测装置相同,比较后的偏差信号经速度环比例积分控制器调节后产生电流指令信号,在电流环中经矢量变换后,由 SPWM(正弦波脉冲宽度调制)输出转矩电流,控制交流伺服电机的运行。位置控制精度由光电编码器每转产生的脉冲数控制。它分增量式光电编码器和绝对式光电编码器。增量式编码器构造简单，易于掌握，平均寿命长，分辨率高，实际应用较多。本系统采用的是增量式光电编码器。绝对式光电编码器按二进制编码输出，信号线多，由于精度取决于位数，所以高分辨率不易得到。但是这种编码器即使不动时也能输出绝对角度信息，主要用于全闭环高级数控机床中。

1) 矢量控制

在同步电机中，励磁磁场与电枢磁通势间的空间角度不是固定的，因此调节电枢电流就不能直接控制电磁转矩。通过电机的外部控制系统，对电枢磁通势相对励磁磁场进行空间定向控制，控制两者之间的角度保持固定值，同时对电枢电流的幅值也进行控制，这种控制方式就称为矢量控制。

矢量控制也就是通过控制两相的转子参考坐标 $d\text{-}q$ 轴的电流来等效控制电枢的三相电流。通过前面的系统控制框图可以清楚理解这种等效，可以用下面的公式表示

$$\begin{cases} i_a = \sqrt{\dfrac{2}{3}}(i_0\cos\rho + i_\sigma\sin\rho) \\ i_b = \sqrt{\dfrac{2}{3}}\left[i_0\cos\left(\rho - \dfrac{2\pi}{3}\right) + i_\sigma\sin\left(\rho - \dfrac{2\pi}{3}\right)\right] \\ i_c = \sqrt{\dfrac{2}{3}}\left[i_0\cos\left(\rho + \dfrac{2\pi}{3}\right) + i_\sigma\sin\left(\rho + \dfrac{2\pi}{3}\right)\right] \end{cases} \quad (7\text{-}10)$$

由电机非负载轴端安装的编码器随时检测转子磁极位置，不断地取得位置角信息，通过检测实时地知道了 θ，也就是进行实时的坐标变化，变换后的电流对逆变器进行控制，产生 PWM 波形去控制电机。

2) 位置及速度的检测

交流伺服电机内装有编码器进行位置及速度的测量，大多数情况下，直接从编码器出来的信号波形不规则，还不能直接用于控制，信号处理和远距离传输，所以要对信号进行整形和滤波变成矩形波后再反馈给 DSP，处理后的两路相互正交的编码器信号 A、B 经过电压变换直接送入 DSP 的 QEP 引脚，经译码逻辑单元产生转向信号和四倍频的脉冲信号。转向信号是根据两路信号的相位超前滞后决定的。由于存在正反转的问题，要求计数器具有可逆性，所以把通用定时器 2 设置为定向增减计数模式，把倍频后的正交编码脉冲作为定时器 2 的输入时钟进行计数，计数的方向由转向信号决定，如果 QEP1 的输入相位超前，则增计数，反之则减计数。位置和转速由脉冲数和脉冲频率就可以决定。每转的总脉冲数用 M 表示，T_1 时刻的脉冲数为 m_1，则电机转过的角度就可以根据下式计算出来：

$$\theta = 2\pi\left(\frac{m_1}{M}\right) \quad (7\text{-}11)$$

如果是多转的情况下，再配合编码器的 Z 相零位脉冲的计数值和相应定时器 2 的清零，就可以知道电机轴转了多少圈多少角度了。电机转子转速的计算可以根据 MT 测速法，确定编码器的速度公式如下：

$$n = \frac{15M_1 F_{clk}}{N \cdot M_2} \quad (7\text{-}12)$$

其中 M_1 为定时间内计数器记录的编码器脉冲数；M_2 为定时间内记录的 DSP 的时钟脉冲数；N 为编码器线数，也就是倍频前的编码器的脉冲数；F_{clk} 为 DSP 的时钟脉冲频率。

综上所述，基于 DSP 芯片的板卡式数字交流伺服控制系统，实行了模块化设计，硬件结构简单，软件编程容易。可以轻松实现与上层工控机的通信，这样就实现了上位机能够接受控制系统的实时参数和向伺服控制系统传递参数，对伺服系统进行直接的控制。

7.3.2 控制系统软件设计

1. 软件环境

1）机器人控制器类型

机器人控制器是根据指令以及传感信息控制机器人完成一定的动作或作业任务的装置，它是机器人的心脏，决定了机器人性能的优劣。目前串行结构的机器人控制器分为单 CPU、双 CPU 及多 CPU 三种类型，其中普遍采用的是二级 CPU 结构、主从式控制方式。虽然串行结构的控制器的实时性不如并行控制器，但是对于面向教育的机器人采用串行结构的已经足以满足系统需求。所谓实时性是指系统在规定的时间内完成对外中断的处理的性能。因为多（双）CPU 结构的控制与单 CPU 的相比，存在一些不足：①控制器结构复杂。②开放性和扩展性能差，不适合教学用途。③价格昂贵。所以，选用单 CPU 的工控机来作为双臂 SCARA 机器人的控制器。

2）软件环境的选择

操作系统选择了 Windows NT4.0。这是因为现在各种公司的产品基本上都支持 Windows 操作系统，而选择 NT4.0 主要是因为 NT4.0 以其安全性、稳定性及开放性等特点被广泛地用于工业控制中。

但 Windows NT4.0 仅仅限于"弱实时"要求的控制系统中，系统不能完全保证在允许的时间内对控制要求给出反应，但可以迟一些做出反应。而在许多控制系统中，如工业机器人控制器的应用中，弱实时是远远不能够满足要求的。它的要求是"强实时"，即系统必须在给定的时间范围内处理完所要求的控制任务。

为了能够在 Windows NT4.0 上提供一个强实时的环境，采用了实时扩展软件 RTX。

RTX（real time extension）是美国 VenturCom 公司开发的一套专为 Windows NT/2000 操作系统提供实时扩展平台的软件。在这上面可以保证控制单元所需要的严格的实时要求和快速的反应能力，同时又可以和通用 Windows 平台上的非实时控制单元相互配合，完成一个实际应用系统。概括地来讲，通过 RTX，用户可以在单一的、低成本的操作系统平台上实现实时性要求。其体系结构如图 7-24 所示。

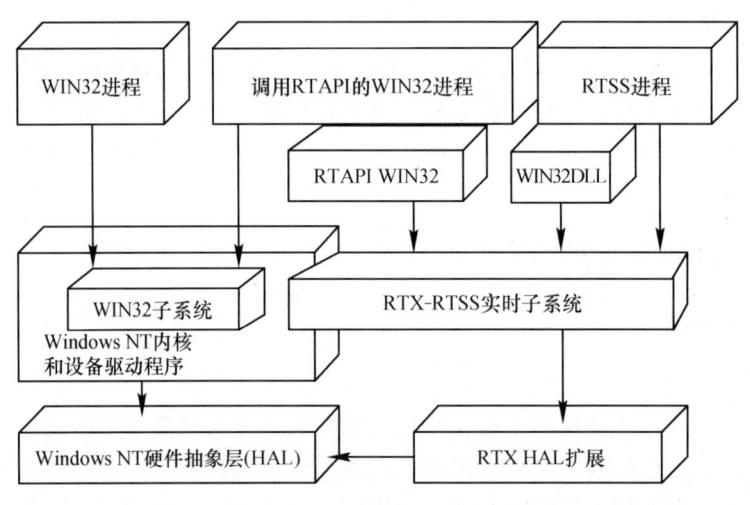

图 7-24 RTX 的体系结构

以 Windows NT 操作系统为例，RTX 在 Windows NT 操作系统中扩展了一个实时子系统 RTSS，RTSS 提供了实时运行环境和相应的编程接口（API），RTX 的体系结构如图 7-24 所示。从图中可以发现 RTX 是在 Windows NT 的硬件抽象层上的进一步扩展，并在 RTX HAL 扩展的基础上形成了 RTSS 实时子系统，同时提供了标准的 DLL，以供应用程序的进一步调用。从结构上看 RTX 拥有自己的实时调用机制，并且所有的 RTSS 线程都要优于 Windows NT 的线程，包括 Windows NT 管理的中断和延时过程调用（DPC）。RTSS 还提供了进程间通信 IPC 对象，RTSS 和 WIN32 进程都可管理 IPC 对象，通过 IPC 可在程序中实现实时和非实时部分的数据交换以及同步。RTSS 还提供了高分辨率的时钟、定时器和中断等实时服务。RTX 所包含的硬件抽象层（HAL）分离了 RTSS 和 Windows NT 的中断机制。Windows NT 不能够屏蔽由 RTSS 管理的中断，而且 RTSS 处理可以屏蔽 Windows NT 中断。

2. 控制系统软件结构

整个控制系统的软件环境由非实时环境和实时环境两部分组成，非实时环境主要是用来处理一些对实时性要求不高的应用任务,而实时环境可以专门用来处理实时性要求高的实时任务。各个应用任务之间是相互独立的,而实时任务之间是有内在联系的(图 7-25 中用带箭头的虚线表示)。应用任务与实时任务之间的联系依赖于各自的通信系统。

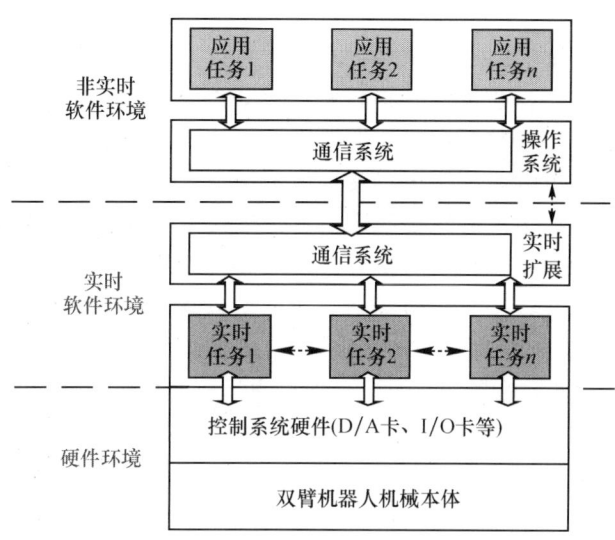

图 7-25 单处理器控制系统结构图

由于机器人控制系统是一个多任务系统,实时任务和非实时任务并行运行,所以在设计系统时,除了从功能上和逻辑上划分各模块,还要考虑各模块对实时性的要求,避免各模块之间产生资源竞争。根据各任务对实时性的要求,我们将其分成四类,在结构上形成了四级分层结构,如图 7-26 所示。最上层为应用程序层,提供人机交互界面;第二层为任务管理层,管理应用程序层与调度规划层之间的通信;第三层为调度规划层,负责运动规划及通信功能;最底层为运动控制层,负责机器人 4 个关节以及一些末端执行器的运动控制。

1)应用程序层

应用程序层主要提供人机互动界面(用户控制台、示教、绘图、写字、下棋等应用程序)。用户可以根据自己的需要来编写不同功能的人机

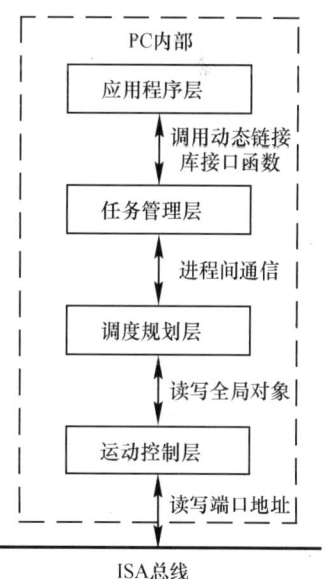

图 7-26 控制软件分层结构图

界面，通过调用动态链接库（DLL）接口函数（比如复位函数、各种轨迹函数、反馈信息函数等）来实现对机器人的控制。

由于应用程序层对实时性的要求相对是最低的，故其运行在操作系统的非实时环境下。

2）任务管理层

任务管理层是整个机器人控制器的管理中心，其统一管理所有应用程序层传递过来的任务数据，并按照其执行种类、执行顺序、执行优先级进行分类。为方便与调度规划层的数据通信，根据协议将数据先后进行信源编码和信道编码。信源编码和信道编码的作用主要是为了符合数据通信的规范，以便于任务管理层与调度规划层之间的进程间通信。由于任务管理层同时需要接收来自于调度规划层的反馈数据，其需将反馈得到的数据经过信道译码、信源译码转换成应用程序层能够直接接收的格式，并通过动态链接库调用接口传递给应用程序层。

任务管理层对实时性的要求不高，所以也运行在操作系统的非实时环境下。

3）调度规划层

调度规划层的主要特点是根据作业任务决定是否启动定时轨迹规划程序，其完成功能是先将传输过来的服务请求依次进行信道译码，使其成为只包含数据和信源编码信息的任务格式，并根据信源编码信息进行任务分派，从而根据任务优先级进行多任务的调度。为了将机器人的一些内部和外部信息反馈至任务管理层，每隔一定时间调度规划层也会通过进程间通信方式将数据传送到任务管理层。

调度规划层和运动控制层在一个 RTSS 程序中，其对实时性要求较高，必须运行在操作系统的实时扩展环境下，实时优先级比应用程序层和任务管理层中各模块的优先级都要高，但比运动控制层要低。

4）运动控制层

运动控制层的职能是采用脉冲发送函数来完成对步进电机的控制，采用电压设置函数完成对交流伺服电机的控制，采用端口设置函数完成对直流电机、电磁铁的控制。

运动控制层对实时性的要求是最高的，所以该层必须运行在操作系统的实时环境下，并且不论是在其内部实现的线程，还是定时中断都需要设置最高的优先级。

3. 机器人与人对弈五子棋流程介绍

图 7-27 是机器人与人对弈五子棋的流程图。游戏开始时，系统会先检查是否需要进行标定，如果摄像头或者棋盘的位置发生变化，则需要进行标定。然后

系统会控制机器人手臂回零,以保证机器人手臂的运动起始点在回零点处,然后拍摄一张棋盘图像,等玩家下完棋后,再拍摄一张棋盘图像,然后通过数字图像处理算法获得棋子在棋盘上的位置信息,接着五子棋决策算法会根据玩家下的棋子位置判断出是否已经分出胜负,如果还未分出胜负,则计算出机器人应对的棋子位置,并控制机器人下棋,从而实现了与人对弈五子棋。

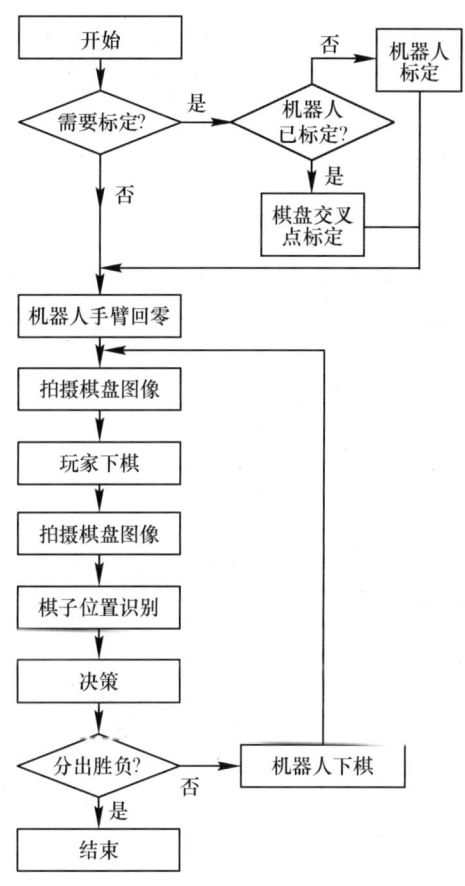

图 7-27 机器人与人对弈五子棋流程图

7.4 教学演示功能示例

7.4.1 机器人教学

1. 启动界面

启动 DAEduRobot 程序,图 7-28 为程序启动时的界面。
点击左上角工具栏上的系统选项(图 7-29)。

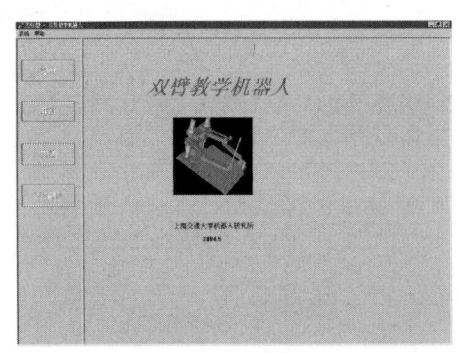
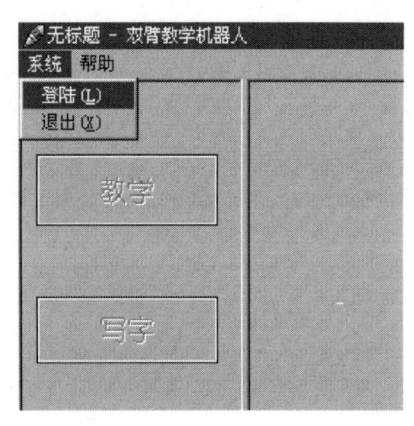

图 7-28 启动画面 　　　　　　图 7-29 系统选项

进入登陆画面（图 7-30）。

图 7-30 的对话框显示的软件的一些介绍，点击下一步，浏览更多的信息，直到完成，进入学习界面。

2．学习界面

在图 7-31 的界面当中，主要完成图形变换和写字的基础知识。

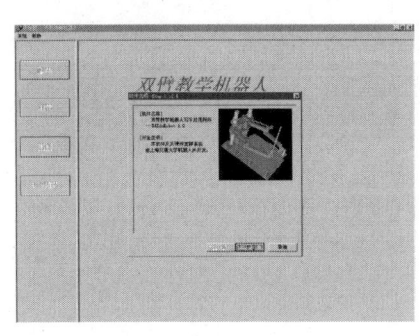
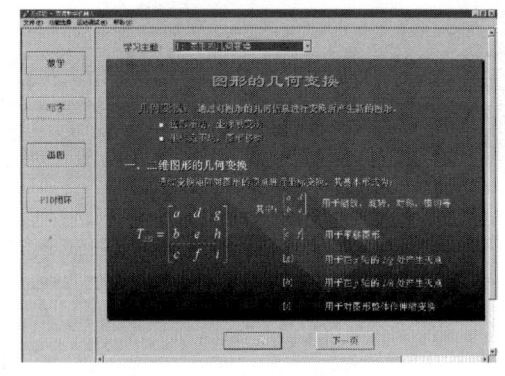

图 7-30 登录画面 　　　　　　图 7-31 学习界面

操作指示：

可通过学习主题处选择需要学习的内容，也可通过按钮进行操作。该部分主要是学习，机器人不会运动。

3．机器人界面

1）界面

点击左边控制面板上的"写字"按钮，进入写字界面，包括如下要素：

(1) 汉字控制区。

包括几个按钮，它们如下：

输入汉字： 交通

用于输入机器人将要书写的汉字（一个或两个）。

字　体： 宋体

用于选择字体，可选择仿宋体、黑体、宋体和楷体等。

比例： 1

用于图形变换，可以选任意实数。但如果比例很小，对执行精度有影响，以整倍数较好，如0.5、1、2等。

倾斜： 0

可以选任意实数，单位是角度，用于图形倾斜。

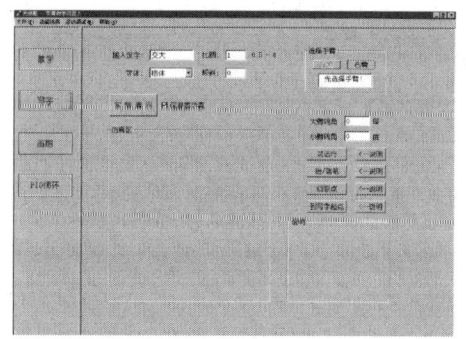

(2) 仿真区。

指屏幕左下角的区域。如果要在仿真的同时让机器人写字，则需要将 ☑ 仅观看仿真 左边的√去掉。

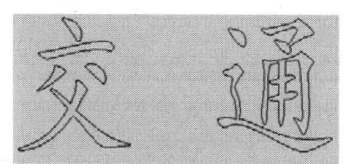

楷体 比例系数2 倾斜0

(3) 控制调整区。

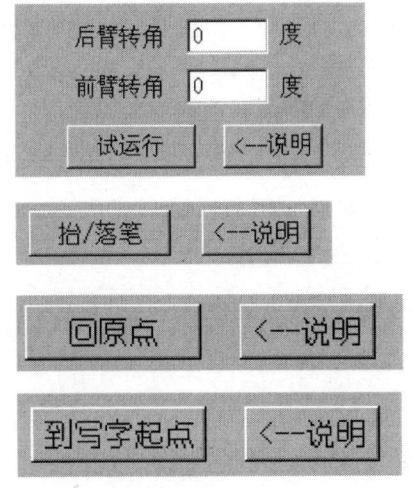

用于临时调整手臂运动的按钮，位于实验界面右下方。可输入前、后臂转角（相对于当前位置的转角），单位是度。确定后可以按试运行按钮使机器人运动。也可按说明按钮获取帮助，帮助信息显示在下方的帮助区内。

用于控制抬/落笔。说明按钮可获得帮助信息。

控制机器人回原点。写字前的第一步即为回原点。

控制机器人到绘图原点，在回原点完成后才可以按此按钮到绘图起点，也就是仿真区的左上角。

2）操作说明

在"选择手臂"一栏中点击"右臂"按钮，在"输入汉字"一栏中输入一或两个汉字，然后选择字体，以及比例和倾斜，一般来说比例和倾斜尽量安装默认值来使用，然后点击"实验演示"来查看效果和位置，如果满意，去掉"尽观看仿真"，再次点击"实验演示"，则机器人将开始实际写字演示。

7.4.2 绘图

1. 界面

点击"画图"按钮，进入画图控制界面，如图 7-32 所示。

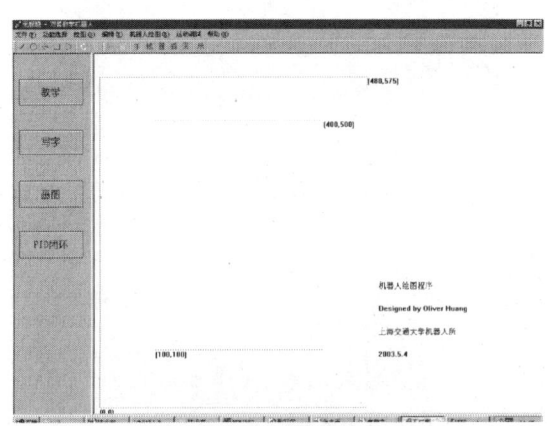

图 7-32　画图控制界面

2. 操作说明

右下角的绘图区中，红色区域表示整个机器人平台，绿色部分表示绘图的安全区域，绘图内容应该尽量在绿色区域内。

3. 主菜单功能说明

1)［文件］
［读入］——将文本文件里的绘图信息读出来并画在绘图区。
［保存］——将绘图区里的绘图信息保存到文本文件。
［退出登录］——退出到启动状态。
［退出］——退出整个系统。

2)［功能选择］
［写字］——进入写字板块。
［画图］——进入画图板块。
［教学］——进入教学板块。

3)［绘图］
［直线］——在绘图区内画一条直线，左键按下表示画直线开始，再一次按下左键画好一条直线。
［圆］——在绘图区内画一个园，左键按下表示画园开始，再一次按下左键画好一个圆。
［折线］——在绘图区内画一条折线，左键按下表示画折线开始，以后每一次按下添加一条折线段，按下右键表示折线画结束。
［矩形］——在绘图区内画一个矩形，左键按卜表示画矩形开始，再一次按下左键画好一个矩形。
［弧］——在绘图区内画一个圆弧。比较复杂。

4)［编辑］
［清除］——清除绘图区的内容。
［重画］——刷新绘图区里的内容。

5)［机器人绘图］
［绘图区重现］——机器人根据绘图区里的内容做绘图运动。
［绘图演示］——机器人假设绘图图里有一定的内容，做演示运动。

6)［运动调试］
［手臂运动］——控制后臂和前臂运行一定的角度。
［直线运动］——控制后臂和前臂走一条直线。

[圆弧运动]——控制后臂和前臂走一条圆弧。

[插补运动]——插补的方式画圆。

[手臂回零]——手臂回到原始位置。

[示教运动]——分别控制后臂和前臂的单个自由度做最简单的运动。

7)[编辑区绘图说明]

用户在工具条或菜单上点击相应的功能,就可以开始绘图操作,同时,绘图区会有虚线表达相应的提示。

如果用户觉得画的不清晰,可以点击"重画"按钮。

如果用户觉得画的不满意,可以点击"清除"按钮。

如果用户想永久存储绘图内容以便以后使用,可以点击"保存/载入"按钮。

8)[机器人绘图说明]

绘图按钮,机器人就会将绘图区里的矢量图按一定的规划次序一个一个地画出来。所有的坐标变换都由软件自动完成。

用户可以通过[文件/存储装载]菜单,存储图形或装载以前画的图形(图 7-33)。

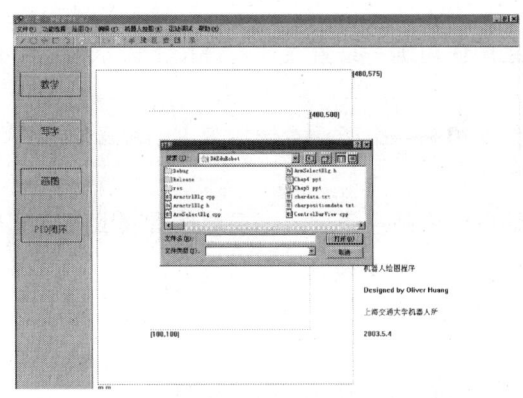

图 7-33 存储图形或装载以前画的图形

用户可以通过[运动调试]菜单,方便地调试机器人的各种功能(图 7-34)。

用户可以通过[机器人绘图]菜单,画出客户区的图形(图 7-35)。

*[插补知识说明]

用户可以让机器人同时画出几个圆,这几个圆实际上是由数控中的直线插补形成的。用户将看到,随着分辨率的增加,插补图形越来越接近于圆。因此,人们可以用直线插补的方法画出任意的曲线。

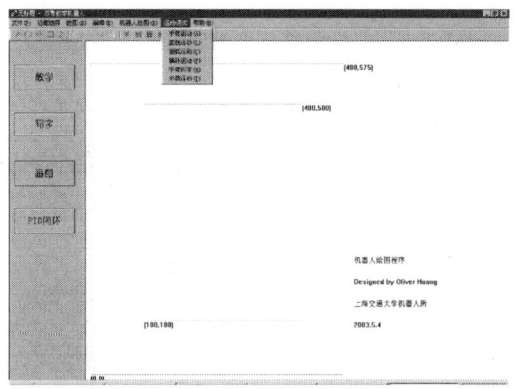

图 7-34 调试机器人的各种功能

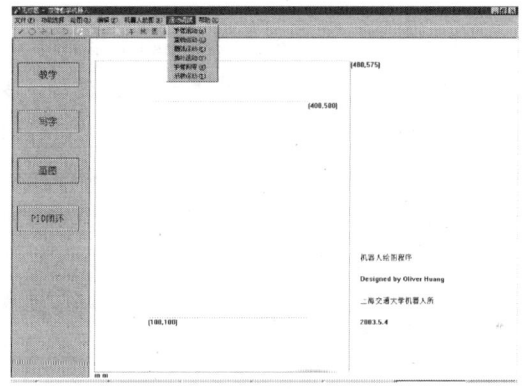

图 7-35 画出客户区的图形

7.4.3 人机对弈

1. 界面（图 7-36）

占据程序窗口大部分面积的是一个 13×13 的模拟棋盘，用于显示下棋情况。窗口的最下方为信息栏，上面一行信息提示栏，下面一行为程序计算时的进度条。右边"PC"和"Player"两栏分别表示的机器人和玩家所下的棋子在棋盘上的位置信息。"New Game"按钮是用于重新开始一局游戏，"Stop"按钮是用于终止游戏。

2. 操作说明

程序启动后，点击"New Game"按钮，显示图 7-37"New Game"对话框。

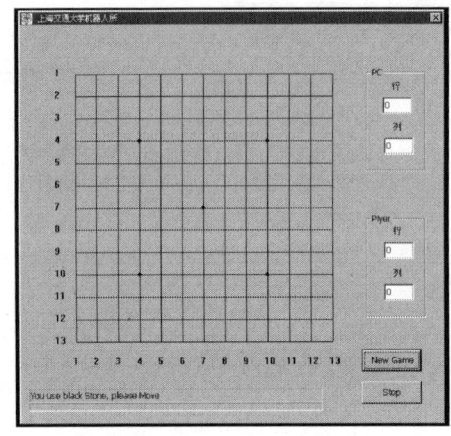

图 7-36　人机对弈界面

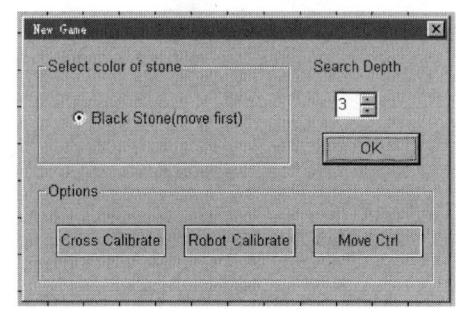

图 7-37　对弈开始界面

在"New Game"对话框中，可以看到"Select color of stone"，表示玩家所持的棋子的颜色，在"Search Depth"中选择游戏的难度，数值越高，难度越大，但是运算的时间会相应的增加。在"Options"一栏中有3个按钮，分别是"Cross Calibrate"、"Robot Calibrate"和"Move Ctrl"。

"Cross Calibrate"按钮是用于视觉的标定，只要棋盘和摄像头之间的位置发生变化，就需要进行视觉标定，点击出现如图7-38所示对话框。

提示用户，如果没有必要，点击"取消"按钮返回，如果点击"确定"按钮，进入到图像标定对话框（图7-39）。

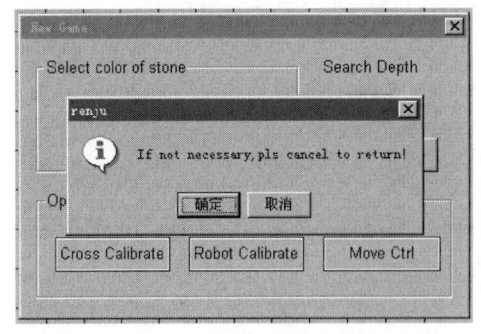

图 7-38　视觉标定界面

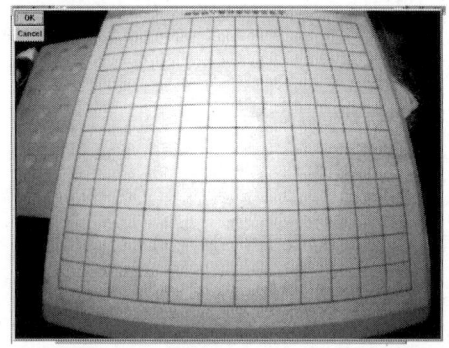

图 7-39　摄像头视觉信息

对话框显示现在摄像头所拍摄到的图像信息，如果棋盘位置不正确，可以调整摄像头的位置，直到得到满意的图像，然后就可以进行图像标定。

将鼠标移到图像内，发现鼠标成十字形，然后按照从上到下，从左到右的顺序，分别将鼠标移动到棋盘上的交叉点并且点击鼠标左键。

当全部点都标定过后,按"OK"按钮,会提示是否覆盖旧的数据,点击"确定"按钮便完成了新的图像标定工作。

如果在"New Game"对话框中点击"Robot Calibrate"按钮,对棋盘位置进行标定,这是在棋盘位置发生改变之后才需要进行的标定,点击后同样会出现一个要求确认的对话框,点击"确定"按钮进入到"Robot Calibrate"对话框(图 7-40)。

对话框中要求输入当左手臂前端的电磁铁从棋盘正中央回到手臂零点时,前后手臂的脉冲数,填入数据,点击"OK"按钮,然后覆盖旧的数据就可以了。如果不知道脉冲数的数据,可以点击"Move Ctrl"按钮,进入运动调试对话框(图 7-41)。

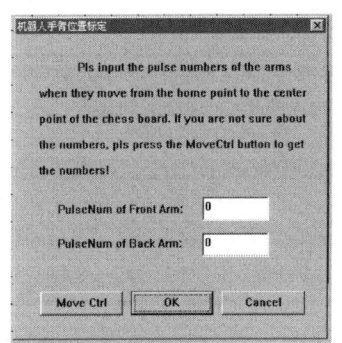 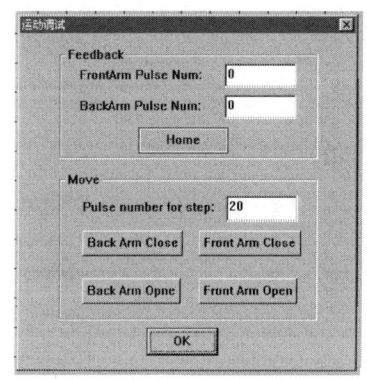

图 7-40 棋盘位置标定界面　　　　图 7-41 运动调试对话框

对话框分成两栏——"Feedback"和"Move"。

"Feedback"栏中有一个"Home"按钮,用于手臂回零,并且显示手臂从某一点回到零点前后手臂所对应的脉冲数。

"Move"栏是用于控制手臂运动,在"Pulse number for step"中填入脉冲数,然后按下面的按钮,则程序就向电机发送相应脉冲数。可以用此栏将手臂运动到棋盘中心点。现在的参考脉冲数为:前臂为 3966 个脉冲,后臂为 4744 个脉冲。

标定结束后,返回"New Game"对话框,点击"OK"按钮,可以听到工控机会"嘀"的一声,表示玩家可以下了,玩家执黑色棋子,下完后,点击"确定"按钮,机器人会根据玩家下的情况走棋。

注意:由于采用的是视觉的方式进行棋子识别,并且是在一定的时候才进行图像采集,所以在玩家下好棋子点击"确定"按钮的时候,不要有物体覆盖住棋盘,机器人下完棋后,回到一个位置后会有"嘀"的一声,表示下棋完毕,在此之前玩家不要下棋。

由于视觉算法的智能性问题,当某些情况下可能无法检测到玩家所下棋子的位置,则需要重新开始游戏。

附 录

AT89S52 单片机指令表

助记符	指令说明	字节数	周期数
(数据传递类指令)			
MOV A，Rn	寄存器传送到累加器	1	1
MOV A，direct	直接地址传送到累加器	2	1
MOV A，@Ri	累加器传送到外部 RAM（8 地址）	1	1
MOV A，#data	立即数传送到累加器	2	1
MOV Rn，A	累加器传送到寄存器	1	1
MOV Rn，direct	直接地址传送到寄存器	2	2
MOV Rn，#data	累加器传送到直接地址	2	1
MOV direct，Rn	寄存器传送到直接地址	2	1
MOV direct，direct	直接地址传送到直接地址	3	2
MOV direct，A	累加器传送到直接地址	2	1
MOV direct，@Ri	间接 RAM 传送到直接地址	2	2
MOV direct，#data	立即数传送到直接地址	3	2
MOV @Ri，A	直接地址传送到直接地址	1	2
MOV @Ri，direct	直接地址传送到间接 RAM	2	1
MOV @Ri，#data	立即数传送到间接 RAM	2	2
MOV DPTR，#data16	16 位常数加载到数据指针	3	1
MOVC A，@A+DPTR	代码字节传送到累加器	1	2
MOVC A，@A+PC	代码字节传送到累加器	1	2
MOVX A，@Ri	外部 RAM（8 地址）传送到累加器	1	2
MOVX A，@DPTR	外部 RAM（16 地址）传送到累加器	1	2
MOVX @Ri，A	累加器传送到外部 RAM（8 地址）	1	2
MOVX @DPTR，A	累加器传送到外部 RAM（16 地址）	1	2
PUSH direct	直接地址压入堆栈	2	2
POP direct	直接地址弹出堆栈	2	2
XCH A，Rn	寄存器和累加器交换	1	1
XCH A，direct	直接地址和累加器交换	2	1
XCH A，@Ri	间接 RAM 和累加器交换	1	1
XCHD A，@Ri	间接 RAM 和累加器交换低 4 位字节	1	1

续表

助记符	指令说明	字节数	周期数
（算术运算类指令）			
INC A	累加器加1	1	1
INC Rn	寄存器加1	1	1
INC direct	直接地址加1	2	1
INC @Ri	间接RAM加1	1	1
INC DPTR	数据指针加1	1	2
DEC A	累加器减1	1	1
DEC Rn	寄存器减1	1	1
DEC direct	直接地址减1	2	2
DEC @Ri	间接RAM减1	1	1
MUL AB	累加器和B寄存器相乘	1	4
DIV AB	累加器除以B寄存器	1	4
DA A	累加器十进制调整	1	1
ADD A，Rn	寄存器与累加器求和	1	1
ADD A，direct	直接地址与累加器求和	2	1
ADD A，@Ri	间接RAM与累加器求和	1	1
ADD A，#data	立即数与累加器求和	2	1
ADDC A，Rn	寄存器与累加器求和（带进位）	1	1
ADDC A，direct	直接地址与累加器求和（带进位）	2	1
ADDC A，@Ri	间接RAM与累加器求和（带进位）	1	1
ADDC A，#data	立即数与累加器求和（带进位）	2	1
SUBB A，Rn	累加器减去寄存器（带借位）	1	1
SUBB A，direct	累加器减去直接地址（带借位）	2	1
SUBB A，@Ri	累加器减去间接RAM（带借位）	1	1
SUBB A，#data	累加器减去立即数（带借位）	2	1
（逻辑运算类指令）			
ANL A，Rn	寄存器"与"到累加器	1	1
ANL A，direct	直接地址"与"到累加器	2	1
ANL A，@Ri	间接RAM"与"到累加器	1	1
ANL A，#data	立即数"与"到累加器	2	1
ANL direct，A	累加器"与"到直接地址	2	1
ANL direct，#data	立即数"与"到直接地址	3	2
ORL A，Rn	寄存器"或"到累加器	1	2
ORL A，direct	直接地址"或"到累加器	2	1
ORL A，@Ri	间接RAM"或"到累加器	1	1
ORL A，#data	立即数"或"到累加器	2	1

续表

助记符	指令说明	字节数	周期数
(逻辑运算类指令)			
ORL direct，A	累加器"或"到直接地址	2	1
ORL direct，#data	立即数"或"到直接地址	3	1
XRL A，Rn	寄存器"异或"到累加器	1	2
XRL A，direct	直接地址"异或"到累加器	2	1
XRL A，@Ri	间接RAM"异或"到累加器	1	1
XRL A，#data	立即数"异或"到累加器	2	1
XRL direct，A	累加器"异或"到直接地址	2	1
XRL direct，#data	立即数"异或"到直接地址	3	1
CLR A	累加器清零	1	2
CPL A	累加器求反	1	1
RL A	累加器循环左移	1	1
RLC A	带进位累加器循环左移	1	1
RR A	累加器循环右移	1	1
RRC A	带进位累加器循环右移	1	1
SWAP A	累加器高、低4位交换	1	1
(控制转移类指令)			
JMP @A+DPTR	相对DPTR的无条件间接转移	1	2
JZ rel	累加器为0则转移	2	2
JNZ rel	累加器为1则转移	2	2
CJNE A，direct，rel	比较直接地址和累加器，不相等转移	3	2
CJNE A，#data，rel	比较立即数和累加器，不相等转移	3	2
CJNE Rn，#data，rel	比较寄存器和立即数，不相等转移	2	2
CJNE @Ri，#data，rel	比较立即数和间接RAM，不相等转移	3	2
DJNZ Rn，rel	寄存器减1，不为0则转移	3	2
DJNZ direct，rel	直接地址减1，不为0则转移	3	2
NOP	空操作，用于短暂延时	1	1
ACALL add11	绝对调用子程序	2	2
LCALL add16	长调用子程序	3	2
RET	从子程序返回	1	2
RETI	从中断服务子程序返回	1	2
AJMP add11	无条件绝对转移	2	2
LJMP add16	无条件长转移	3	2
SJMP rel	无条件相对转移	2	2
(布尔指令)			
CLR C	清进位位	1	1

续表

助记符	指令说明	字节数	周期数
（布尔指令）			
CLR bit	清直接寻址位	2	1
SETB C	置位进位位	1	1
SETB bit	置位直接寻址位	2	1
CPL C	取反进位位	1	1
CPL bit	取反直接寻址位	2	1
ANL C, bit	直接寻址位"与"到进位位	2	2
ANL C, /bit	直接寻址位的反码"与"到进位位	2	2
ORL C, bit	直接寻址位"或"到进位位	2	2
ORL C, /bit	直接寻址位的反码"或"到进位位	2	2
MOV C, bit	直接寻址位传送到进位位	2	1
MOV bit, C	进位位位传送到直接寻址	2	2
JC rel	如果进位位为1则转移	2	2
JNC rel	如果进位位为0则转移	2	2
JB bit, rel	如果直接寻址位为1则转移	3	2
JNB bit, rel	如果直接寻址位为0则转移	3	2
JBC bit, rel	直接寻址位为1则转移并清除该位	2	2